니즘
페미
하는
전진

FORTUNES OF FEMINISM

전진하는 페미니즘

여성주의 상상력, 반란과 반전의 역사

낸시 프레이저 지음
임옥희 옮김

2017년 3월 20일 초판 1쇄 발행
2022년 3월 21일 초판 3쇄 발행

펴낸이 한철희 펴낸곳 돌베개 등록 1979년 8월 25일 제406-2003-000018호
주소 (10881) 경기도 파주시 회동길 77-20 (문발동)
전화 031-955-5020 팩스 031-955-5050
홈페이지 www.dolbegae.co.kr 전자우편 book@dolbegae.co.kr
블로그 blog.naver.com/imdol79 트위터 @Dolbegae79

주간 김수한 편집 최혜리·이숙
표지디자인 김동신 본문디자인 김동신·이연경
마케팅 심찬식·고운성·조원형 제작·관리 윤국중·이수민
인쇄·제본 한영문화사
이 도서의
국립중앙도서관 출판시도서목록(CIP)은 CIP제어번호: CIP2017006608
서지정보유통지원시스템과 http://seoji.nl.go.kr
국가자료공동목록시스템에서 http://www.nl.go.kr/kolisent
이용하실 수 있습니다.

ISBN 978-89-7199-805-2 (93330)

책값은 뒤표지에 있습니다.

낸시 프레이저 지음
임옥희 옮김

전진하는 페미니즘

여성주의 상상력, 반란과 반전의 역사

돌베개

각 장의 첫머리마다 별표를 달고, 집필하는 데 제도적 지원을 해 주고 지적 자극을 준 이들에게 감사를 표했다. 이 지면을 통해선 원고를 준비하는 데 전문적인 조력을 해 준 토머 지거먼(Tomer Zeigerman)과 민 일디림(Mine Yildirim)에게 감사하고 싶다. 또한 뉴스쿨(the New School for Social Research)과 스텔른보쉬 고등연구원 (Stellenbosch Institute for Advanced Studies), 베를린 시 아인슈타인 기금, 고등연구센터 "Justitia Amplificata"의 도움에 감사를 전한다.

각 장이 처음 실린 지면은 다음과 같다. 이 책에 재수록할 수 있도록 허락해 준 각각의 출처에 감사드린다.

1   *New German Critique* 35, 1985
2   "Talking About Needs: Interpretive Contests as Political Conflicts in Welfare-State Societies", *Ethics* 99:2, 1989.
3   *Signs: Journal of Women in Culture and Society* 19:2, 1994.
4   *Political Theory* 22:4, 1994.
5   *Boundary 2* 17:2, 1990.
6   *Actuel Marx* 30, 2001. (프랑스어로 번역)
7   *New Left Review* I/228, 1998.
8   *New Left Review* 36, 2005.
9   *New Left Review* 56, 2009.
10 *Revue de l'OFCE* 114, 2010. (프랑스어로 번역)

2, 4, 5장은 다음 책에 재수록되었다. Nancy Fraser, *Justice Interruptus: Critical Reflections on the "Postsocialist" Condition*, New York: Routledge, 1997.

한국어판 일러두기

* 본문 안의 각주는 모두 원주다. 역주는 괄호 안에 넣고 '―옮긴이'를 붙여 표시했다.
* 원문에서 이탤릭체로 강조된 부분은 고딕체로 표시했다.
* 원문의 영어 접두사 'post-'는 뒤에 붙는 개념의 시기적 일부(후반부)를 가리킬 때도 있고, 그 개념의 이후를 가리키는 경우도 있어 맥락에 따라 다르게 옮겼다. 앞의 경우에는 '후기'로, 뒤의 경우에는 '후-'로 번역했다.

페미니스트의
앞날에 펼쳐진
세 갈래의 길

너태샤
자레츠키

캐슬린
엥스트

지나
엥스트

에게 바친다

차례

3막짜리 연극에 부치는 프롤로그

현재라는 유리한 시점에서 볼 때, 제2물결 페미니즘(여성 참정권 이슈를 중심으로 솟구쳤던 20세기 초반까지의 제1물결에 대비해 전후 자본주의 국가에서 1960년대부터 새로운 양상으로 일어난 페미니즘 운동의 흐름을 일컫는다—옮긴이)의 역사는 3막으로 구성된 연극과도 같다. 신좌파의 격동기에 출현한 '여성해방운동'은 반란 세력으로 태어났다. 다시 말해 여성해방운동은 제2차 세계대전 이후의 국가주도 자본주의 사회에서 남성지배에 도전하는 것으로 출발했다. 1막에서 페미니스트들은, 기술관료화된 정치와 젠더 부정의(injustice)를 은폐하는 사회민주주의적 상상력을 타파하고자 여러 급진주의 세력과 힘을 합쳤다. 이 운동은 '개인적인 것이 정치적인 것'이라 주장함으로써 자본주의 깊숙이 뿌리내린 남성중심주의를 폭로하고 사회를 근본에서부터 변혁하려 했다. 하지만 시간이 흐르고 유토피아적 에너지가 쇠퇴하면서 제2물결 페미니즘은 '정체성의 정치'(identity politics)로 궤도를 수정했다. 페미니즘 운동의 변혁 충동은 2막을 맞아, '차이'를 전면에 내세운 새로운 정치적 상상력으로 흘러갔다. '분배'에서 '인정'으로 방향이 전환됨에 따라, 제2물결 페미니즘 운동의 관심은 문화정치로 이동했다. 마침 부상하고 있던 신자유주의는 사회적 평등에 대항하는 전쟁을 선포했다. 하지만 최근에 이르러 신자유주의가 현재와 같은 위기 국면에 돌입하자, 페미니즘적 급진주의의 재발명을 촉구하는 움직임이 되살아날 조짐을 보이고 있다. 지금도 여전히 진행 중인 3막에서 우리는 고삐 풀린 시장을 민주적 통제 아래 두려는 해방 세력들과 합류하면서 활력을 되찾은 페미니즘과 만날 수도 있을 것이다. 그 경우 페미니즘 운동은 한편으로는 반란의 정신을 만회하고, 다른 한편으로는 페미니즘 고유의 통찰들을 심화할 것이다. 이런 통찰은 자본주의의 남성중심주의에 대한 구조적 비판, 남성지배에 대한 체계적 분석, 민주주의와 정의에 관한 젠더감수성 재해석의 깊이를 더할 것이다.

역사가들이라면 상대적으로 더 급진적인 제2물결 페미니즘의 흐름을 희석함으로써 신자유주의 세력이 적어도 한동안 어떻게 성공했는지, 그리고 새로운 봉기가 마침내 페미니즘의 급진적 흐름을 어떻게 재활성화(희망사항이기는 하지만)했는지를 설명해 낼 것이다. 하지만 비판이론가들에게는 더 우선적인 과제가 남아 있다. 페미니즘의 해방적 잠재력을 평가하기 위해 페미니즘 상상력의 대안적 문법을 분석해야 한다는 과제다. 여기서 목표는 남성중심주의와 남성지배에 대한 이해, 젠더정의와 성적 민주주의에 관한 해석, 평등과 차이의 개념화가 미래의 실천에 아주 유익하리라는 점을 확실히 해 두는 것이다. 그리고 무엇보다도 제3막의 과제는, 신세대가 현재 발명 중인 새로운 정치적 상상력에 통합될 페미니즘 이론화 양식이 과연 어떠한 것이겠냐는 문제다.

이런 목표를 마음에 새기고 있었던 건 아니지만, 여기 수록된 논문들은 무엇보다도 그런 시도로 읽을 수 있다. 이론적 논쟁에 개입하면서 과거 25년이 넘는 기간 동안 작성된 이 논문들은 1970년대 이후 페미니즘 상상력에 일어난 주요한 변화를 기록한 것이다. 이 책에서 나는 그 변화를 세 범주로 구분해서 묶었다. 방금 윤곽을 제시한, 3막으로 구성된 드라마가 그에 해당한다. 1부에는 복지국가에 대한 신좌파적 비판과 페미니즘 감수성을 결합하려 한 논문들을 모았다. 그 남성중심주의와 관료주의적 조직 및 거의 전적으로 분배에 초점을 둔 방식을 표적으로 삼은 이 논문들은, 제2물결 페미니즘을 민주주의를 향한 반자본주의적 투쟁이라는 더욱 광범한 장에 위치시키고 있다. 주류 사회민주주의에서 신사회운동으로의 역사적 변화를 성찰하고 있는 이 글들은 신사회운동이 보여 준 확장된 정치적 인식을 옹호하는 한편으로 그 이론화에 지대한 영향을 미친 방식을 비판한다. 2부는 그 후에 일어난 페미니즘 상상력의 변화에 대한 기록이다. 평등의 정치에서 정체성의 정치로 나아가는 광범한 변화에 주목한 이 장들은 신자유주의가 부상하던 시기에 페미니즘 운동이 직면한 딜레마를 진단한다. 20세기가 끝날 무렵 정치경제학은 거의 멸시받는 지경에 이르렀는데, 이 논문들은 인정투쟁의 비정체성주의적 해석을 옹호하면서도 인정투쟁으로 인한 분배투쟁의 몰락을 비판한다. 3부는 '신자유주의의 위기' 시대를 맞이하여 페미니즘적 급진주의의 새로운 부활 전망에 관해 살펴본다. 이 3부에 포함된, '후-베스트팔렌'적 선회를 옹호하는 논문들은 서로 다른 두 가지 사회세력과의 관련 속에서 여성들의 해방투쟁을 자리 매기고 있다. 즉 한편으로는 시장으로의 광범한 선회 속에, 다른 한편으로는 시장으로부터 '사회를 보호'하려는 관계망 속에 위치시켰다. 페미니즘과 시장화의 '위험한 관계'를 진단하고 있는 이 논문들은 페미니스트들이 이 불경한 동맹을 깨고 '해방'과 '사회보호' 사이에서 믿음에 입각한 새로운 신성동맹을 맺을 것을 촉구한다.

　　전반적으로 이 책을 구성하는 관심사는 체제와 역사를 향하고 있다. 이 책은 운동의 궤도를 추적하려 한 어느 이론가의 기록으로서, 페미니즘의 현재적 전망과 미래적 가능성을 평가했다. 그 점을 구체적으로 살펴보겠다.

***

제2물결 페미니즘이 세계 무대에 처음 등장했을 때, 서유럽과 북아메리카의 선진 자본주의 국가들은 제2차 세계대전 이후에 뒤따른 전대미문의 번영을 여전히 누리고 있었다. 이 선진 자본주의 국가들은 케인스주의 경제조종장치라는 새로운 연장을 활용해 기업의 부진에 대처하고 남성들의 완전고용을 확보하는 데 필요한 국가 경제발전 선도법을 배운 듯이 보였다. 한때는 길들이기가 매우 힘들었던 노동운동과도 협력하면서, 확장된 복지국가와 국가제도화된 계급 간의 연대를 어느 정도 구축했다. 이와 같은 역사적 계급 타협이 외부적으로는 신식민주의적 착취에, 그리고 일련의 젠더적·인종적·종족적 배제에 바탕을 두었다는 건 틀림없는 사실이다. 하지만 계급 간의 숨은 분리단층선은 계급 재분배를 전면에 부각했던 사회민주주의적 상상력에 잠재된 채로 남아 있었다. 그 결과는 번창하는 북대서양 벨트의 대중소비사회로 나타났다. 이런 대중소비사회는 사회적 갈등을 외관상 길들인 것처럼 보였다.

하지만 1960년대에 이르러, 비교적 평온했던 '자본주의의 황금시대'[1]는 갑자기 무너졌다. 국제적으로 엄청난 불만이 폭발하면서 급진적인 젊은이들이 거리로 쏟아져 나왔다. 처음에 그들은 베트남 전쟁과 미국의 인종분리정책에 반대했다. 얼마 지나지 않아 그들은 사회민주주의가 그때까지 당연시했던 자본주의적 근대성의 핵심적 특징—물질주의, 소비주의, 관료주의와 기업문화 등 성취주의 윤리, 성적 억압과 성차별주의 및 이성애중심주의 등 사회통제—을 문제 삼기 시작했다. 새로운 사회적 행위자들은 이전 시대에는 정상적인 것으로 여겨지던 정치적 규칙들을 돌파하며 가장 선구적인 제2물결 페미니즘과 더불어 새로운 사회운동을 형성했다.

다른 운동의 동지들과 함께 이 시대 페미니스트들은 급진적 상상력을 재형성했다. 국가에 결속되어 있고 정치적으로 길들여진 계급이라 자처하는 특권적 행위자들의 정치문화에 반격을 가하면서, 페미니스트들은 사회민주주의의 젠더 배제에 도전했다. 복지부권(父權)주의와 부르주아 가족을 문제 삼음으로써 자본주의 사회의 뿌리 깊은 남성중심주의를 폭로했다. 또한 '개인적인 것'을 정치화함으로써 논쟁의 범위를 사회경제적 분배를 넘어 가사노동, 섹슈얼리티, 재생산 문제로 확장했다.

사실상 전후 페미니즘의 초기 물결은 사회민주주의와 양가적 관계였다. 한편으로 초기 제2물결 페미니스트의 상당수는 사회민

---

1 '자본주의의 황금시대'라는 말은 에릭 홉스봄의 다음 책에서 처음 나왔다. Eric Hobsbawm, *The Age of Extremes: The Short Twentieth Century, 1914~1991*, New York: Vintage, 1996.

주주의적 국가주의(étatism)를 거부했고, '불평등 분배'를 제외한 계급·사회적 부정의를 주변적인 것으로 취급하는 경향에 반발했다. 다른 한편, 다수의 페미니스트는 사회민주주의 상상력의 핵심적 특징을 더욱 급진적인 구상을 위한 토대로 이해했다. 복지국가의 연대 풍조, 번영 추구에 필요한 조정 능력을 당연한 것으로 받아들임으로써 그들 또한 시장을 길들이고 평등을 증진하는 데 헌신했다. 급진적이면서도 보편적인 비판적 관점에 바탕해 행동했던 초기 제2물결 페미니스트들은 복지국가를 해체하기보다는 차라리 남성지배를 극복하는 데 도움이 되는 세력으로 변혁하고자 했다.

하지만 1980년 무렵의 역사는 그런 정치적 기획을 건너뛴 듯하다. 서유럽과 북아메리카 상당수 지역에서 지속된 보수주의 정치 10년간의 물결은 동유럽권 공산주의의 몰락으로 절정에 달했으며, 오래전에 사망한 것으로 여겨져 포기되었던 자유시장 이데올로기에 기적처럼 생명의 숨결을 불어넣었다. 역사의 쓰레기더미에서 건져 낸 '신자유주의'는, 평등 분배라는 생각 자체를 지속적으로 공격함으로써 힘을 얻었다. 가속이 붙은 글로벌화 확장의 결과, 공공의 힘을 이용해 시장을 길들일 수 있다는 생각의 정당성과 실행 가능성은 점차 회의의 대상이 되었다. 약속을 심화하고 확장하려 했던 노력들은 사회민주주의가 수세에 몰리면서 자연스럽게 도중하차하기 시작했다. 초기의 출발점으로 복지국가를 택했던 페미니즘 운동은 계급평등을 기반으로 젠더평등이라는 평등주의 기풍을 확산시키려 했지만 이제는 발밑의 지반이 무너져 내리고 있음을 깨달았다. 더 이상 사회민주주의적 기준선을 급진주의로 간주할 수 없게된 페미니스트들은 정치적 요구생산(claim-making)의 새로운 문법에 이끌리면서 '후-사회주의'(post-socialist) 시대정신과 좀 더 타협하기 시작했다.

그 결과 제2물결 페미니스트들은 인정의 정치로 진입했다. 전후시대 페미니즘의 초기 반격이 사회주의 상상력을 '젠더화'하는 것이었다면, 후기의 경향은 '차이의 인정'을 목표로 한 기획으로서 젠더를 재정의하는 것이었다. 그렇게 '인정'은 20세기 말 페미니즘 문제제기의 핵심 문법이 되었다. 정치이론가들이 소생시킨, 존중할 만한 헤겔철학적 범주인 이 개념은 '후-사회주의' 투쟁의 두드러진 특징이었다. 이 같은 후-사회주의 투쟁은 종종 정체성의 정치라는 형태를 띠었으며 경제적 평등을 증진하기보다는 문화적 차이를 안정화하는 데 주력했다. 돌봄노동이든, 성폭력이든, 정치적 대표성에 드러나는 젠더 불균형의 문제든 간에 자신의 주장을 관철하기 위해 페미니스트들은 점차 인정의 문법에 의지하게 되었다. 자본주의 경제에 깊숙이 뿌리내리고 있는 젠더구조를 변혁할 수 없게 되자, 문화적 가치나 지위의 위계질서처럼 남성중심주의적 패턴에 뿌리내리고 있는 해악을 겨냥하는 쪽을 선호하게 된 것이다. 그 결과 페미니즘 상상력에 주요한 변화가 일어났다. 과거 세대가 정치경제를 개혁하려 했다면, 새로운 세대는 문화변혁에 더 관심을 기울였다.

결과는 대단히 착잡했다. 한편으로, 인정투쟁을 감행한 새로운 페미니즘은 계급 분배 문제의 한계를 넘어 정치적 의제를 확장하려는 기획을 지속했다. 원론상 그들은 정의의 개념을 확장하고 급진화하는 데 이바지했다. 하지만 다른 한편으로는, 인정투쟁의 형태가 페미니즘 상상력을 완전히 사로잡음으로써 이는 사회주의 상상력을 심화하기보다는 오히려 대체하는 데 일조하게 되었다. 결과적으로 사회투쟁은 문화투쟁에, 분배의 정치는 인정의 정치에 종속되어 버렸다. 애초의 의도는 분명 이것이 아니었다. 오히려 그 제안자들은 정체성과 차이를 주장하는 페미니즘 정치가 젠더평등을 위한 투쟁과 시너지를 낼 수 있으리라 가정했을 것이다. 하지만 그런 가정은 더 큰 시대정신에 희생되어 버렸다. 인정으로의 방향 전환은 20세기 말이라는 맥락으로 인해, 사회적 평등주의의 모든 기억을 억압하려는 세력과 별반 다르지 않던 (당시 급부상한) 신자유주의와 너무나 잘 맞아떨어졌다. 그 결과는 비극과도 같은 역사적 아이러니였다. 분배와 인정 모두를 포괄하는 더 광범하고 풍부한 패러다임에 이르는 대신, 페미니즘은 하나에서 갈라져 나온 한 가지 패러다임을 다른 한 가지 패러다임과 아주 효율적으로 거래하고 말았다. 다시 말해, 갈라져 나온 경제주의를 갈라져 나온 문화주의로 맞

바꿔 버렸다.

　하지만 오늘날, 인정을 중심으로 하는 관점 하나만으로는 모든 믿음을 잃고 만다. 자본주의의 위기가 고조되는 상황 속에서 정치경제적 비판은 이론과 실천 영역에서 핵심적 위치를 되찾고 있는 중이다. 페미니즘 운동의 그 어떤 형태이건, 진지한 사회운동이라면 그 어떤 것이든 이제 민주주의의 근본을 무너뜨리고 금융자본에 의해 자행되고 있는 사회적 재생산에 대한 공격을 무시할 수 없다. 이런 상황에서 제 몫을 다하는 페미니즘 이론이라면 1막에서 보여 주었던 '경제적' 관심을 반드시 부활시켜야 하며, 동시에 2막에서 보여 준 '문화적' 통찰을 무시해서도 안 된다. 하지만 그게 전부가 아니다. 페미니즘 이론은 이 양자를 서로 통합해야 할 뿐만 아니라 글로벌화에 따라 두드러지게 부각된 일련의 새로운 '정치적' 관심 역시도 통합해야 한다. 해방투쟁이 민주주의적 정당성을 확보하는 데 어떻게 기여할 수 있을까? 우리 삶을 점점 더 통치해 가고 있는 권력이 영토국가의 경계를 넘어 팽창하고 있는 시대에, 해방투쟁이 민주주의의 정당성을 확보하고 정치적 영향력을 확장하면서도 평등을 추구할 수 있는 방법은 무엇인가? 페미니즘 운동이 다양한 세계관과 견고해진 권력의 비대칭성을 가로질러 초국가적으로 동등한 참여를 강화할 수 있는 방법은 무엇일까? 세 가지 전선—이를 각각 분배, 인정, 대표라고 부르겠다—에서 투쟁함으로써 페미니즘의 제3막은 페미니즘이 수십 년 동안 행동으로 보여 준 통찰을 반자본주의 세력들이 제대로 수용하지 못했다는 점을 폭로하면서도, 동시에 그들과 연대해야 한다.

　나아가 오늘날의 페미니즘은 우리가 영위하고 있는 역사적 맥락에 민감하게 반응해야 한다. 우리는 우리 자신을 다양한 정치세력의 광범한 무리들과 상대하는 입장에 놓음으로써, 시장에 넋을 빼앗긴 신자유주의, 그리고 시장으로부터의 '사회보호'(위계질서와 배제로 가득 찬)를 원하는 이들 양쪽과 일정한 거리를 유지할 필요가 있다. 진퇴양난의 궁지에서 제3의 길을 탐색함으로써 3막에 값하는 페미니즘은 여타의 해방운동들과 마땅히 합류해야 하며, 비지배에 관한 우리의 근본적 관심사와 사회안보에 관한 보호주의자들의 정당한 관심사를 통합하면서도, 흔히 자유주의적인 것으로 여겨지는 부정적 자유의 중요성 또한 경시하지 말아야 한다.

적어도 여기에 수록된 논문들은 최근의 역사를 그러한 방식으로 읽어 낸 글이다. 1부를 구성하는 장들은 전후 사회민주주의에서부터 초기 제2물결 페미니즘으로의 전환을 다루되 제2물결 페미니즘을 신좌파 급진주의 사조로 파악하고 있다. 1960~1970년대의 도취된 분위기가 스며 나오는 이 논문들은 통상적 복지국가 정책의 한계와 구속을 뚫고 니온 신사회운동의 성공을 성찰했다.

정치적인 것을 확장한다고 했을 때 젠더 범주는 계급축이 아닌, 지배의 또 다른 축으로서 가장 먼저 꼽히는 것이지만, 오직 젠더 범주만 무시되어 왔던 건 아니다. 정치를 확장한다는 건 국가와 경제의 통상적 구역을 넘어서 있는, 계급 범주 못지않게 중요한 여타의 비합법적 권력을 폭로하겠다는 의미이기도 하다. 곧 섹슈얼리티와 주체성의 영역에서, 가정생활과 사회서비스 영역에서, 학계와 상업화된 여가생활에서, 일상생활의 사회적 실천에서 드러나는 비합법적 권력을 폭로하겠다는 뜻이었다.

1장의 주제인 위르겐 하버마스보다 '후-마르크스주의'를 더 잘 포착한 이론가는 없을 것이다. 전후 사회민주주의에 대한 급진적인 비판이론가로서 하버마스는 통상적 자유주의 분석 대상에서 제외되었던 케인스주의 복지국가의 측면을 면밀히 검토했다. 하버마스는 프랑크푸르트학파 선임 연구자들의 '노동일원론'을 피해 가면서도 다른 수단을 통해 물신화 비판을 계속하는 한편, 비판이론을 '소통이론적'인 것으로 재건하고자 했다. 하버마스 이론의 핵심은 후기자본주의의 병폐에 관한 새로운 진단으로, 후기자본주의가 체계적으로 생활세계의 내부 식민화를 초래했다는 것이었다. 전후 사회민주주의의 고질적 식민화는 '체계적 합리성'이 (시장경제와 국가관리의) 적정한 범위를 넘어서 '생활세계의 핵심 영역'(가족과 정치적·공적 영역)에까지 터무니없이 확장되었을 때 발생한다. 소통적 상호작용이 요구되던 영역을 이 경우에는 관리조직이 대신하게 되면서 복지국가는 '사회병리'의 온상이 된다. 또한 중요한 건 이런 식의 발전이 새로운 사회적 갈등 형태를 첨화했고 그 가운데 분배보다는 '생활형태 문법'[2]이 훨씬 핵심적인 것으로 부상했다는 것이다. 관료주의적 부권주의에 대한 신좌파의 반감에 동조한 하버마스의 진단은 신사회운동이 드러냈던 '후-유물론자'들의 관심사를 인정했다. 그의 진단은 분배 부정의에 관한 자유주의적 비판을 넘어 정치적인 도전, 즉 해방적인 변화에 어떤 것이 주요한 주제가 될 수 있는지에 관해 우리의 이해 범위를 확장할 것으로 보였다.

그럼에도 불구하고 내가 「비판이론에 대한 비판」(1985)에서 주장한 것처럼 하버마스는 자신의 비판이론이 지닌 급진적 잠재력을 충분히 실현하지 못했다. 공적·사적 재생산과 상징적·물질적 재생산, 체제통합과 사회통합 사이의 분석상 구분을 실체화함으로써 그는 젠더 하위텍스트를 간과하고 사회질서의 남성중심적 특징을 자연화했다. 남성지배를 적절하게 개념화할 수 있는 자원을 상실함에 따라 그는 가족 문제에 관한 '입법화'가 필연적으로 식민화로 나아갈 수밖에 없다고 결론지었고, 따라서 여성과 아동의 권리를 확장하려는 페미니즘 투쟁이 문제적이었다는 결론에 이른다. 이는 제2물결 페미니즘이 보여 준 분석적 통찰과 실천적 혜택을 위협하는 결과를 낳았다.

이 책의 1장 「비판이론에 대한 비판」이 전체적으로 사회민주주의 핵심 좌파 비평가들의 비판을 다룬다면, 2장 「욕구를 둘러싼 투쟁」(1989)은 그와 대조적으로 구조주의적 페미니즘의 이론화로 관점을 옮긴다. 1장에서 살펴본 교훈의 작동 방식에 주목함으로써 나는 후기자본주의 사회의 구조적 역동성과 갈등 경향에 대한 젠더 감수성 비판을 개괄했다. 이 글에서 나는 담론 안에 다시 분배를 끌어옴으로써 복지국가를 재개념화했다. 이 장은 하버마스의 통찰을

2　Jürgen Habermas, *The Theory of Communicative Action*, esp. Chapter VIII, "Marx and the Thesis of Internal Colonization", Volume Two: *Lifeworld and System: A Critique of Functionalist Reason*, trans. Thomas McCarthy, Boston: Beacon Press, 1989.

바탕에 두고, 언어적으로는 제2물결 페미니즘이 전개한 확장된 정치 이해를 강조하는 쪽으로 선회했다. 여기서 승부수는 욕구 만족을 놓고 벌어지는 갈등에 관한 사회민주주의의 통상적 강조에서 벗어나 '욕구 해석의 정치'(politics of need interpretation)에 초점을 맞추는 새로운 민주주의적 페미니즘으로의 방향 전환이다. 그 결과 기본적 욕구에 관해 일방적 객관주의를 설정한 기존의 분배 패러다임은 젠더감수성 소통 패러다임으로 대체된다. 젠더감수성 패러다임은 욕구에 대한 해석을 정치적 관건으로 풀이한다. 이런 접근은 가장 핵심적인 문제에서 하버마스의 접근과는 다른 차이를 보여 준다. 하버마스처럼 공적 영역과 사적 영역에 관한 헤게모니적 개념을 자연화하는 대신, 나는 이런 범주들 또한 담론적으로 구성된 것이자 권력투쟁에서 젠더와 권력에 물든 대상으로 다루고자 한다. 그리고 나는 '정치적인 것', '경제적인 것', '가정적인 것'의 경계선을 어디에 어떻게 그을 것이냐는 문제를 통해 욕구의 정치화를 페미니즘 투쟁과 연계했다. 이는 하버마스가 의도치 않게 빠뜨린 젠더 이슈의 범위를 재정치화하는 일이다.

　「욕구를 둘러싼 투쟁」은 신좌파로부터 심대한 영향을 받은 또 다른 비평가 미셸 푸코를 차용한 동시에 그의 이론을 수정해 민주주의 복지국가를 논의한 글이다. 푸코와 마찬가지로 나는 욕구의 정치가 주체적 위치의 구성과 긴밀히 엮여 있는 한편으로 새로운 훈육 전문가 단체의 구성과도 긴밀하게 엮여 있다고 주장했다. 하지만 푸코와 달리 나는 복지 전문가들이 욕구 해석을 독점하고 있다고 상정하지 않는다. 대신 민주화운동의 '저항 담론'과 신보수주의의 '재사유화(reprivatization) 담론'에 '전문가 담론'을 더함으로써 '욕구 토론'(needs talk)의 세 가지 유형 사이에서 초래된 갈등의 지도를 그렸다. 따라서 푸코가 단일한 훈육 논리로 가정한 지점에 대해 나는 해방적 잠재력을 포함해 남성지배에 도전하고 그와 경쟁하는 다수의 논리를 식별해 내고자 했다. 내 접근법은 실증적인 통찰뿐만 아니라 규범의 대조를 통해 도출된 것으로, 페미니즘 활동이 사회적 현실을 변화시킬 수 있게끔 하는 지침을 제공하고자 했다.

「욕구를 둘러싼 투쟁」이 1980년대 복지국가 담론의 윤곽을 그려 냈다면, 그다음 장에서는 1990년대에 중심이 되었던 용어를 검토했다. 페미니즘 역사가 린다 고든과 공동으로 저술한 「의존의 계보학」(1994)은 '복지국가의 핵심어'가 거쳐 온 변화무상한 위상을 정치적 풍향계의 척도로 읽어 낸 것이다. 미국에서 '복지개혁'의 광풍이 절정에 달했던 시기에 저술된 이 논문은 빈곤과의 투쟁에 장기간 맞춰졌던 사회민주주의의 초점을 신자유주의의 전형적 관심사가 대체해 버린 과정을 도표화하고 있다.

「의존의 계보학」은 오늘날까지 계속해서 영향을 미치고 있는 '의존' 담론의 역사에서 파묻혀 있던 층위를 발굴한다. 정치경제와 젠더역학상의 변화하는 지형도를 작성함으로써 이 장은 '의존'이라는 말의 의미에 일어난 두 가지 획기적이고 역사적인 변화를 분석한다. 첫째, 가부장적인 뜻으로 쓰이던 전-산업시대와 달리 '의존'은 근대 산업사회를 거치며 남성우월주의적인 용법을 띠게 되었다. 다만 전-산업시대의 '의존'은 낙인이 아니라 인간 대다수의 삶의 조건이었다. 뒤이은 후-산업사회에서 '의존'의 용법은 두 번째 변화를 겪는다. 이 시기에 남성과 마찬가지로 '독립'(비의존)을 요구하는 비교적 부유한 여성들의 수가 증가함에 따라 '의존'은 점차 낙인이자 여성적인 것이자 '일탈적'인 '잉여' 집단에게 붙는 말이 되었다. 고든과 나는 '의존'의 역사적 재구성 과정에서 급진적 실천이 주요한 역할을 했을 뿐만 아니라 노동의 조직과 의미에도 변화가 초래되었다는 점을 드러냈다. '독립'의 의미, 그리고 독립을 바람직한 것으로 여기는 오늘날의 전제에 의문을 제기하면서 우리는 의존/독립이라는 이분법을 극복하기 위한 '초가치평가적' 페미니즘 비판의 윤곽을 제시하는 결론에 이르렀다.

'의존'에 관한 논문이 전후 복지국가에 대한 페미니즘적 비판을 제시한다면, 그다음 장에서는 페미니즘적 대안에 관한 비전을 추구했다. 「가족임금 그다음」(1994)에서 내가 주장한 핵심은 특히 장기간 지속된 남성가장중심 핵가족이라는 낡은 전제를 포함해 진부하고 고착된 현재 배치들의 현대화였다. 그런 핵가족에서 고소득자이고 고용이 안정된 남성은 비고용 상태거나 저소득자인 아내를 지원한다. 이런 가정은 산업자본주의로부터 물려받은 것임에도 불구하고 지금도 여전히 사회정책을 속박하면서 후-산업사회의 현실을 완전히 왜곡한다. 현대사회는 다양한 가족형태가 공존하고, 이혼과 비혼이 증가하며, 가족들이 임금노동에 폭넓게 참여하고, 모든 사람이 불확실한 고용 상태에 처해 있다. 미래의 복지국가에서 저런 가정은 젠더정의를 제도화하는 방식에 자리를 넘겨야 한다.

그렇다면 후-산업사회의 복지국가는 어떤 모습이어야 하는가? 「가족임금 그다음」은 페미니즘적 시나리오로 여겨지는 두 가지 대안을 평가한다. 우선 하나는 가족임금 시대가 '보편적 생계부양자'(universal breadwinner) 시대로 넘어가는 것이다. 자유주의자들과 평등주의 페미니스트들이 제안한 이런 접근은 여성이 벌이를 쉽게 할 수 있도록 해 줌으로써 사회안전 전반을 보장하고자 한다. 무엇보다도 노동시장을 개혁하고 취업이 가능하도록 탁아나 노인 돌봄 같은 서비스를 제공함으로써 여성들에게 사회보장을 해 주는 방식이다. 후-산업사회의 두 번째 비전은 가족임금 시대가 '동등한 돌봄제공자'(caregiver parity)의 시대로 넘어가는 것이다. 보수주의자들과 '차이의 페미니스트'들이 선호한 이 접근법은 가족 안에서 특히 돌봄제공자 수당을 통해 비공식적 돌봄노동을 지원하고자 한다. 이런 접근은 젠더정의 개념의 분화를 상정한다. 여성의 삶을 남성의 삶에 순응시키고자 하는 것이 현재의 보편적 생계부양자 모델이라면, 동등한 돌봄제공자 모델은 '비용 없이 차이를 유지하기' 위해 돌봄제공자를 생계부양자와 동등한 위치로 격상하는 것이다. 하지만 이렇게 제시된 두 가지 접근법 중 어느 것도 전적으로 만족스럽지는 않다. 보편적 생계부양자 모델은 여성에게 남성과 다르다는 이유로 불이익을 주고, 동등한 돌봄제공자 모델은 여성들을 상대적으로 훨씬 못한 '마미 트랙'(mommy track, 남성 핵심 인재에 대한 인센티브 경력관리제도를 '패스트 트랙'fast track, 빠른 길이라고 하는 것과 견주어, 자녀가 있는 여성이 승진에서 탈락하게 되는 현상을 가리킨다. 본래는 페미니즘적인 취지에서 여성 노동자가 출산을 해도 불이익을 받지 않도록 재택근무 등 다른 유형의 근무형태를 선택할 수 있게 하는 제도로 고안되었으나 결과적으로 여성의 승진과 고용 안정을 가로막는 '마미 트랩mommy trap, 엄마의 덫으로 작용하고 있다─옮긴이)으로 밀어낸다. 따라서 내 결론은 페미니스트들이 제3의 길인 '보편적 돌봄제공자'를 발전시켜야 한다는 것이다. 이는 남성을 지금의 여성과 같은 존재가 되도록 더욱더 설득하자는 것이다. 말하자면 고용과 일차적인 돌봄의 책임이 결합된 사람이 되게 하는 것이다. 여성의 현재 생활 패턴을 기준으로 한 이 모델은 생계부양과 돌봄노동의 분리를 극복하고자 한다. 보편적 생계부양자 모델의 노동자주의, 동등한 돌봄제공자 모델의 가내 사생활주의 모두를 지양하는 제3의 모델로서 모두에게 젠더정의와 안전을 제공하기 위한 길이다.

　　따라서 1부를 구성하는 장들은 전반적으로 페미니즘 관점에서 복지국가에 대한 급진적 비판을 담고 있다. 이 글들은 페미니즘 운동의 확장 가능성에 대한 낙관적 분위기를 뿜어내고 있으며 그러한 운동이 세계를 재편하고, 남성우월적인 구조를 해체하고, 젠더 위계질서를 뒤집는 데 도움을 줄 것으로 가정한다. 그와 동시에 사회주의 상상력을 전제로 그것을 급진화함으로써, 사회민주주의의 한계를 넘어 정치적 의제를 확장하려 한 제2물결 페미니스트들의 노력을 인정하고 있다. 그리고 복지부권주의를 거부함으로써, 계급분배 차원에서부터 널리 인지되어 온 젠더 부정의에 대한 비판적 성찰로 초점을 이동한다. 비판적이든 건설적이든, 이 글들은 사회생활을 할 때 여성이 남성과 대등하게 참여하는 것을 방해하는 구조와 관례 전체를 드러내고 비판하고자 했다.

2부는 이와 대조적으로 냉정한 분위기를 풍긴다. 좌파의 에너지가 쇠퇴하는 시기에 작성된 이 글들은 초기 제2물결 페미니즘에서 '정체성의 정치'로 이동하던 당시의 지형도를 담고 있다. 페미니즘 이론화 과정의 다양한 사조를 심문하는 이 글들에서는, 정치경제를 풍부하게 설명하고자 했던 문화주의적 방향으로의 선회가 의도와는 달리 오히려 정치경제를 완전히 삼켜 버린 듯이 보이는 과정을 자세히 기록했다. 여기에 덧붙여 페미니스트 액티비즘 안에서 '인정'에 대한 요구가 핵심으로 부상하는 과정을 추적했다. 이 장들은 이런 요구를 역사적 맥락 안에 위치 짓는 과정에서 정체성 정치의 부상과 자유시장 근본주의의 부활이 동시에 일어났다는 치명적인 우연의 일치를 자세히 검토하고, 그 결과 페미니스트들이 직면하게 된 딜레마를 분석한다. 좀 더 포괄적으로 말해, 2부는 20세기 말에 해방적 비전이 위축되는 과정을 진단했다. 문화주의 페미니즘의 신비성을 추방하고 사회주의 페미니즘이 보여 준 최고의 통찰을 회복해 그것을 '인정의 정치'의 비정체성주의 해석과 결합하려 했다. 여기서 주장하고 싶은 건, 신자유주의가 헤게모니를 장악한 시대에 오직 그 같은 접근만이 페미니즘 운동이 직면한 지적·정치적 도전을 헤쳐 나갈 수 있다는 것이다.

「상징계주의에 대한 반론」(1990)은 페미니즘 상상력이 문화주의의 방향으로 넘어가는 데 의도치 않게 중대한 영향을 미친 이론 사조를 꼼꼼히 따진 논문이다. 얼핏 보면 라캉주의적 정신분석학만큼 정체성의 정치에 반하는 이론도 없을 것이다. 라캉주의적 정신분석학은 안정된 정체성에 대한 소망을 '상상계'적인 것으로 평가절하한다. 그럼에도 여기서 내가 주장하는 건, 정신분석학의 이론적 패러다임을 차용하려는 페미니즘적 노력이 라캉주의 사상의 근본 가정에 도전하지 않음에 따라 페미니즘 스스로 천명한 반본질주의의 기반을 무심코 약화시켰다는 것이다. 이는 불행히도 정치경제에 대한 경시와 제도 분석에 대한 회피로 나아갔고, 그들의 노력은 언어와 주체성을 페미니즘 비평의 중핵으로 간주한 문화주의 페미니즘과 공모하는 것으로 끝났다.

「상징계주의에 대한 반론」은 라캉주의적 페미니즘의 자멸적 특징을 폭로한 글이다. 여성종속을 담론 차원에서 이론화하려 했던 내 초창기 노력에 근거하고 있는 이 장은 의미화에 접근하는 두 가지 이상적 유형의 접근법이 가진 상대적인 장점을 평가했다. 하나는 구조주의적 접근이며 다른 하나는 화용론적 접근인데, 전자는 상징적 체계와 코드를 분석한 것이고 후자는 사회적 실천으로서의 발화를 연구한 것이다. 자본주의 사회에서 젠더지배의 작동을 분석하고 그것을 극복할 수 있는 전망을 밝히는 것이 목표라면, 화용론적 접근이 더 권장할 만하다.

「상징계주의에 대한 반론」은 (페미니스트들이 해석한) 자크 라캉과 쥘리아 크리스테바에 대한 비판적 논의를 통해 이 점을 꼼꼼히 밝혔다. 라캉과 크리스테바 모두 후-구조주의자로 널리 알려졌지만 나는 핵심적 측면에서 두 사상가 모두 구조주의의 유산을 물려받았다고 생각한다. 따라서 라캉을 전유하려는 페미니즘적 노력은 내가 '상징계주의'라 일컫는 것에 바탕하고 있다. 상징계주의란 다양한 의미화 실천의 물화가 일원론적이고 포괄적이며 결정론적인 상징의 질서로 헤게모니화하는 것을 의미한다. 크리스테바는 이 문제를 복합적으로 다루고는 있지만, 이는 '상징계'를 역사화하려는 반(反)구조주의적 통합인 '기호계적' 계기로 극복되지 않는다. 그 결과는 하나같이 만족스럽지 못한 두 가지 대안 사이를 끊임없이 오가는 것일 뿐이다. 크리스테바는 어떤 순간에는 물화된 모성적 정체성을 자연화하다가 또 다른 순간에는 여성의 정체성 전부를 무화해 버린다.

본질주의를 두고 페미니스트들이 벌인 논쟁은 6장에서 더욱 직접적으로 다뤘다. 페미니즘 상상력이 위축되는 과정을 진단한 「인정의 시대 페미니즘 정치」(2001)에서는 페미니즘 이론화 작업과 페미니즘 정치의 중심이었던 분배의 정치로부터 인정의 정치가 분리되어 나가는 과정을 지형화했다. 일방적인 문화주의 페미니즘의 광범한 유행을 문제 삼은 이 논문에서 나는 문화주의로의 방향 선회가 보여 준 최상의 통찰과, 잊혔지만 여전히 필수불가결한 사회주의 페미니즘의 통찰을 접목하고자 했다. 두 관점을 상호양립할 수 없는 것으로 간주하는 분파주의적 해석을 거부하고 성차별주의를 종속의 이차원적 양태, 즉 자본주의 사회에서 정치경제와 지위의 질서에 동시적으로 뿌리내린 이차원적 양태로 분석했다. 나는 젠더 종속을 극복하려면 인정의 페미니즘 정치와 분배의 페미니즘 정치가 결합해야 한다고 주장한다.

하지만 젠더는 종속의 다른 축들 또한 관통하고 있기 때문에 그런 정치의 개발이 쉬운 일은 아니다. 젠더정의는 정당하다고 여겨지는 다른 요구들, 예를 들자면 소수자에 대한 문화적 인정 요구들과 서로 갈등할 수 있다. 그러므로 페미니즘은 '단일변수'라는 관점을 피해야 한다는 결론이 뒤따른다. 단일변수 관점은 까다로운 사건에 대한 손쉬운 접근법을 선호하면서 젠더 하나에만 초점을 맞추는 것인데, 이럴 경우 부정의를 다루는 과정에서 서로 갈등하는 주장들과 요구들 사이에 충돌이 일어난다. 프랑스에서 일어난 '히잡 사건' 같은 사례들을 판단하기 위해 나는 두 가지 혁신을 도입하고자 하다. 첫째, 철학윤리적 차원에서 나는 '동등한 참여'(parity of participation)라는 정의의 관점을 도입하고자 한다. 사회적인 상호작용에 동등한 자격으로 참여하지 못하도록 방해하는 서로 다른 두 종류(경제적·문화적)의 장애물을 식별하기 위해 고안된 동등한 참여의 원칙은 (부)정의의 차원—(불평등한) 분배와 (불)인정—을 아우를 뿐만 아니라 그것을 공통된 프레임으로 결합시켜 준다. 둘째, 사회이론적 차원에서 나는 표준화된 인정의 '정체성' 모델을 '지위'(status) 모델로 교체하고자 한다. 정체성 모델이 보여 주는 정체성의 물신화 경향과 분배투쟁을 교체하려는 경향에서 벗어나기 위해 지위 모델이 상정하는 건, 인정받아야 하는 것이 집단 특유의 정체성이나 문화적 콘텐츠가 아니라 상호작용하는 동등한 파트너의 위상이라는 점이다. 이 두 개념을 적용하기 위해 이 장은 히잡 사건을 새로운 방식으로 다시 읽고 '동등성'(parité)에 공감하는 프랑스 페미니즘 비판이론을 새롭게 해석한다. 더 근본적으로 '인정의 시대'에 페미니즘 정치를 재설정할 방법을 제안한다.

7장은 주디스 버틀러의 반론에 맞서 이런 접근을 옹호한다. 논문 「단지 문화적이라고?」(1997)를 통해 버틀러는 그가 구체적인 이름을 언급하지 않고 '신보수주의 마르크스주의자'[3]라 뭉뚱그린 이

---

3 Judith Butler, "Merely Cultural", *Social Text* 52/53, 1997, pp.265~277.

들과 나의 비판에 맞서 '문화적 좌파'를 옹호하려 했다. 그는 이성애 규범이 계급착취만큼이나 자본주의의 근본적인 규범이라고 주장하면서 섹슈얼리티를 상부구조로 여기는 이론작업을 거부한다. 바로 그 지점에서 버틀러는 '분배'와 '인정'을 자본주의 사회의 상호근본적인 차원으로 해석하는 모델을 시인하고 분배는 계급에, 인정은 지위에 각각 상응시킴으로써 이성애중심주의를 뿌리 깊은 불인정의 형태 혹은 지위종속으로 분석하고 인식하는 방향으로 나갈 수도 있었다. 하지만 버틀러는 그 점을 승인하는 대신, 이성애중심주의를 대수롭지 않은 것으로 만들기 위한 전술로서 문화적 부정의와 경제적 부정의 사이의 구별 자체를 거부했다. 그는 내가 시도한 불평등 분배와 불인정 구분을 해체해야 한다고 주장하면서, 이성애중심주의가 자본주의에 너무나 근본적인 것이기에 LGBT 투쟁은 자본주의의 존재 방식을 위협한다고 줄곧 주장했다.

「이성애중심주의, 불인정, 자본주의」(1997)는 그런 버틀러의 주장을 반박한 것이다. 나는 계급과 지위라는 유사베버식 이원론을 옹호하면서, 이성애중심주의가 다른 해악과 마찬가지로 모든 면에서 심각하고 물질적인 것이 될 수 있는 동시에 여전히 불인정의 부정의를 초래할 수 있으며, 정치경제와는 대립되는 사회 지위질서에 근거하고 있다고 주장했다. 부상하는 자본주의 사회에서 이루어지는 경제적/문화적 구별 짓기를 추적함으로써 나는 페미니즘 이론가들이 그런 구별 짓기를 해체하기보다는 역사화해야 한다고 주장했다. 경제와 문화의 제도화에 따라 발생한 최근의 변화를 지형화한 내 결론은, 후기자본주의의 성적 규제 형식이 잉여가치의 축적을 위한 메커니즘과 그저 간접적으로만 묶여 있다는 것이었다. 즉 이성애중심주의적 불인정과 투쟁한다고 해서 그것이 자동적으로 자본주의를 위협하는 것은 아니므로, 그런 투쟁은 반드시 다른 투쟁(반자본주의 투쟁)과 연계되어야 한다. 결과적으로 그런 접근은 현재적 질서에 드러난, 해방실천의 공간을 열어젖힐 균열을 폭로한다. 내 프레임은 버틀러의 프레임과는 달리 오늘날 사회정의 투쟁에 빌미를 제공한 지위와 계급의 비동형성(non-isomorphism), 사회주체들에 대한 모순적이고 복수적인 호명, 복잡다단한 윤리적 요청을 가시화한다.

전체적으로 2부는 신자유주의가 부상하는 시대에 페미니즘 상상력이 처한 위상을 평가하고 있다. 초기의 제2물결 페미니즘에서 정체성 정치로의 전환을 분석한 내 결론은 초기 제2물결이 사회주의 상상력을 젠더화하려고 했다면, 정체성의 정치는 인정 중심의 정치를 선호해 그것을 저버렸다는 것이다. 이 논문들에서 나는 그 이해득실을 냉정하게 따져 보았다. 그리하여 신자유주의가 대세인 시대에 정체성의 정치를 경계하고, 탈물신화한 인정의 정치를 결합함으로써 평등주의 젠더 분배 기획을 부활시키고자 했다. 전체적인 목표는 경제와 문화 영역에서 초래된 젠더 부정의와 동시적으로 투쟁할 수 있는 새로운 개념적·실천적 전략을 발전시키는 것이다. 젠더 부정의의 두 차원을 전부 포괄하는 관점만이 자본주의 사회에서 페미니즘 이론화 작업을 적절히 수행할 수 있을 것이다.

3부는 현재의 장면으로 이동한다. 오늘날 신자유주의는 도처에서 위기를 맞고 있으며, 환원론적 문화주의에 대한 불신이 널리 퍼져 있고, 정치경제를 둘러싼 페미니즘적 관심이 빠르게 부활하고 있다. 따라서 지금 필요한 것은 이와 같은 위기의 근본적 특징을 포착하고 해방적 해결책에 대한 전망을 제시할 수 있는 젠더감수성 프레임이다. 그런 면에서 요청되는 것 중 하나는 현재 처해 있는 위기의 성격에 대한 다층위적 개념화다. 현재의 위기는 재정·생태·사회적 재생산을 포함한 전체 영역을 동시다발적으로 불안정하게 만들고 있다. 또 다른 요청은 이런 위기에 대처하고 페미니즘이 작동하는 정치적 영역을 재설정할 수 있는 사회적 투쟁 문법을 지형화하는 것이다. 이 두 가지 작전에서 핵심은 '베스트팔렌 프레임'을 문제삼는 초국가적 세력의 새로운 부상이다. 과거에 우리는 국경선을 경계로 하는 영토국가가 정의를 성찰하고 정의를 위해 투쟁하는 데 적절한 단위라는 생각을 믿어 의심치 않았다. 하지만 이제 강화된 초국가적 세력과 직면하면서 그런 입장은 후퇴했고, 그에 따라 페미니즘 투쟁 또한 초국가적인 것이어야 하게 되었다. 따라서 초기 페미니즘 기획을 떠받쳐 주었던 많은 가정은 의문의 대상이 되었다. 울리히 벡이 '방법적 내셔널리즘'[4]이라 표현했던 것은 옹호 불가능한 것으로 드러나고 있다.

　3부를 이루는 글들의 목표는 이런 상황을 분명히 밝힐 수 있는 페미니즘 이론화 모델을 개발하는 것이다. 「글로벌 세계에서 정의의 프레임 다시 짜기」(2005)는 소위 '글로벌화'가 정치적 문제제기의 문법을 변화시키고 있다는 점에 주목했다. 기존의 문제제기가 정치공동체의 구성원들에게 인정되는 정의의 문제가 무엇인지에 주로 집중했다면, 그것은 이제 누가 정치공동체의 구성원으로 간주되어야 하며 어떤 것이 이와 관련된 공동체냐는 질문으로 신속하게 전환되고 있다. 정의의 실체뿐만 아니라 정의의 프레임 또한 논란의 대상이다. 그 결과 과거에 수용되었던 해석은 심각한 도전에 직면하게 되었다. 기존의 해석은 정의의 문제에서 누구를 중시해야 하느냐는 문제를 제대로 성찰하지 못했다. 이런 도전에 대처하기 위해 나는 정의이론이 반드시 삼차원적이어야 하며 분배라는 경제적 차원 및 인정이라는 문화적 차원과 더불어 대표라는 정치적 차원이 상호결합해야 한다고 주장한다.

　「글로벌 세계에서 정의의 프레임 다시 짜기」는 앞선 장에서 발전시킨 모델을 대폭 수정한 것이다. 막스 베버의 '계급(class)-지위(status)-파당(party)' 삼각형 모델을 차용한 이 논문은 자본주의 사회에서 동등한 참여를 방해하는 것들을 두 가지가 아니라 세 가지의 분명한 요소로 분석하고자 했다. 분배는 정치경제에 기반한 장애물을 전면에 내세우는 반면, 인정은 지위질서에 근거한 장애물들을 폭로하며, 대표는 사회의 정치적 구성을 침해함으로써 동등한 참여를 가로막는 장벽을 개념화한다. 여기서 제기하려는 문제는 부정의를 둘러싸고 초래된 갈등을 해소하고 전면화하는 절차다. 분배

4　Ulrich Beck, "Toward a New Critical Theory with a Cosmopolitan Intent", *Constellations: An International Journal of Critical and Democratic Theory* 10:4, 2003, pp.453~468.

와 인정에 대한 요구를 어떻게 판단하고 판결할 것인가? 이런 문제를 제기할 수 있는 자격을 가진 집단구성원 당사자는 누구인가?

글로벌화에 대한 투쟁을 명확히 하기 위해 밝혀야 될 이 제3의 정치적 차원은 두 가지 다른 층위에서 작동한다. '일상 속의 정치적 부정의'가 그 하나인데, 나는 이런 점들을 이론화할 것이다. 일상 속의 정치적 부정의는 한정된 정치적 공동체 내부에서, 왜곡된 결정 규칙이 동료시민들 가운데서 정치적인 목소리의 불균형을 초래하게 될 때 발생한다. 선거인명부 젠더할당제를 위한 페미니즘 투쟁은 이와 같은 일상 속의 정치적 부당대표(misrepresentation)에 대항하는 움직임이다. 하지만 그것이 전부는 아니다. 그보다 덜 알려졌지만 그와 마찬가지로 중요한 것이 하나 더 있는데 바로 '메타정치적 부정의'다. 메타정치적 부정의는 정치적 공간이 한정된 정치조직체로 나뉠 때, 초국가적인 문제가 마치 국내 문제인 것처럼 오해될 때 발생한다. 이 경우 침해당한 비시민들은 고려 대상에서 부당하게 배제된다. 예를 들어 글로벌 푸어들이 요구를 제기할 때, 박탈을 초래한 초국가적 원인들을 보지 못할 경우 그들의 빈곤은 마치 허약한 국가나 실패한 국내정치의 탓인 것처럼 국한된다. 반면 내가 메타정치적 부정의에 대한 불능 프레임(misframe)이라 명명한 바 있는 두 번째 층위는 불평등한 프레임을 문제 삼는 민주주의적 정의에 관한 후-베스트팔렌 이론을 주장하기 위해 제시됐다. 이것은 결과적으로 기존의 내 이론을 대폭 수정한 것인데, 글로벌화가 진행중인 세계에서 국경을 넘나들며 일어나고 있는 초국가적 불평등을 겨냥했다.

그다음 장에서는 이렇게 수정된 삼차원의 프레임을 제2물결 페미니즘의 역사적 궤도에 적용했다. 이 책에서 내가 전반적으로 주장하고자 한 바를 효과적으로 포괄하고 있는 「페미니즘과 자본주의, 역사의 간계」(2009)는 자본주의 역사에 나타난 세 가지 동향과의 관련 가운데 제2물결 페미니즘 운동의 전개 과정을 위치시켰다. 첫째, 제2물결 페미니즘 운동의 출발점을 '국가주도 자본주의'의 맥락 위에 놓았다. 여기서 나는 제2물결 페미니즘의 출현이 전후 국

3막짜리 연극에 부치는 프롤로그

가주도 자본주의 사회에 만연한 남성중심주의에 대한 급진적 도전
으로서 반제국주의 신좌파운동으로부터 유래했다고 지형화했다.
또한 제2물결 페미니즘 운동의 핵심인 해방의 약속을 자본주의 사
회에 대한 구조적 비판과 부정의에 대한 의미의 확장으로 간주했
다. 둘째, 극적일 만큼 신자유주의가 부상하고 있는 사회적 맥락의
변화 속에서 페미니즘 운동의 진화 과정을 고찰했다. 나는 페미니
즘 운동의 놀라운 성공뿐만 아니라 새로운 형태로 출현한 신자본주
의 즉 후-포디즘, 탈조직화된 초국가적 자본주의의 요구에 이 운동
들의 이상이 심란하게 수렴되어 버린 방식에 관해서도 탐구했다.
그리하여 제2물결 페미니즘이 자기도 모르는 사이에 뤼크 볼탕스
키와 에브 시아펠로가 '자본주의의 새로운 정신'[5]이라 명명한 것의
핵심적인 요소를 제공하게 되었음을 밝혔다. 그리고 마지막으로 자
본주의의 위기라는 현재의 맥락에서 페미니즘의 재방향성에 대한
전망을 제시하고자 했다. 이는 새로운 후-자본주의의 한 형태로 사
회조직화 전환의 출발점을 표시하기 위한 것이다. 금융위기와 주변
의 정치적 파장으로 인해 요동치는 세계에서 페미니즘적 해방의 약
속을 재활성화하기 위한 전망을 검토했다.

　「페미니즘과 자본주의, 역사의 간계」는 여러 가지 도발적인 문
제를 제기하고 있다. 여기서 나는 페미니즘이 신자유주의와 위험한
관계에 빠져들었음을 역설하며 네 가지 주요한 역사적 아이러니를
밝혔다. 첫째, 사회민주주의적 경제지상주의에 대한 페미니즘적 비
판이 국가주도 자본주의의 시대에 해방적 역할을 했다는 건 부인할
수 없지만, 그 후 점점 더 불길한 결합을 하게 되었다는 것이다. 말
하자면 사회민주주의의 경제지상주의에 대한 페미니즘의 비판이
정치경제적 투쟁을 문화적 채널로 돌리고자 하는 신자유주의의 관
심사와 너무나 잘 맞아떨어졌다는 것이다. 둘째, '가족임금'에 대한
페미니즘의 비판은 한때 자본주의의 남성중심주의에 대한 급진적
분석의 핵심이었지만 오늘날 그런 비판은 '맞벌이 가족'으로 이상화

---

5 Luc Boltanski & Eve Chiapello, *The New Spirit of Capitalism*, trans. Geoffrey
Elliott, London: Verso, 2005.

된, 여성의 임금노동에 심각하게 의존하고 있는 자본축적의 새로운 양식을 합법화하는 데 봉사하고 있다. 셋째, 복지국가의 부권주의에 대한 페미니즘의 비판은 유모국가(nanny state)에 대한 비판이나 소액대출·NGO 활동에 대한 냉소 등으로 나타나는 신자유주의적 태도로 부지불식간에 수렴되어 버렸다. 마지막으로, 국민국가를 넘어 젠더정의의 범위를 확장하려는 노력은 '페모크라트'(femocrat: feminist+bureaucrat, 페미니스트 정부관료)들이 UN, EU, '국제적 커뮤니티'에 진입하게 됨으로써 신자유주의 글로벌 협치기구의 요구와 점점 더 일치하는 것처럼 재의미화되고 있다. 이 모든 경우, 해방의 목적에 이바지했넌 사상은 또 다른 맥락 속에서 완전히 잘못되지는 않았다 할지라도 분명 모호해졌다.

이런 주장들로 볼 때, 오늘날 페미니즘은 어디쯤에 자리하고 있을까? 마지막 장에서 나는 신자유주의와의 위험한 관계를 끊고 우리의 급진적인 에너지를 해방할 수 있는 프레임을 제안하고자 했다. 「시장화와 사회보호 사이에서」(2010)는 자본주의의 위기에 관한 획기적인 연구를 수정한 것으로, 1944년에 출판된 칼 폴라니의 고전 『거대한 전환』[6]을 페미니즘 시각으로 다시 읽어 낸 것이다. 폴라니의 이 저서는 경제지상주의의 함정을 피해 가면서 과거 자본주의의 위기를 사회적 재생산의 위기로 분석했다. '자유시장 사회'를 창출하기 위한 초기의 노력들이 사회생활의 지지대인 공통의 이해와 연대관계를 해체했다는 것이다. 폴라니가 보기에 그 노력들은 생계, 공동체, 주거지를 철저히 파괴할 정도였으며 그리하여 자유시장주의자들과 '사회보호'주의자들 사이에 한 세기가 넘는 투쟁을 촉발하기에 이르렀다. 사회보호주의자들은 약탈적인 시장의 영향으로부터 '사회'를 보호하려 했던 사람들이다. 이 투쟁의 최종 결과는 폴라니가 '이중적 운동'이라 부른 파시즘과 제2차 세계대전이었다.

폴라니의 진단이 오늘날에도 여전히 유효하다는 건 의심할 나위가 없다. 정치적 규제로부터 탈피하려는 시장이 벌이는 새로운

---

6 Karl Polanyi, *The Great Transformation*, 2nd ed., Boston: Beacon Press, 1944 (2001).

노력의 일환이 사회적 재생산을 위협하고 그로 인해 사회보호주의
자들의 항의 물결이 새롭게 솟구치게 하는 우리 시대의 위기 또한
거대한 전환으로 분석하는 것이 유효할 수 있다. 그럼에도 불구하
고 나는 여기서 폴라니의 프레임이 심각한 맹점을 드러내고 있다고
생각한다. 그의 분석은 오로지 시장화로 인해 파생된 결함에만 집
중함으로써 '사회'를 둘러싼 다른 곳에서 기인한 결함을 놓치고 있
다. 결과적으로 그의 설명은 사회보호가 종종 지배의 도구이자 위
계질서의 구축자이며 '외부자'들의 배제를 목표로 삼는다는 사실을
무시한다. 시장화와 관련된 투쟁에 너무나 골몰한 나머지 폴라니는
'사회'에 뿌리내려 있고 사회보호에 각인되어 있는 부정의에 맞선
투쟁을 은폐해 버렸다.

　「시장화와 사회보호 사이에서」는 이런 맹점을 교정하고자 한
다. 더욱 광범한 비판을 전개하며 나는 폴라니의 이중적 운동을 삼
중적 운동으로 변형하자고 제안했다. 여기서 전략의 핵심은 사회투
쟁의 세 번째 항을 도입하는 것이다. 나는 이 세 번째 항을 '해방'이
라 부른다. 시장화와 사회보호 사이에서 일어난 핵심적 갈등을 가
로지르는 해방 기획은 '경제' 기반의 지배 형식뿐만 아니라 '사회'에
기반한 지배 형식까지도 극복하고자 한다. 자유시장주의자가 되지
않으면서도 억압적 보호에는 반대하는 해방적 기획은 페미니스트
들뿐만 아니라 농부, 농노, 노예, 인종차별 피해자, 피식민자, 원주
민 등 수십억의 인민들에게 임금노동으로 인한 전통적 권력으로부
터의 해방을 약속할 수 있다. 삼중적 운동은 시장화와 사회보호를
서로 충돌시킴으로써 해방을 핵심 주제로 삼으며, 오늘날 페미니즘
이 작전을 펼쳐야 할 정치적 영토를 분명히 밝혀 준다. 동시에 (폴
라니와는 반대로) 이런 삼각형 구도는 시장화의 해체 효과에 대항
하는 한편 지배 또한 공고히 하는 사회보호의 양면성도 밝힌다. 하
지만 다른 한편으로 삼중적 운동은 (주류 자유주의 페미니즘과는
반대로) 해방의 양면성 또한 폭로한다. 해방의 양면성은 사회보호
의 공통된 윤리적 기반을 붕괴하고 그로 인해 지배구조를 해체하면
서도 오히려 시장화를 강화할 수 있다. 이런 양면성을 꼼꼼히 파헤

침으로써 나는 페미니즘이 시장화와 맺고 있는 위험한 관계를 끝장
내고 사회보호의 원론적이고 새로운 연대를 강화해야 한다는 결론
에 이르렀다. 그렇게 함으로써 이 책은 제2물결 페미니즘이 지녔던
반란적 반자본주의 정신을 재활성화하고 확장할 수 있다.

무려 25년이 넘는 기간에 걸쳐 쓴 논문들을 모아서 편집한 것이다
보니 이 책의 방향성은 회고적인 동시에 미래전망적이다. 1970년대
이후 페미니즘 상상력에서 전개된 변동을 도표화함으로써 이 책은
페미니즘 사상의 최근 역사에 관한 해석을 제공한다. 하지만 그와
동시에 이 책은 새로운 세대의 페미니즘 활동가들이 현재 창안하고
있는 미래의 페미니즘을 즐거운 마음으로 기대하고 있다. 디지털
미디어에 잘 훈련되어 있고 초국가적 공간에 익숙하면서도 자본주
의의 위기가 초래한 시련 속에서 성장한 이 세대는 페미니즘 상상
력을 다시 한 번 재창안할 수 있을 것이다. 정체성의 정치라는 길고
힘든 길을 헤치고 나온 이 젊은 페미니즘 세대는 급진적 민주주의
와 사회정의의 새로운 종합을 만들어 낼 준비가 된 듯하다. 분배,
인정, 대표를 결합함으로써 이 세대는 더 이상 세계를 주권국가라
는 베스트팔렌 국제체제를 재결합하는 방식으로 변형하려 하지는
않을 것이다. 1930년대 이후로 가장 심각한 자본주의의 위기에 직
면했던 이들은 사회주의 페미니즘이 간직한 오래된 통찰과, 후-식
민주의나 생태주의 같은 새로운 패러다임을 결합한 새롭고 체계적
인 비판이론을 고안하는 데 모든 노력을 기울이고 있다. 이 책을 훑
어봄으로써 그들에게 도움이 될 만한 어떤 교훈을 찾아내든, 그것
은 이 책의 저자가 그들로부터 배우고 싶은 열망과는 비교가 되지
않을 것이다.

1

반란의 페미니즘

사회민주주의 시대에 등장한 급진적 비판이론

1

비판이론에 대한 비판

하버마스 이론과 젠더의 사례[*]

내 생각에, 비판이론에 대해 '시대의 투쟁과 소망에 대한 자기해명'[1] 이라고 정의한 1843년의 마르크스보다 더 나은 정의를 내놓은 이론가는 아직 없다. 이 정의가 대단히 흥미로운 건 거기 드러나 있는 솔직한 정치적 성격 때문이다. 이 정의는 특정한 인식론적 위상을 주장하지 않는다. 오히려 정당성 면에서 비판적 사회이론과 무비판적 사회이론 간에 철학적으로 대단한 차이는 없는 것으로 간주한다. 하지만 이 정의에 따르면 양쪽에는 중대한 정치적 차이가 있다. 비판이론은 서로 대립적인 사회운동의 목적과 활동을 당파적인(그러나 무비판적이지는 않은) 인식 아래 살펴봄으로써 연구 프로그램과 그 개념구조에 프레임을 부여한다. 이런 비판이론이 제기하는 질문과 그것이 고안한 모델들은 대상에 대한 인식과 이해를 특징으로 한다. 예를 들어 특정 시대의 주요한 사안들 가운데 여성의 종속에 저항하는 투쟁을 이해하려 한다면, 당대의 주요한 비판이론은 무엇보다도 여성종속의 특징과 토대를 밝히려 할 것이다. 그런 비판이론은 남성지배와 여성종속의 관계를 은폐하는 대신 폭로하는

[*] 존 브렝크먼(John Brenkman), 토머스 매카시(Thomas McCarthy), 캐럴 페이트먼(Carole Pateman), 마틴 슈와브(Martin Schwab)의 유용한 논평과 비판에 고마움을 표한다. 디 마르케스(Dee Marquez), 마리나 로지엔(Marina Rosiene)의 멋진 문서 작성에 감사를 표한다. 또한 연구지원을 해 준 스탠퍼드대학 인문학센터에 감사드린다.

1 Karl Marx, "Letter to A. Ruge, September 1843", *Karl Marx: Early Writings*, trans. Rodney Livingstone & Gregor Benton, New York: Vintage Books, 1975, p.209.

범주와 설명 모델을 이용하려 할 것이다. 따라서 남녀 사이의 지배/종속 관계를 은폐하거나 합리화하는 여러 경쟁적 이데올로기 접근법을 탈신비화하려 할 것이다. 그러므로 이런 상황에서 그런 비판이론을 평가할 때, 이미 여러모로 실증적 타당성이 검증된 기준은 다음과 같을 것이다. 당대 상황을 얼마나 잘 이론화할 수 있는가? 여성운동의 전망을 얼마나 잘 이론화할 수 있는가? 당대 여성들의 투쟁과 소망에 대한 자기해명에 얼마만큼 기여할 수 있는가? 이것이 평가기준의 일부가 될 것이다.

그런 물음에 이어 방금 개괄적으로 살핀 비판이론 개념을 놓고 앞에서 윤곽을 밝힌 시나리오를 우리 시대의 실제 상황에 대한 가설로 받아들이고자 한다. 이런 전제를 바탕으로 나는 위르겐 하버마스가 『의사소통 행위 이론』에서 상세히 밝힌 비판이론을 검토하려 한다.[2] 나는 다음과 같은 질문을 던지며 이 책들을 읽을 것이다. 현대사회의 남성지배와 여성종속의 토대를 하버마스의 이론은 어느 정도까지, 어떤 관점에서 해명하거나 신비화하는가? 지금처럼 만연한 남성지배와 여성종속을 이데올로기적으로 합리화하는 데 그의 이론은 어느 정도까지, 어떤 관점에서 도전하거나 반복하고 있는가? 페미니즘 운동의 투쟁과 소망에 대한 자기해명에 그의 이론은 어느 정도까지 이바지하거나 해낼 수 있나? 간단히 말해, 젠더 관점에서 볼 때 하버마스의 사회이론에서 비판적인 점은 무엇이고

---

2   Jürgen Habermas, *The Theory of Communicative Action*, *Vol. I: Reason and The Rationalization of Society*, trans. Thomas McCarthy, Boston: Beacon Press, 1984. 아래부터는 이 저서를 TCA I로 표기하겠다. Jürgen Habermas, *Theorie des kommunikativen Handelns*, *Vol. II: Zur Kritik der funktionalistischen Vernunft*, Frankfurt am Main: Suhrkamp Verlag, 1981. 이 저서는 TCA II로 표기하겠다. 하버마스의 다른 글들, 특히 *Legitimation Crisis*(trans. Thomas McCarthy, Boston: Beacon Press, 1975)와 "Introduction" (*Observations on "The Spiritual Situation of the Age": Contemporary German Perspectives*, ed. Jürgen Habermas, trans. Andrew Buchwalter, Cambridge, MA: MIT Press, 1984), "A Reply to my Critics" (*Habermas: Critical Debates*, ed. David Held & John B. Thompson, Cambridge, MA: MIT Press, 1982) 또한 참조하려 한다. 이 자료를 이해하는 데 유용한 다음 두 편의 개괄적 논문도 참조할 것이다. Thomas McCarthy, "Translator's Introduction", Habermas, TCA I, pp.v~xxxvii; John B. Thompson, "Rationality and Social Rationalisation: An Assessment of Habermas's Theory of Communicative Action", *Sociology* 17:2, 1983, pp.278~294.

그렇지 못한 점은 무엇인가?

한 가지 문제만 없다면 이것은 꽤 명확한 기획이 될 수도 있었다. 페미니즘을 '신사회운동'(여기에 관해서는 조만간 논의하게 될 것이다)으로 간주한 짧은 논의를 별개로 치면, 하버마스가 『의사소통 행위 이론』에서 젠더에 관해 논의한 부분은 사실상 거의 없다. 비판이론에 관한 내 입장에서 볼 때 이는 심각한 결함이다. 하지만 그 점이 내가 제안한 탐구 방식에 반드시 방해가 되는 건 아니다. 그저 우리는 그의 글을 통해 다음의 일들을 수행할 필요가 있을 뿐이다. '부재'하는 것의 관점에서 읽어 내기, 하버마스가 말한 것을 통해 말하지 않은 것을 추정해 내기, 페미니스트들이 주제화한 바 있는 그의 시각 속에 페미니스트들의 관심사가 얼마나 다양하게 나타나는지 복원하기 등.

그러므로 여기서 내가 따르고자 하는 단계는 이렇다. 이 논문의 첫 절에서는 하버마스의 사회이론 프레임이 자녀양육과 남성가장 중심의 근대적인 한정 핵가족(modern, restricted, nuclear family)에 대해 어떤 식으로 접근하는지 알아보기 위해 여러 요소를 검토할 것이다. 두 번째 절에서는 전통적 자본주의 사회생활에서 공적 영역과 사적 영역의 관계에 관한 설명을 살펴보고 그의 작업이 이론화하지 않은 젠더 하위텍스트를 검토할 것이다. 끝으로 세 번째 절에서는 현대 서구 복지국가 자본주의의 특수한 역학과 위기 경향 및 잠재적 갈등에 관한 하버마스의 설명을 검토할 것이다. 그럼으로써 그의 이론이 어떤 관점에서 현대 페미니즘 투쟁을 조명해 줄 수 있는지 살펴볼 것이다.

1. 사회이론적 프레임: 페미니즘 관점에서 심문하기

하버마스의 사회이론 범주 프레임에서 핵심적인 두 가지를 구분하는 것으로 이 논의를 시작하겠다. 첫째는 상징적 재생산과 물질적 재생산의 구분이다. 하버마스의 주장에 따르면 사회는 자신을 물질적으로 재생산해야만 한다. 사회는 생물학적 개인으로 이루어진 집단과 비인간적인 물리환경 및 다른 사회체계 간의 물질대사적 교환

을 성공적으로 규제해야 한다. 다른 한편으로 사회는 자신을 상징
적으로 재생산해야 한다. 사회는 새로운 구성원들에게 사회의 정체
성을 구성하는 언어적으로 정밀하게 짜인 규범과 해석 패턴을 유지
하게 하고 전달해야 한다. 하버마스에게 물질적 재생산은 '사회적
노동'이라는 수단을 통해 확보된다. 한편 상징적 재생산은 젊은 세
대의 사회화, 집단적 연대의 결속, 문화적 전통의 전달과 확장으로
구성된다.[3]

상징적 재생산과 물질적 재생산은 무엇보다 기능에 따른 구분
이다. 사회가 유지되고 지속되려면 이 기능들이 어느 정도 성공적
으로 수행되어야 한다. 하지만 동시에 이것은 하버마스가 실제적인
사회적 실천과 행위를 세분화하기 위해 사용한 구분이기도 하다.
이에 따르면 둘 중 어느 한 가지가 배타적 혹은 우선적으로 기능한
다. 따라서 자본주의 사회에서 임금노동 영역을 구성하는 행위와
실천은 그에게 물질적 재생산 활동으로 간주된다. 그의 관점에서
그런 행위와 실천은 '사회적 노동'인 동시에 물질적 재생산 기능에
이바지하기 때문이다. 그와는 대조적으로 가내 영역에서 여성들이
무임금으로 수행하는 자녀양육 행위와 실천―이런 행위와 실천을
여성들이 무임금으로 수행하는 자녀양육 노동이라고 부르겠다―은
상징적 재생산 활동으로 간주된다. 그의 관점에서 이런 행위와 실
천은 사회화와 상징적 재생산 기능에 이바지하기 때문이다.[4]

상징적 재생산과 물질적 재생산이라는 하버마스의 구분에 대
해서는 두 가지 다른 해석을 할 수 있다는 점이 주목할 만하다. 첫
번째 해석은 이 두 기능을 객관적으로 구분되는 '자연적 유형'으로
보는데, 이는 특정 사회의 실제 사회적 실천과 행위의 조직 모두에
어느 정도 충실하게 부응한다. 이런 관점에서 볼 때 자녀양육이 본
질적으로 그 자체로서 상징적 재생산을 지향한다면, 음식과 물건을

---

3 TCA II, p.214, p.217, pp.348~349; *Legitimation Crisis*, pp.8~9; "A Reply to my
Critics", p.268, pp.278~279. McCarthy, "Translator's Introduction", pp.xxv~xxvii;
Thompson, "Rationality", p.285.

4 TCA II, p.208; "A Reply to my Critics", pp.223~225; McCarthy, "Translator's
Introduction", pp.xxiv~xxv.

생산하는 실천은 물질적 재생산과 관련되어 있다. 그리고 (고대사회와 달리) 현대 자본주의 사회조직은 두 가지 실천을 제도적으로 분리하고 있다는 점에서 자연적 유형에 따른 구분을 충실히 반영하고 있다. 내가 '자연적 유형'이라 부르는 첫 번째 해석은 '화용론적·맥락적' 해석과는 상충한다. 화용론적·맥락적 해석은 자녀양육 실천을 상징적 재생산에 들어가는 것으로 간주하지 않는다. 다만 특정한 환경과 목적에 따라 그런 해석이 가능하다고 편의상 고려할 수는 있다. 예컨대 전통적으로 행해 온 여성의 일이 그야말로 본능적이고, 자연스럽고, 무역사적인 것이라 여기는 성차별적 정치문화의 지배적 관점에 도전할 때는 그럴 수 있다.

　　이제 나는 자연적 유형의 해석이 개념상으로도 부적절하고 잠재적으로는 이데올로기적이라 주장하고 싶다. 자녀양육 실천은 결코 물질적 재생산과 대립적으로 동떨어져 상징적 재생산에 이바지하는 사례가 아니다. 자녀양육 실천이 언어적 가르침과 사회적 관습을 구성할 뿐만 아니라 먹이고 목욕시키고 위험으로부터 보호하는 기능도 한다는 사실을 인정해야 한다. 이것이 아이와 타인의 상호작용을 규정할 뿐만 아니라 물질적 자연(예를 들면 우유, 세균, 먼지, 배설물, 기후, 동물 등의 형태를 한)과의 상호작용 또한 규정한다는 점을 인정해야 한다. 간단히 말해, 자녀양육 실천은 자녀의 사회적 정체성을 구성할 뿐만 아니라 생물학적 생존의 관건이기도 하다. 이렇게 본다면 사회의 생물학적인 생존 자체가 자녀양육 실천에 속해 있는 셈이다. 따라서 자녀양육 자체가 상징적 재생산인 동시에 물질적 재생산 활동이다. 우리는 이것을 '이중양상 행위'[5]라고 부른다.

　　하지만 이 점은 현대 자본주의 사회에서 임금노동으로 제도화된 행위에도 마찬가지로 해당된다. 그렇다, 음식과 물건의 생산은 사회구성원의 생물학적 생존에 기여한다. 그러나 그와 동시에, 마찬가지로 사회적 정체성을 재생산한다. 음식물과 주거지는 결코 그

5　'이중양상 행위'(dual‑aspect activity)라는 표현은 마틴 슈와브에게서 빌려 왔다.

저 생산되는 데 그치지 않는다. 문화적으로 공들여 생산한 음식과
주거지의 형태는 사회적 의미를 상징적으로 전달해 왔다. 또한 그
생산은 문화적으로 정교해지고 상징적으로 성취된 사회적 관계와
규범에 의해 지배되는 사회적 실천을 통해 발생한다. 이런 실천의
내용과 결과는 그와 직접적으로 연루되어 있거나 간접적으로 영향
받은 사람들의 사회적 정체성을 형성하고 유지하고 변화시키는 데
이바지한다. 철저히 상징적인 '사회적 노동'의 성격을 제대로 보고
싶다면 미국 제약산업계에서 임금 계산을 위해 이루어지는 컴퓨터
프로그래밍 같은 행위를 생각해 보면 된다. 즉, 노동 역시 무임금
자녀양육 노동과 마찬가지로 '이중양상' 행위다.[6]

6 '사회적 노동'과 '사회화'에 대한 하버마스의 범주적 구분이 정통 마르크스주의가
보여 준 남성중심주의를 극복하는 데 도움이 된다고 주장할 수도 있을 것이다. 정통
마르크스주의는 역사적으로 주요한 행위를 딱 한 종류만 인정한다. 바로 '생산' 혹은
'사회적 노동'이다. 게다가 정통 마르크스주의는 이런 범주를 남성중심적으로 이해하며,
따라서 여성의 무임금 자녀양육 노동을 역사로부터 배제해 버렸다. 반면 하버마스는
역사적으로 주요한 행위를 두 종류로 구분한다. '사회적 노동'과 '상징적 행위'의 구분에는
무엇보다도 자녀양육이 포함된다. 따라서 하버마스는 여성의 무임금 행위를 역사에
포함하고자 했다. 이런 구분은 분명 개선된 것이기는 하지만 그것만으로는 문제를
치유하는 데 충분하지 않다. 기껏해야 그런 구분은 '이중체계론'으로 알려진 방향으로
나가게 된다. 이중체계론은 인간 행위를 두 가지로 대별되는 '체계'로 설정한 접근법이다.
말하자면 두 가지 구별되는 억압적 체계를 각각 설정하는 것이다. 그 두 가지 억압체계가
자본주의와 남성지배다. 하지만 이것은 잘못되었다. 사실상 두 가지로 대별되는 체계가
아니라 오히려 하나의 사회구성체 안에서 철저하게 상호침투되어 있는 것이다. 그런
사회구성체를 이해하기 위해, 비판이론은 젠더와 정치경제(아마도 인종 또한 여기에
포함될 것이다) 양자가 내적으로 서로 철저히 통합될 수 있는 한 가지 범주와 개념을
요구한다. 이중체계론에 관한 고전적인 서술을 보려면 헤이디 하트만을 참조할 것.
Heidi Hartmann, "The Unhappy Marriage of Marxism and Feminism: Toward a More
Progressive Union", *Women and Revolution*, ed. Lydia Sargent, Boston: South End Press,
1981. 이중체계론에 대한 비판은 아이리스 영을 참조할 것. Iris Young, "Beyond the
Unhappy Marriage: A Critique of Dual Systems Theory", *Women and Revolution*, ed.
Sargent; "Socialist Feminism and the Limits of Dual Systems Theory", *Socialist Review*
50~51, 1980, pp.169~180. 이 논문의 2절과 3절에서 나는 내재적으로 젠더와 정치경제를
통합하는 개념과 범주에 기초한 분석의 주장과 노선을 전개하는데(각주 30번 참조) 이것은
'단일체계' 접근법으로 간주될 수 있다. 하지만 나는 이런 명칭이 잘못되었다고 생각한다.
왜냐하면 내 접근법은 다른 무엇보다도 우선적인 혹은 배타적인 단일'체계'를 상정하지
않기 때문이다. 그보다는 오히려 하버마스와 마찬가지로 사회연구에 대한
구조적(객관적이라는 의미에서) 접근과 해석학적 접근을 서로 연결하고자 노력했다.
하지만 하버마스와는 달리 나는 사회를 두 가지 구성요소인 '체제'와 '생활세계'로
나눔으로써 그렇게 하려는 것이 아니다. 이 점에 관해서는 뒤의 내용을 참조하되
그중에서도 특히 각주 14번을 참조하기 바란다.

　따라서 재생산 측면에서 볼 때 여성의 무임금 자녀양육 노동과 다른 노동형태 간의 구분은 자연적 차이에 따른 게 아니라는 결론이 뒤따른다. 그런 구분이 가능하다면 그것은 각각의 경우에 초래되는 이중양상 중 오직 한 가지 현상에 초점을 맞추기 위한 화용론적·맥락적인 것임에 틀림없다. 그러니까 이런 구분이 이루어질 경우엔 그것이 분석과 기술이라는 특수한 목적 때문임이 밝혀져야 한다. 다시 말해 그 목적 자체가 분석과 평가에 민감해야 하며 논쟁을 통해 해명되어야 할 대상이다.

　하지만 그렇다면, 자녀양육은 상징적 재생산이고 다른 노동은 물질적 재생산이라는 자연적 유형 분류는 다분히 이데올로기적이다. 예컨대 이런 분류는 자본주의 사회에서 자녀양육과 임금노동의 제도적 분리를, 즉 나를 포함해 많은 페미니스트가 근대적 형식을 띤 여성종속의 지지대라 생각하는 그 분리를 정당화하는 데 이용될 수 있다. 또한 다른 전제들과 결합해, 여성이 '분리된 영역'에 고립되는 것을 정당화하는 데 이용될 수 있다. 하버마스가 이런 구분을 그런 방식으로 이용하고 있는지 간단하게 고찰해 보겠다.

　내가 살펴보고 싶은 하버마스 프레임의 두 번째 구성요소는 '사회통합형 행동맥락'과 '체제통합형 행동맥락'의 구분이다. 사회통합형 행동맥락이란 서로 다른 여러 행위자가 협력해 규범·가치·목적에 관해 명시적 혹은 암묵적으로 상호주체적 합의에 이르는 것이다. 이때 합의는 언어적 발화에 의존한다. 그와 대조적으로 체제통합형 행동맥락이란 서로 다른 행위자들 사이의 행동이 기능적으로 얽힘으로써 의도치 않아도 합의에 이르고 상호협력하게 되는 것이다. 이 경우 각 개인의 행동은 자신의 이해관계와 유용성을 최대화하려는 이기적 계산, 하버마스의 표현으로는 돈이나 권력 같은 '매체'(media)[7]에 따라 결정된다. 하버마스는 자본주의 경제체제를 체

　7　TCA I, p.85, pp.87~88, p.101, p.342, pp.357~360; TCA II, p.179; *Legitimation Crisis*, pp.4~5; "A Reply to my Crisis", p.234, p.237, pp.264~265; McCarthy, "Translator's Introduction", p.ix, pp.xvix~xxx. 체제통합형 행동맥락과 사회통합형 행동맥락의 구분을 제시하면서, 나는 『정당성 위기』에서 이 어휘를 빌려 왔으며, 『의사소통 행위 이론』의 어휘를 수정했다. 혹은 『의사소통 행위 이론』에서 사용한 다양한 용어 중 하나를

제통합형 행동맥락 패러다임의 전형적인 사례로 여기며, 그와는 대조적으로 근대적인 한정 핵가족은 사회통합형 행동맥락으로 간주한다.[8]

이 구분은 상당히 복잡해서 나는 이를 개념적으로 나뉘는 여섯 가지 요소로 분석하여 구별하고자 한다. ① 기능성 ② 의도성 ③ 언어성 ④ 합의성 ⑤ 규범성 ⑥ 전략성이다. 하지만 이 중에서 기능성, 의도성, 언어성 세 가지는 사실상 사회적 행동의 거의 모든 주요한 맥락에 특별히 작동하고 있기 때문에 일단 한옆으로 밀쳐놓을 수 있다. 자본주의적 직장과 근대적인 한정 핵가족 두 영역 모두에서 이런 행동의 결과는 분명 행위자가 의도치 않은 기능적인 방식으로 서로 얽힐 수 있다. 게다가 두 가지 맥락 모두에서 행위자들은 의식적·의도적으로 자기 행동을 남들과 서로 조정한다. 끝으로 두 가지 맥락 모두에서 행위자들은 언어를 통해, 언어 안에서 자기 행동을 서로 조정한다.[9] 따라서 나는 하버마스의 구분이 사실상 합의성, 규

채택했다고 말하는 편이 나을지도 모르겠다. 그 저서에서 하버마스는 내가 소통 행위로서 '사회통합형 행동'이라고 부른 것에 관해 종종 언급하는데 그로 인해 혼란이 야기된다. 왜냐하면 하버마스는 사회통합형 행동이라는 표현을 또 다른 의미로, 말하자면 강력한 의미로 사용하고 있기 때문이다. 이런 행동에서 협력은 명시적으로, 대화적으로 오로지 합의에 의해서만 성취되기 때문이다.(뒤의 내용을 참조할 것) 하버마스가 사용한 '소통적 행동'의 모호함을 되풀이하는 실수에서 벗어나기 위해, 나는 다음과 같은 어휘를 채택한다. '의사소통적으로 성취된 행동'이라는 표현을 명시적이고, 성찰적이며, 대화적으로 성취된 합의에 의해 조정된 행위라는 의미로 사용하고자 한다. 무엇보다도 그런 행동을 '규범적으로 확보된 행동'(normatively secured action) 혹은 암묵적이고 성찰하기에 앞서 이미 주어져 있는 합의와 대비하고자 한다.(뒤의 내용을 참조할 것) 의사소통적으로 성취된 행동과 규범적으로 확보된 행동, 혹은 그것이 무엇이든지 간에 기존 규범에 따라서 합의에 이르는 형식으로써 조정된 행동이라 정의하고 이를 '사회통합형 행동'이라고 부른 것의 하위범주로 설정하고자 한다. 그리하여 이 마지막 범주는 체제통합형 행동 혹은 기능적으로 서로 얽혀서 의도치 않은 결과를 통해 조정되는 행위이자 돈과 권력이라는 수단에 따라 자기중심적인 계산에 의해 결정되는 행위이므로, 어떤 형태의 규범화된 합의와는 아무런 상관이 없거나 거의 무관하게 조정되는 행동과 대조하고자 한다. 이런 용어적 실행은 하버마스의 용법으로부터 거리를 유지한다는 의미가 아니다. 사실상 그는 내가 자세히 열거한 바로 그런 의미로 흔히 그 용어들을 사용하고 있다. 오히려 이러한 실행은 하버마스의 용어 사용을 안정시키고 일관성을 부여하기 위한 것이다.

    8   TCA I, p.341, pp.357~359; TCA II, p.256, p.266; McCarthy, "Translator's Introduction", p.xxx.

    9   여기서 나는 토머스 매카시의 주장을 따르고자 한다. 매카시는 "Complexity and Democracy, or the Seducements of Systems Theory"(*New German Critique* 35, Spring / Summer 1985, pp.27~55)에서 행정관료주의는 기능성, 의도성, 언어성에 바탕한

범성, 전략성의 요소에 달려 있다고 가정한다.

다시 한 번 나는 하버마스의 입장을 두 가지 해석으로 가정하여 구분해 보고자 한다. 첫 번째는 행동맥락의 두 유형 간 차이를 절대적 차이로 간주하는 것이다. '절대적 차이' 관점에 따르면, 체제통합형 행동맥락은 도덕적 규범·가치와 합의하거나 그것을 참조하는 일이 절대로 없는 반면, 사회통합형 행동맥락에는 돈과 권력이라는 매체에 관한 전략적 계산이 절대로 개입하지 않는다. 이런 '절대적 차이' 해석은 두 번째 해석과 모순된다. 왜냐하면 두 번째 해석은 그런 차이를 정도의 차이로 여기기 때문이다. 두 번째 해석에 따르면, 체제통합형 맥락은 도덕적 규범·가치와 합의하고 그것을 참조한다 할지라도 사회통합형 맥락에 비해 그 정도가 훨씬 덜하다. 그와 마찬가지로 사회통합형 맥락 또한 돈과 권력 매체를 통해 어느 정도 전략적인 계산을 한다 하더라도 체제통합형 맥락에 비해 훨씬 덜하게 여겨진다.

나는 '절대적 차이' 해석이 너무 극단적이어서 사회이론으로서는 유용성이 떨어진다고 생각한다. 덧붙여 다분히 이데올로기적이다. 인간의 행동맥락 중에서 전혀 합의되지 않고 완전히 비규범적으로 조정되는 행동이 과연 어디 있을까? 아마 거의 없을 것이다. 아무리 도덕적으로 미심쩍은 합의라고 할지라도, 아무리 어떤 규범의 위상과 내용이 문제적일지라도, 사실상 모든 인간의 행동맥락은 합의와 규범 두 가지 모두를 어느 정도 포함하고 있다. 예를 들어 자본주의 시장에서는 유용성을 극대화하는 전략적 교환이 의미와 규범을 공유하는 상호주관적 지평에 반하여 발생할 수 있다. 평상시 행위자들은 상호호혜성이라는 흔히 공유되는 개념에 적어도 암묵적으로 따르고, 어떤 물건을 어떻게 교환할 것인가 하는 문제를 포함해 어떤 대상이 지닌 사회적 의미에 관해 공유하는 개념에 따

참여민주주의적인 정치적 연합과 구별되지 않는다고 비판한다. 왜냐하면 이 세 특징 모두가 두 가지 맥락에서 다 찾을 수 있는 것이기 때문이다. 매카시에게 기능성, 의도성, 언어성은 상호배타적인 것이 아니다. 나는 그의 주장이 설득력 있다고 본다. 나는 이런 요소들이 자본주의적 직장과 근대적인 한정 핵가족 양쪽에 다 적용되지 않을 어떤 이유도 찾을 수가 없다.

라 행동하게 된다. 그와 마찬가지로 자본주의적 직장에서는 동료직원들 사이에서만이 아니라 경영자와 관리자들 또한 어느 정도 합의에 따라, 명시적으로든 암묵적으로든 규범적인 추정에 따라 자기 행동을 조정한다. 그런 합의가 불공정할 수도 있고, 그런 규범이 엄밀하고 비판적인 조사에 버틸 수 없는 것이라고 할지라도 말이다.[10] 이렇게 본다면 자본주의 경제체제 또한 문화윤리적 차원을 분명 가지고 있다.

그처럼, 인간의 행동맥락 중에서도 전략적 계산이 전적으로 배제된 행동은 거의 없다. 예를 들어 비자본주의 사회에서 선물의례는 한때 연대에 가장 핵심적인 행위로 여겨졌지만 지금은 이 노한 주요한 전략적·계산적 차원을 품고 있는 것으로 널리 인정되고 있다. 선물행위는 돈을 매체로 하지 않는다 할지라도 적어도 권력을 매개하는 행위로 이해된다.[11] 나중에 좀 더 상세히 논의하겠지만, 근대적인 한정 핵가족이라고 해서 이 두 가지 맥락 모두에서 개인적인 이해관계와 관련된 전략적 계산이 전혀 없을 수는 없다. 따라서 이런 행동맥락은, 공식적으로는 경제적인 걸로 간주되지 않는다 해도 (비공식적으로는) 전략적·경제적인 차원을 분명 지니고 있다.

이렇게 본다면 '절대적 차이' 관점은 사회이론으로서는 그다지 유용하지 않다. 절대적 해석은 자본주의 경제—이를 공식경제라고 부르겠다—와 근대적인 한정 핵가족 사이를 구분해 낼 수 없다. 실제로 이 두 가지 모두에 합의성, 규범성, 전략성이 서로 혼재되어

10 여기서 나는 다시 앞에 나온 매카시의 책을 따른다. 그는 현대적인 국가행정 관료정치에서, 관리자는 자기 부하직원들과 종종 합의해서 일을 처리하게 된다고 주장한다. 이 점은 기업체와 회사의 경우에도 마찬가지로 적용된다는 것이 내 주장이기도 하다.

11 예컨대 선물에 관한 탁월하고 영향력 있는 피에르 부르디외의 논의를 참조할 것. Pierre Bourdieu, *Outline of a Theory of Practice*, trans. Richard Nice, New York: Cambridge University Press, 1977. 시간의 차원을 복원함으로써 부르디외는 선물에 관한 마르셀 모스의 고전적인 설명을 근본적으로 수정한다. Marcel Mauss, *The Gift: Forms and Function of Exchange in Archaic Societies*, trans. Ian Cunnison, New York: W. W. Norton & Company, 1967. 문화경제인류학 분야에서 등장한 최근의 수정작업에 관한 논의를 보려면 다음을 참조할 것. Arjun Appadurai, *The Social Life of Things: Commodities in Cultural Perspective*, Cambridge: Cambridge University Press, 1986. 특히 "Commodities and the Politics of Value" 장을 참조할 것.

있다. 만약 이런 제도들이 행동통합 양식으로 구분이 된다면, 그것은 정도의 차이로 간주되어야 한다. 그것은 각각의 영역 안에서 이세 가지 요소의 위치, 비율, 상호작용에 달려 있는 것이다.

하지만 만약 그 점이 사실이라면, 체제통합형 행동맥락으로서 공식경제, 그리고 사회통합형 행동맥락으로서 근대적인 가족 사이에 절대적 차이를 상정하는 이와 같은 분류는 잠재적으로 이데올로기적이다. 말하자면 그런 분류는 두 제도 사이의 차이를 과장하고 유사성을 은폐하는 데 이용될 수 있다. 가족을 '부정적'이고 공식적인 경제 영역의 보완물, 즉 '무정한 세계에서의 안식처'라는 '타자'로 설정함으로써 이런 분류는 이데올로기적 이항대립을 형성하는 데 이용될 수 있다.

이 두 가지 구분 중에서 어느 것이 가능한 해석으로서 하버마스의 사회이론에 작동하고 있을까? 하버마스는 재생산의 구분을 자연적 유형이 아니라 화용론적·맥락적 해석에 따라 구분했다고 주장한다.[12] 그와 마찬가지로 하버마스는 행동맥락의 구분은 정도의 차이를 드러낸 것이지 절대적 차이로 설정한 것이 아니라고 주장한다.[13] 하지만 나는 이와 같은 그의 주장을 일단 괄호로 묶고서 그가 이런 구분을 통해 실제로 행하고 있는 것을 검토하고자 한다.

하버마스는 사회적 근대화의 개념정의와 근대사회의 제도적 구조 형상에 도달하기 위해, 행동맥락 사이의 구분을 재생산 기능 간의 구분과 대비해 탐색한다. 근대사회는 물질적 재생산 기능과 상징적 재생산 기능이 서로 완전히 나뉨으로써 물질적 재생산 기능이 체계적으로 통합된 두 가지 전문화된 제도로 넘어가게 되었다는 점에서 전근대사회와는 다르다고 하버마스는 주장한다. 여기서 두

---

12 TCA II, pp.348~349; McCarthy, "Translator's Introduction", pp.xxvi~xxvii. '화용론적·맥락적'이라는 표현과 '자연적 유형'이라는 표현은 하버마스가 아니라 내가 한 것이다.

13 TCA I, pp.94~95, p.101; TCA II, pp.348~349; "A Reply to My Crisis", p.227, p.237, pp.266~268; *Legitimation Crisis*, p.10; McCarthy, "Translator's Introduction", pp.xxvi~xxvii. '절대적 차이'와 '정도의 차이'라는 표현은 하버마스가 아니라 내가 한 것이다.

가지 전문화된 제도란 다름 아닌 공식경제와 관리국가다. 그와 동시에 근대사회는 상징적 재생산을 전문으로 하면서 사회적으로 통합된 두 가지 다른 제도를 발전시킴으로써 더 큰 사회적 환경 속에 이런 '하부체계'가 놓이게 한다. 사회는 근대적인 한정 핵가족과 같은 '사적 영역'과, 정치적 참여와 토론, 의견 형성의 공간과 같은 '공적 영역'으로 분리되어 '근대적 생활세계의 두 가지 제도적 질서'를 함께 구성하게 된다. 따라서 근대사회는, 하버마스에 따르면 이전에는 미분화되었던 사회의 측면이 두 가지 구별되는 측면, 즉 '체제'와 '생활세계'로 나뉜 것이라 할 수 있다. 그래서 그의 관점에 따르면 근대사회의 제도적 구조는 이중적이다. 한편에는 근대 생활세계의 제도적 질서가 있다. 상징적 재생산을 전담하는 사회적으로 통합된 영역, 즉 사회화와 연대 형성, 문화적 전달의 영역이다. 그리고 다른 한편에는 체제의 영역이 있다. 체제로 통합된 영역은 물질적인 재생산을 전문으로 한다. 다시 말해 한편에는 핵가족과 공적 영역이, 다른 한편에는 공식적인 자본주의 경제와 근대적인 관리국가가 있다.[14]

14　TCA I, p.72, pp.341~342, pp.359~360; TCA II, p.179; "A Reply to my Critics", p.268, pp.279~280; *Legitimation Crisis*, pp.20~21; McCarthy, "Translator's Introduction", pp.xxviii~xxix; Thompson, "Rationality", p.285, p.287. TCA에서 하버마스가 체제와 생활세계라는 확연히 구별되는 두 영역으로 대조하고 있다는 점은 주목을 요한다. 한편으로 그는 사회연구에서 두 가지 구별되는 방법론적인 관점으로 체제와 생활세계를 대비한다. 체제적 관점은 객관화하고 '외재화'하는 것이라면, 생활세계의 관점은 해석학적이고 '내재적'이다. 원칙적으로 보자면 이 두 방법론 중 어느 것도 주어진 사회현상의 연구에 적용될 수 없다. 하버마스는 이들 중 하나의 방법만으로는 적절하지 못하다고 주장한다. 그래서 그는 양자를 결합하는 방법론을 발전시키고자 노력한다. 다른 한편으로 하버마스는 또한 다른 방식으로 체제와 생활세계를 대조한다. 말하자면 두 가지 다른 종류의 제도로 대조한다. 내가 여기서 관심을 갖고 있는 것은 이 두 번째 체제·생활세계다. 이 논문에서는 첫 번째 체제·생활세계에 관해서는 명시적으로 다루지 않겠다. 나는 하버마스가 보여 준 전반적인 방법론적 의도, 즉 사회연구에 관한 구조적(객관적이라는 의미에서)이고 해석학적인 접근이나 혹은 양자를 결합하려는 방법론적인 의도에 관해서는 공감한다. 하지만 나는 하나의 제도에는 구조적인 속성(공식적인 경제와 국가)이 부여되어 있고, 다른 하나에는 해석학적인 속성(가족과 '공적 영역')이 부여되어 있다고 생각지 않는다. 오히려 나는 이 모든 제도는 구조적 차원과 해석학적 차원을 동시에 갖고 있으며, 이 모든 제도는 구조적으로 그리고 해석학적으로 연구되어야 한다고 주장하는 바다. 나는 이 책에서는 '욕구를 둘러싼 투쟁'이라는 제목의 2장에서 이런 소망을 충족하는 접근법을 발전시키려고 노력했다.

그렇다면 이 모델의 비판적 통찰과 맹목의 지점은 무엇인가? 우선 경험적인 적합성의 문제에 주목함으로써 일단 '생활세계의 사적 영역'과 (공식적) 경제체제 사이의 대비에 집중하겠다. 체제와 생활세계 제도에 관한 하버마스의 범주적 분리의 측면은 남성지배적인 자본주의 사회에서 가족과 공식경제, 가정과 임금지불 직장의 제도적 분리를 충실하게 반영한 것임을 고려해 보라. 그것은 나중에야 어떻게 되든지 간에 일단 경험적인 사회현실에 발 딛고 있다. 하지만 가족의 특징을 사회적으로 통합된 상징적 재생산 영역으로, 임금을 지불하는 직장을 체제로 통합된 물질적 재생산 영역으로 특징짓는 건 이 양자 사이의 차이를 과장하고 유사성을 은폐하는 일이다. 여러 가지 이유 중에서도, 가정이 임금지불 직장과 마찬가지로 노동의 공간이라는 사실로부터 이것이 우리의 관심을 딴 곳으로 돌린다는 점을 생각해 보아야 한다. 비록 가정에서의 노동이 무보수인 데다 종종 노동으로 인정받지 못한다 할지라도 말이다. 또한 임금지불 직장에서든 가정에서든, 여성들은 이런 구분에 의해 실제로 게토화되고 특히 여성적이고 서비스중심적이며 많은 경우 성적인 직업에 할당된다. 끝으로 이것은 두 영역 모두에서 여성이 남성에게 종속되어 있다는 사실을 조명하지 못한다.

게다가 이런 모델의 특징은 근대 생활세계 내 사회적으로 통합된 제도적 질서의 입장에서, 또 돈이나 권력과의 관계에서 오직 우연적이고 외적인 관계만 맺고 있는, 남성을 가장으로 하는 핵가족을 제시한다는 것이다. 이런 가정은 '매체'들의 상호작용이 공식경제와 국가행정에서는 제한적이며 가족 안에서는 우연적으로만 작용한다고 간주한다. 하지만 이런 가정은 사실과 상반된다. 페미니스트들은 현대 가족의 의사결정, 재정적 처리, 아내 구타 등을 경험적으로 분석한 결과 가족이 철저하게 돈과 권력에 물들어 있다는 점을 드러냈다. 자기중심적이고 전략적이며 도구적 계산의 공간인 가정 또한 서비스, 노동, 현금, 섹스가 오가는 공간일 뿐만 아니라 강압과 폭력이 교환되는 (대체로 착취적인) 공간이다.[15] 하지만 근대 가족과 공식적 자본주의 경제를 대비한 하버마스의 방식은 이 모든 것을 은폐하는 경향이 있다. 그의 방식은 이런 제도들 사이의 차이를 과장하고 가족을 경제체제로 분석할 기회를 막아 버린다. 말하자면 가족이 노동, 교환, 계산, 분배, 착취의 공간이라는 점을 은폐해 버린다. 가족을 어느 정도까지 경제체제로 간주할 수 있는가에 따라, 그의 프레임은 가족이 외부세력의 침투나 침입―(공식)경제와 국가에 의한 가족의 '식민화'―에 영향을 받음을 암시하기도 한다. 하지만 이것 또한 의심스러운 진술인데, 이 점에 관해서는 3절에서 상세하게 논의할 것이다.

전체적으로 볼 때 하버마스의 모델은 경험적인 결함을 안고 있다. 그의 모델은 근대사회에서 초래된 남성지배의 차원에 초점을 맞추지 못한다. 그럼에도 그의 프레임은 근대사회에 나타난 남성지배의 다른 측면들을 이해하는 데는 적절한 개념적 자원을 제공할 수 있다. 하버마스는 사회통합형 행동맥락의 범주를 또다시 두 개의 하위범주로 나누는데, 그중 하나가 사회통합형 행동의 '규범적으로 확보된' 형식을 구성한다. 그런 행동은 가치와 목적 면에서 관습적이고 성찰에 앞선 당연한 합의에 기초해 조정된다. 말하자면 비판에 앞서 이미 내재화된 사회화와 문화적 전통에 기초한 합의에 따라 조정되는 것이다. 그와 대조되는 또 다른 축은 사회통합형 행동의 '의사소통적으로 성취된' 형식이다. 그런 행동은 자유, 평등, 공정이라는 조건 아래서 무제한적인 토론을 거쳐 명시적이고 성찰적으로 성취된 이해와 동의에 기초하여 조정된다.[16] 사회통합형 행동 범주를 또다시 하위범주로 나눈 이런 구분은 하버마스에게 근대적인 남성가장중심 한정 핵가족을 분석하는 비판적인 자원을 제공한다. 근대적 핵가족은 의사소통으로 성취된 행동맥락보다는 규범

---

15 다음을 참조할 것. *Rethinking the Family: Some Feminist Questions*, eds. Barrie Thorne & Marilyn Yalom, New York & London: Longman, 1982; Michele Barrett & Mary McIntosh, *The Anti-Social Family*, London: Verso, 1982.

16 TCA I, pp.85~86, pp.88~90, p.101, pp.104~105; TCA II, p.179; McCarthy, "Translator's Introduction", p.ix, p.xxx. 규범적으로 확보된 행동과 의사소통적으로 성취된 행동 사이의 구분을 제시하면서, 나는 다시 한 번 『의사소통 행위 이론』에서의 가변적인 용도를 수정하거나 안정화해 사용하고자 했다.

적으로 확보된 행동맥락으로 이해할 수 있다. 그런 행동은 합의와 공유된 가치를 매개로 한다는 맥락이 있기는 하지만, 사실 그런 합의는 의심스러울 수도 있다. 왜냐하면 반성적 성찰 없이, 혹은 불공정, 강압, 불평등 등의 수단을 통해 이뤄진 대화를 매개로 성취된 것이기 때문이다.

그렇다면 규범적으로 확보된 행동맥락과 의사소통적으로 성취된 행동맥락 사이의 구분은 앞에서 논의한 문제들을 극복하는 데 어느 정도까지 성공할 수 있을까? 내가 생각하기에 극히 부분적인 성공밖에 기대할 것이 없다. 다른 한편 이런 구분은 도덕적으로 중요하고 경험적으로 유용하기도 하다. 규범적으로 확보된 행동맥락 개념은 남편과 아내 사이의 의사소통 패턴에 관한 최근의 연구와 매우 잘 맞아떨어진다. 이런 연구에 따르면, 남자들은 대화를 통제하고 어떤 주제를 택할 것인지 결정하는 경향이 있다면, 여자들은 좀 더 '상호작용에 기초한 반응', 즉 질문하고 언어적으로 호응해 주는 경향이 있다.[17] 또한 이들 연구에 따르면, 발화할 때 몸과 몸짓의 차원에서 남자와 여자는 차이가 있으며, 그런 차이는 남성지배와 여성종속을 확실하게 자리 매기는 차이로 밝혀진 바 있다.[18] 이렇게 본다면, 하버마스의 구분은 가족 내 역학에 관한 중요한 점을 포착하게 해 준다. 그럼에도 불구하고 그의 구분이 충분히 강조하지 못한 것은 남성가장을 중심으로 한 핵가족에서 규범적으로 확보된 합의에 기초하여 조정에 이르는 행동이 권력에 의해 규제된다는 사실이다. 내가 생각하기에 '권력'이라는 용어를 관료주의적인 맥락에만 국한해 사용하는 것은 심히 잘못돼 보인다. 예를 들어 비판이론가들은 서로 다른 종류의 권력형태들, 즉 가내의 가부장적 권력과 관료주의적 가부장제 권력을 더 잘 구분할 수 있어야 한다.

하지만 그런 구분 자체만으로는 하버마스의 프레임이 근대사회가 보여 준 남성지배의 모든 경험적 형태를 밝히는 데 적절해진

17　Pamela Fishman, "Interaction: The Work Women do", *Social Problems* 25:4, 1978, pp.397~406.

18　Nancy Henley, *Body Politics*, Englewood Cliffs, NJ: Prentice-Hall, 1977.

다고 할 수 없다. 규범적-가내-가부장적인 권력은 가내 영역에서 여성의 종속을 강제하는 여러 요소 중 하나일 뿐이기 때문이다. 그 밖의 다른 요소들을 포착하려면, 임금노동을 포함한 다른 경제적 체제와 더불어 복합적인 방식으로 서로 얽혀 있는 여성들의 무임금 노동을 전유하는 경제체제로서 가족 또한 분석할 수 있는 사회이론 적인 프레임이 요구된다. 하지만 하버마스의 이론적 프레임은 체제 와 생활세계 제도 사이에 주요한 범주의 경계선을 긋고, 따라서 (다른 여러 가지 중에서도) 공식경제와 가족 사이에 분리의 선을 긋기 때문에 그런 과제를 수행하는 데 그다지 적합하지 못하다.

하버마스의 모델이 지닌 경험적인 적합성의 문제에서 이제 규범적인 정치적 함의의 문제로 넘어가 보자. 그의 근대화 개념은 어떤 종류의 사회적 배치와 변혁을 정당화하는 경향이 있는가? 그의 개념은 어떤 종류의 것을 배제하고 있는가? 여기서 우리는 하버마스의 모델이 명시적으로 이론화하지는 않았지만 함축하고 있는 것을 재구성할 필요가 있을 것이다.

체제와 생활세계를 분리하는 근대화 개념은 가족과 공식경제, 자녀양육과 임금노동 사이의 근대적인 제도적 분리를 정당화하는 경향이 있다는 점을 고려해 보자. 하버마스는 상징통합과 관련해 상징적 재생산과 물질적 재생산은 서로 비대칭적이라고 주장한다. 그의 주장에 따르면 상징적 재생산 행위는 물질적 재생산 행위와는 달리, 생활세계와는 분리되어 전문화된 체제통합적 제도로 쉽사리 전환될 수 없다. 그런 행위에 내재된 상징적 특성은 사회적 통합을 요구한다.[19] 그래서 여성의 무임금 자녀양육 노동은 '병리적인' 결과를 초래하지 않고서는 (공식적) 경제체제 속에 통합될 수 없다는 결론이 뒤따르게 된다. 그와 동시에 하버마스는 또한 체제통합적 제도가 물질적 재생산 기능을 세분화하여 다르게 취급하는 것 자체가 사회적 합리화의 지표라고 주장한다. 전문화된 (공식적) 경제체제의 분리는 자연적 환경과 사회적 환경을 다루는 사회의 능력을 고

19 TCA II, pp.523~524, p.547; "A Reply to my Critics", p.237; Thompson, "Rationality", p.288, p.292.

양한다. '체제복합성'은 '발전적인 진보'를 뜻한다.[20] 그로 인해 임금노동과 같은 (공식적) 경제체제는 사회적인 '퇴행'을 감수하지 않는 한 자녀양육 같은 것과 관련해 탈분화될 수 없다는 결론이 뒤따르게 된다. 하지만 만약 자녀양육이 (공식적) 경제체제와 병리적으로밖에 통합될 수 없다면, 그리고 만약 (공식적) 경제체제가 퇴행적으로밖에 탈분화될 수 없다면, 자녀양육과 임금노동을 지속적으로 분리하는 편이 당연히 낫다고 여겨질 것이다.

이렇게 되면 하버마스의 프레임은 페미니스트들이 거론한 '공적 영역과 사적 영역의 분리', 말하자면 가내경제 영역으로부터 공식경제 영역을 분리함으로써 그 밖의 사회적 노동으로부터 자녀양육을 고립시키는 적어도 한 가지의 양상을 효과적으로 뒷받침해 주게 된다. 따라서 그의 이론은 근대에 이르러 여성의 종속을 초래한 여러 제도 중(에서 오늘날 널리 유지되고 있는 유일무이한 것은 아니라 할지라도 그중) 하나의 제도적 배치를 옹호하게 된다. 하버마스가 사회주의자라고 해서 이 사실이 달라지는 건 아니라는 점에 주목해야 한다. 심지어 하버마스가 사적 소유권, 이윤추구 경향, 임금노동에서의 위계적인 명령 등을 제거해야 한다고 인정했다 하더라도, 그 사실이 공식경제/가내경제에 미친 그의 영향을 저절로 없애 주지는 못한다.

이제 나는 방금 재구성한 여러 가지 추론에 도전하고 싶다. 첫째, 이 추론은 상징적 재생산과 물질적 재생산의 구분이 자연적 유형의 해석임을 전제로 한다. 내가 주장해 왔다시피 자녀양육은 이중양상 행위인데, 이런 관점에서 볼 때 자녀양육 노동은 범주적으로 다른 노동과 다르지 않기 때문에, 체제통합과 비교해 비대칭적이라고 주장할 아무런 근거가 없다. 말하자면 자녀양육이라는 체제통합 조직이 다른 노동 이상으로 (혹은 이하로) 병리적이라고 가정할 만한 근거가 전혀 없다는 것이다. 둘째, 이런 추론은 사회통합

20 "Complexity and Democracy, or the Seducements of Systems Theory"에서 매카시는 행정관리국가 체제를 공적 영역으로부터 분리하기 위해 규범적인 함의를 추구한다.

대 체제통합이라는 구분 사이에 절대적 차이가 있다는 해석을 가정
한다. 하지만 내가 주장해 왔다시피 근대 남성가장중심 핵가족은
합의성, 규범성, 전략성의 (규범적으로 확보된) 혼합체이고, 이런
관점에서 볼 때 범주적으로 임금노동과 다르지 않기 때문에, 개별
화된 자녀양육에도 상당한 정도까지 돈과 권력의 매체가 스며들어
있다. 게다가 상업적인 탁아센터(나아가 이윤추구를 목적으로 하는
기업적인 탁아센터)에서 아이를 키우는 것이 전업주부인 엄마가 교
외의 가정에서 키우는 것보다 더 '병리적인' 것으로 밝혀졌다고 주
장할 만한 아무런 경험적 증거가 없다. 셋째, 방금 윤곽을 보인 그
추론은 제제복합성을 압도석인 위상에 올려놓고 사고함으로써, 여
성의 종속을 극복하기 위해 제출된 사회적 변화에 대한 거부권을
효과적으로 행사하게 된다. 하지만 이것은 하버마스가 천명한 것,
즉 체제복합성이야말로 유일한 '진보'의 측정수단이라는 주장과는
상충된다.[21] 그보다는 이런 주장이 합리적이고 표준적인 어떤 정의
와도 상충된다는 점이 훨씬 더 중요하다.

　　그렇다면 하버마스의 모델이 보여 준 규범적이고 정치적인 함
의에 관해 어떤 결론을 내려야 할까? 내가 방금 이끌어 낸 것처럼
근대화 개념을 체제와 생활세계의 불일치로 파악하는 경우, 그 생
각은 가장 핵심적인 측면에서 남성중심적이고 이데올로기적이라는
것이다.

2. 고전 자본주의에서 공적인 것과 사적인 것: 젠더 하위텍스트의 주제화

앞서 상술한 문제점들은 물론이거니와 하버마스는 진정한 비판적
잠재력을 가진 고전 자본주의에서 다양한 영역에 걸쳐 있는 공적
생활과 사적 생활의 상호제도적(inter-institutional)인 관계를 설명
한다. 하지만 이런 비판적 잠재력을 충분히 실현하려면 우리는 하
버마스의 자료들이 주제로 삼지 못한 젠더 하위텍스트를 재구성할

---

21 매카시는 국가행정 체제와 공적 영역의 탈분화와 관련해 이 점을 짚어 내고 있다.
앞의 책 참조.

필요가 있다.

(공식적) 경제체제와 국가체제가 생활세계와 관계 맺는 방식을 설명한 하버마스의 개념으로 되돌아가 보자. 하버마스는 근대화와 더불어 (공식적) 경제체제와 국가체제는 생활세계로부터 단순히 분리되거나 떨어져 나간 것이 아니라고 주장한다. 왜냐하면 그런 체제들은 생활세계와 관계를 맺고, 또한 매여 있어야 하기 때문이다. 따라서 고전 자본주의 초기에 수반된 현상은 체제가 일상적 의미와 규범이라는 맥락 속에 자리하는 '제도적 질서'의 생활세계 안에서 전개되었다. 우리가 보았다시피, 생활세계는 두 영역으로 분화되면서 두 체제에 적합한 보완적 환경을 제공한다. '사적 영역' 혹은 근대적인 한정 핵가족은 (공식적) 경제체제와 연계되어 있다. '공적 영역' 혹은 정치적 참여, 토론, 의견 형성의 공간은 국가행정관리 체제와 연계되어 있다. 가족은 돈을 매체로 수행되는, 일련의 교환수단에 의한 (공식)경제와 연계되어 있다. 가족은 임금으로 교환될 수 있는, 적절하게 사회화된 노동력을 (공식)경제에 공급해 주기 때문이다. 또한 가족은 상품화된 물품과 서비스에 대해 적절히 돈으로 측정될 수 있는 수요를 제공한다. 따라서 가족과 (공식)경제 사이의 교환은 노동자와 소비자의 '역할'을 통해 서로 연결되어 있다. 서로 병렬적인 이 교환 과정은 공적 영역과 국가체제와 연계된다. 하지만 이런 교환 과정은 주로 권력을 매개로 수행된다. 성실, 복종, 조세수입은 '조직적 결과'와 '정치적 결정'으로 교환된다. 공적 영역과 국가 사이의 교환은 따라서 후기 복지국가 자본주의에서 시민과 고객이라는 '역할'을 통해 연결된다.[22]

고전 자본주의의 상호제도적 관계에 대한 설명은 여러 가지 주요한 장점이 있다. 첫째, 이런 설명은 근대적인 한정 핵가족이 역사적으로 출현한 제도로서 그 나름의 긍정적이고 결정적인 특징이 있음을 다룰 수 있게 해 준다. 그리고 근대적인 가족유형이란 부상하

22　TCA I, pp.341~342, pp.359~360; TCA II, p.256, p.473; "A Reply to my Critics", p.280; McCarthy, "Translator's Introduction", p.xxxii; Thompson, "Rationality", pp.286~288.

는 자본주의 경제와 행정관리국가와의, (궁극적으로는) 정치적인
공적 영역과의 관계 안에서 더불어 부상한 것임을 상세히 밝혀 준
다. 나아가 이 제도들 사이의 역학을 도표화함과 동시에 이들 사이
의 상호교환을 수용하고 가능하게 해 주는 여러 가지 욕구에 적합
한 방식이 있음을 보여 준다.

　　마지막으로 하버마스의 설명은 자본주의 사회에서 공적 영역
과 사적 영역을 분리하는 표준화된 이분법적 접근을 수정하는 데
주요한 수단을 제공한다. 하버마스는 이 문제를 네 가지 용어 사이
의 관계로 개념화한다. 바로 가족, (공식)경제, 국가, '공적 영역'이
다. 그는 고전 자본주의에서 공적/사적 영역은 둘로 분리되지만 사
실상 상호연결되어 있다는 관점을 제시한다. 체제의 차원에서 보면
공과 사의 분리는 하나의 차원이다. 말하자면 그것은 국가 혹은 공
적 영역과 (공식적) 자본주의 경제 혹은 사적인 체제 간의 분리를
의미하기 때문이다. 생활세계의 차원에서는 또 다른 공사 영역의
분리가 있다. 즉 가족 혹은 사적인 생활세계의 영역, 그리고 정치적
인 의견 형성과 정치적인 참여 혹은 공적인 생활세계 영역 간의 분
리가 이루어진다. 게다가 전자의 공사 영역 분리는 후자의 공사 영
역 분리와 조정된다. 교환의 한 축은 사적인 체제와 사적인 생활세
계 영역 사이에서 진행된다. 말하자면 (공식적) 자본주의 경제와 근
대적인 한정 핵가족 사이에서 교환이 일어난다. 교환의 또 다른 축
은 공적인 체제와 공적인 생활세계 혹은 국가행정관리와 공적인 의
견·의지 형성 기관 사이에 일어난다. 이 양자의 경우, 교환이 일어
나는 이유는 문제의 영역을 연결하는 특수한 역할의 제도화 때문이
다. 이렇게 본다면 노동자와 소비자의 역할은 (공식적) 사적 경제와
사적인 가족을 연결하는 것이다. 다른 한편으로 시민의 역할과 (이
후의) 고객은 공적인 국가와 공론제도로 연결된다.

　　따라서 하버마스는 고전 자본주의 사회에서 공적 제도와 사적
제도가 맺고 있는 관계를 대단히 정교하게 설명한다. 하지만 동시
에 그의 설명은 여러 가지 약점 또한 지니고 있다. 그 약점은 대체
로 그가 관계와 배치를 기술하며 젠더 하위텍스트를 주제로 삼지

못했다는 데서 비롯된다. 첫째, 먼저 노동자와 소비자의 역할을 매개하는 고리로서 (공식적) 사적 경제와 사적인 가족의 관계를 고려해 보자. 나는 이들을 매개하는 것이 젠더화된 역할이라고 본다. 가족과 (공식)경제 간의 연결성은 돈이라는 매체에서뿐만 아니라 젠더정체성이라는 매체에서도 희미하게나마 드러난다.

노동자의 역할을 한번 살펴보자.[23] 남성지배적인 고전 자본주의 사회에서 노동자의 역할은 남성적인 것이며, 이는 단지 상대적이고 피상적인 통계수치상의 의미로만이 아니다. 남성적 정체성이 생계부양자 역할과 밀접하게 연결되어 있다는 의미에서 이는 피상적이기보다 오히려 심오한 의미를 갖는다. 남성성은 날마다 집을 떠나서 임금노동의 장소로 출근해 임금을 벌어 귀가함으로써 피부양자들을 먹여 살리는 일과 주로 관계가 된다. 남성과 생계부양자 사이의 이와 같은 내적 관계야말로 자본주의 사회에서 왜 실업이 경제적으로만이 아니라 심리적으로도 남성을 그처럼 무력히고 곤혹스럽게 만드는지 설명해 준다. 또한 19세기와 20세기 노동자운동사와 노동조합운동사에서 가족임금을 위한 투쟁이 왜 핵심이 되었는지를 잘 설명한다. 이 투쟁은 임금을 탈젠더화된 개인에게 지불하는 것이 아니라 경제적으로 의존하고 있는 아내와 자녀들을 부양해야 하는 남성에게 지불하는 것으로 개념화했다. 물론 이와 같은 임금 개념은 남성과 동일하거나 그에 상응하는 노동을 한 여성에게 적은 임금을 주는 것을 정당화했다.

노동자 역할의 남성적인 하위텍스트는 남성지배적인 고전 자본주의에서 여성과 임금노동의 관계가 보이는 곤혹스럽고 부당한 성격에서 확인된다. 캐럴 페이트먼이 말했다시피, 그것은 여성이 임금노동 일터에 부재하기 때문에 발생하는 게 아니다. 임금노동 현장에서 여성은 오히려 다른 방식으로 존재한다.[24] 말하자면 그들

---

23 노동자 역할의 남성적 젠더 하위텍스트에 관한 설명은 캐럴 페이트먼에게서 빌려 왔다. 그가 1985년 2월 UC버클리의 제퍼슨 기념 강의(The Jefferson Memorial Lectures)의 일환으로 강연한 'Women and Democratic Citizenship' 시리즈 중 세 번째 시간 "The Personal and the Political: Can Citizenship Be Democratic?"에서 말한 내용이다.

24 Pateman, "The Personal and the Political", p.5.

은 여성화되고 때로는 성애화된 '서비스 노동자'(비서, 가사노동자,
영업직원, 성노동자, 기내승무원 등)로 존재한다. 그들은 모성적인
기술을 사용하는 '전문직 도우미'(간호사, 사회복지사, 탁아노동자,
초등학교 교사 등)로서 존재한다. 그들은 또한 성희롱의 대상이 되
고, 성차별화된 직종에서 저임금·미숙련·하위직 노동자로서 존재
한다. 그들은 비정규직·시간제 노동자로서 존재한다. 그들은 (무임
금 가사노동과 임금노동 양쪽으로) 이중교대 노동을 하는 노동자로
서 존재한다. 그들은 '일하는 아내'이자 '일하는 엄마'로서 존재한다.
말하자면 일차적으로는 아내이자 어머니이며, 이차적으로 '일하러
나가는' 존재다. 그들은 '부수적인 소득원'으로서 존재한다. 임금노
동 현장에서 여성노동이 갖는 질적 차이는 고전 자본주의에 나타나
는 여성성과 노동자 역할 사이의 개념적인 불일치를 증명한다. 이
를 통해 일터에서는 젠더 역할에 의한 남성적 하위텍스트가 있다는
확증이 뒤따르게 된다. 즉 남성지배적인 자본주의 사회에서 사적
(공식)경제와 사적 가족을 연결해 주는 노동자의 역할이 남성적임
을 확신하게 한다. 하버마스에게는 실례가 되겠지만, 이런 역할이
강화한 연계성은 돈이라는 젠더중립적 매체뿐만 아니라 남성적인
젠더정체성의 매체로 인해서도 대단히 정교하게 형성된다.

하버마스의 도식에서 공식경제와 가족의 연계라는 나머지 다
른 한 축의 역할은 그와는 반대로 여성적인 하위텍스트다. 고전 자
본주의 사회에서 소비자는 결국 노동자의 동반자이자 배우자다. 가
사노동의 성별분업은 가사노동을 여성에게 할당한다. 말하자면 임
금이 지불되지 않고 대체로 인정받지 못하는 가내 소비에 필요한
물품과 서비스를 준비하고 구매하는 노동이 여성에게 할당된다. 심
지어 오늘날까지도 슈퍼마켓이나 백화점을 가 보면 이 점을 확인할
수 있다. 단지 소비제품 광고의 역사를 슬쩍 훑어보기만 해도 그 점
을 확인하게 될 것이다. 그런 광고들은 거의 어김없이 여성적인 인
물을 주체이자 소비자로 호명한다. 사실상 여성성이 소비의 주체임
을 전제로 해 전체적인 욕망의 환상을 공들여 만들어 낸다. 광고업
자들이 소비의 주체를 남성으로 호명하는 방식을 고안한 것은 극히

최근의 일이다. 그 교묘한 방식이란 남성 소비자를 여성화되고 나
약하고 여성스러운 남성으로 보이지 않게 위치시키는 수단을 발견
하는 것이었다. 『남성의 마음』[25]에서 바버라 에런라이크는 잡지
『플레이보이』가 그런 방식의 선구자임을 대단히 예리하게 짚어 내
며 그와 같은 기획의 난점과 지연이 고전 자본주의에서 소비자 역
할의 젠더화된 특징에서 비롯했음을 확신하게끔 해 준다. 남성들에
게 소비자 역할에서의 개념적 긴장과 인지적 불일치가 있었던 만큼
이나, 여성들에게도 당연히 노동자 역할에서 마찬가지의 개념적 긴
장과 인지적 불일치가 있었다. 따라서 가족과 공식경제를 연결하는
소비자의 역할은 여성적이다. 하버마스에게는 실례가 되겠지만, 소
비자의 역할은 외관상 젠더중립적인 돈이라는 매체뿐만 아니라 여
성적인 젠더정체성의 매체로 인해 강화된다.

　게다가 가족과 (공식적) 경제를 연결하는 역할에 대한 하버마
스의 설명에는 중요한 것이 생략되었다. 자녀양육에는 물질적인 것
이 필수적임에도 불구하고 그의 도식에는 그에 대한 언급이 전혀
없다. 그렇다면 가족이 임금과 교환하는 '적절하게 사회화된 노동
력'의 재생산을 감독하는 무임금노동은 가족 외에 도대체 누가 수
행하고 있다는 말인가? (그 밖의 다른 사회에서처럼) 자본주의 사
회에서 자녀양육자의 역할 또한 특히 여성적이다. 여기서 자녀양육
의 역할을 생략한 것은 남성중심주의의 흔적이며, 그로 인해 심각
한 결과를 수반하게 된다. 이런 관점에서 자녀양육자의 역할을 고
려해 보자는 것은 고전 자본주의의 제도화된 구조와 젠더의 핵심적
인 관련성을 마땅히 지적하는 것이다. 그다음으로 이 점은 젠더정
체성이 지닌 '교환 매체'로서의 중요성과 다른 역할에서 보여 준 젠
더 하위텍스트를 폭로하는 방향으로 나아갈 수도 있다.

　그렇다면 하버마스가 밝힌 다른 종류의 역할과 연계는 무엇인
가? 그의 주장에 따르면 시민은 정치적 의견과 의지의 형성이라는
공적 생활세계의 영역과 행정관리국가의 정치체제를 연결하는 존

---

25 Barbara Ehrenreich, *The Heart of Men: American Dreams and the Flight from Commitment*, Garden City, NY: Anchor Books, 1984.

재인데, 이런 시민의 역할은 무엇인가? 시민의 역할 또한 고전 자본
주의에서는 젠더화되었으며 사실상 남성적이다.[26] 이것은 단순히
여성들이 투표권을 얻지 못했다는 의미가 아니다. 예를 들어 미국
과 영국에서는 20세기까지 여성에게 투표권이 없었다. 오히려 여성
의 투표권 쟁취가 이처럼 늦어지고 어려웠다는 사실은 심각한 압력
의 징후를 드러낸다. 하버마스의 이해에 따르면, 시민이 하는 역할
의 핵심은 정치적 논쟁과 공적인 의견 형성에 참여하는 것이다. 그
의 관점에서 보자면 시민권은 동의와 발화능력, 타인과 대화에 대
등하게 참여할 수 있는 능력에 주로 달려 있다. 이런 능력은 남성지
배적인 고전 자본주의 사회에서는 남성성과 밀접하게 연결되어 있
어서, 그런 능력이 여성에게 있다는 건 많은 경우 부인되었으며, 여
성성과는 어울리지 않는 것으로 여겨졌다. 대화의 역학에서 남성지
배와 여성종속의 결과에 대한 연구는 이미 앞에서 인용한 바 있다.
심지어 오늘날까지도 대다수 사법적인 영역에서 부부강간 등이 전
혀 인정되지 않는다는 점을 생각해 보자. 말하자면 아내는 법적으
로 남편에게 종속되어 있다. 아내는 남편의 성적 요구에 동의하거
나 동의를 철회할 수 있는 독립된 개인이 아니다. 심지어 결혼의 바
깥에서도 강간에 관한 법률적인 조사는 '양식 있는 남성'은 여성의
동의를 전제했었을 것으로 흔히 요약된다는 점을 고려해 보라. 그
리고 여성의 '안 돼요'는 '돼요'를 뜻한다는 널리 주장되는 대중적·
법적 의견이 무엇을 의미하는지 한번 생각해 보라. 캐럴 페이트먼
의 말대로다. "이것은 여성의 발화가 (…) 민주주의의 근본인 동의
라는 핵심적 문제에서 체계적으로 그리고 지속적으로 무효화되어
왔다는 것을 뜻한다. 하지만 만약 동의에 관한 여성의 발언이 이처
럼 끊임없이 재해석된다면, 여성들이 어떻게 시민들 사이에서 토론
에 참여할 수 있겠는가?"[27]

전반적으로 하버마스의 시민권 개념에서 핵심인 대화능력과

---

26 시민의 역할에 대한 남성적인 젠더 하위텍스트에 관한 다음의 설명은 캐럴
페이트먼의 글 "The Personal and the Political"에서 인용했다.
27 위의 글, p.8.

여성성 사이에는 개념적인 불일치가 있다. 그리고 하버마스가 논의하지 않은 시민권의 또 다른 측면이 있는데, 이것은 남성성과 훨씬 더 명확하게 연결되어 있다. 바로 시민권 중 병역의 측면이다. 병역은 정치체의 수호자이자 스스로 자신을 보호할 수 없는 존재로 여겨지는 여성, 아이, 노약자의 보호자라는 의미에서의 시민권 개념과 밀접한 관련이 있다. 주디스 스팀이 주장했다시피, 남성 보호자와 여성 피보호자의 구분은 시민권과 여성의 관계를 더욱더 불화하게 만든다.[28] 이와 같은 구분은 시민의 역할에 관한 젠더 하위텍스트를 확인시켜 준다. 여성을 남성의 보호를 필요로 하는 존재로 파악하는 이런 관점은 "파괴의 수단에 대해서만이 아니라 생산의 수단에 대한 생각에서도(여성의 일자리 접근을 둘러싼 모든 '보호' 입법이 증명하듯이), 생식 수단에 대한 생각에서도(아내나 성적 파트너로 놓이는 여성의 지위가 드러내듯이) 그 모든 접근의 바탕을 이룬다."[29]

이렇게 남성지배적인 고전 자본주의에서 시민의 역할은 남성적이다. 하버마스가 주장하다시피, 이것은 국가와 공적 영역을 연결하면서 또한 공식경제와 가족을 이 역할들과 연결해 주기도 한다. 이 모든 경우의 연결은 하버마스가 주장한 것과는 달리 젠더중립적인 권력을 매체로 하기보다는 남성적인 젠더정체성을 매체로 강화되고 형성된다. 혹은 여기서 교환의 매체가 권력이라고 한다면, 그렇다면 문제의 권력은 젠더 권력이며 남성지배 권력이다.

고전 자본주의 사회에서 공적 영역과 사적 영역 사이를 밝혀주는 강력하고 세련된 모델이 될 수도 있었던 그의 모델에 이로 인해 주요한 공백과 결함이 초래된다. 그의 모델이 띠는 젠더맹목성은 그가 이해하고자 했던 제도들의 주요한 특징이 보이지 않게 막아 버린다. 자녀양육에 관한 어떤 언급도 생략해 버림으로써, 노동자와 소비자의 역할에 전제되어 있는 젠더 하위텍스트를 주제화하

---

28 Judith Hicks Stiehm, "The Protected, the Protector, the Defender", *Women and Men's Wars*, ed. Judith Hicks Stiehm, New York: Pergamon Press, 1983.

29 Pateman, "The Personal and the Political", p.10.

지 못함으로써, 하버마스는 자본주의 직장이 근대적인 남성가장중심 한정 핵가족과 어떻게 연결되어 있는지를 정확히 이해하지 못했다. 마찬가지로 시민의 역할에 관한 남성적 하위텍스트를 주제화하지 못함으로써, 그는 국가가 정치적 발화의 공적 영역과 연결되는 방식이 보여 주는 충분한 의미를 놓쳤다. 게다가 하버마스는 두 가지 공적／사적 도식의 네 가지 요소가 상호 교차연결되는 중요한 지점을 놓친다. 예를 들어 그는 남성 시민－군인－보호자 역할이 국가 및 공적 영역과만이 아니라 가족 및 직장과도 상호연결되어 있는 방식을 놓친다. 말하자면 보호자인 남성의 능력과 남성의 보호를 필요로 하는 여성의 욕구, 라는 가정이 이 모든 영역을 관통하고 있다는 사실을 보지 못한다. 그는 또한 남성 시민－발화자 역할이 국가 및 공적 영역과만이 아니라 가족 및 공식경제와도 상호연결되어 있는 방식 또한 보지 못한다. 그는 말하고 동의할 수 있는 남성의 능력과 여성의 무능력, 이라는 가정이 이 모든 영역을 관통하고 있다는 사실 또한 놓친다. 그는 남성 노동자－생계부양자 역할이 가족 및 공식경제와만이 아니라 국가 및 정치적인 공적 영역과도 연결되어 있는 방식 또한 파악하지 못한다. 말하자면, 남성의 제공자 위상과 여성의 의존적 위상이 이 모든 영역을 관통함으로써 고전 자본주의에서 지불되는 임금과 세금 중 단 한 푼도 젠더중립적이지 않다는 점 또한 보지 못한다. 마지막으로 그는 여성적인 자녀양육 역할이 고전 자본주의 사회에서의 모든 역할을 충족하는 데 필요한, 남성으로 젠더화된 주체와 여성으로 젠더화된 주체 구성을 관리감독함으로써 이 네 가지 제도 모두와 서로 연결되어 있다는 점을 파악하지 못한다.

　　하지만 하버마스의 모델이 보여 주는 젠더맹목성을 일단 극복하고 나면, 이런 연결지점들이 시야에 들어오게 된다. 그러면 여성적 젠더정체성과 남성적 젠더정체성이 가족관계와 성적 관계의 영역뿐만 아니라 임금노동, 국가행정, 시민권 등 모든 영역을 관통하면서 붉은 색실과 푸른 색실처럼 교직되어 있다는 사실이 분명해진다. 삶의 모든 영역에 분포하는 젠더정체성은 모든 영역 가운데서

도 가장 중요한(혹은 유일한) '교환매체'이며, 이 모든 영역을 서로
연결하는 사회적 기본 접착제 같은 요소다.

　게다가 이 같은 연결에 관한 젠더감수성 독법은 주요한 이론적
의미를 함축한다. 이런 독법에 의하면 남성지배는 고전 자본주의에
우연적인 것이 아니라 필연적인 것으로 드러난다. 이와 같은 사회
구성체의 제도적 구조는 젠더화된 역할에 의해서 실현되기 때문이
다. 그러므로 쟁점이 되고 있는 남성지배의 형식을 전근대적인 지
위적 불평등의 잔존 형태로 이해하는 것은 적절하지 못하다는 결론
이 뒤따르게 된다. 하버마스적인 의미에서 보자면 오히려 남성지배
의 형식들은 근대에 내재되어 있다. 왜냐하면 이런 형식들이야말로
임금노동과 국가로부터 여성의 자녀양육과 가정을 분리하는 전제
로 작동하기 때문이다. 그러므로 자본주의 사회에 관한 비판사회이
론은 젠더감수성 범주를 필요로 한다는 결론이 뒤따르게 된다. 앞
선 분석에서 보았다시피, 통상적인 남성중심적 해석과는 반대로 노
동자, 소비자, 임금 등은 사실상 엄격한 경제적 개념이 아니다. 도
리어 암묵적인 젠더 하위텍스트이자 '젠더-경제' 개념을 깔고 있다.
마찬가지로 시민권 등도 엄격하게 정치적인 개념이 아니다. 도리어
암묵적인 젠더 하위텍스트를 갖고 있으며 따라서 '젠더-정치' 개념
이다. 이런 분석을 통해, 젠더를 정치와 정치경제에서 우연적인 것
으로 취급하는 비판이론은 부적절하다는 점이 드러난다. 이는 또
젠더, 정치, 정치경제가 내적으로 서로 결합되어 있다는 것을 드러
내는 비판이론적 범주 프레임이 절실히 필요함을 보여 준다.[30]
　덧붙여, 이들 제도에 관한 젠더감수성 독법은 고전 자본주의에
서 사회적 운동과 인과적 영향력이 지니는 다면적인 성격을 충분히

---

　30 앞에서 분석한 하버마스의 역할이론에서 젠더 하위텍스트가 젠더와 정치경제가
내적으로 서로 결합된 범주들을 전개하는 것으로 간주한다면 그것은 '이중체계론'을
극복하는 데 이바지할 것으로 보인다.(각주 6번 참조) 이런 분석은 또한 하버마스가 제안한
접근법보다 사회연구에 관한 구조적·해석학적 접근을 연결하고 더욱 만족스러운 방법을
발전시키는 데 이바지할 것이다. 가내 영역이 해석적 차원만 아니라 구조적 차원을 갖고
있으며, 공식경제와 국가 영역 또한 구조적 차원뿐만 아니라 해석적 차원을 가지고 있다고
제시하기 때문이다.

드러내고 있다. 말하자면 젠더감수성 독법은 정통 마르크스주의의,
모든 혹은 대부분의 중요한 일상적 영향력이 (공식)경제에서부터
가족으로 흘러 들어가고 그 역방향은 성립하지 않는다는 가정이 맞
지 않음을 보여 준다. 이 독법은 오히려 젠더정체성이 임금노동, 국
가행정, 정치적 참여를 구조화함을 보게 한다. 그리하여 고전 자본
주의에서 (공식)경제는 전능한 것이 아니라 외려 일상생활의 규범
과 의미에 상당한 정도로 종속·각인되어 있다는 점을 입증한다. 물
론 하버마스는 이런 주장을 하면서 자신이 어느 정도 긍정적인 측
면을 말하고 있다고 믿었다. 그가 염두에 두었던 규범과 의미는 내
가 지금 논의한 것과는 다르다. 그래도 취지는 바뀌지 않으리라 생
각한다. 다만 그 점이 내 생각대로 후기 복지국가 자본주의에서도
계속 유효할지, 아니면 하버마스의 생각대로 그렇지 않을지는 살펴
봐야 할 문제로 남아 있다.

　　마지막으로 하버마스의 모델에서 젠더 하위텍스트의 재구성은
규범적·정치적 함의를 갖는다. 이는 남성지배적인 자본주의 사회
에서의 해방적 변혁이 젠더화된 역할과 그것이 매개하는 제도적 역
할에서의 변혁을 요구한다는 점을 보여 준다. 노동자와 자녀양육자
의 역할이 근본적으로 서로 양립 불가능한 것으로 간주되는 한, 어
떤 젠더든 그중 하나의 젠더로 보편화하는 것은 불가능해질 것이
다. 따라서 무임금 자녀양육 노동과 여타 다른 노동의 탈차별화 형
식이 요구된다. 마찬가지로 시민의 역할이 생명을 육성하는 자녀양
육이 아니라 생명을 빼앗는 군인활동에 국한되는 한, 그리고 시민
의 역할이 남성지배적인 대화의 양식에 묶여 있는 한, 여성들을 여
기에 충분히 포함할 수 없게 될 것이다. 따라서 시민권, 자녀양육,
임금노동에 관한 개념 자체를 바꿔 내는 것이 필수적이며, 그와 마
찬가지로 가내 영역, 공식경제, 국가, 정치적·공적 영역 사이의 관
계를 변화시키는 것이 필수적이다.

　　　3. 복지국가 자본주의의 역학에 대한 페미니즘적 비판
후기 복지국가 자본주의에 관한 하버마스의 설명으로 돌아가 보자.

고전 자본주의에 관한 그의 설명과는 달리, 주제화하지 않았던 젠더 하위텍스트를 단순히 재구성한다고 해서 비판적 잠재력이 발휘되지는 않는다. 여기서 하버마스의 사회이론 프레임이 지닌 문제적 양상은 당대 여성들의 투쟁과 소망을 조명할 기회를 축소하면서도 전체적인 분석인 것처럼 왜곡하는 경향이 있다는 것이다. 그 점을 살펴보기 위해 나는 하버마스의 입장을 여섯 가지 주제로 제시할 것이다.

1) 복지국가 자본주의는 고전 자본주의에 내재한 불안정성이나 공황으로 초래된 결과에 대처하기 위해 출현한다. 복지국가 자본주의는 (공식)경제와 국가의 관계를 재조정한다. 즉, 사적 체제와 공적 체제의 관계를 재조정해 준다. 그로 인해 국가가 적극적으로 위기관리 역할을 담당하는 것으로 여겨지면서 양자의 관계가 더욱더 긴밀해진다. 국가는 '공공부문'을 창출하는 케인스식 시장대체 전략을 통해 경제위기를 방지하거나 관리하려고 노력한다. 그리고 노조와 사회운동에 대응할 복지혜택이 포함된 시장보완 조치를 통해 사회적·정치적 위기를 관리하고 방지하려고 한다. 그럼으로써 복지국가 자본주의는 체제의 차원에서 공사 영역의 분리를 일부 극복하게 된다.[31]

2) (공식)경제-국가 관계의 재조정은 생활세계 안에서 공사영역에 대처하는 관계의 체제에 변화를 가져온다. 첫째로 사적 영역의 측면에서, 임금노동과의 관계에서 불만이었던 점들이 높아진 상품소비로 보상받음으로써 소비자 역할의 중요성이 아주 커진다. 둘째로 공적 영역의 측면에서, 저널리즘은 대중매체가 되고, 정당은 관료화되고, 정치참여는 어쩌다 행하는 투표 정도로 축소됨으로써 시민 역할의 중요성이 현저하게 작아진다. 그 대신 국가와 시민의 관계는 사회복지 고객이라는 새로운 역할을 통해 점점 더 연결된다.[32]

---

31 TCA II, p.505; *Legitimation Crisis*, pp.33~36, pp.53~55; McCarthy, "Translator's Introduction", p.xxxiii.

32 TCA II, pp.522~524; *Legitimation Crisis*, pp.36~37; McCarthy, "Translator's

3) 이와 같은 발전 과정은 '양면적'이다. 한편으로 이것은 여태
(임금을 지불받는) 일터에서 전혀 구속받지 않았던 자본의 권력에
제한을 가하는 새로운 사회적 권리의 제도화와 부르주아 가족의 부
권주의 제도에서 벗어나는 것이다. 사회보장 프로그램은 가난구제
에 관한 부권주의를 분명히 넘어선 것이다. 하지만 다른 한편으로
새로운 사회적 권리를 실현하기 위해 취해진 조치들은 자유를 왜곡
하는 경향이 있다. 이런 조치들은 관료주의적 절차와 돈의 형태를
띠고, 그리하여 복지체계의 자격, 혜택, 사회적 서비스를 구조화하
게 된다. 그 과정에서 고객을 무력화하고 그들을 관료주의와 치유
통치주의(therapeutocracy)에 의존하게 만들고, 고객 스스로 자신의
욕구와 경험, 생활의 문제를 해석할 능력을 미리 차단해 버린다.[33]

4) 가장 양면적인 복지조치들은 건강관리, 노인간호, 교육, 가
족법과 관련된 것들이다. 관료주의와 화폐수단이 이런 것들을 구조
화하면, 생활세계의 '핵심 영역'은 침범당하게 된다. 이런 조치들은
전략적으로 행동하고 이해관계에 따라 개별자로 자리하는 체제통
합적인 메커니즘에다 사회화와 연대 형성 같은 상징적 재생산 기능
을 양도하게 만든다. 하지만 이런 기능이 가진 내재적·상징적 성격
으로 볼 때, 또한 사회통합과 맺는 내부적인 관계로 볼 때, 그 결과
는 필연적으로 '병리적인' 것이 된다. 따라서 이런 조치들은 임금지
불 직장을 개혁하는 것보다 말하자면 훨씬 더 양면적이다. 임금지
불 직장은 돈과 권력을 통해 이미 체제로 통합된 영역과 관계 맺고
있으며, 상징적 재생산 기능과는 상반되는 것으로서 물질적으로 기
능한다.[34]

5) 이렇게 본다면 복지국가 자본주의는 '생활세계의 내부 식민
화'를 초래한다. 돈과 권력은 체제와 생활세계를 단지 교환하는 매
체만은 아니다. 오히려 생활세계의 내부적인 역학 속으로 점점 더
침입하게 된다. 사적 영역과 공적 영역은 (공식)경제와 행정관리 체

Introduction", p.xxxiii.
33 TCA II, pp.530~540; McCarthy, "Translator's Introduction", pp.xxxiii~xxxiv.
34 TCA II, pp.540~547; McCarthy, "Translator's Introduction", p.xxxi.

제를 일상생활의 규범, 가치, 해석에 더 이상 종속시키지 못하게 된다. 오히려 일상생활 영역이 점점 더 (공식)경제와 행정관리 권력에 종속된다. 노동자와 시민은 생활세계의 영향력을 체제로 연결해 주는 역할을 하지 못하게 된다. 그 대신 새롭게 부각되고 팽창한 소비자와 고객이 체제의 영향력을 생활세계로 연결하는 역할을 한다. 게다가 체제통합 메커니즘이 내재적으로 사회통합을 요구하는 영역으로 침입함으로써 '물화현상'(reification phenomena)을 초래하게 된다. 이렇게 침입된 영역들은 전통적이고 규범적으로 확보된 합의로부터 그냥 멀어지는 것이 아니라 '가치지향 자체'로부터도 멀어지게 된다. 그 결과 '의사소통적 맥락의 황폐화'와 개인적이고 집단적인 정체성을 유지하는 데 필요한 '재생 불가능한 문화자원의 고갈'을 초래한다. 이렇게 하여 상징적 재생산은 파괴되고 정체성은 위협받으며 사회적 위기 추세가 짙어진다.[35]

6) 생활세계의 식민화는 복지국가 자본주의에 특수하고 새로운 형태의 사회적 갈등을 점화한다. '신사회운동'은 '체제와 생활세계의 봉합선'에서 '새로운 갈등의 지대'로 출현해 체제가 유발한 정체성의 위협을 알리는 역할에 도전함으로써 그 위협에 대응한다. 신사회운동은 노동자 역할을 통해 파급된 전문직 노동의 도구화와 교육의 실용화(performatization)에 도전한다. 또한 팽창된 소비자 역할을 통해 파급된 관계와 생활양식의 화폐화에 도전한다. 고객의 역할을 통해 파급된 서비스와 생활 문제들의 관료화에 도전한다. 빈약해진 시민 역할을 통해 파급된 이해관계의 정치가 규칙과 일상이 되는 것에 도전한다. 이렇게 하여 복지국가 자본주의 전개 과정의 최첨단에서 초래되는 갈등은 계급투쟁이나 부르주아 해방투쟁과는 성격을 달리한다. 신사회운동은 물질적 재생산과는 대립되는 상징적 재생산의 위기 추세에 대항하는 것이며, 분배 부정의나 지위 불평등과는 대립되는 '생활형식의 문법'과 물화에 저항한다.[36]

---

35 TCA II, pp.275~277, p.452, p.480, pp.522~524; "A Reply to my Critics", p.226, pp.280~281; *Observations*, pp.11~12, pp.16~20; McCarthy, "Translator's Introduction", xxxi~xxxii; Thompson, "Rationality", p.286, p.288.

다양한 형태의 신사회운동은 그런 운동이 지닌 해방적 잠재력에 따라 구분할 수 있다. 그 판단기준은 그런 운동이 복지국가 자본주의 위기에 얼마나 진정한 해방적 해결책 즉 '생활세계의 탈식민화'를 진척할 수 있는가에 달려 있다. 생활세계의 탈식민화는 세 가지 요소를 포함한다. 첫째, 상징적 재생산의 영역으로부터 체제통합적인 메커니즘을 제거하는 것이다. 둘째, 규범적으로 확보된 맥락을 의사소통적으로 성취된 맥락으로 대체하는 것이다. 셋째, 생활세계를 확립할 수 있는 새로운 민주적 제도를 발전시킴으로써 국가와 (공식적) 경제체제를 통제하는 것이다. 따라서 전통적인 생활세계의 규범을 수호함으로써 체제의 침입을 방어하고자 하는 종교적 근본주의 같은 운동은 진정으로 해방적이지 못하다. 종교적 근본주의 운동은 탈식민화의 두 번째 요소에 적극적으로 반대하며, 세 번째 요소에는 착수하지 않는다. 평화운동과 생태주의운동이 이보다는 훨씬 낫다. 두 운동 모두 체제 침입에 저항하고, 상호작용에 기초하여 새롭게 개혁된, 의사소통적으로 성취된 지대를 설치하려고 하기 때문이다. 하지만 이 운동들조차 자신만의 대안적인 공동체와 '특수한' 정체성으로 '후퇴하는' 한은 '양면적'이다. 그렇게 함으로써 이 운동들은 탈식민화의 세 번째 요소를 체념하고 (공식)경제와 국가체제로부터 사실상 등을 돌릴 뿐 견제하지는 못하게 된다. 이런 관점에서 볼 때, 이 운동들이 식민화로 초래된 정체성 동요를 표현하는 것이야말로 해방적이기보다는 오히려 징후적이다. 반면 페미니즘 운동은 이례적인 것을 대변한다. 페미니즘은 홀로 '새로운 영토를 정복'하려고 적극적으로 '반격'에 나서기 때문이다. 하지만 페미니즘 또한 '특수한' 요소를 통해 저항운동과 연결되어 있다. 페미니즘은 때때로 정체성과 생물학적 성이라는 자연적인 범주를 중심으로 조직된 공동체로 '후퇴'한다.[37]

복지국가 자본주의의 역학에 대한 이런 설명이 지닌 비판적 통찰은 무엇이며 맹점은 무엇인가? 이런 설명이 어느 정도까지 당대

---

36 TCA II., pp.581~583; *Observations*, pp.18~19, pp.27~28.
37 TCA II., pp.581~583; *Observations*, pp.16~17, pp.27~28.

여성들의 투쟁과 소망에 관한 자기해명에 이바지하는가? 나는 이 여섯 가지 주제를 차례로 점검해 보겠다.

　1) 하버마스의 첫 번째 주제는 단도직입적이고 반대할 이유가 없다. 복지국가는 위기관리에 참여함으로써 체제의 차원에서 공적 영역과 사적 영역의 분리를 어느 정도 극복한 것이 분명하기 때문이다.

　2) 하버마스의 두 번째 주제에는 주요한 통찰이 담겨 있다. 복지국가 자본주의가 소비자 역할을 확장하고 시민 역할을 축소한 것은 분명하다. 그렇게 함으로써 시민 역할을 투표행위로 축소해 버렸다(우리는 여기에 군인활동을 추가해야 한다). 게다가 복지국가는 점점 더 주체를 고객의 위치로 자리 매기고 있다. 하지만 하버마스는 이런 전개 과정에 깔려 있는 젠더 하위텍스트를 또다시 보지 못한다. 그는 새로운 고객의 역할에 젠더가 전제되어 있으며 그것은 전형적인 여성의 역할이라는 점을 보지 못하고 놓쳐 버린다. 그는 복지국가의 고객이 압도적으로 여성이라는 현실을 간과한다. 특히 나이 든 여성, 가난한 여성, 자녀가 딸린 싱글 여성이 복지국가의 압도적으로 많은 고객이다. 여기에 덧붙여 그는 수많은 복지국가 체계가 내부적으로 이중화되고 젠더화된다는 사실을 간과한다. 복지국가 체계는 기본적으로 두 가지 프로그램을 포함한다. '남성적' 프로그램은 주로 노동력 참여로 연결되고 생계부양자로서 수익자부담의 원칙으로 고안되어 있다. 반면 '여성적' 프로그램은 가정생활의 '실패'에 주로 맞춰져 있다. 말하자면 남성 생계부양자가 없는 가족에 맞춰졌다. 이와 같은 두 가지 복지 프로그램 체계가 차별적이고 불평등하다는 사실은 그다지 놀랄 일이 못 된다. 여성적 프로그램의 고객―거의 전적으로 여성들과 아이들―은 '소유적 개인의 부정'으로서 뚜렷이 여성화된 양태로 자리하게 된다. 시장에서 그들은 노동자와 소비자로서의 역할이 거의 부정된 채, 한 개인으로서가 아니라 '결손' 가구의 구성원으로서 수혜자가 된다. 그들은 권리를 부인당한 채 감시와 행정적인 시달림을 당하고 대체로 국가 관료주의에 기생하는 남루한 의존자로 낙인찍힌다.[38] 하지만 이런

점들은 복지국가 자본주의에서 고객의 역할 부상이 하버마스가 인
정한 것보다 훨씬 더 복잡하다는 사실을 보여 준다. 이것은 체제와
생활세계 제도 사이의 연계에 변화가 일어나고 있다는 뜻이다. 그
뿐만 아니라 남성지배의 성격이 바뀌고 있다는 의미이기도 하다.
캐럴 브라운의 표현을 빌리자면 '사적 가부장제에서 공적 가부장제
로'[39] 이행되고 있음을 보여 주는 것이다.

　　3) 브라운의 표현은 하버마스의 세 번째 주제의 의미를 다소
뒤틀고 있다. 복지국가 자본주의의 '양면성'에 관한 하버마스의 말
은 옳지만, 그가 생각한 방식만이 전부이거나 혹은 대단히 옳은 것
은 아니라는 의미가 거기에 실려 있다. 복지국가의 조치가 여성들
을 한 개인으로서 남성 생계부양자에게 의존하도록 만드는 일에 긍
정적인 측면이 전혀 없지는 않지만, 이런 조치들이 개별 부양자 남
성을 이제 가부장적이고 남성중심적인 국가관료주의로 대체하는

38 미국의 사회복지 체계에 관해서는 남성 대 여성 참여비율에 관한 분석과 두 가지
하위체계의 젠더화된 특징에 관한 프레이저의 설명을 참조할 것. Fraser, "Women, Welfare
and the Politics of Need Interpretation", *Hypatia: A Journal of Feminist Philosophy* 2:1, 1987,
pp.103~121. 다음의 글들도 참조할 것. Barbara J. Nelson, "Women's Poverty and Women's
Citizenship: Some Political Consequences of Economic Marginality", *Signs: Journal of
Women in Culture and Society* 10:2, 1985; Steven P. Erie, Martin Rein & Barbara Wiget,
"Women and the Reagan Revolution: Thermidor for the Social Welfare Economy",
Families, Politics and Public Policies: A Feminist Dialogue on Women and the State, ed. Irene
Diamond, New York: Longman, 1983; Diana Pearce, "Women, Work, and Welfare: The
Feminization of Poverty", *Working Women and Families*, ed. Karen Wolk Feinstein, Beverly
Hills, CA: Sage Publications, 1979; "Toil and Trouble: Women Worker and
Unemployment Compensation", *Signs: Journal of Women in Culture and Society* 10:3, 1985,
pp.439~459; Barbara Ehrenreich & Frances Fox Piven, "The Feminization of Poverty",
Dissent, Spring 1984, pp.162~170. 영국의 사회복지 체계 분석에 관해서는 다음을 참조할
것. Hilary Land, "Who Cares for the Family?", *Journal of Social Policy* 7:3, 1978,
pp.257~284. 노르웨이 사회복지 체계에 관해서는 다음을 참조할 것. *Patriarchy in a Welfare
Society*, ed. Harriet Holter, Oslo: Universitetsforlaget, 1984. 두 가지 비교연구에 관해서는
다음을 참조할 것. Mary Ruggie, *The State and Working Women: A Comparative Study of
Britain and Sweden*, Princeton, NJ: Princeton University Press, 1984; Birte Siim, "Women
and the Welfare State: Between Private and Public Dependence"(미출판 원고).

39 Carol Brown, "Mothers, Fathers and Children: From Private to Public
Patriarchy", ed. Sargent, *Women and Revolution*. 사실 나는 브라운의 공식이 이론적으로는
부적절하다고 믿고 있다. 왜냐하면 공적 가부장제와 사적 가부장제에 관한 그의 이론이
너무 단순하고 이분법적이기 때문이다. 그럼에도 불구하고 '사적 가부장제에서 공적인
가부장제로'라는 구절은 복지국가에 대해 사회주의적 페미니즘이 설명해야 할 여러 현상에
대해 거칠지만 많은 것을 환기해 준다.

한은 부정적인 측면이 뚜렷하다. 하버마스가 지적했다시피, 복지의 수혜자들은 '체제순응적'이 된다. 하지만 그들의 순응은 공식적으로 국가가 규율하는 자본주의 경제체제에 대한 것이 아니다. 왜냐하면 그들이 순응한 건 사회문화적인 생활세계로까지 확장된 남성지배 체제이기도 하기 때문이다. 바꿔 말하자면, 여기서 양면성은 하버마스가 제시했다시피 고객의 역할이 '물화'의 효과를 수행한 데서 비롯된다. 뿐만 아니라 고객이라는 여성적 역할은 말하자면 근대화된 새롭고 합리적 형태로 여성종속을 영속화한다고 말할 수 있다. 하버마스의 세 번째 주제는 페미니즘 비판이론을 통해 다시 쓸 수도 있다. 이런 재해석은 물론, 복지관료주의와 치유통치주의가 고객 자신의 욕구, 경험, 생활의 문제에 대한 해석 노력을 선점함으로써 고객을 무력화한 방식에 대한 통찰을 그대로 살려야 할 것이다.

4) 반면 하버마스의 네 번째 주제는 재해석하기가 별로 쉽지 않다. 이 주제에 따르면 가내 영역의 복지개혁은 직장에서의 개혁보다 훨씬 더 양면적이기 때문이다. 내가 방금 기술한 의미에서 이것은 경험적으로 사실이다. 하지만 이는 복지체계의 가부장적인 성격에서 기인한 것이지 하버마스가 주장한 것처럼 생활세계 제도의 내재적·상징적 성격에서 기인하는 것이 아니다. 하버마스의 주장은 내가 이미 문제 삼았던 두 가지 잘못된 가정에 의존하고 있다. 첫째, 그의 주장은 상징적 재생산 활동과 물질적 재생산 활동, 양자의 구분을 자연적 유형의 해석에 의존하고 있다. 말하자면 자녀양육은 다른 일들에 비해 내재적으로 더 상징적이며 훨씬 덜 물질적이라는 잘못된 가정에 의존한다. 둘째, 그의 주장은 체제통합 대 사회통합의 맥락을 구분하면서 절대적 차이 해석에 의존하고 있다. 말하자면 돈과 권력이 가족의 내부적인 역학에 깊숙이 파고들어 있지 않다는 잘못된 가정에 의존하고 있다. 하지만 이런 가정을 일단 비판하고 나서 살펴보면, 이 두 형태의 개혁을 다르게 평가할 만한 경험적 토대와 대립되는 범주적 토대는 없다. 만약 임금노동자가 전략적으로 그들의 고용주와 맞서면서 권력 대 권력, 권리 대 권리로 맞설 수 있는 수단을 획득하는 것이 기본적으로 진보라고 한다

면, 여성이 가족과 개인생활의 정치에서 그와 유사한 수단을 유사한 목적을 위해 획득하는 것 또한 마찬가지로 원칙상 진보적이라고 할 수 있다. 만약 가족과 개인생활에서 더 나은 권력의 균형을 성취하려는 과정에서 여성들이 국가관료주의의 고객이 되는 것이 '병리적'이라 한다면, 임금노동자들이 직장에서 유사한 목적을 성취하는 과정에서 국가관료주의의 고객이 되는 것 또한 마찬가지로 원칙상 '병리적'임에 틀림없을 것이다. 그렇다고 해서 그들이 두 가지 다른 형태의 고객이라는 사실이 실제로 바뀌는 것은 아니다. 그럼에도 불구하고 여기서 요점은 '병리적'이라는 용어가 잘못 사용되었다는 것이다. 자녀양육과 다른 노동이 체제통합의 관점에서 볼 때 비대칭적이라는, 받아들일 수 없는 가정을 전제하고 있는 한 그렇다.

5) 이 점은 하버마스의 다섯 번째 주제를 새롭게 조명해 준다. 그의 다섯 번째 주제에 의하면 복지국가 자본주의는 체제로 인한 생활세계의 내부 식민화에 착수한다. 이런 주장은 세 가지 가정에 의존하고 있다. 그중 처음 두 가지는 서로 상충된다. 말하자면 상징적 재생산 활동과 물질적 재생산 활동을 자연적 유형의 해석으로 구분하는 것인데, 돈과 권력으로부터 가내 영역이 전혀 무관하다는 가정은 서로 상충된다. 세 번째 가정은, 후기자본주의 사회에서 운동의 기본적인 벡터는 국가규율 경제에서부터 생활세계로 진행되지 그 반대방향으로 진행되지는 않는다는 가정이다. 고객의 역할이 보여 주는 여성적 젠더 하위텍스트는 이런 가정과 모순된다. 심지어 후기자본주의 사회에서도 젠더정체성의 규범과 의미는 생활세계의 영향력을 체제로 끊임없이 흘러 들어가게 하는 것으로 보이기 때문이다. 이런 규범은 국가규율 경제를 지속적으로 구조화하고, 성별에 따른 노동력 분할을 지속적으로 고착화한다.[40] 또한 미국과

---

40 이 논문을 쓸 당시 미국의 데이터에 따르면, 여성들이 법조계와 의학계 같은 전문직에 진입함에도 불구하고 직장에서 성별 분할이 강화되고 있었다. 이 여성들이 성취한 소득을 고려할 때, 임금노동 여성 대 임금노동 남성을 비교한 총체적인 경제적 위치에는 전반적으로는 향상된 바가 없다. 여성의 임금은 여전히 남성 임금의 60퍼센트에 미치지 못했다. 성별에 따른 직업의 분배에서도 전반적으로 향상된 바가 없었다. 오히려 저임금·하층 여성 직종인 '핑크칼라'의 게토화가 진행되고 있었다. 예를 들어 1973년

유럽 사회복지 체계의 젠더 분할이 보여 주다시피[41] 국가행정을 구조화한다. 그러므로 이건 후기자본주의에서 '체제 침입'이 삶의 맥락을 '가치지향 자체'로부터 떼어 놓는 그런 경우가 아니다. 그러나 복지자본주의는 남성지배와 여성종속을 다루면서 그저 익숙한 '규범적으로 확보된 합의'를 옹호하는 데만 그 의미를 적용하는데, 하버마스의 이론은 생활세계에서 체제로 향하는 이 반동을 간과한다. 그리하여 그는 복지국가 자본주의의 악랄함을 일반적이고 무분별한 형상으로 이해했고, 그 결과 관료화와 화폐화의 영향으로 인해 고통받는 것은 불균형하게도 여성이라는 사실, 그리고 구조적으로 관료화와 화폐화는 무엇보다도 여성종속의 수단이라는 사실을 설명하는 데 실패했다.

6) 이 점은 또한 후기자본주의 사회에서 페미니즘을 포함한 사회운동의 해방적 잠재력, 원인, 성격에 관한 하버마스의 여섯 번째 주제를 수정하게 만든다. 이 이슈들은 이 논문에서 핵심적인 관심사이므로 더욱더 확장된 논의를 필요로 한다.

하버마스는 식민화와 관련해 페미니즘을 포함한 신사회운동의 존재와 성격을 설명한다. 말하자면 체제통합 메커니즘이 상징적 재생산의 영역에 침입함으로써 결과적으로 해석과 의사소통의 맥락이 부식되고 메마르는 현상을 설명한다. 하지만 복지국가 자본주의가 끼친 인과론적 영향력의 다방향성을 고려한다면 '식민화', '침입', '부식', '메마름' 같은 용어들은 사회운동에서 구현된 정체성 변화에 대한 설명치고는 너무나 부정적이고 일방적이다. 그래서 나는 노동자, 소비자, 시민, 고객을 둘러싸고 제도가 매개하는 역할에 관한 우리 시대의 논쟁들에 대한 하버마스의 주요한 통찰로 되돌아가서,

미국에서 임금이 지불되는 모든 탁아 직종의 96퍼센트는 여성이었다. 또 초등학교 교사 직종의 81퍼센트, 모든 보건기술자 직종의 72퍼센트, 등록된 모든 간호사 직종의 98퍼센트, 모든 사서 직종의 83퍼센트, 모든 비서 직종의 99퍼센트, 모든 서비스종업원 직종의 92퍼센트가 여성이었다. 1983년 이 수치는 각각 97, 83, 84, 96, 87, 99, 88퍼센트였다.(드루 크리스티가 인용한 노동청 통계수치에 따른 것이다. Drew Christie, "Comparable Worth and Distributive Justice"는 미국 철학회 서부지부에서 1985년 4월에 발표되었다.)

41 각주 38번을 참조할 것.

적어도 여성들을 위해 그와는 다른 대안적 설명을 시도하고자 한
다. 여기에 나는 자녀양육 역할을 덧붙임으로써, 이 네 가지 역할
모두 젠더화된 역할이라는 사실에 주목하고자 한다. 이제 이런 관
점에서 수백만 명의 여성이 경험하는 것의 의미를 살펴보겠다. 특
히 기혼 여성과 자녀가 딸린 여성은 전후시대에 임금노동자 및 사
회복지의 주요 고객이 되었기 때문이다. 내가 앞에서 누누이 지적
했다시피 이것은 새롭고 첨예한 지배의 경험이었다. 하지만 이는
또한 여성들이 거의 최초로 가내 영역을 벗어나서 비교적 경제적인
독립을 누리며 정체성을 획득할 수단을 갖고 정치적 참여의 범위를
넓히도록 해 준 경험이기도 하다. 무엇보다 이것은 여성들에게 불
가능한 줄타기를, 즉 자녀양육자와 노동자, 고객, 시민이라는 기존
의 역할들 사이에서 동시에 해야 하는 줄타기를 시킴으로써 모순과
갈등을 경험하도록 했다. 서로 양립할 수 없는 상호모순된 역할들
은 고통스럽고 정체성을 위협하기도 했지만, 그런 경험이 전적으로
부정적인 것만은 아니었다.[42] 상호모순적인 방식으로 동시에 호명
됨으로써 여성은 분열된 주체가 되었다. 그 결과 과거에는 각자 분
리된 영역에서 유지되었던 고유한 역할들이 갑자기 경쟁무대에 나
서게 되었다. 우리는 여기서 하버마스의 말대로 '상징적 재생산의
위기'를 거론해야 하는 걸까? 만약 이것이 돈과 조직된 권력의 침입
으로 인해 여성의 삶에 초래된 의미와 가치의 황폐화를 뜻한다면,
그에 대한 대답은 분명히 아니오다. 하지만 만약 이것이 기존의 젠
더화된 역할과 제도적인 틀 안에서는 해결되거나 실현될 수 없는
문제를 드러내 보여 주고 쟁점을 부각한다면, 그에 대한 대답은 예
라고 강조하는 바다.

　　만약 식민화가 우리 시대의 페미니즘(그리고 여타 신사회운동)
을 설명하는 데 부적절하다면, 탈식민화 또한 해방적 해결책에 대

---

42 Zillah Eisenstein, *The Radical Future of Liberal Feminism*, Boston: Northeastern
University Press, 1981. 특히 9장을 참조할 것. 여기서 뒤따를 논의는 라클라우와 무페의
관점과 흡사하다. Ernesto Laclau & Chantal Mouffe, *Hegemony and Socialist Strategy*, New
York: Verso, 1985.

한 적절한 개념이 될 수 없다. 내가 앞서 개괄한 관점에서 파악해 보면 탈식민화의 첫 번째 요소, 즉 상징적 재생산 영역에서 체제통합적인 메커니즘을 제거함으로써 탈식민화는 개념상·경험상 진짜 문제를 회피한 것이기 때문이다. 만약 진짜 문제가 전략적이고 위계적인 상호작용 대신 협동적이고 평등한 상호작용의 윤리적 우월성에 놓여 있다면, 이는 생활세계 제도 하나만을 지목함으로써 문제를 은폐하는 것이다. 여기서 요점은 가정생활뿐만 아니라 임금노동과 정치행정 또한 동시에 거론해야 한다는 점이다. 마찬가지로 탈식민화의 세 번째 요소, 즉 체제가 생활세계에 미치는 영향력과 통제 방향의 역전에는 수정을 가해야 한다. 젠더의 사회적 의미가 후기자본주의 공식경제와 국가체제를 여전히 구조화하고 있기 때문에, 여기서 제기해야 할 질문은 생활세계의 규범이 결정적인 것인가가 아니라 오히려 어떤 것이 생활세계의 규범이 될 것인가다.

　이와 같은 해방적 성과를 거두기 위한 핵심은 하버마스가 말한 탈식민화의 두 번째 요소에 놓여 있다. 의사소통적으로 성취된 맥락을 가지고 규범적으로 확보된 맥락을 대체하는 것이다. 두 번째 요소의 핵심은 이 과정이 두 가지 전선에서 동시적으로 발생한다는 점을 고려할 때 분명해진다. 첫 번째 전선은 국가 및 공식경제 체제와 함께하는 사회운동 투쟁이다. 이들 투쟁은 체제라는 매체 하나를 붙잡고 하는 것이 아니라, 정부와 기업정책에 내포되고 제도로 정해져 있는 의미와 규범을 두고 하는 것이다. 둘째, 이들 과정은 하버마스가 주제로 삼지 못한 현상에서 일어난다. 이것은 사회적인 욕구에 관해 서로 상반된 해석을 내놓는 대립적인 사회운동 사이의 투쟁이다. 이 두 형태의 투쟁 모두 규범적으로 확보된 행동과 의사소통적으로 성취된 행동 간의 대립과 연관된다. 두 가지 행동 모두 해석과 의사소통의 사회문화적인 '의미'에 대한 헤게모니 투쟁과 연관되어 있다. 예를 들어 수많은 후기자본주의 사회에서 노동자, 어머니, 시민, 고객으로서 여성들이 겪게 되는 모순적이고 자기분열적인 경험은 한 가지 운동이 아니라 두 가지 운동을 발생시켰다. 하나는 페미니즘 운동이며 다른 하나는 반페미니즘 운동이다. 이들

운동은 각자 동맹군을 가지고 있으면서 서로 투쟁하고 있을 뿐만
아니라, 국가 및 기업제도와도 투쟁하고 있다. '여성', '남성', '여성
성', '남성성'이 지닌 사회적 의미를 놓고 투쟁할 뿐만 아니라, 여성
의 욕구에 관한 해석과 여성의 몸이 어떻게 사회적으로 구성되는가
에 대한 해석을 두고, 사회적 역할을 두고, 주요한 제도적 매체를
형성하는 젠더규범을 두고 서로 경합하고 있다. 하지만 이런 것들
의 사회적 의미 형성과 관계된 해석과 의사소통의 수단은 언제나
남성들이 통제해 왔다. 따라서 페미니스트 여성들은 요컨대 해석과
의사소통의 수단에 대한 접근과 통제를 재배치하고 민주화하려고
투쟁하고 있다. 따라서 우리는 다음과 같은 특별한 의미에서 여성
의 자율성을 위해 투쟁하고자 한다. 정치적인 숙의 과정과 의사결
정을 포함하여 모든 형태의 사회적 상호작용에서 여성은 남성과 대
등하게 충분히 참여할 수 있는 해석과 의사소통의 수단을 놓고 집
단적으로 통제하기 위한 조치를 확보하고자 투쟁해야 한다.[43]

'특수주의'와 '보편주의' 같은 용어 사용에 관한 주의사항을 지
금부터 제시하고자 한다. 하버마스의 여섯 번째 주제는 페미니즘이
역사적 해방운동과 보편주의적 윤리성에 근거한다는 점을 강조했
다는 점을 상기하자. 하버마스가 페미니즘 내부에서 그리고 저항운
동 전반에서 찾아볼 수 있는 경향에 비판적이었다는 점을 기억해
보라. 하버마스가 비판한 경향은 특수주의에 기대 정체성의 문제를
해결하려 하는 것이었다. 정치적 투쟁의 무대에서 물러나 생물학적
성 같은 자연적인 범주에 토대를 두고 규정된 대안적인 의사소통으
로 후퇴함으로써 정체성의 문제를 해결하려는 경향 말이다. 나는
여기서 세 가지 진정한 문제가 있고 이것을 서로 분리할 필요가 있
다고 제안한다. 첫 번째 문제는 정치적 참여 대 무정치적인 대항문
화적 행위다. 하버마스가 문화주의 페미니즘을 비판한다면, 원칙적

---

43 나는 '해석과 의사소통의 사회문화적 수단'이라는 개념과 그와 유사한 자율성
개념을 "Toward a Discourse Ethic of Solidarity"에서 전개했다. *Praxis International*, 5:4,
1986, pp.425~429. 이 두 개념 모두 하버마스의 '의사소통적 윤리'를 확장하고 수정한
것이다.

으로는 수긍할 수 있다. 문화적 분리주의가 장기적인 정치적 전략으로서는 부적합하지만 여성의 육체적·심리적·윤리적 생존을 위해서 대개 단기적으로는 필수적이라는 유보조항이 있다면 말이다. 분리주의 공동체는 해석과 의사소통의 수단을 두고 정치적인 효력과 경쟁력을 갖춘 것으로 입증됨으로써 여성의 경험에 대한 수많은 재해석이 가능케 하는 원천이었다. 두 번째 문제는 새로운 사회적 정체성을 형성하는 데 있어 여성의 생물학적 위상이다. 하버마스의 비판적 요점이 환원론적 생물학주의에 대한 것이라면 그런 비판은 충분히 받아들일 수 있다. 그렇다고 해서 이것이 여성의 생물학적 특징이 거의 전적으로 남성에 의해 해석되어 왔다는 사실을 무시해도 좋다는 뜻은 아니다. 또한 자율성을 쟁취하기 위한 여성의 투쟁이 무엇보다도 여성 신체의 사회적 의미에 대한 재해석을 반드시 제대로 포함해야 한다는 점을 무시해서도 안 된다. 세 번째 문제는 보편주의 대 특수주의라는 난해하고 복잡한 문제다. 하버마스가 해석과 의사소통의 수단에 대해 메타수준에서 접근하고 통제하는 방식으로 보편주의를 승인하는 한, 그의 비판은 얼마든지 받아들일 수 있다. 이런 수준에서 자율성을 위한 여성의 투쟁은 분배정의라는 보편주의적 개념 속에서 이해될 수 있다. 하지만 투쟁의 결과가 가져온 실질적인 내용, 말하자면 우리가 원하는 욕구, 우리의 몸, 우리의 새로운 사회적 정체성, 여성성의 개념과 같은 새로운 사회적 의미들을 보편주의에서 벗어난 특수주의로 치부해 묵살해도 좋다는 의미는 아니다. 이런 개념들은 여성들이 제거하려고 하는 성차별적·남성중심주의적 의미 및 규범과 마찬가지로 더 이상 특수한 것이 아니기 때문이다. 더 일반적으로 말해, 대화적 형식과 대립되는 실체적인 내용의 차원에서 보편주의와 특수주의를 대조하는 것은 잘못되었다. 실체적인 사회적 의미와 규범은 문화적·역사적으로 언제나 반드시 특수하다. 이런 것들은 언제나 분명히 공유된 생활형식이며 비보편적이다. 페미니즘적인 의미와 규범 또한 여기서 예외가 아닐 것이다. 그러므로 경멸적 대상으로서의 특수주의가 되지도 않을 것이다. 간단히 말해, 그것은 그냥 다르게 전개될 것이다.

여기서 이제까지 나는 해석과 의사소통의 수단을 두고 전개되는 사회운동 투쟁이 복지국가 자본주의가 초래한 위기의 경향을 해소할 해방적 해결책의 핵심이라고 주장했다. 지금부터는 그 투쟁과 제도 변화의 관계를 분명히 밝혀 보겠다. 그런 사회운동 투쟁은 내가 주장하다시피 암묵적으로 혹은 공공연하게 다음과 같은 문제를 제기한다. 노동자, 자녀양육자, 시민, 고객으로서의 역할이 더욱더 탈젠더화되어야 하는가? 그럴 수 있는가? 남성이 언제나 남성으로서 노동자이자 시민이었던 것과 마찬가지로, 여성에게 여성으로서 노동자와 시민이 되도록 하는 것이 차라리 낫지 않을까? 이것이 의미하는 바는 무엇일까? 어떤 경우든지 간에, 해방을 성취하려면 당대의 사회적 조직에 토대를 둔 현재의 젠더 역할에 심각한 변혁이 있어야 하지 않을까? 이런 역할들이 매개하고 있는 내용, 성격, 범주, 생활영역과의 관계에 근본적인 변화가 그다음으로 반드시 뒤따라야 하지 않을까? 임금노동, 자녀양육, 시민권의 성격과 위상은 다른 역할과 대비해 어떻게 정의되어야 할까? 민주사회주의 페미니즘 (democratic‑socialist feminist)은 자녀양육을 자기관리 임금노동에 포함해야 하는가? 혹은 오히려 변혁된 민주사회주의 페미니즘의 구성요소인 자녀양육으로 참여적인 시민권인 군인활동을 대체해야 하는가? 그 밖의 어떤 가능성을 생각할 수 있을까?

이 여섯 가지 주제 중에서 가장 핵심적인 비판적 요점을 다시 한 번 되풀이함으로써 이 논의를 마무리하고자 한다. 첫째, 하버마스의 설명은 후기자본주의 공식경제와 행정관리 체제가 지닌 가부장적인 규범으로 매개된 특징을 제대로 다루지 못한다. 둘째, 그의 설명은 후기자본주의 생활세계의 가내 영역에서 체제, 돈, 권력으로 매개되는 남성지배의 특징 또한 포착하지 못한다. 결과적으로 그의 식민화 주제는 체제와 생활세계 제도 사이의 통로가 다방향이라는 점을 제대로 포착하지 못한다. 그럼으로써 그의 이론은 후기자본주의 사회에서 개별화된 여성의 자녀양육을 젠더에 기초한 성별분업적 임금노동, 사회복지에 대한 국가규율 경제와 완전히 분리함으로써, 이것이 여성종속을 제도적으로 유지하는 핵심적 장치임을 문제시하기보다는 오히려 반복해 긍정하고 있다. 이렇게 하여 하버마스는 남성지배를 비판했지만, 그의 진단범주는 젠더중립성의 물화라는 압도적이고 최우선적인 문제로부터 다른 곳으로 관심을 돌리게 만든다. 결과적으로 탈식민화에 대한 그의 기획은 주요한 페미니즘적 질문을 회피하게 만든다. 그의 프로그램은 자녀양육과 임금노동과 시민권 사이의 관계를 어떻게 재구조화할 것인가 하는 문제를 화두로 삼지 못한다. 마지막으로 하버마스의 범주들은 원인을 오인함으로써 복지국가 자본주의에 대한 페미니즘의 도전 범위를 과소평가한다. 간단히 말해, 체제와 생활세계 제도 사이의 근본적인 전쟁이라는 식으로 전선을 긋는 이론으로는 우리 시대 여성들의 투쟁과 소망을 제대로 밝힐 수가 없다. 페미니즘적인 관점에서 볼 때, 더욱 근본적인 전선은 체제 및 생활세계와 연계되어 있는 남성지배의 형식과 우리 사이에 놓여 있다.

4. 결론

전반적으로 젠더와 관련해 하버마스의 이론이 드러낸 주요한 맹점은 체제와 생활세계 제도를 대립적인 범주로 나눈 것과 더불어 대단히 복합적인 것을 훨씬 더 기본적인 대립으로 나눈 것 이 두 가지로 거슬러 올라갈 수 있다. 하나는 재생산 기능에 관한 것이며, 다른 하나는 행동통합 유형에 관한 것이다. 이런 대립이 이데올로기적으로, 남성중심적으로 해석됨으로 인해 하버마스의 프레임이 보여 준 잠재적으로 훨씬 비판적인 다른 요소들을 오히려 압도하고 가려 버리는 방식에서 그 맹점을 찾을 수 있다. 말하자면 규범적으로 확보된 행동맥락과 의사소통적으로 성취된 행동맥락의 구분, 공적/사적 관계로 나뉘는 4항 모델과 같은 요소가 더 비판적 잠재력을 가진 요소들을 가려 버린 것에서 찾을 수 있다.

　　나는 하버마스의 맹점이 시사하는 바가 크다고 생각한다. 그가 드러낸 맹점들은 복지국가 자본주의에 관한 사회주의 페미니즘 비판이론의 범주적 프레임이 어떤 결론에 이르러야 하는지에 관한 통

찰을 제시해 주기 때문이다. 여기서 가장 주요한 요구사항은, 이와
같은 프레임은 남성가장중심의 핵가족과 국가규율 공식경제처럼
이항대립적인 주요 범주로 구분·분리될 수 있는 것이 아니라는 점
이다. 오히려 우리에게는 그 범주들 사이의 유사성에 민감한 프레
임이 필요하다. 비록 다른 방식을 통해서겠지만, 그런 프레임은 여
성의 종속을 강제하는 제도라는 동일한 노선에 이 둘을 위치시킨
다. 왜냐하면 가족과 공식경제 모두 우리의 노동을 전유하여 우리
의 욕구 해석 참여를 방해하고, 규범적으로 확보된 욕구 해석으로
부터 정치적 경합을 막아 버리기 때문이다. 두 번째 핵심 요구사항
은, 이런 프레임은 사회운동과 인과론적인 결과의 일방향성에 관해
어떤 선험적 가정도 포함하지 말아야 한다는 점이다. 말하자면 사
멸되고 있는 것으로 추정되는 제도와 규범이 사회현실을 구성하고
지속하는 방식에 민감해야 한다는 것이다. 세 번째 핵심적인 요구
사항은, 여기서 내가 제일 마지막으로 언급한 것인데, 이런 프레임
은 복지국가 자본주의의 병폐가 곧바로 물화의 병폐인 것처럼, 그
것 하나만이 오로지 문제인 것처럼 설정하지 말아야 한다는 점이
다. 그것은 지배와 종속의 병폐를 전면에 부각할 수 있는 것이어야
한다.[44]

---

44 내 최근 작업은 이런 요구사항을 충족하는 복지국가에 관한 사회주의 페미니즘
비판이론의 개념 틀을 구성하기 위한 것이다. "Women, Welfare and the Politics of Need
Interpretation", "Toward a Discourse Ethic of Solidarity", 그리고 특히 이 책의 2장인
「욕구를 둘러싼 투쟁」을 참조하기 바란다. 이 각각의 논문은 내가 하버마스의 사상 중에서
대단히 긍정적이고 유용한 것으로 받아들인 지점에 깊이 기대고 있다. 인간의 욕구에 관해
사회문화적이고 해석학적인 특징을 분명하게 띤 하버마스의 개념, 그리고 욕구 해석에
있어서 대화적 과정과 독백적 과정의 대조가 보여 준 바에 빛졌다. 반면 지금의 이
글(1장)은 내가 하버마스의 사상 중 문제적이라고 생각했거나 도움이 되지 않는다고
이해한 측면에 주로 초점을 맞춘 것이므로, 그의 전체적 작업이나 그에 대한 내 입장
전부를 충분히 담고 있지 않다. 따라서 독자들이 하버마스의 복지국가이론에는 사회주의
페미니즘의 비판이론에 기여할 수 있는 긍정적인 측면이 거의 혹은 전혀 없다는 식의
성급한 결론에 이르지 않기를 바란다. 독자들에게 촉구하노니, 이와 정반대의 이야기를
알고 싶다면 앞에서 말한 논문들을 참조하기 바란다.

2

욕구를 둘러싼 투쟁

후기자본주의 정치문화에 대한 사회주의 페미니즘 비판이론의 개괄[*]

> 욕구 또한 정치적 도구로서 깔끔하게 준비되어 계산되고 이용된다.
> —미셸 푸코[1]

후기자본주의 복지국가 사회에서 사람들의 욕구를 둘러싼 토론은 주요한 정치적 담론의 한 유형이다. 예를 들어 미국에서 우리는 정부가 시민들의 욕구를 충족시켜 주어야 하느냐 문제를 두고 논쟁한다. 그렇게 하여 페미니스트들은 국가가 부모들의 탁아욕구를 충족시켜 주어야 한다고 주장하는 한편, 사회적 보수주의자들은 자녀는 어머니가 보살펴야 한다고 주장하고, 경제적 보수주의자들은 정부가 아니라 시장이 그런 욕구를 가장 잘 충족시켜 줄 최고의 제도라고 주장한다. 미국인들은 또한 기존의 사회복지 프로그램이 그런 욕구를 정말로 충족시키고 있느냐, 혹은 그런 욕구를 오해하고 있는 건 아니냐 하는 문제를 두고 논쟁한다. 예를 들어 우파 비평가들은 무조건적 소득지원 프로그램이 일하겠다는 의욕을 저하시키고 가족을 붕괴시킨다고 주장한다. 그와 대조적으로 좌파 비평가들은,

* 샌드라 바트키(Sandra Bartky), 린다 고든(Linda Gordon), 폴 매틱 주니어(Paul Mattick, Jr.), 프랭크 미켈먼(Frank Michelman), 마사 미노(Martha Minow), 린다 니컬슨(Linda Nicholson), 아이리스 영(Iris Young)의 유용한 논평에 감사드린다. 메리 잉그램 번팅 래드클리프칼리지 연구소는 관대한 연구지원과 최상의 작업환경을 제공해 주었다.

1 Foucault, *Discipline and Punish: The Birth of the Prison*, trans. Alan Sheridan, New York: Vintage, 1979, p.26.

어린아이를 키워야 하고 보수가 좋은 직장에서 일하고 싶어하는 빈곤 여성들에 대한 근로복지제도의 강압성과 징벌적 성격에 반대한다. 이 모든 경우, 다양한 여러 집단의 사람들이 원하는 욕구는 정확히 어떤 것인가, 그리고 그런 문제에 대한 최종 결정은 누가 할 수 있는가를 두고 논쟁이 분분하다. 게다가 이 모든 경우, 욕구 토론(needs talk)은 정치적 주장을 형성하고 경합하는 매개체이자, 정치적 갈등을 벌이고 불평등을 상징적으로 드러내며 그에 도전하는 표현양식이다.

욕구에 관한 토론이 서구 정치문화에서 언제나 중심화제였던 것은 아니다. 오히려 정치의 안티테제로서 간주되고 그래서 정치생활의 주변으로 밀려나곤 했다. 하지만 복지국가 사회에서 욕구 토론은 정치적 담론의 주요 표현양식으로서 제도화되어 왔다. 비록 쉽지는 않았지만 욕구 토론은 정치생활에서 그야말로 핵심인 권리와 이해관계에 관한 토론과 공존하게 되었다. 욕구에 관한 담론과 권리 및 이해관계에 관한 담론이 특이하게도 병존하는 것이야말로 후기자본주의 정치 변화의 뚜렷한 표지다.

이런 정치문화에 개입하는 것을 목표로 하는 페미니스트(과 그 밖의 여러 사람)들은 다음과 같은 질문을 함으로써 득을 볼 수 있었다. 욕구 토론은 복지국가 사회의 정치문화에서 왜 그토록 부각되는가? 후기자본주의 사회구조에서 이런 전개 과정과 변화의 관계는 무엇인가? 이 욕구 표현양식의 등장이 '정치'생활, '경제'생활, '가정' 생활 영역 사이의 경계에 어떤 변동을 가져왔다고 평가되는가? 이 것은 정치 영역의 확장인가 아니면 오히려 새로운 권력양식과 사회통제양식으로 인한 정치 영역 식민화의 증거인가? 이 욕구 토론에서 주요한 변수들은 무엇이며, 그런 욕구들은 논쟁적으로 어떻게 상호작용하는가? 어떤 기회, 어떤 장애가 페미니즘처럼 광범한 사회적 변혁을 추구하는 운동에 필요한 언어를 제시하는가?

나는 지금부터 그런 질문에 대한 명확한 대답이 아니라 그것에 관해 숙고하는 연구방법의 개요를 제시하고자 한다. 내가 말하고 싶은 것을 다섯 부분으로 나눠서 논의하겠다. 첫 번째 절에서 나는 욕구에 대한 연구에서 욕구에 관한 담론으로 초점을 옮김으로써 기존의 이론적 연구방법론과는 결별한다. 말하자면 욕구 충족의 분배 이론에서 '욕구 해석의 정치'로 논의의 초점을 변경하고자 한다. 나는 또한 복지국가 사회에서 서로 경쟁하고 있는 욕구 토론의 특징을 도출하도록 고안된 사회 담론 모델을 제안할 것이다. 두 번째 절에서 나는 이런 담론 모델과 사회구조적인 고려를 연결하고자 한다. 특히 '정치'생활 영역, '경제'생활 영역, '가정'생활 영역의 경계를 변동시킬 수 있는 담론 모델을 제공할 것이다. 세 번째 절에서 나는 후기자본주의 정치문화에서 욕구 토론의 세 가지 주요한 경향을 밝혀내고 그것이 잠재적인 추종자들을 두고 경합하는 방식을 지형화하겠다. 네 번째 절에서 나는 이 모델을 미국의 당대 정치욕구의 구체적인 사례에 적용해 볼 것이다. 마지막으로 결론 절에서 나는 욕구 토론 현상으로 인해 야기된 윤리적·인식론적 문제들을 고려해 보고자 한다.

1. 욕구 해석의 정치: 담론 모델

내가 제안하고자 하는 연구방법의 특수성에 관해 약간 설명을 함으로써 이 글을 시작할까 한다. 내 연구방법에 따르면 연구의 초점은 욕구 자체에 있는 것이 아니라 욕구 담론에 있다고 보는 편이 낫겠다. 여기서 요점은 욕구의 정치에 관한 관점의 각도를 바꾸는 것이다. 통상적으로 욕구의 정치는 만족의 분배에 관한 것으로 이해된다. 그와는 대조적으로 내 접근법은 욕구 해석의 정치에 집중한다.

　　나는 욕구 주장의 맥락적이고 경합적인 성격을 조명하기 위해 담론 해석에 초점을 맞추고자 한다. 많은 이론가가 주목했다시피 욕구 주장은 관계적인 구조를 가지고 있다. 암묵적으로든 명시적으로든, 욕구 주장은 'A는 Y를 하기 위해 X를 필요로 한다'는 형식을 취한다. 내가 앞으로 '~하기 위해'(in-order-to) 구조라고 부를 이것은 음식이나 주거지처럼 절대적으로 필요한 것, 말하자면 가장 일반적이고 대단히 '얇은'(thin) 것으로 여겨지는 욕구일 때에는 특별히 문제가 제기되지 않는다. 따라서 우리는 노숙자들이 비열대지역 기

후에서 사는 한, 그 밖의 모든 사람과 마찬가지로 주거지가 필요하
다고 말하는 데는 아무런 문제도 제기하지 않는다. 그리고 많은 사
람은 정부가 생활과 자유의 보증자로서 이런 욕구를 최종적으로 충
족시켜 줘야 할 책임이 있다고 생각할 것이다. 하지만 이 일반적 수
준에서 조금이라도 내려오는 순간, 욕구 주장은 당장 엄청난 논쟁
거리가 된다. 비바람을 피할 수 있는 주거지를 갖기 위해 노숙자에
게는 얼마나 '두툼한'(thick) 것들이 필요한가? 대단히 일반적이고
얇은 욕구를 일단 인정하고 나면 어떤 형태의 특별한 지원이 적용
되어야 할까? 노숙자들이 원하는 것이란 길모퉁이 환풍구 옆에서
이무런 방해 없이 잠을 잘 수 있도록 사회가 기꺼이 허락해 주는 것
일까? 그들에게 지하철 통로나 버스터미널에 공간을 마련해 주는
것일까? 아니면 임시 주거지의 침대 위에서 재워 주어야 할까? 영
구주택이 필요한가? 만약 영구적인 주거지라고 답한다면, 노숙자가
필요로 하는 것은 어떤 종류의 영구주택인가? 좋은 학교, 할인쇼핑
센터, 취업기회로부터 동떨어진 도심의 고층임대시설인가? 생계부
양자가 한 사람인 핵가족을 위해 고안된 단독주택인가? 영구주택을
갖기 위해 노숙자는 그 밖의 어떤 것을 필요로 하는가? 전세대출자
금? 소득지원? 직업훈련과 직업교육? 탁아? 마지막으로 공급 가능
한 적당한 주거지를 보증하기 위해 주택정책 수준에서 필요한 것은
무엇인가? 저소득층 주택에 대한 민간투자를 장려하기 위한 세금혜
택인가? 전체적으로 상업화된 주택지구 환경 안에 집중된 공공주택
사업이어야 할까 아니면 산재된 공공주택사업이어야 할까? 도시주
택의 탈상업화가 필요한 걸까?[2]

　　우리는 이런 질문을 끝없이 확장할 수 있다. 그와 동시에 논쟁
또한 증폭할 수 있을 것이다. 바로 그것이 욕구 주장의 핵심이다.
이와 같은 욕구 주장들은 '~하기 위해'의 미세한 관계망 속에서 서
로 연결되고 자리 잡는 경향이 있다. A는 Y를 하기 위해 X가 필요

2　주택의 탈상업화는 사회적 소유권을 의미할 수도 있고, 혹은 하나의 대안으로
양도할 동안 가격을 결정하기 위한 비시장 메커니즘(예를 들면, 가격통제)과 결합된
입주자 소유권을 의미할 수도 있다.

할 뿐만 아니라 X를 하기 위해 P 또한 필요로 하며 P를 하기 위해 Q가 필요하다는 식이다. 게다가 그와 같은 '~하기 위해'의 연쇄 그물망을 정치적 논쟁 과정으로 해결하려 할 때, 의견불일치는 완화되기보다 대체로 심화된다. 바로 그런 연쇄의 그물망을 어떤 방식으로 해결하느냐는, 발화자가 이면에 놓인 가정을 어떤 방식으로 공유하느냐에 달려 있다. 노숙자 문제를 다루기 위해 입안된 정책은 기본적인 소유권과 도시 부동산 투자구조에 손을 대서는 안 되는 걸까? 혹시 사람들의 가정과 참여가 갈라지는 지점이 바로 거기서부터인 것일까?

욕구 해석의 정치에 주목하자고 제안하면서 내가 목적한 바는 서로 경합하는 '~하기 위해'의 관계에 초점을 맞추는 것이다. 그와 같이 촘촘한 관계의 그물망 탐색에 착수할 필요가 없는 얇은 욕구이론은 현대사회에서의 욕구의 정치를 집중적으로 조명해 내지 못한다. 욕구의 정치가 다양한데도 그런 욕구이론은 미리 규정된 욕구들이 충족될 수 있는가 없는가에만 관심을 갖기 때문이다. 결과적으로 이들 이론은 무수히 많은 주요한 정치적 질문으로부터 다른 곳으로 관심을 돌리게 만든다.[3] 첫째, 이들 이론은 사람들의 욕구를 해석하면서 그런 욕구가 단순히 주어진 것이고 전혀 문제가 없다고 풀이한다. 그러다 보니 욕구 정치의 해석적 차원을, 다시 말해 단지 만족 불만족의 수준이 아니라 **욕구 해석 자체가 정치적으로 경합한다**는 사실을 은폐해 버린다. 둘째, 이들 이론은 문제의 욕구를 누가 해석하든, 어떤 관점에서 무슨 이해관계의 관점에서 그것을 해석하든 그런 건 문제가 안 된다고 가정한다. 그러다 보니 누가 권위를 갖고서 사람들의 욕구를 두툼하다고 정의하는지가 정치적 관건이라는 사실을 간과하게 된다. 셋째, 이들 이론은 사람들의 욕구 해석에 이용될 만큼 사회적으로 권위 있는 공적 담론 형식이 당연히 적절

---

3   내가 염두에 두고 말한 이런 종류의 이론이란 데이비드 브레이브룩의 '욕구 충족'론이다. David Braybrooke, *Meeting Needs*, Princeton, NJ: Princeton University Press, 1987. 브레이브룩은 '얇은 욕구' 개념이 "이전투구로 떨어지지 않는 한은 정책 결정에 실질적 기여를 못 한다"(p.68)고 주장했는데, 그 결과 내가 열거한 그 어느 문제도 거론해 내지 못했다.

하고 공정하다고 여긴다. 그러다 보니 이와 같은 공적 담론의 형식
이 자신의 이해관계와 지배적인 사회적 집단에게 우호적으로 기울
어 있지 않은지, 그래서 종속적이거나 대립적인 집단에게 불리하게
작용하지는 않는지에 대한 질문을 무시한다. 달리 말하자면 이들
이론은 공적 담론이라는 수단 자체가 욕구의 정치에서 관건이라는
사실을 가려 버린다. 넷째, 이들 이론은 욕구 해석의 사회적·제도적
논리 과정을 문제 삼지 못하게 한다. 그러다 보니 다음과 같은 주요
한 정치적 질문을 무시하게 된다. 사회의 어떤 곳에서, 어떤 제도
속에서 권위적인 욕구 해석이 전개되는가? 어떤 형태의 사회관계가
발화자들이나 공동해석자들 사이에서 강제력을 갖는가?

　　이런 맹점을 고치기 위해 나는 더욱 정치적으로 비판적인 담론
지향 대안을 제안하고자 한다. 나는 욕구 해석의 정치를 분석상으
로는 구별되지만 현실적으로는 상호연관되는 세 가지 계기 사이의
협상으로 간주한다. 첫째는 주어진 욕구의 정치적 위상을 확립하거
나 부인하려는 투쟁이다. 말하자면 욕구를 합법적인 정치적 관심사
의 문제로 인정하거나 비정치적인 문제로 고립시키려는 투쟁이다.
둘째는 욕구 해석을 둘러싼 투쟁으로, 욕구를 정의할 수 있는 권력
을 갖기 위한 투쟁이다. 그래서 무엇이 그런 욕구를 충족시켜 주는
지 결정하려는 권력투쟁이다. 세 번째 계기는 욕구 만족을 위한 투
쟁으로, 욕구를 만족시킬 수 있는 지원을 확보 혹은 철회하려는 투
쟁이다.

　　욕구 해석의 정치에 초점을 맞추려면 사회적 담론 모델이 필요
하다. 내가 제안하려는 모델은 욕구 토론의 다가적(multi-valent)·
경합적 특징을 전면에 부각한 것이다. 말하자면 복지국가 사회에서
우리는 사람들의 욕구에 관해 토론하는 여러 가지 다양한 경쟁적
방식을 만나게 된다. 이 모델은 내가 사회문화적인 '해석과 의사소
통의 수단'(Means of Interpretation and Communication), 즉 MIC
라 부른 것의 이론화다. 이런 모델을 통해 내가 의미한 바는, 각자
의 주장을 둘러싸고 서로에게 압력을 행사하는 특정한 사회집단의
구성원들이 활용할 수 있는 담론 자원의 역사적·문화적으로 특수

한 앙상블이다.

1) 주장을 강하게 내세우기 위한 표현양식으로 공식 인정된 것: 예를 들어 욕구 토론, 권리 토론, 이해관계 토론 같은 것이 있다.

2) 요구 제기에 익숙하게 활용되는 양식으로 표현된 구체적 어휘들: 예를 들어 욕구 토론의 경우 치유적 어휘, 행정관리적인 어휘, 종교적 어휘, 페미니즘적 어휘, 사회주의적 어휘 등.

3) 서로 갈등을 초래하는 주장들을 판단하는 데 권위 있는 것으로 인정된 논쟁의 패러다임: 예를 들어 과학적 전문가의 의견에 의지함으로써 욕구 해석에 관한 갈등이 해결될 수 있는가? 다수결의 원칙에 따라 투표를 할 수 있는가? 문제의 욕구를 해석하는 데 누구에게 특권을 부여할 수 있는가?

4) 사람들의 사회적 정체성을 구성하는 데 필요한 개인적·집단적 스토리로 활용되는 서사 관행.

5) 주체화의 양식: 담론이 특정한 주체에게 특수한 행동을 할 수 있는 가능성을 부여함으로써 발화자를 위치 짓는 방식. 예를 들어 '정상적인' 주체 또는 '일탈적인' 주체, 혹은 인과론적으로 조건화된 주체, 혹은 자유롭게 자기결정을 하는 주체, 고유한 개인으로서의 주체, 혹은 사회집단 구성원으로서의 주체 등.[4]

이 모든 요소는 후기자본주의 복지국가 사회에서 MIC를 구성한다. 이들의 기능을 포착하기 위해, 우리는 그런 사회가 각양각색의 연합, 역할, 그룹, 제도, 담론에 의지하고 있다는 점을 기억해야 한다. 따라서 '해석과 의사소통의 수단'은 전혀 일관적이지 않다. 일관되고 단일한 그물망으로 구성되기는커녕 오히려 다언어적 가능성과 여러 가지 대안을 제시하는 이질적인 장으로 이뤄진다. 게다가 복지국가 사회에서 욕구에 관한 담론은 대안적 해석을 적어도

---

4 '주체화의 양식'이라는 표현은 푸코에게서 영감을 얻은 것이다. 푸코의 용어인 '복종의 양식'과 그 용법은 내가 쓰는 것과 다소 다르다. Michel Foucault, "On the Genealogy of Ethics: An Overview of Work in Progress", ed. Paul Rabinow, *The Foucault Reader*, New York: Pantheon, 1984, pp.340~373. '해석과 의사소통의 사회문화적 수단'이라는 생각에 관한 또 다른 설명을 보려면 다음을 참조할 것. Nancy Fraser, "Toward a Discourse Ethic of Solidarity", *Praxis International* 5:4, January 1986, pp.425~429.

암묵적으로는 흔히 참조한다. 욕구에 관한 특정한 주장은 '내부적으로 이야기된'[5] 것이자 명시적으로로든 암묵적으로로든 경쟁 상대의 욕구 해석에도 서로 영향을 미치기 마련이다. 달리 말하자면, 이와 같은 욕구 주장 담론들은 해석을 두고 갈등을 내비치게 된다. 예를 들어 낙태를 규제 혹은 불법화하려는 집단들은 '전문직 여성들의 전적 편의'와 '생명의 존엄성'을 대비한다. 그렇게 함으로써 이들 집단은 대단히 헐뜯는 방식이기는 하지만, 생식 욕구에 관한 페미니스트들의 해석을 참조해 자신들의 주장을 펼친다.[6]

다른 한편으로 보자면 후기자본주의 사회는 단순히 다원주의적인 것이 아니다. 오히려 계급, 젠더, 인종, 민족, 나이 등의 노선을 따라 널리 퍼져 있는 불평등의 축을 가로지름으로써 사회집단들 간에 지위, 권력, 자원에 대한 접근을 불평등하게 계층화하고 차별화한다. 이런 사회에서 MIC는 지배와 종속의 사회적 패턴과 적절히 결합하는 방식으로 또한 계층화되고 조직된다.

이렇게 본다면 한편으로 헤게모니와 권위가 있고 공식적으로 인정된 MIC의 요소들과, 헤게모니도 권위도 없고 무시된 요소들

---

5   '내부적으로 이야기된'(internally dialogized)이라는 표현은 미하일 바흐친에게서 유래했다. 나는 바흐친의 '대화적 이질언어'(dialogic heteroglossia, 혹은 상호참조적·다성적 의미화의 장)가 후기자본주의 복지국가 사회에서 사회문화적인 '해석과 의사소통의 수단'의 성격을 규정하는 데 라캉의 상징계처럼 단선적인 아이디어보다 훨씬 적절하다고 생각한다. 하지만 이런 관점에서 바흐친 자신의 견해, 즉 이런 개념들이 중세 후반 유럽에서의 '카니발' 문화에서 가장 확실히 드러났으며 이후 서구사회의 역사는 언어를 평면화함으로써 대화적 이질언어가 특수화되고 비밀스러운 '문학적인 것'(the literary)의 영역으로 축소되었다는 바흐친의 입장에는 전혀 동조하지 않는다. 발화의 대화적·논쟁적 성격은 서로 경쟁하는 담론이 보여 주는 여러 문화와 그것을 명료하게 말할 수 있는 주체의 위치가 자리하는 문화에서의 활용도와 관련이 있다는 점으로 미뤄 볼 때 이런 입장은 틀린 것으로 보인다. 이렇게 본다면 개념적으로 내가 받아들인 것을 사실로 기대할 수 있을 것이다. 복잡하게 분화된 사회에서야말로 발화를 바흐친식 범주로 분석하는 것이 특히 더 적절할 것이다. 바흐친의 이질언어와 내부적 대화 개념에 관해서는 다음을 참조할 것. Bakhtin, "Discourse in the Novel", *The Dialogic Imagination: Four Essays*, trans. Caryl Emerson & Michael Holquist, Austin: University of Texas Press, 1981, pp.259~422. 페미니즘의 관심사와 관련된 문제를 이론화하는 데 바흐친의 담론 개념이 라캉이 제시한 개념보다 더 적절하다는 주장을 자세히 보려면 이 책의 5장 「상징계주의에 대한 반론」을 참조할 것.

6   낙태반대 담론에 관해서는 다음을 참조할 것. Kristin Luker, *Abortion and the Politics of Motherhood*, Berkeley: University of California Press, 1984.

은 당연히 구분해야 한다는 결론에 이르게 된다. 후기자본주의 사
회의 핵심적인 담론경기장에서 일부 욕구 토론 방식은 제도화된다.
예를 들어 의회, 대학, 법원, 대규모 유통매체 등은 제도화된다. 나
머지 다른 욕구 토론 방식들은 사회적인 사투리로 취급되어 핵심적
인 담론경기장에서 통상적으로 배제되고 고립된다.[7] 예를 들어 최
근에 이르기까지 에이즈와 관련된 사람들의 욕망에 관한 도덕적이
고 과학적인 담론들과 에이즈를 감소시키려고 위험을 무릅쓰는 사
람들의 욕구 담론들은 정부 위원회에서 잘 대변된 반면, 게이와 레
즈비언 권리 활동가들의 해석은 대체로 배제되었다. 따라서 담론
권력의 분배를 변화시키려면 정치적 투쟁이 필수적이었다.

　이런 관점에서 볼 때 욕구 토론은 투쟁의 장소로 출현하게 된
다. 반면 불평등한 담론 자원(혹은 초과 담론)은 합법적인 사회적
욕구에 관한 각자의 해석이 헤게모니를 획득하게끔 경쟁한다. 지배
집단은 상반된 해석을 배제 혹은 거부하거나 그에 협력할 목적으로
욕구 해석을 명확하게 한다. 반면 지배집단에 종속되었거나 그와
대립하는 집단은 지배적 해석에 도전하거나 그것을 대체 또는 수정
할 목적으로 자기 욕구 해석을 분명히 말한다. 지배집단의 것이든
종속집단의 것이든, 어떤 해석도 단순히 '대변'되는 것은 아니다. 양
자의 모든 해석은 서로에게 작동하고 개입한다.[8]

2. 고립되고 탈주하는 욕구: '정치적', '경제적', '가정적'인 것에 관하여

후기자본주의 사회의 사회구조적 특징과 관련해 방금 윤곽을 제시

　7　앞에서 전개한 관점이 바흐친적이라면, 여기서 전개한 관점은 부르디외적이라고
여겨질 수 있을 것이다. 사회적 불평등을 문화적 경합으로 이해하는 방식에 있어
부르디외의 작업보다 풍성한 이론을 제공해 주는 당대 사회이론가는 아마도 없을 것이다.
Pierre Bourdieu, *Outline of a Theory of Practice*, trans. Richard Nice, Cambridge: Cambridge
University Press, 1977, and *Distinction: A Social Critique of the Judgement of Pure Taste*,
Cambridge, Mass.: Harvard University Press, 1979. 현대사회에서 부르디외 이론이 꾸준히
보여 주는 밀접한 관련성에 대해서는 다음을 참조할 것. Nancy Fraser, "Bourdieu: Une
réflexion pour l'ère postindustrielle", *Le monde*, January 24, 2012. 『르몽드』
웹사이트(lemonde.fr)에 들어가서 볼 수 있다.
　8　이것은 바흐친과 부르디외를 결합한 모델이다.

한 담론 모델을 이제 정초해 보겠다. 여기서 나는 정치화된 욕구 토론의 급부상과 정치적, 경제적, 가정적 차원에서의 변동을 연결하고자 한다. 하지만 많은 사회이론가와는 달리 '정치적', '경제적', '가정적'이라는 용어를 구조와 영역 등에 대한 수식어로서가 아니라 문화적 분류로, 또 이데올로기적인 표현으로 다룰 것이다.[9]

나는 '정치'(politics), '정치적'(political)이라는 용어가 무수히 다양하고 치열하게 경합하는 의미들을 품고 있다는 사실에 주목함으로써 논의를 시작하고자 한다.[10] 현재의 맥락에서 두 가지 가장 주요한 의미는 다음과 같다. 첫째, 제도적인 의미에서 정치적인 것이 있다. 의회, 행정기구 등을 포함해 공식적 성부체제에 속한 제도에 직접적으로 닿아 있는 것이라면 정치적인 것으로 간주될 수 있다. 이런 맥락에서 정치적인 것은 '가족'과 '경제' 제도가 다루는 것과는 대조적으로 '공식정치적'인 것이라고 부르겠다. 현실적으로 가족과 경제는 공식정치적인 것에 의해 규제되며 그에 근거를 두고 있으나, 일단은 공식정치적 체제의 외부에 존재하는 것으로 규정된다. 여기에 덧붙여 두 번째로, 담론적 의미에서 정치적인 것이 있다. 다시 말해 넓은 범위에 걸친 각양각색의 담론경기장을 아울러 다양한 대중들 사이에서 치열하게 경합하는 것은 정치적이다. 이런 의미에서 정치적인 것—'정치담론적'이거나 '정치화된' 것으로 일컬어지는—은 공개적으로 전혀 경합하지 않는, 비교적 전문화되어 있고 고립·분리된 사람들 안에서 오직 그들끼리만 경합하는 것과는 대조된다. 이 두 가지 의미, 즉 제도적 의미와 담론적 의미는 서로 무관하지 않다. 현실적 실천에서 반드시 그런 것은 아니지만 적어도 민주주의 이론으로 볼 때, 어떤 문제는 광범한 담론 대중들 사이

---

9 나는 이 공식을 빌려 오면서 폴 매틱 주니어에게 빚진 바 있다. 이런 접근이 보여주는 장점에 관한 깊이 있는 토론을 보려면 다음을 참조할 것. Paul Mattic Jr., "On Feminism as Critique"(미출판 원고).

10 내포된 의미 가운데서 다음은 논의하지 않을 것이다. 1) 경멸적이고 일상적인 의미에서 '정치적'이라고 일컫는 것. 그런 의미에서 어떤 결정이 친밀하고 실질적인 배려를 짓밟는 경우를 '정치적'이라고 할 때. 2) 급진적인 정치이론적 의미에서 '정치적'이라고 일컫는 것. 그런 의미에서 권력관계와 불평등에 의해 초래된 모든 상호작용을 '정치적'이라고 할 때.

에서 충분한 토론을 거친 후에야 비로소 합법적인 국가의 중재에 따르게 된다.

대체로 봤을 때 어떤 것은 본질적으로 정치적이고, 그 나머지는 본질적으로 비정치적이라고 선험적으로 규정할 만큼 구속력을 가진 것은 없다. 사실상 정치적인 것과 비정치적인 것의 경계는 문화마다 또 역사적 시기마다 다르다. 예를 들자면, 1890년대 미국에서 생식과 출산은 '인종 자살'(race suicide, 백인 여성들의 출산율 저하로 인한 백인 인구 감소에 대한 우려를 표현한 말—옮긴이)의 공포로 인해 대단히 정치적인 이슈가 되었다. 하지만 1940년대에 이르러서는 산아제한을 '사적' 문제로 널리 받아들이게 되었다. 1960년대 여성운동이 출현함에 따라 생식의 문제는 마침내 재정치화되었다.[11]

어떤 시대 어떤 사회에서든지 정치적인 것과 비정치적인 것 사이에 확연히 구분되는 경계가 있다고 여긴다면 잘못된 가정이다. 오히려 정치적인 것과 비정치적인 것의 경계 설정 자체가 갈등의 대상이 될 수 있다. 예를 들어, 19세기 영국에서 일어난 구빈법 '개혁'에 관한 투쟁 또한 정치적인 것의 범위와 관련된 갈등이었다. 앞으로 간략하게 설명할 테지만, 후기자본주의 사회에서 사회적 갈등의 가장 주요한 관건 중 하나가 바로 정치적인 것의 경계선을 어디에 그어야 하는가다.

'정치'에 관한 담론적 의미가 갖는 함의와 가정에 관해 간략히 설명하겠다. 어떤 문제가 폭넓은 범위에 걸쳐 제각기 다른 다양한 담론경기장을 아우르고 다양한 대중들 사이에서 치열하게 경합한다면 정치적인 것으로 규정한다는 것을 상기해 보라. 따라서 정치적인 것은 제각기 다른 담론 공중(publics)의 생각에 바탕하고 있다는 점에 주목하라. 하지만 이 개념이 의미하는 공중은 결코 담론적 개별성(privacy)과 대립적으로 미분화된 상대항이라는 식으로 단순하고 단일한 방식으로 이해되어서는 안 된다. 오히려 공중은 각 담론 대

11　Linda Gordon, *Woman's Body, Women's Right*, New York: Viking, 1976.

중의 다수성을 식별할 수 있고 그들 사이의 관계를 이론화할 수 있다는 전제에 기초하여 구별될 수 있는 것으로 이해되어야 한다.

공중은 여러 가지 다양한 축을 따라 분명히 구분될 수 있다. 예를 들어 이데올로기의 축(『네이션』의 독자 대『퍼블릭 인터레스트』의 독자), 젠더 같은 계층화의 축(TV 프로그램 「캐그니와 레이시」의 시청자 대 「먼데이 나이트 풋볼」의 시청자), 계급의 축(「뉴욕타임스」의 독자 대 「뉴욕포스트」의 독자), 전문직업의 축(상공회의소 회원 대 의료학회 회원), 핵심적인 작전 이슈의 축(핵동결운동 대 낙태반대운동) 등으로 구분될 수 있다.

공중은 또한 상대적 권력으로도 구분될 수 있다. 어떤 권력십단은 대규모이고, 권위 있고, 많은 사람을 위한 논쟁의 언어를 규정할 수 있다. 그런 반면 다른 공중은 소규모에, 자폐적이고 고립적이며, 자신들의 울타리를 넘어서 많은 발언을 할 수 없다. 앞에 말한 공중은 헤게모니 블록을 형성하는 데 주도적인 역할을 하곤 한다. 그들은 다른 공중을 연결해 당대의 '상식'을 함께 형성한다. 결과적으로 그와 같은 지도적인 공중은 담론 차원에서 무엇이 '정치적'인지 규정하는 데 대체로 고압적이다. 이들은 무엇이 정치적인가에 관한 경선에 기꺼이 응함으로써 이슈를 정치화한다. 왜냐하면 그와 같은 경선은 다른 연대 집단과 반대 공중에게 당연한 것으로서 전달되고 그들을 통해 또다시 전달될 것이기 때문이다. 이와 대조적으로, 소규모의 대항헤게모니 공중은 이런 방식으로 이슈를 정치화할 힘이 없다. 이들 집단은 과거에는 '비정치적'이었던 것들이 널리 경합할 수 있도록 선동하는 데 성공하더라도, 대체로 그 영향력 면에서 훨씬 느리고 훨씬 힘든 방법을 이용하게 된다. 다양한 공중의 상대적 권력이야말로 정치적인 것의 경계를 놓고 다툰 투쟁의 성과를 일반적으로 결정하게 된다.

그렇다면 후기자본주의 사회에서 욕구의 정치화를 우리는 어떻게 개념화해야 하는가? 여기서 우리가 포착해야 할 것은, 어떤 문제가 담론적 사생활의 지대에서 벗어나, 전문화되고 고립된 공중의 지대에서 벗어나 돌출하는 과정이다. 이런 일이 발생하게 되면 이

전에는 당연하게 받아들였던 해석에 의문이 제기되고 '~하기 위해' 관계의 자연화된 연결고리가 논쟁의 대상이 된다.

그렇다면 후기자본주의 사회에서 이전에는 노출되지 않은 사생활의 지대, 전문화된 공중의 지대에 있었지만 이제 새롭게 정치화된 욕구에는 어떤 것이 있는가? '~하기 위해' 관계의 당연한 그물망 속에서 자신들의 해석을 자연스러운 것으로 만듦으로써 이들 욕구가 경쟁에서 벗어나도록 피난처를 제공하는 제도는 어떤 것인가? 남성지배 자본주의 사회에서 '정치적인 것'은 통상적으로 '경제적인 것', '가정적인 것' 혹은 '개인적인 것'과는 대조되는 것으로 정의된다. 따라서 우리는 여기서 사회적 욕구를 탈정치화하는 한 쌍의 중요한 원칙과 만나게 된다. 첫째는 가정제도, 특히 규범적인 가정형태로서 말하자면 근대의 남성가장중심 핵가족이다. 둘째는 공식경제적 자본주의 체제의 제도, 특히 임금지불 직장, 시장, 신용거래 체계, '민영화된' 기업과 주식회사 등이다.[12] 가정제도는 특정한 문제를 개별화하거나 자연스러운 것으로 만들어 탈정치화한다. 이런 문제들은 공적·정치적인 문제와는 상반되는, 사적이고 가정적이거나 개인적이고 친숙한 문제로 해석된다. 공식경제적 자본주의 체제의 제도는 그런 문제들을 경제화함으로써 탈정치화한다. 이런 이슈들은 정치적인 문제와는 달리 비인격적인 시장의 요청이거나 '사적인' 소유권의 특징이라는 식으로, 혹은 관리자와 입안자 들의 기술적인 문제로 치부된다. 두 가지 경우 모두 그 결과는 사람들의 욕구를 해석'하기 위한' 관계의 연결고리를 현저히 단축해 버린다. 해석의 연결고리는 잘려 나가고, '가정적인 것'과 '경제적인 것'으로부터 '정치적인 것'을 끊어 놓는 분리의 경계선을 넘어서려는 노력은 방해받는다.

가정제도와 공식경제적 체제의 제도는 중요한 많은 부분에서 분명히 다르다. 하지만 바로 이런 관점에서 보면 이들 제도는 다른

---

12 이 장을 통틀어 나는 가정제도가 '경제적'인 것이 아니라는 남성중심적인 함의를 피하기 위해 임금지불 직장, 시장, 신용거래 체계 등을 '공식경제적 체제 제도'라고 지칭할 것이다. 이 문제에 관한 논의를 보려면 이 책의 1장 「비판이론에 대한 비판」을 참고할 것.

제도와 정확히 대등한 위치다. 양자 모두 특정한 문제를 전문화된
담론경기장에 고립시켜 놓는다. 그렇게 고립시킴으로써 그와 같은
문제들을 전반적인 경쟁으로부터 피신하게 만들고 해석의 갈등이
널리 퍼져 나가는 것을 막아 버린다. 결과적으로 양자 모두 권위적
인 특정한 욕구 해석을 '~하기 위해' 관계의 그물망 속에서 대체로
문제제기의 대상으로 삼지 않고 특별히 품어 보호해 준다.

    가정제도와 공식경제적 체제의 제도 모두 지배와 종속의 관계
를 뒷받침함에 따라, 이들 제도를 자연화하는 특정한 해석은 지배
집단에게는 유리하게, 종속집단에게는 불리하게 작동한다. 예를 들
어 아내 구타가 남성가장 핵가족 안에서 '개인적'인 '집안' 문제로
고립될 때, 그리고 이런 현상에 관한 공적 담론이 전문화된 공중,
즉 가족법, 사회복지, 사회학, '일탈'의 심리학으로 연상되는 특정한
공중의 손에 넘어갈 때, 이것은 여성을 남성에게 종속시키는 현상
이 반복되도록 하는 데 일조한다. 그와 유사하게 직장의 민주화와
관련된 문제가 이윤지향적이고 위계적으로 관리되는 직장에서의
'경제적' '경영관리'의 문제로 피신해 버리고, 이런 문제에 관한 담론
이 전문화된 공중, 즉 '노사관계' 사회학, 노동법, '경영학'과 관련된
전문가집단의 손에 넘어가게 되면, 이것은 (대체로 젠더화되고 인
종화된) 계급착취와 지배를 영속화하는 데 이바지한다.

    그 결과 종속집단의 구성원들은 자신들에게 불리하게 작동하
는 욕구 해석을 흔히 내면화하게 된다. 하지만 문화적으로 지배적
인 욕구 해석은 맹아로서 잠재돼 있는 대립적 해석과 종종 겹쳐진
다. 미국 노동운동의 특정 분야와 많은 아프리카계 미국인의 집합
적이고 역사적인 기억에서 보다시피, 아무리 파편화되어 있다고 할
지라도 하위문화로서 저항의 힘을 전파하는 장에서 이 점은 집요하
게 지속되는 것으로 보인다. 게다가 특별한 상황에 이르면 탈정치
화 과정에 지장이 생긴다. 이 지점에서 욕구의 지배적인 분류, 즉
'정치적'인 것과 '경제적'·'가정적'인 것을 대립적으로 분리하는 분류
는 자명한 진리로서의 후광을 상실하고, 그 대신 대안적이고 대립
적이며 정치화된 해석이 출현한다.[13]

　　후기자본주의 사회에서 가족과 공식경제는 언제나 탈정치화의 대단히 주요한 요새이기 때문에 욕구는 담론적 의미에서 정치적인 것이 되기 위해 과잉되어야 한다. 따라서 이와 같은 사회에서 정치적 표현양식을 매개로 한 욕구 토론의 부상은 가정제도와 공식경제제도가 가진 점차적인 파급력의 이면이며, 특정한 문제를 그들 마음대로 탈정치화하기가 점점 힘들어진다는 의미다. 후기자본주의 사회에서 관건이 되는 정치화된 욕구는 따라서 새어 나오는 욕구(leaky needs)거나 탈주욕구(runaway needs)로서, 가정제도와 공식경제제도를 둘러싸고 형성된 담론적 요새를 뚫고 나온다.

　　탈주욕구는 규범적이고 근대적인 가정제도 및 경제제도와의 관계에서 잉여의 한 형태다. 처음에 탈주욕구는 적어도 그런 제도들의 흔적을 지니고 있으며, '~하기 위해' 관계의 관습적인 연결고리 안에 속해 있었다. 예를 들어 수많은 탈주욕구는 남성지배 자본주의 사회에서 '가정적인 것'을 '경제적인 것'과 별개로 여기는 가정에 물들어 있다. 따라서 미국 역사의 대부분을 통틀어 자녀 돌보기는 '경제적' 욕구라기보다는 오히려 '가정적'인 욕구로 여겨져 왔다. 자녀 돌보기는 아이들로부터 잠시 벗어나고 싶은 노동자의 욕구보다는 어머니가 온종일 돌봐 주기를 원하는 아이들의 욕구로 해석되었다. 이런 욕구의 만족은 육아의 노선을 따르기보다는 '어머니연금' 노선을 따라 구성되었다.[14] 여기서 '분리된 영역'이라는 가정은

---

　　13 탈정치화의 과정이 분출되는 조건을 이론적으로 상세히 밝히는 것이 어려운 이유는 그것이 통상적으로는 '경제적'이고 '문화적'인 '요소'로 간주되던 것과 연결해야 하는 데서 비롯된다. 내가 보기에 합리적인 선택 모델은, 문화적으로 지배적이지만 궁극적으로는 불리한 욕구 해석은 경제적인 번영이 불평등을 줄이고 '상승하는 기대치'를 증진한다는 소식을 전하게 될 때 지지기반을 상실하게 될 것이라는 예상(그것이 언제나 정확하지는 않은데)에서 보다시피, '문화적'인 결정을 희생하여 '경제적'인 결정을 지나치게 중시하는 잘못을 저지른다. Jon Elster, "Sour Grapes", *Utilitarianism and Beyond*, ed. Amartya Sen & Bernard Williams, Cambridge: Cambridge University Press, 1982. 제인 젠슨이 발전시킨 대안적 모델은 '경제적' 효과를 여과하는 문화이데올로기적인 렌즈를 강조한다. 젠슨은 '규제양식의 위기'를 문화적인 '패러다임'으로 이동함으로써 이전에도 존재했지만 강조되지 않았던 사람들의 사회적 정체성을 부각시킨다. Jane Jenson, "Paradigms and Political Discourse: Labor and Social Policy in the USA and France before 1914", Working Paper Series, Center for European Studies, Harvard University, Winter 1989.

　　14 Sonya Michel, "American Women and the Discourse of the Democratic Family in

사회적 욕구의 대안적 해석을 내놓을 수도 있는 '~하기 위해' 관계
와의 연결고리를 잘라 버린다.

　그렇다면 탈주욕구가 가정적 혹은 공식경제적 요새에서 터져
나왔을 때는 어디로 탈주하는 것일까? 나는 탈주욕구가 역사적으로
특수하고 비교적 새로운 사회 영역으로 진입한다고 생각한다. 한나
아렌트를 따라서 나는 이것을 가족이나 공식경제 혹은 국가와 동시
적인 것이 아님을 보여 주기 위해, 이런 경기장을 '사회적인 것'(the
social)이라고 부른다.[15] 탈주욕구가 서로 경합하는 담론의 공간으
로서 '사회적인 것'은 전통적인 분할을 가로지른다. 그것은 욕구에
관한 '~하기 위해' 관계의 경쟁적 연결고리에 담겨 있는 경쟁 중인
해석들 사이에서 벌어지는 갈등의 경기장이다.[16]

　내가 살펴본 것처럼 사회적인 것이란 넓은 범위에 걸친 다양한
공중으로 연상되는 이질적인 경쟁자들 간의 만남과 연결 지점이다.
이들 경기 참가자들은 정치화 주장자에서 탈정치화 옹호자에 이르
기까지, 느슨하게 조직된 사회운동에서 사회국가(social state) 안에,
그것을 중심으로 세분화된 전문가들에 이르기까지 광범하게 걸쳐
있다. 게다가 그들은 권력의 측면에서도 상대적으로 무척 다양하

World War II", *Behind the Lines: Gender and the Two World Wars*, ed. Margaret Higonnet,
Jane Jenson & Sonya Michel, New Haven: Yale University Press, 1987; "Children's
Interests / Mothers' Rights: A History of Public Child Care in the United States"(미출판
원고).

　15 이에 대해서는 다음을 참조할 것. Hannah Arendt, *The Human Condition*,
Chicago: University of Chicago Press, especially chapter 2, pp.22~78. 하지만 내가 보는
'사회적인 것'의 관점은 한나 아렌트의 것과 현저히 다르다는 점에 주목했으면 한다.
아렌트는 사회적인 것을 행정관리와 도구적 이성에 지배되는 전적으로 일차원적인
공간으로 보는 반면 나는 그것을 다가적이고 경합적인 것으로 간주한다. 따라서 내 입장은
그람시의 '시민사회' 개념과 상당히 유사한 특징을 갖고 있다.

　16 어떤 시대와 공간에서는 '사회적인 것'이라는 아이디어가 명백히 '정치적인 것'에
대한 대안으로 마련되었다. 예를 들어 19세기 영국에서 '사회적인 것'은 (중산층)
여성들에게 두드러진 가정적 덕목으로 여겨졌던 영역이 경쟁적인 '정치'의 세계에
참여하더라도 '지위 하락'이 아니라 더 큰 집단적 선을 위한 것으로 확산되는 것이라고
이해되었다. 따라서 '지자체 엄마'로 형상화된 '사회적' 일은 선거권에 대한 대안으로
통보되었다. Denise Riley, *"Am I That Name?" Feminism and the Category of "Women" in
History*, Minneapolis: University of Minnesota Press, 2003. 그와 유사하게 사회학의
발명은 '정치'와는 구별되는 '사회적' 상호작용의 질서라는 개념을 요구했다. Jacques
Donzelot, *The Policing of Families*, New York: Pantheon, 1979.

다. 그중 일부는 정치적 논쟁에서 자기 언어를 구사할 수 있는 지도 적인 공중이고, 나머지 사람들은 고립된 공중과의 연결과 주변화와 새로운 회원으로의 진입 사이를 오가게 된다.

사회적인 것은, 성공적으로 정치화된 탈주욕구가 국가의 지원 을 요구하는 것으로 전환되는 공간이기도 하다. 여기서 서로 경쟁 하는 욕구 해석들은 경쟁적인 프로그램이라는 개념으로 세공된다. 경쟁자들끼리의 제휴와 협조는 경쟁적인 정책 제안을 두고 형성된 다. 불평등하게 대접받은 집단은 공식적인 정책의제를 만들기 위해 경쟁한다. 예를 들자면 1990년대에 미국에서는 '복지개혁'을 앞두 고 그 형태를 장악할 충분히 강력한 힘을 갖기 위한 제휴 과정에서 다양한 이익집단, 운동, 전문 협회, 그리고 정당이 서로 결합했다.

마침내 그와 같은 경합이 (적어도 일시적으로) 해소되면 탈주 욕구는 국가 개입의 대상이 될 수도 있다. 이쯤 이르면 탈주욕구는 위기관리의 다양한 전략을 위한 목표이자 수단이 되면서 새로운 국 가기관의 확산에 근거를 제공하기도 한다. 새로운 국가기관들은 사 회국가를 구성하고, 사회적 욕구의 충족을 규제하거나 재정을 지원 하거나 욕구 충족에 참여한다.[17] 이들 기관은 단지 거기 그치지 않 고 문제의 욕구들을 해석하기도 한다. 예를 들어 미국 사회복지 체 계는 두 개의 불평등한 하위체계로 나뉘는데, 젠더와 인종으로 코 드화되어 있다. 암묵적으로 '남성적' 사회보장의 하위체계는 '일차 적인' 노동력 참여에 연계된 채 역사적으로 (백인 남성) 생계부양자 에 맞추어 설계된다. 암묵적으로 '여성적' 지원 하위체계는 가구소 득과 연계되어 있고 가정을 꾸리는 어머니와 (여성이 세대주인) '결 손'가족에 맞추어 설계된다. 이것은 원래 백인 여성에게 국한되었 지만 시간이 지나면서 인종화된 방향으로 진행되었다. '분리된 영 역'이라는 근본적인(하지만 사실과는 상반된) 가정과 더불어 이 두 가지 하위체계는 자율성, 권력의 정도, 수혜 대상의 적합성 추정,

---

17 사회국가는 하나의 실체가 아니라 다수 형식의 분화된 기관과 기구들의 복합체다. 미국에서 사회국가는 특히 노동부와 보건후생국을 구성하는 기관벨트를 구성한다.

심지어는 자금조달의 토대, 행정과 특징의 양태, 수혜의 수준 등에
서 엄청난 차이를 보인다.[18] 이렇게 하여 사회복지 체계를 구성하는
다양한 기관들이 물질적인 원조 이상을 제공하게 된다. 이들 기관
은 작게는 고객 크게는 대중을 제공하고, 규범적이고 분화된 가치
에 바탕한 젠더 역할과 젠더화된 욕구에 관해 암묵적이지만 강력한
해석의 지도를 제공한다. 따라서 사회국가의 다양한 하위기관들 또
한 욕구 해석의 정치에 출전하는 경기자가 된다.[19]

　　요약: 후기자본주의 사회에서 가정이라는 고립된 요새와 공식
경제적 요새를 뚫고 나온 탈주욕구는 한나 아렌트가 '사회적인 것'
으로 부른 혼성적인 담론공간으로 들어오게 된다. 탈수욕구는 위기
관리를 위한 국가 개입의 대상이 될 수도 있다. 이런 욕구들은 따라
서 '정치적', '경제적', '가정적' 혹은 삶의 '개인적' 영역으로 분류되
어 분리된 경계선을 변경하는 주요한 사회구조적 지표가 된다.

3. 상반된 욕구 해석들: 대항적 담론, 재사유화 담론, 전문가 담론에 관하여

후기자본주의 사회에서 거론되는 수없이 다양한 욕구 토론을 분류
하기 위한 도식을 제안하고자 한다. 내 목적은 구별되는 담론 유형
을 밝혀내고 서로 경쟁하는 담론의 노선을 세밀히 분석하는 것이
다. 그럼으로써 복지국가 사회에서 욕구의 정치에 바탕이 되는 기
본 축을 설명하고자 한다.

　　후기자본주의 사회에서 주요한 욕구 담론을 세 가지로 구분하
며 시작하겠다. 첫째는 욕구 토론의 '대항적' 형식이라고 부르겠다.

---

18 미국 사회복지 체계의 젠더화된 구조 분석에 관해서는 다음을 참조할 것. Nancy
Fraser, "Women, Welfare and the Politics of Need Interpretation", *Hypatia: A Journal of
Feminist Philosophy* 2:1, Winter 1987, pp.103~121; Barbara Nelson, "Women's Poverty and
Women's Citizenship: Some Political Consequences of Economic Marginality", *Signs:
Journal of Women in Culture and Society* vol. 10, 1984, pp.209~231; Diana Pearce, "Women,
Work and Welfare: The Feminization of Poverty", ed. Karen Wolk Feinstein, *Working
Women and Families*, Beverly Hills, CA: Sage Publications, 1979.

19 욕구 해석의 전달자이자 집행자로서 미국 사회복지기관의 역할 분석에 관해서는
다음을 참조할 것. Nancy Fraser, "Women, Welfare and the Politics of Need
Interpretation".

이것은 욕구가 '아래로부터' 정치화될 때 발생한다. 이런 욕구는 종속적인 사회집단의 입장에서 새로운 사회적 정체성을 결정화(結晶化)하는 데 이바지한다. 둘째는 '재사유화' 담론이라고 부를 것인데, 첫 번째 욕구에 대응하기 위해 출현한 담론이다. 이 담론들은 이전에는 아무런 문제 없이 통했던 요새화된 욕구 해석을 다시 거론한다. 마지막은 '전문가' 욕구 담론이라고 부를 것인데, 이는 대중운동과 국가를 연결한다. 이 담론은 '사회적 문제 해결' 제도 구축과 전문가 계급의 형성이라는 맥락에서 가장 잘 이해될 수 있다. 전반적으로 이것은 후기자본주의 사회에서 욕구의 정치를 구성하는 욕구 토론의 세 가지 경향이 경합하면서 상호작용한 것이다.[20]

　우선 대항적 담론을 매개로 탈주욕구의 정치화에 주목해 보자. 예를 들어 여성, 노동자, 유색인이 과거에 할당받거나 받아들여야 했던 종속적인 역할, 전통적이고 물화되어 불리했던 과거의 욕구 해석에 저항하게 될 때, 여기서 욕구는 정치화된다. 여태껏 탈정치화되었던 욕구에 관해 공개적으로 언급함으로써, 이 욕구들의 위상을 합법적인 정치 이슈로 주장하게 되고, 이로 인해 그 개인과 집단은 많은 것을 동시적으로 수행하게 된다. 첫째, 그들은 '정치'를 '경제'와 '가정'으로부터 분리하는 기존의 경계에 저항한다. 둘째, 이들 집단은 '~하기 위해' 관계의 대안적인 연결고리에 내포된 자신들의 욕구에 대안적 해석을 제공한다. 셋째, 그들은 넓은 범위에 걸친 다양한 담론 공중을 아울러 자신들의 욕구 해석을 확산하고 싶은 새로운 담론 공중을 창출한다. 마지막으로, 그들은 자신들의 욕구를 해석하기 위한 새로운 담론 형식을 발명함으로써, 해석과 의사소통의 수단을 장악해 온 기존의 헤게모니 요소들에 도전하고 그것을 수정하거나 교체한다.

　20 이런 그림은 푸코의 저술에서 암시했던 것과는 상충된다. 내가 볼 때 푸코는 대항담론과 재사유화 담론을 희생한 채 너무 과도하게 전문가 담론 하나에만 초점을 맞춘다. 따라서 푸코는 경쟁하는 담론들 사이의 경합을 놓친다. 어떤 결과가 나오든 간에 그것이 경합의 성과라는 사실을 놓치게 된다. 주체 없는 권력에 관한 그 모든 이론적 담론에도 불구하고, 사회서비스 전문가만을 유일하게 역사적인 주체로 대우했다는 점에서 푸코의 역사적 실천은 놀랄 만큼 전통적이다.

　　대항적 담론에서 욕구 토론은 새로운 집단적 행위자나 사회운동을 자체적으로 구성하는 계기가 된다. 예를 들어 현재 부상하고 있는 페미니즘의 새로운 물결에서 여성집단은 다양한 욕구를 정치화하고 재해석해 왔으며 새로운 어휘를 만들고 새로운 어법을 만들어 왔다. 물론 아무런 문제도 없는 단일한 의미의 '여성'은 아니라 할지라도, 이들 집단은 '여성'을 다른 의미로 볼 수 있도록 해 주었다. 여태껏 말할 수 없었던 것들을 공공연하게 말함으로써 '성차별주의', '성희롱', '부부강간', '데이트강간', '면식강간', '노동력 성별 분리', '이중교대', '아내 구타' 등의 용어를 만들어 낸 페미니스트 여성들은 담론적으로 자체 구성된 정치적 집단이라는 의미에서 '여성'이 되었다. 물론 이렇게 구성된 여성이 대단히 이질적이고 분열된 여성인 것은 사실이다.[21]

　　대항적 담론에서 욕구의 정치화가 아무런 저항 없이 진행되는 것은 물론 아니다. 저항의 한 가지 유형은 재사유화 담론을 수단으로 삼아 '정치적', '경제적', '가정적' 영역을 분리해 놓은 기존의 경계를 수호하고자 한다. 제도적으로 재사유화는 사회복지 서비스를 축소하거나 해체하고, 국유화된 자산을 매각하고, '개별' 기업의 탈규제를 목표로 주도권을 쥐려 하는 것을 지칭한다. 이것은 담론적인 탈정치화를 의미한다. 따라서 재사유화 담론의 대변자들은 탈주욕구를 국가가 지원하는 것에 반대한다. 그들은 광범한 담론 공중에게 욕구 토론 형식을 애써 널리 전파하려는 시도를 봉쇄하고자 한다. 재사유화 주장에 따르면, 가정폭력은 정치적 담론의 합법적인 주제가 아니라 가정적 문제이자 종교적 문제다. 또 다른 예로, 그들의 주장에 의하면 공장 폐쇄는 정치적인 문제가 아니라 사적 소유

---

21 더 회의적으로 말하자면 "페미니스트는 '여성'을 위해 말하겠다는 요구를 담아 냄으로써 담론을 형성했다"고도 달리 표현해 볼 수 있겠다. 사실 "'여성'을 위해 말하기"에 대한 이 의문은 페미니스트 운동에서 불타는 이슈다. 앞의 글 Riley, *Am I That Name?*"을 참조할 것. 사회학적 계급으로서, 또 집단적 행위자로서의 '여성'이라는 사회집단의 구조와 재현(양쪽 모두의 의미로)을 둘러싼 일반적 문제에 관한 사려 깊은 논의를 보려면 다음을 참조할 것. Pierre Bourdieu, "The Social Space and the Genesis of Groups", *Social Science Information* 24, 1985, pp.195~220.

권의 침해할 수 없는 특권이거나 혹은 몰개인적인 시장 메커니즘의
절대적 요청이다. 두 사례 모두에서 발화자는 탈주욕구와 그런 욕
구의 폭발에 저항하고 그것을 (재)탈정치화하려고 한다.

흥미롭게도 재사유화 담론은 옛것과 새것을 마구 뒤섞는다. 한
편으로 이들 담론은 과거에는 말할 필요조차 없었던 명백한 욕구
담론을 그냥 언급하는 것처럼 보인다. 하지만 다른 한편 그런 해석
을 명시화하는 바로 그 행위에 의해서 이들 담론은 욕구 담론을 동
시에 수정하게 된다. 왜냐하면 재사유화 담론은 경쟁적이고 대항적
인 해석에 대한 대응이기 때문에, 이들 담론은 내부적으로 이야기
되고, 심지어 그들이 저항하고자 하는 바로 그 대안을 참조하게 된
다. 예를 들어 사회적 뉴라이트의 '친가족'(pro-family) 담론은 명백
히 반페미니즘적이다. 그럼에도 불구하고 뉴라이트 담론 중 어떤
부분은 남편을 통해 정서적 지원과 성적 쾌락을 누릴 수 있는 여성
의 권리를 암시함으로써 페미니즘이 고취한 테마를 탈정치화된 형
식으로 차용한다.[22]

담론에 관한 기존의 사회적 분리를 옹호하기 위해, 재사유화
담론은 탈주욕구에 합법적인 정치적 위상을 부여하려는 대항운동
의 요구를 부정한다. 하지만 그런 부인을 통해 재사유화 담론은 초
점화된 경합의 장소에 점점 관심을 집중시키게 되고, 그런 의미에
서 탈주욕구를 정치화한다. 게다가 어떤 경우에는 재사유화 담론
또한 사회운동을 추동하고 사회적 정체성을 재형성하는 수단이 되
기도 한다. 영국에서 대처주의가 그런 사례에 해당한다. 대단히 권
위적인 포퓰리즘의 어투로 발화된 일련의 재사유화 담론은 불만을
품은 광범한 유권자들의 주체의식을 재형성하고 강력하게 연대하
도록 해 주었다.[23]

---

22 "Fundamentalist Sex: Hitting Below the Bible Belt", Barbara Ehrenreich,
Elizabeth Hess & Gloria Jacobs, *Re-making Love: The Feminization of Sex*, New York:
Anchor Books, 1987. 페미니즘 테마를 다시 태어난 기독교 주제로 통합한 대단히 매력적인
'후-페미니즘'적 설명에 관해서는 다음을 참조할 것. Judith Stacey, "Sexism by a Subtler
Name? Postindustrial Condition and Postfeminist Consciousness in the Silicon Valley",
Socialist Review 96, 1987, pp.7~28.

종합해 본다면, 대항적 담론과 재사유화 담론은 후기자본주의 사회에서 욕구투쟁의 한 축을 규정한다. 하지만 두 번째의 다소 다른 갈등의 축도 있다. 여기서 핵심적인 이슈는 더 이상 정치화 대 탈정치화가 아니라 오히려 그 욕구들의 정치적 위상이 일단 성공적으로 확보되었을 때, 경합하는 욕구들에 관한 해석의 내용이다. 주요한 논쟁자는 대항적인 사회운동과 기업처럼 조직화된 이해관계인데, 이들은 공공정책에 영향력을 행사하고자 한다.

미국의 사례를 들어 보자. 탁아 문제가 정치적 이슈로서 점차 합법성을 얻게 되면서, 우리는 경쟁적인 해석과 기획적 개념이 폭증하는 것을 목격해 왔다. 첫 번째 입장에 따르면, 탁아는 빈곤 아동들의 욕구를 '풍부'하게 하거나 윤리적으로 감시하는 데 이바지할 수 있다. 두 번째 해석에 의하면, 복지수령자 명단에서 빠진 중산층 납세자들의 욕구에 이바지할 수 있다. 세 번째 해석에 의하면, 탁아는 미국 기업의 생산성과 경쟁력을 향상시킬 척도가 될 것이다. 반면 네 번째 입장은 탁아를 소득 재분배와 여성 자원을 겨냥한 일괄 정책의 일부로 취급한다. 이들 각각의 해석은 자금조달, 제도적 부지 선정과 규제, 서비스 디자인, 피선거권 등과 관련해 구별되는 프로그램 지향성을 갖는다. 이런 해석들이 서로 충돌할 때, 우리는 탁아에 관한 헤게모니 해석을 형성하려는 투쟁을 목격하게 된다. 투쟁의 결과 마침내 공식적 정책 안건을 형성할 수 있다. 단지 페미니즘 집단뿐만 아니라 기업의 이해관계, 노동조합, 아동권리 옹호자, 교육자들이 이런 투쟁에서 서로 경합한다는 것은 분명하다. 이런 투쟁이 천차만별의 권력을 가져다준다는 점은 새삼 말할 필요조차 없다.

욕구 해석을 두고 벌어지는 헤게모니 투쟁은 대체로 국가의 개입을 염두에 두고 있다. 따라서 이런 해석투쟁은 후기자본주의 사

23 Stuart Hall, "Moving Rights", *Socialist Review* 55, January-February 1981, pp.113~137. 미국에서 뉴라이트 재사유화 담론에 관한 설명을 보려면 다음을 참조할 것. Barbara Ehrenreich, "The New Right Attack on Social Welfare", Fred Block, Richard A. Cloward, Barbara Ehrenreich & Frances Fox Piven, *The Mean Season: The Attack on the Welfare State*, New York: Pantheon Books, 1987, pp.161~195.

회에서 욕구투쟁의 제3의 축을 예상하게 한다. 여기서 주요한 쟁점은 정치 대 행정이며, 주요한 경쟁자들로 한편에는 대항적인 사회운동이, 다른 한편에는 사회서비스 '전문가'가 자리하게 된다.

'사회적인 것'은 담론적인 의미에서 정치화된 탈주욕구가 국가조직의 지원을 얻으려 하는 후보자 공간이라는 점을 상기해 보라. 결과적으로 이 욕구들은 또 다른 담론집단의 대상이 된다. 공공 정책에 관한 전문가 담론 복합체가 됨으로써, 이 담론들은 사회서비스 기관과 전문가 서클에서 제도적 토대를 찾을 수 있다.

전문가 욕구 담론은 충분히 정치화된 탈주욕구를 장차 국가가 개입할 수 있는 잠재적 대상으로 전환하는 도구다. 지식 생산과 활용의 제도와 긴밀히 연결된 이들 담론은 대학과 '싱크탱크'가 산출하는 질적이고 특히 양적인 사회과학적 담론을 포함한다. 사법제도와 그 위성기관인 학교, 저널, 전문적인 단체가 산출하는 법적 담론도 여기에 포함된다. 사회국가의 다양한 기관에서 유통되는 행정적인 담론도 여기에 속한다. 공적·사적 의료기관과 사회서비스 기관에서 유통되는 치유 담론도 여기에 속한다.[24]

전문가 담론이라는 표현이 제시하다시피, 이들 담론은 전문화된 공중에게 국한되는 경향이 있다. 전문가 계급 구성체로 연상되는 전문가 담론은 제도를 구축하고 '사회문제를 해결'하는 데 이바지한다. 하지만 어떤 경우, 예를 들어 법이나 심리치료 같은 특정한 경우에 전문가의 전문용어와 수사법은 교육받은 일반인에게도 광범하게 퍼져 나가는데, 그들 중 상당수는 사회운동의 참여자이기도 하다. 게다가 때때로 사회운동은 전문가 담론 공중을 비판적이고 대항적인 일부로 창조하거나 선출하기도 한다. 이 모든 이유로 인

---

24 『감시와 처벌』에서 푸코는 정치화된 욕구의 행정적 재정의에 이바지하는 지식생산 장치를 구성하는 요소들에 관해 유용한 설명을 제공한다. 하지만 푸코는 정치화된 욕구에서 사회운동의 역할과, 사회운동과 사회국가 사이에서 초래되는 해석상의 갈등을 간과한다. 푸코는 정책 담론이 전문화된 제도, 정부제도 혹은 유사정부제도라는 일방향성에서 나온다는 잘못된 설명을 하고 있다. 그러다 보니 푸코의 설명은 헤게모니 해석과 비헤게모니 해석, 그리고 제도와 결합된 또는 결합되지 않는 해석들 사이에서 초래되는 경쟁적인 상호작용을 놓치게 된다.

해, 전문가 담론 공중은 일정한 정도의 침투성을 확보한다. 그래서
전문가 담론은 느슨하게 조직된 사회운동과 사회국가를 연계해 주
는 연결다리 담론이 된다.

연결다리 역할 때문에 전문가 욕구 담론의 수사법은 행정적인
경향을 띤다. 이런 담론은 정치화된 담론을 행정적인 욕구로 전환
하기 위한 일련의 절차와 재작성 작업으로 구성된다. 특히 정치화
된 욕구는 관료주의적인 행정적 만족과 상호연계되어 '사회서비스'
로 재정의된다. 특히 사회서비스는 원칙상 누구에게나 일어날 수
있는 일들, 즉 실업, 장애, 죽음, 배우자로부터 버림받는 사건들과
관련해 명시된다.[25] 결과적으로 욕구는 탈맥락화되고 재맥락화된
다. 다른 한편 욕구는 계급·인종·젠더 특수성으로부터 추상화되어
대변되고, 그런 욕구에 대한 대항적 의미가 무엇이든 간에 정치화
의 과정에서 의미를 획득할 수 있게 된다. 또 다른 한편 이것은 (일
차적 대 부차적) 임금노동, 개별화된 자녀양육, 젠더에 바탕한 분리
와 같이 참호화된 특수한 배경을 가진 제도들을 암묵적으로 전제로
하며 구성된다.

이러한 전문적인 재정의의 결과, 문제의 욕구를 가진 사람들은
다시 자리매김된다. 이들은 사회집단 구성원이거나 정치운동 참가
자이기보다는 개별적인 '사례들'이 된다. 덧붙여 이들은 대단히 수
동적이고 잠재적인 수혜자로 자리하게 된다. 말하자면 이들은 자신
의 욕구를 해석하고 자신들의 생활조건을 만들어 내는 데 참여하는
행위자라기보다는 차라리 미리 정의된 서비스의 수동적인 수혜자
로 위치하게 된다.

이와 같은 행정적 수사법으로 인해 전문가 욕구 담론 역시 탈
정치화되는 경향이 있다. 그와 동시에 전문가 담론은 인간의 합리
적 용도를 극대화하고, 인간을 인과론적으로 조건화되어 있고 예측

---

25 위르겐 하버마스의 '욕구 정의에 대한 행정 논리'에 관해서는 다음을 참조할 것.
Jürgen Habermas, *Theories des kommunikativen Handelns*, Band II, *Zur Kritik der
funktionalistischen Vernunft*, Frankfurt am Main: Surhvlerag, 1981, pp.522~547. 하버마스에
대한 내 비판을 보려면 이 책의 1장 「비판이론에 대한 비판」을 참조할 것.

과 조종이 가능한 대상으로 여김으로써, 사회적 의미를 구성하고 해체하는 데 참여하는 인간 행위의 차원을 제거하게 된다.

전문가 욕구 담론이 국가기구 장치 안에서 제도화되면, '정상화'된 이들 담론은 '일탈'을 낙인으로 간주하지는 않는다 할지라도 '개선'하는 것을 목표로 삼게 된다.[26] 이 점은 사회서비스가 고객의 집요한 자기해석과 행정정책에 내포된 해석 사이에 초래된 틈새를 채우기 위해 고안된 치유 차원과 결합할 때 분명히 드러난다.[27] 이제 합리적이고 유용성이 극대화된, 인과론적으로 조건화된 대상은 치유를 통해 심층 자아(deep self)가 된다.[28]

요약: 사회운동이 과거 탈정치화되었던 욕구를 정치화하는 데 성공해 사회적 영토로 들어가면, 그곳에서는 두 가지 다른 형태의 투쟁이 이들을 기다리고 있다. 첫째, 막강하게 조직된 기존의 이해관계가 자기 목적에 맞춰 헤게모니적 욕구 해석의 방향을 강제하는 데 맞서야 한다. 둘째, 사회국가 안에서 그것을 둘러싸고 있는 전문가 욕구 담론과 마주쳐야 한다. 이 두 가지 투쟁적 조우는 후기자본주의 사회 욕구 담론 투쟁의 두 가지 추가적인 축을 규정한다. 전문가 담론은 대단히 복합적인 투쟁인데, 왜냐하면 사회운동은 전형적으로 행정적·치유적 욕구 해석에 반대하는 경향이 있음에도 탈주 욕구에 대한 국가적 해결책 지원 또한 추구하기 때문이다. 그리하여 이 축들 역시 사회적 욕구의 경쟁하는 해석들 가운데서, 사회적 정체성의 경쟁적 구성을 두고 갈등하게 된다.

---

26 사회과학과 제도화된 사회서비스가 수행하는 정상화 양태에 관한 설명은 푸코의 『감시와 처벌』을 참조할 것.

27 위르겐 하버마스는 복지국가 사회서비스의 치유적 차원에 관해서 논의했다. Jürgen Habermas, *Theories des kommunikativen Handelns*, Band II, *Zur Kritik der funktionalistischen Vernunft*, pp.522~547. 이 책 1장에 제시한 내 비판을 다시 한 번 참조하기 바란다.

28 『감시와 처벌』에서 푸코는 사회과학적인 지식에 바탕한 행정적인 절차가 심층 자아를 설정하는 경향을 논의했다. Foucault, *The History of Sexuality, Vol. I: An Introduction*, trans. Robert Hurley, New York: Vintage, 1990. 푸코는 치유적인 정신과 담론에 의해 심층 자아가 자리하는 과정도 논의한다.

4. 욕구에 관한 전형적 투쟁:
정치에서 관리로, 다시 정치로 회귀하기

내가 여태껏 발전시켜 온 모델을, 욕구 해석을 둘러싸고 야기된 갈등의 구체적인 사례에 적용해 보겠다. 내가 논의하고 싶은 첫 번째 모델은 복지국가 사회에서 욕구 해석의 정치를 욕구 만족의 관리로 변형하는 추세를 분석하는 데 도움이 된다. 두 번째 사례집단은 행정관리 차원에서 저항을, 그리고 장차 정치로 되돌아가려는 대항운동을 도표화하는 데 도움이 된다.[29]

첫째, 아내 구타를 둘러싼 욕구의 정치를 고려해 보자. 1970년대에 이르기까지 '아내 구타'라는 표현은 존재하지 않았다. 공개적으로 언급할 때조차도 이런 현상은 '아내 패기'라고 일컬어졌고, 흔히 "마누라 패는 짓 그만뒀어?" 하는 표현에서 보이듯이 웃음거리로 취급되었다. 자녀와 하인을 훈육하는 것과 유사한 언어로 분류됨으로써 아내 구타는 '정치적'인 문제와는 대립되는 '가정적'인 것으로 간주되었다. 그러자 페미니즘 활동가들은 이런 관행을 형법에서 따온 용어로 다시 이름 붙이고 새로운 형태의 공적 담론으로 만들었다. 그들은 구타가 개인적이고 가정적인 문제가 아니라 체제적이고 정치적인 것이라고 주장했다. 아내 구타의 원인은 개별 여성의 문제나 개별 남성의 감정적인 문제가 아니고, 오히려 이런 문제들이 남성지배와 여성종속이라는 만연된 사회적 관계를 굴절시키는 방식이라고 주장했다.

다른 수많은 사례에서처럼, 아내 구타의 경우 페미니즘 활동가들은 기존에 확립된 담론의 경계에 도전하고 이전에는 탈정치적 현상으로 간주되었던 것을 정치화했다. 덧붙여 그들은 구타의 경험을 재해석했으며 그와 관련된 일련의 욕구를 정초했다. 여기서 그들은 구타당한 아내의 욕구를 '~하기 위해' 관계의 긴 연결고리에 위치시킴으로써 기존의 관습적인 '영역' 분리의 경계선을 흩뜨려 놓았다.

---

29 단순화를 무릅쓰고 나는 오직 두 세력 사이에 초래된 경합의 사례에 국한할 것이다. 이들 두 경쟁자 중 하나는 사회국가 기관이다. 따라서 나는 삼면적인 경쟁의 사례도, 경쟁하는 사회운동 간의 양면적인 경쟁의 사례도 다루지 않을 것이다.

구타하는 남편에 대한 의존으로부터 벗어나기 위해, 매 맞는 아내에게는 단지 일시적인 쉼터뿐만 아니라 '가족임금'을 지불하는 직장, 탁아소, 이용 가능한 영구주택이 필요하다고 주장했다. 여기서 좀 더 나아가 페미니스트들은 그와 같은 대항욕구 해석을 전개하고 광범한 공중에게 전파할 수 있는 새로운 담론 공중, 새로운 공간과 제도를 창출했다. 마지막으로 페미니스트들은 해석과 의사소통의 권위 있는 수단으로 간주되었던 요소들을 변경하고 수정했다. 여성 주체들에게 말을 건네는 새로운 방식을 고안했으며, 분석과 기술에 관련된 신조어를 만들어 냈다. 페미니즘 담론에서 매 맞는 아내는 개별화된 희생자가 아니라 잠재적인 페미니즘 활동가이자 정치적으로 구성된 집단의 구성원으로서 소통하게 되었다.

　이와 같은 담론적 개입을 통해 그들이 정치화하고 재해석해 온 상당수의 요구를 지원하기 위한 페미니즘적인 노력이 함께 이루어졌다. 활동가들은 매 맞는 여성들의 쉼터를 조직하고, 피난처 마련과 의식 고양을 주도했다. 이런 쉼터조직은 비위계적이었다. 직원과 이용자들 사이에 경계가 분명하지 않았다. 상당수의 상담가와 조직가 스스로가 과거 한때는 매 맞는 여성이었다. 쉼터를 이용하는 여성들은 나중에 매 맞는 또 다른 여성들에게 상담을 해 주면서 여성운동 활동가가 되는 비율이 대단히 높았다. 그와 더불어 이 여성들은 자기를 기술하고 묘사하는 새로운 방법을 채택했다. 처음에는 대개의 여성이 자신을 비난하고 자신의 구타자를 옹호했다면, 이제 많은 여성이 새로운 행위자 모델을 제공하는 정치화된 관점을 선호해 기존의 해석을 거부하게 되었다. 여기에 덧붙여 이 여성들은 기존의 연대감과 사회적 정체성을 수정했다. 대다수 여성이 이전에는 자신을 구타자와 동일시했다면, 이제는 다른 여성들과 연대하기에 이르렀다.

　이런 조직화는 마침내 광범한 담론 공중에게 영향을 미쳤다. 1970년대 후반에 이르러 페미니스트들은 여성에 대한 폭력을 진정한 정치적 이슈로 제기하는 데 꽤 성공했다. 상당수 사례에서 경찰과 법원의 정책과 태도를 변화시켰으며, 이 문제가 비공식적 정치

의제의 한자리를 차지하게끔 만들어 냈다. 이제 매 맞는 아내의 욕
구는 충분히 정치화됨으로써 공적으로 조직되고 충족을 추구하는
의제가 되었다. 마침내는 여러 시의회와 지역의회의 결정으로 여성
운동 쉼터가 지자체로부터 재정적 지원을 받게 되었다.

　　페미니즘적 관점에서 볼 때, 이 주요한 성공사례들에 대가가
따르지 않은 것은 아니었다. 지자체 재정을 확보하려면 여러 가지
행정적인 제약, 회계 절차에서부터 규제와 승인과 전문화 요청 등
이 뒤따랐다. 결과적으로 공공자금이 지원된 쉼터는 변화하지 않을
수 없었다. 점차적으로 이런 쉼터에는 전문적인 사회복지사들이 직
원으로 들어왔는데, 그들 중 대다수는 구타당한 경험이 없었다. 그
렇다 보니 초기 쉼터의 특징이었던 유연한 관계의 연속성이 전문가
와 고객 사이의 분리로 대체되어 버렸다. 게다가 다수의 사회복지
사 직원은 유사정신과적인 관점에서 문제를 보도록 훈련받았기 때
문에, 대다수가 정치적으로 헌신적인 페미니스트인 개별 직원들의
의도에도 불구하고, 공공재정으로 후원받는 쉼터의 관행은 차츰 정
신과적인 관점에서 구축되었다. 그 결과 쉼터의 관행은 점점 더 개
별화되고 점점 덜 정치화되었다. 매 맞는 여성은 이제 고객으로서
자리하게 되었다. 점차 정신과적인 대상이 되고, 심층적이고 복합
적인 자아를 가진 희생자로 일컬어졌다. 잠재적인 페미니즘 활동가
로 인식되는 경우는 거의 드물어졌다. 점차 치유의 언어게임이 의
식각성의 언어를 대체하기에 이르렀다. '배우자 학대'라는 중립적인
과학적 언어가 '여성에 대한 남성의 폭력'이라는 정치적 언어를 점
차 대신하게 되었다. 끝으로, 매 맞는 여성의 욕구는 실질적으로 재
해석되었다. 독립에 대한 사회적이고 경제적인 선결조건을 제시해
파장을 불러일으켰던 초기의 주장들은 개별적인 여성들의 '저하된
자존감' 문제로 초점이 점점 좁혀지는 방향으로 넘어갔다.[30]

　　매 맞는 여성을 위한 쉼터는 후기자본주의 사회에서 욕구 정치

---

30 매 맞는 여성 쉼터에 관한 역사에 대해서는 다음을 참조할 것. Susan Schechter, *Women and Male Violence: The Visions and Struggle of the Battered Women's Movement*, Boston: South End Press, 1982.

의 추세를 보여 주는 하나의 전형적 사례다. 이 사례는 욕구 해석의
정치가 욕구 만족의 행정관리로 넘어가게 되는 경향을 대표한다.
하지만 행정관리에서 고객의 저항으로 나아감으로써 장차 정치로
회귀할 수 있는 대항적 경향도 띤다. 고객의 저항에 관한 네 가지
사례를 논의함으로써 이런 대항적 경향을 논증하고자 한다. 그에
대한 사례는 개인적·문화적·비공식적인 집단에서 정치적·공식적
으로 조직된 집단에까지 광범하게 걸쳐 있다.

　첫째, 개인은 정부기관의 행정관리 프레임 안에서 운영되는 공
간에 자리할 수 있다. 그들은 자신들의 욕구에 관한 정부기관의 공
식적인 해석에 공공연하게 도전하지 않으면서도 그런 해석을 대체
하거나 수정할 수 있다. 역사가 린다 고든은 '진보의 시대' 동안에
작성된 아동보호기관의 기록에서 이런 형태의 저항 사례를 발견했
다.[31] 고든은 남편에게 구타당한 여성이 아동학대로 추정될 만한 이
유를 들어 (남편을) 고소한 사례를 인용한다. 합법적인 것으로, 기
관의 사법적 관할권에 속하는 것으로 인정받을 만한 해석된 욕구임
을 환기함으로써 자신들의 입장에 사례별 사회복지사(case worker)
를 끌어들인 매 맞는 아내들은 합법적인 것으로 인정받지 못하던
욕구에 대해서도 그들의 관심을 끌어들일 수 있게 되었다. 상당수
사례에서 이들 여성은 가정폭력으로부터 벗어날 수 있는 수단을 제
공해 주는 아동학대 규정 아래 (기관의) 개입을 확보하는 데 성공했
다. 이렇게 하여 그들은 비공식적으로 기관의 관할범위를 넓혀 주
었고, 간접적으로는 여태껏 배제되었던 욕구를 기관의 관할 아래
포함하게 되었다. 그들은 자신들의 욕구에 대한 사회국가의 공식적
인 정의를 인용하면서도 동시에 그것을 변경함으로써 자신들의 해
석과 거의 일치하도록 만들어 냈다.

　둘째, 비공식적으로 조직된 집단은 그들을 고객으로 취급하는
사회국가의 방식과는 어긋나는 실천과 연대를 모색하고 발전시킬
수 있다. 그렇게 함으로써 그들 집단은 정부기관이 제공하는 수당

　31　Linda Gordon, *Heroes of Their Own Lives: The Politics and History of Family Violence, Boston 1880~1960*, New York: Viking Press, 1988.

의 의미와 용도를 변경할 수도 있다. 심지어 그런 의미와 용도에 명
시적으로 의문을 제기하지 않으면서도 바꿔 낼 수 있다. 인류학자
캐럴 스택은 1960년대 후반 미국 중서부 도시에 거주하는 가난한
흑인 AFDC(Aid to Families with Dependent Children, '피부양 아
동이 딸린 가족 지원'의 약자로 미국의 대표적인 저소득층 복지 프
로그램이었다—옮긴이) 수령자들을 대상으로 한 '가족친족 네트워
크' 연구를 통해 이런 종류의 저항 사례를 증명한다.[32] 스택은 준비
된 식사, 식권, 요리, 쇼핑, 식료품, 잠자리 공간, (임금과 AFDC 수
당을 포함한) 현금, 대중교통, 의복, 탁아, 심지어 아이들을 포함해
교환을 지연하거나 '선물'로 조직하는 정교한 친족 배치에 관해 기
술한다. 이런 가족친족 네트워크의 범위는 물리적으로 구분되는 여
러 가구를 포함한다는 점이 중요하다. 이것이 의미하는 바는
AFDC 수령자들이 정부구제 프로그램이 가진 주요한 행정적 범위
의 한계, 즉 '가구'의 한계를 넘어서 그런 수당을 이용했다는 뜻이
다. 결과적으로 이들 고객은 복지행정의 핵가족중심적인 절차를 피
해 가며 한 가구에 국한된 규정범위를 넘어서 수당을 이용함으로
써, 국가가 규정한 수당의 의미를 바꾸었고, 그럼으로써 그들이 충
족시키고자 한 욕구의 의미를 바꾸었다. 그와 동시에 그들은 국가
가 그들에게 할당한 주체화의 방식에 간접적으로 도전했다. AFDC
가 그들을 남성 생계부양자가 없는 결손 핵가족 소속의 생물학적
어머니로 호명하려고 한 반면, 이들은 다른 여성들과 함께 주체의
자리를 공유함으로써, 말하자면 생물학적 가족은 아니지만 절대적
빈곤에 대처하기 위해 서로 협력하는, 사회적으로 형성된 친족 네
트워크의 구성원들과 함께 주체화함으로써 주체의 자리를 이중화
했다.

　셋째, 개인이나 집단은 물질적인 도움을 받아들이면서도 사회
국가의 치유 주도권에 저항할 수 있다. 그들은 국가가 후원하는 치
유 프로그램이 원하는 생애사와 행위자로서의 능력을 거부하면서,

32　Carol B. Stack, *All Our Kin: Strategies for Survival in a Black Community*, New
York: Harper & Row, 1974.

그 대신 대안적 서사와 정체성 개념을 고집한다. 사회학자 프루던스 레인스는 1960년대 후반 임신한 흑인 10대와 백인 10대의 '도덕적 생애'(moral career)에 관한 비교연구에서 이런 종류의 저항을 사례로 제시한다.[33]

레인스는 두 집단의 젊은 여성들이 두 가지 다른 제도적 환경 속에서 자기 경험을 치유적으로 구성해 내는 이야기 방식을 비교한다. 임신한 10대 중산층 백인 여성들은 값비싼 사립 주거시설에서 지냈다. 이런 시설은 전통적인 서비스 방식인 칩거, 즉 '착한 소녀가 어쩌다 범한 실수'를 보호해 주는 방식과 더불어 새로운 치유서비스, 즉 정신과 사회복지사와 개인적·집단적 상담시간을 갖는 방식을 결합한다. 이런 상담시간에 젊은 여성들은 심층적이고 복합적인 자아로 호명되었다. 그들은 자기 임신과 관련해 그것이 단지 '실수'가 아니라 무의식인 동기와 더불어 잠재된 정서적 문제의 의미 있는 표출 행위라고 격려받았다. 이런 상담을 통해 이들은 자신의 임신(과 표면적으로 드러난 원인인 섹스)이 말하자면 부모의 권위에 대한 거부이거나 부모의 사랑에 대한 요구를 표출한 것이라는 해석을 들었다. 또 이처럼 깊숙이 감춰진 동기를 이해하고 인정하지 않는 한 앞으로도 그런 '실수'에서 벗어나는 데 성공할 수 없을 것이라는 경고를 받았다.

레인스는 이런 시설에서 지낸 대다수의 젊은 백인 여성이 이러한 관점을 내재화하고 자기 삶을 정신과적인 어휘로 다시 쓰는 과정을 문서화했다. 그리고 이 여성들이 자신들의 '도덕적 생애'를 다시 쓰는 과정에 고안되었던 서사를 기록한다. 예를 들면 이렇다.

처음에 여기 왔을 때 난 마음속으로 톰이 (…) 그러니까 그걸 하자고 설득했고, 난 그걸 받아들였을 뿐이라고 생각했죠. 그러니까 난 모든 걸 걔 탓으로 돌렸던 거죠. 진심으로 내 잘못을 받아들이지는 않았어

<hr />

33 Prudence Mors Rains, *Becoming an Unwed Mother: A Sociological Account*, Chicago: Aldine Atherton, Inc., 1971. 뒤의 모든 인용은 이 판본 기준이며 쪽수도 이에 따랐다. 레인스의 작업에 관심을 갖게 된 것은 캐스린 애딜슨(Kathryn Pyne Addelson) 덕분이다.

요. (…) 여기 오니까 그들은 네가 왜 여기 있는지 혹은 왜 여기 오는 것으로 끝나게 됐는지, 그런 일 이면에 있는 정서적 이유를 진정으로 깨닫지 못하면 이런 일은 또다시 반복될 거라는 점을 엄청 강조했어요. 이젠 내가 왜 여기 오는 것으로 끝나게 됐는지, 그 정서적 이유가 뭔지 상당히 이해하게 된 기분이에요. 그 일에 관해 내 책임을 좀 더 받아들이게 됐어요. 그게 전적으로 걔 탓만은 아니었으니까요. (93쪽)

이런 서사는 여러 가지 관점에서 흥미롭다. 레인스가 주목하다시피, 과거의 '실수'에 관한 관점을 정신과적인 관점으로 대체한 것은 어느 정도 위안을 제공해 주었다. 새로운 해석은 "과거를 단지 한옆으로 밀쳐 두는 것이 아니라 과거의 실수에 대해 설명해 주되, 젊은 여성들에게 앞으로는 다르게 행동할 것이라는 믿음을 갖게 하는 방식으로 설명"(94쪽)해 주었다. 이렇게 해서 정신과 관점은 임신한 10대들에게 개인으로서 자기결정 능력을 높여 주는 듯한 행위자 모델을 제공한다. 이에 반해 서사는 고도로 선택적이다. 과거의 특정한 측면은 인정하게 만들고 그 밖의 다른 측면은 부인하게 만들었다. 이런 서사는 화자의 섹슈얼리티가 그다지 중요하지 않다는 위안과 더불어, 자신의 성적 행동과 욕망을 "성적인 것과는 다른, 좀 더 심층적이고 비성적인 정서적 욕구와 문제에 따른 부수적인 현상이 발현된 것"(93쪽)으로 취급하게 해 준다. 여기에 덧붙여 이런 서사는 10대 이성애 분위기 속에서 톰에게 면죄부를 주는 한편 소녀들에게는 충분한 상호동의 아래 섹스를 한 것이 아니었다는 처음의 입장을 수정하게 만듦으로써 '합의 대 강제'라는, 폭발적인 문제가 잠재되어 있는 뇌관을 제거해 버린다. 게다가 이런 서사는 여성들에게 그런(혼전) 섹스는 도덕적으로 잘못된 것이라고 전제하게 함으로써 '혼전 섹스'의 합법성 같은 문제에 대해서는 질문조차 아예 차단해 버린다. 마지막으로 소녀들이 집으로 돌아가서 다시 데이트를 하더라도 이제 피임약이 필요하지 않을 것이라고 선언한다는 점에서, 이 서사는 또 다른 의미를 지니게 된다. 심층적인 정서의 문제를 새롭게 인식하고 소중히 여기도록 함으로써 장차 일어날 수

있는 임신을 사전에 예방시켜 준다는 식으로 스토리가 연결된다는
점에서, 회의주의자들은 당연히 자기결정권을 고양해 준다는 정신
과적인 약속이 대체로 환상에 불과하다는 결론을 내렸다.

　레인스가 분석한 백인 10대들이 자기 상황에 대한 치유적 해석
을 비교적 편안하게 내재화한 편이라면, 흑인 여성주체들이 보여
준 저항은 엄청나게 대조적이다. 레인스의 연구에서 젊은 흑인 여
성들은 산전건강관리, 학교, 정신과 사회복지사와 함께하는 상담시
간 등을 제공하는 비주거용 지자체 시설을 이용했다. 상담시간은
사설 주거시설에서 운영하는 것과 비슷한 의도로 만들어진 것이었
다. 젊은 흑인 여성들 역시 자기 느낌에 관해 말하도록 격려받고,
임신을 유발한 것으로 추정되는 심층의 정서적 원인을 탐색해 보라
는 권유를 받았다. 하지만 이런 치유적 접근은 공공시설에서는 그
다지 성공적이지 못했다. 젊은 여성들은 정신과적인 담론에 저항했
으며 상담시간에 주로 이루어지는, 질문과 대답이라는 언어게임에
저항했다. 그들은 사회복지사의 중립적이고 직접적이지 않은 태도,
사회복지사 자신은 어떻게 생각하는지 말하고 싶어하지 않는 태도
를 싫어했다. 젊은 흑인 여성들은 사생활을 침해하거나 대놓고 사
적인 질문을 하는 것에 반발했다. 자신이 복지사에게 '개인적인' 질
문을 해도 된다고 허락하지 않는 한, 복지사가 자신에게 사적인 질
문을 할 수 있다는 사실을 인정하지 않았다. 오히려 그들은 '개인적
인 질문'은 상호성이라는 조건 아래 절친한 친구와 가까운 지인에
게나 남겨 두는 특권으로 간주했다.

　레인스의 논문에는 이 프로그램의 '정신건강' 측면에 대해 젊은
흑인 여성들이 보인 여러 가지 저항이 표현되어 있다. 어떤 경우 그
들은 공공연하게 치유적인 언어게임의 규칙에 도전했다. 또 그들은
사회복지사의 모호하고 간접적인 그러면서도 사적인 질문을 고의
로 오해하고 웃음거리로 만듦으로써 간접적으로 저항하기도 했다.
예를 들어 "어떻게 임신하게 되었죠?"를 '멍청하기 그지없는' 질문
으로 여기며 "그럼 당신은 그걸 모른단 소린가요?"(136쪽)라고 되
받아쳤다.

일부 여성들은 "그게 어떤 느낌이었죠?"라고 계속해서 묻는 정신과적 질문을 축제에서나 가능한 한바탕 웃음거리로 만들어 버렸다. 한번은 사례별 사회복지사가 집단상담시간에 지각하는 일이 있었다. 상담미팅을 위해 모여들었던 젊은 여성들은 사회복지사가 지금쯤 어디 있을지 추측하기 시작했다. 그중 한 명이, 이 사회복지사 에커드 씨가 의사를 만나러 갔을 것이라고 했다. 그들의 대화는 이렇게 이어졌다.

> "자기가 임신했는지 알아보려고?"
> "어디서 임신하게 된 건지 아마 생각하고 있겠지."
> "의사가 그 사람을 임신시키는 중이지 않을까?" (…)
> 그러자 버니스가 에커드 씨 역을 맡았다. 임신한 흉내를 내는 가짜 사회복지사를 향해 유사인터뷰가 시작됐다.
> "말해 봐요. 어떤 느낌이었죠? 좋았어요?"
> 박장대소가 터졌다. 그 자리의 모든 이가 과거에 자신이 받았을 법한 질문을 흉내 내기 시작했다. 누군가 말했다.
> "그는 아이를 입양 보내겠다는 생각을 해 봤냐고 나한테 물었어. 그러고선 '어떤 느낌이었죠?'라고 물었지."
> 마침내 진짜 에커드 씨가 도착하자 메이가 말했다.
> "사회복지사들은 왜 그렇게 질문이 많은 거죠?"
> 에커드 씨가 말했다.
> "무슨 질문 말이죠, 메이?"
> 버니스가 (…) 말했다.
> "말하자면… '어떤 느낌이었죠?'라는 질문이요."
> 그러자 우레와 같은 폭소가 쏟아졌다. (137쪽)

전반적으로 레인스가 연구한 흑인주체들은 자기 생애사와 행위자로서의 능력을 전문적인 치유 담론으로 구성하는 데 저항하는 여러 가지 다양한 전략을 고안했다. 그들은 사회복지사와 상호작용 이면에 놓여 있는 하위텍스트가 지닌 힘을 예리하게 인식하고 있었

으며 치유적인 주도권이 정상화 차원이라는 것을 잘 인식하고 있었
다. 사실상 젊은 흑인 여성들은 자신에게 백인 중산층의 개인성과
정서를 심어 주려는 노력을 은근슬쩍 밀쳐 냈다. 그들은 사례별 사
회복지사가 자기 인생사를 심리화된 자아로 재작성하려 하는 것을
거부하면서 또 한편으로는 시설이 제공하는 건강서비스를 이용한
다. 그리하여 기관이 제공하는 프로그램 가운데 자신이 해석하기에
욕구에 적합한 것은 이용했고, 그렇지 않은 것은 밀쳐 냈다.

  넷째, 비공식적이고 즉흥적이며 전략적이고 문화적인 저항의
형식에 더해 더 공식적이고 정치적으로 분명하게 조직된 저항의 형
식도 있다. 사회복지 프로그램의 고객들은 고객으로서 함께 힘을
합쳐 자기 욕구에 대한 행정적인 해석에 도전한다. 그들은 전문가
담론이 자신에게 형성해 주고자 하는 수동적이고 정상화되었으며
개별화된, 혹은 익숙한 정체성을 받아들이면서도 그것을 집단적·
정치적 행동을 위한 토대로 변형한다. 프랜시스 폭스 피븐과 리처
드 A. 클로워드는 1960년대 복지권운동으로 조직된 AFDC 수령자
들의 비슷한 저항 과정 사례에 관해 증명하고 있다.[34] AFDC 행정
이 보여 주는 원자화되고 탈정치화된 차원에도 불구하고, 이 여성
들은 복지시설의 대기실에 함께 모여들었다. 그것은 고객으로서 그
들이 공통적으로 경험한 고충과 불만을 분명히 말하고 함께 행동하
고 참여한 결과였다. 그리하여 그런 불만을 야기한 바로 그 복지 관
행이 집단적인 조직화의 조건을 가능하게 하고 투쟁하도록 해 주었
다. 피븐의 말을 인용하자면, "복지국가 자체의 구조가 새로운 연대
를 창출하는 데 도움을 주었고 그들에게 활기를 불어넣고 서로 뭉
칠 수 있는 정치적인 이슈를 만들어 주었다."[35]

---

34 Frances Fox Piven & Richard A. Cloward, *Regulating the Poor: The Functions of
Public Welfare*, New York: Vintage Books, 1971, pp.285~340; *Poor People's Movements*, New
York: Vintage Books, 1979. 유감스럽게도 피븐과 클로워드의 설명은 젠더맹목성을
노출하고 있다. 결과적으로 남성중심주의에 빠지게 된다. 그에 대한 페미니즘의 비판을
보려면 다음을 참조할 것. Linda Gorden, "What Does Welfare Regulate?", *Social Research*
55:4, Winter 1988, pp.609~630. NWRO의 역사에 관해 좀 더 젠더에 예민한 설명을
보려면 다음을 참조할 것. Guida West, *The National Welfare Rights Movements: The Social
Protest of Poor Women*, New York: Praeger Publishers, 1981.

5. 결론: 욕구, 권리, 정당화

이 프로젝트의 핵심이지만 여기서 여태껏 내가 논의하지 않은 문제들을 언급하는 것으로 마무리하고자 한다. 이 논문에서 나는 도덕적이고 인식론적인 문제들 대신 사회적이고 이론적인 문제들에 집중했다. 하지만 도덕적이고 인식론적인 문제들은 이 프로젝트에 대단히 중요하며, 비판적 사회이론을 열망하는 나의 프로젝트에는 더욱 그렇다.

욕구 토론에 관한 내 분석은 두 가지 분명하면서도 절박한 철학적 문제를 불러일으킨다. 한 가지는 사람들의 욕구 해석에서 좋은 해석과 나쁜 해석의 구분이 가능한가, 가능하다면 어떻게 구분할 수 있는가 하는 것이다. 다른 하나는 욕구 주장과 권리의 관계에 관한 질문이다. 이런 문제에 대해 여기서 충분한 대답을 제공할 수는 없지만, 그래도 나는 그 점에 관해 어떻게 접근할 것인지, 방법을 제시하고자 한다. 나는 또한 페미니즘 이론들 사이에서 일어나고 있는 우리 시대의 논쟁과 관련해 내 입장을 특정하고 싶다.

페미니즘 학자들은 중립적이고 이해관계에 초연하고자 하는 권위적인 관점이 사실상 지배적 사회집단의 편파적이고 이해관계에 따른 관점의 표현임을 끊임없이 주장해 왔다. 여기에 더해 많은 페미니즘 이론가는 권력게임과 정당한 요구의 구별 가능성을 부인하는 후-구조주의적인 접근을 활용해 왔다. 결과적으로 페미니즘 진영 내부도 이제 상대주의적인 정서가 상당히 지배하고 있다. 그와 동시에 다른 많은 페미니스트는 상대주의가 정치적 참여의 가능성을 침해한다고 우려한다. 어떻게 "성차별주의는 존재하며, 그것은 부당하다"는 주장을 인정하면서 한편으로는 그런 가능성을 부인할 수가 있단 말인가?[36]

---

35 Frances Fox Piven, "Women and the State: Ideology, Power and the Welfare State", *Socialist Review* 74, Mar-Apr 1984, pp.11~19.
36 객관성이 단지 지배의 가면일 뿐이라는 입장을 보려면 매키넌의 다음 글을 참조할 것. Catharine A. MacKinnon, "Feminism, Marxism, Method, and the State: An Agenda for Theory", *Signs: Journal of Women in Culture and Society* 7:3, Spring 1982, pp.515~544. 상대주의가 페미니즘을 잠식한다는 입장을 보려면 하트삭의 다음 글을

이와 같은 상대주의 문제를 여기서 질문의 형태로 표면화하고
자 한다. 우리는 사람들의 욕구 해석에서 좋은 해석과 나쁜 해석을
구별할 수 있는가? 혹은 모든 욕구 해석이 사회의 특수한 이익집단
의 위치에서 나온다면, 그 모든 해석과 똑같이 공평하게 협상할 수
있는가?

나는 사람들의 욕구를 둘러싼, 나은 해석과 못한 해석을 구분할
수 있다고 주장한다. 욕구가 문화적으로 구성되고 담론적으로 해석
된다고 말하는 것은 어떤 욕구 해석이든 다 좋다는 뜻이 아니다. 그
렇다고 해서 그런 정당화가 전통적인 객관주의의 어휘로 이해되어
서는 안 된다고 생각한다. 전통적인 객관주의는 어떤 해석이든 무
관하게 마치 욕구 그 자체에 진정한 본질이 있고 그것과 일치하는
해석을 캐내야 하는 것처럼 여긴다.[37] 나는 모든 욕구 해석을 정당
화하는 생각이 사회 내 특정 집단의 특권인 '입장'[38]을 발견하는
문제처럼 인식론적 우월성을 가진 기존의 관점에 전제를 두고 있다
고 생각지도 않는다.

그렇다면 해석적 정당성의 설명은 어디에서 찾아야 할까? 내가
보기에 포괄적이면서도 균형 잡힌 설명이 되려면 적어도 두 가지
문제를 고려해야 한다. 첫째, 서로 경쟁하는 다양한 욕구 해석이 야
기되는 사회적 과정에 관한 절차상의 고려가 있어야 한다. 예컨대

참조할 것. Nancy Hartsock, "Rethinking Modernism: Minority vs. Majority Theories",
Cultural Critique 7, Fall 1987, pp.187~206. 이 문제에 관해 페미니스트들 사이에 초래된
갈등에 대한 (설득력 있는 해결책을 제시하는 것은 아니지만 그래도) 탁월한 논의를
보려면 하딩의 다음 글을 참조할 것. Sandra Harding, "The Instability of the Analytical
Categories of Feminist Theory", *Signs: Journal of Women in Culture and Society* II:4, 1986,
pp.645~664. 포스트모더니즘 현상에 의해 제기된 관련 문제에 관한 논의는 프레이저와
니컬슨의 다음 글을 참조할 것. Nancy Fraser & Linda Nicholson, "Social Criticism
without Philosophy: An Encounter between Feminism and Postmodernism", *Theory,
Culture & Society* 5, 1988, pp.373~394.

37 진실과 일치하는 모델에 관한 비판을 보려면 로티의 다음 글을 참조할 것.
Richard Rorty, *Philosophy and Mirror of Nature*, Princeton: Princeton University Press,
1979.

38 '입장' 접근은 낸시 하트삭이 발전시킨 접근법이다. Nancy Hartsock, *Money, Sex
and Power: Toward a Feminist Historical Materialism*, New York: Longman, 1983. 하트삭의
'입장'에 관한 비판을 보려면 하딩의 다음 글을 참조할 것. Sandra Harding, "The Instability
of the Analytical Categories of Feminist Theory".

경쟁하는 다양한 욕구 담론을 어떻게 포괄하거나 배제할 것인가? 발화자 사이의 관계를 위계적으로 할 것인가 평등하게 할 것인가? 전반적으로 다른 모든 조건이 평등하다면 최선의 욕구 해석은 민주·평등·공정성 [39]이라는 이상에 가장 가까운 의사소통적 절차를 통해 도달하게 되므로, 이를 고려해야 한다.

여기에 덧붙여 결과에 대한 고려 또한 욕구 해석의 정당화에 관여한다. 서로 경쟁하는 해석이 보이는 대안적이고 분배적인 성과를 비교하게 된다는 뜻이다. 예를 들어, 널리 퍼진 기존의 사회적 욕구 해석을 수용하면 어떤 집단의 구성원에게 특히 불리하게 작용할까? 그 해석이 지배와 종속의 사회적 패턴에 도전적이기보다는 순응적인가? '~하기 위해' 관계의 경쟁적 사슬로 엮인 해석들이 기존의 이데올로기 범주를 다소간에 존중하는가, 아니면 '분리된 영역'을 인정함으로써 초래된 불평등을 합리화하는 이데올로기의 범주를 위반하는가? 전반적으로 다른 모든 조건이 동등할 경우, 일부 집단의 구성원에게 유난히 불리하지 않도록 고려하는 것이 최선이라 생각된다는 점에서 욕구 해석은 결과주의 입장이 지배하게 된다.

요컨대 어떤 사회적 욕구의 해석이 다른 해석보다 훨씬 좋다는 것을 입증하려면 절차와 결과론적 성과의 균형이 맞아야 한다. 더 단순하게 말하자면 민주주의와 평등의 균형을 취해야 한다.

그렇다면 욕구와 권리의 관계는 무엇인가? 이것 역시 현대 이론에서는 논쟁거리다. 비판적인 법률이론가들은 권리 주장이 부르주아 개인주의 교리를 신성시함으로써 급진적인 사회변혁을 방해한다고 주장해 왔다.[40] 다른 한편 일부 페미니즘 윤리이론가들은 권

---

39 일차적인 규범적 내용에서 보자면, 이런 공식은 하버마스주의적이다. 하지만 나는 하버마스가 그것을 초월적이거나 유사초월적인 메타해석으로 간주한다는 점에서 그를 따르고 싶지 않다. 하버마스는 '의사소통적인 윤리학'을 보편적이고 무역사적인 것으로 보고 발화 가능성의 조건에 정초하려고 한 반면, 나는 그것을 우연적으로 진화되고 역사적으로 특수한 가능성으로 간주한다. Jürgen Habermas, *The Theory of Communicative Action, Volume One, Reason and the Rationalization of Society*, trans. Thomas McCarthy, Boston: Beacon Press, 1979; *Moralbewusstsein und kommunikatives Handeln*, Frankfurt: Suhrkamp Verlag, 1983.

리를 강조하는 방향보다 책임을 강조하는 방향을 선호한다.[41] 종합하면, 이들 입장은 욕구 토론을 권리 토론의 대안으로 간주하고 싶어하는 방향으로 일부 사람을 이끌 수 있다. 반면 많은 페미니스트는 좌파의 권리 비판이 우리 정치적 적들의 수중에서 놀아날 수 있다는 점을 우려한다. 결국 전통적으로 보수주의자들은 자격의 문제가 평등주의적인 함의를 지닐 수 있다는 가정을 확실히 피하기 위해 권리 대신 욕구의 문제로서 분배적 지원을 선호한다. 그런 이유로 인해, 일부 페미니즘 활동가들과 법률학자들은 권리에 관한 대안적 이해를 발전시키고 옹호하고자 했다.[42] 그들의 연구방법에 따르면, 적절하게 재구성된 권리 주장과 욕구 주장은 상호양립할 수 있고 상호전환될 수 있다.[43]

간단히 말해 나는 정당화된 욕구 주장을 사회적 권리로 전환하는 데 우호적인 사람들과 입장을 같이한다. 기존의 사회복지 프로그램에 대한 많은 급진적인 비평가처럼 나 역시 욕구 주장이 권리 주장에서 완전히 분리될 때 초래되는 부권주의 형식에 반대하는 운동에 참여하고자 한다. 일부 의사소통적 사회주의자들과 페미니즘 비평가들과는 달리, 나는 권리 토론이 본질적으로 개인주의적이며 부르주아 자유주의적이고 남성중심주의적이라 생각지 않는다. 사회가 잘못된 권리를 확립함으로써 결과적으로 그렇게 되었을 뿐이다. 예를 들어 사적 소유권에 대한 (추정상의) 권리는 사회적 권리를 포함해 다른 권리들을 옹호하다 보니 그렇게 된 것이다.

---

40 Elizabeth M. Schneider, "The Dialectic of Rights and Politics: Perspectives from the Women's Movement", *Women, the State, and Welfare*, ed. Linda Gordon, Madison: University of Wisconsin Press, 1990.

41 이런 입장에 관한 찬반논쟁에 대해서는 다음 책의 논문들을 참조할 것. *Women and Moral Theory*, eds. E. F: Kittay & Diana T. Meyers, Totowa, NJ: Rowman and Littlefield, 1987.

42 슈나이더의 "The Dialectic of Rights and Politics"에 더해 다음을 참조할 것. Martha Minow, "Interpreting Rights: An Essay for Robert Cover", *The Yale Law Journal* 96:8, July 1987, pp.860~915; Patricia J. Williams, "Alchemical Notes: Reconstructed Ideals from Deconstructed Rights", *Harvard Civil Rights-Civil Liberties Law Review* 22:2, Spring 1987, pp.401~433.

43 이 공식에 관해서는 마사 미노에게 (개인적인 대화를 통해서) 신세졌다.

　게다가 새로운 사회권력을 위한 토대로서 정당화된 욕구 주장을 취급하는 건 기존 권리의 효과적인 행사에 대한 걸림돌 극복의 시작이다. 마르크스주의자들과 그 밖의 사람들이 주장했던 것처럼 언론의 자유, 집회의 자유, 그와 유사한 고전적 자유주의 권리가 '그야말로 형식적'인 것은 사실이다. 하지만 이것은 그런 권리들의 '내재적' 특징보다는 현재 새겨져 있는 사회적 맥락에 관해서 좀 더 많은 것을 말해 준다. 말하자면 가난, 불평등, 억압이 없는 사회적 맥락 속에서 형식적인 자유주의적 권리가 실체적인 권리, 즉 집단적인 자기결정권으로 전환되고 넓어질 수 있기 때문이다.

　마지막으로, 욕구 토론은 싫든 좋든 간에 당분간 지속될 것이라는 확신 때문에 이 작업을 하고 있음을 강조해야겠다. 가까운 장래에 페미니스트를 포함한 정치적 행위자들은 이 분야의 담론적 신조어(discursive coin)를 만들어 낼 욕구 토론의 영토에서 작전하게 될 것이다. 하지만 내가 보여 주려고 했던 것처럼 이런 용어들이 내재적으로 해방적인 것도, 그렇다고 억압적인 것도 아니다. 오히려 그것은 다가적이며 경합적이다. 내 프로젝트의 더욱 큰 목적은 욕구 토론에서 억압적인 가능성들로부터 해방적 가능성을 선별해 냄으로써 민주적이고 평등한 사회적 변화를 위한 전망을 밝히는 데 도움을 주는 것이다.

3

의존의 계보학

미국 복지국가의 핵심어 추적하기*

의존(dependency)은 미국 정치의 핵심어가 되었다. 다양한 입장의 정치가들은 때만 되면 한번씩 소위 복지의존을 비판한다. 대법원장 클래런스 토머스는 자기 누이를 비난하면서 1980년대의 보수주의자 대다수를 대변하는 발언을 했다. "누이는 우체부의 복지수표 배달이 늦어지는 날이면 거의 미칠 지경이 된다. 얼마나 의존적인지 모른다. 그보다 더 나쁜 건 이제 누이의 아이들 또한 당연히 복지수표를 받을 자격이 있다고 생각한다는 것이다. 그들은 그런 상황에서 벗어나려거나 좀 더 나아지려는 의욕이 전혀 없다."[1] 자유주의자들은 희생자를 비난하는 경향이 대체로 덜한 편이지만 그들도 복지의존을 매도하기는 매한가지다. 민주당 상원의원 대니얼 P. 모이니헌이 자기 저서에서 다음과 같은 주장을 했을 때 그는 이미 오늘날에 벌어지는 담론의 예시를 보여 주었다.

* 이 글은 린다 고든과의 공저다. 낸시 프레이저는 노스웨스턴대학 도시문제연구센터 연구지원, 뉴베리 라이브러리／인문학 국가지원, 미국학술단체협의회의 지원에 감사드린다. 이 책에 이 장을 재수록하도록 허락해 준 린다 고든에게도 감사한다. 린다 고든은 위스콘신대학 대학원, 바일러스 트러스트, 빈곤문제연구소에 감사드린다. 우리 두 사람 모두 록펠러재단과 이탈리아의 벨라지오 연구센터에 감사한다. 또한 리사 브러시(Lisa Brush), 로버트 엔트먼(Robert Entman), 조엘 핸들러(Joel Handler), 더크 하토그(Dirk Hartog), 바버라 홉슨(Barbara Hobson), 앨런 헌터(Allen Hunter), 에바 키테이(Eva Kittay), 펠리샤 콘블루(Felicia Kornbluh), 제니 맨스브리지(Jenny Mansbridge), 린다 니컬슨, 에릭 라이트(Erik Wright), 엘리 자레츠키(Eli Zaretsky)가 해 준 유용한 논평에 감사드린다. 그리고 *Signs: Journal of Women in Culture and Society*의 편집위원들과 검토자들에게 감사한다.
1 캐런 튜멀티(Karen Tumulty)가 인용한 클래런스 토머스의 말이다. *Los Angeles Times*, July 5, 1991, A4.

복지 문제는 의존의 문제다. 그것은 빈곤과는 다른 문제다. 가난은 객관적인 조건이다. 의존은 객관적 조건일 뿐만 아니라 주관적인 조건이기도 하다. (…) 가난은 종종 상당히 개인적인 특성으로 여겨진다. 하지만 의존의 경우는 그런 일이 극히 드물다. 의존은 불완전한 생활 상태다. 어린 시절에는 그것이 정상이지만 어른이 그러는 것은 비정상이다. 완전한 남성이나 여성이라면 자기 발로 설 수 있을 세계에서, 의존자(dependent)—그 단어의 뜻 그대로 '푹 파묻힌' 사람—는 남에게 매달린다.[2]

오늘날 양대 주요 성당의 '정책 전문가'들은 "복지의존은 사람들에게 나쁜 영향을 미친다. 자조자립하려는 동기를 침해하고, 오랜 기간에 걸쳐 복지수령으로 먹고사는 이들에게 하층계급적 심리 상태와 조건을 가중하며, 그들을 고립시키고 낙인찍히게 하기 때문이다"[3]라는 말에 동의한다.

우리가 이런 식의 담론에서 한 걸음 물러나서 본다면, 그 아래 전제되어 있는 수많은 가정에 의문을 제기할 수 있다. 미국에서 빈곤과 불평등에 관한 논쟁은 왜 복지의존이라는 프레임을 중심으로 진행되는가? 공적 지원의 수령자들이 어쩌다 의존과 결부되었을까? 의존이라는 단어가 이 맥락에서는 왜 이토록 부정적인 의미를 띠게 되는가? 이런 담론의 젠더 하위텍스트와 인종적 하위텍스트는 무엇이며, 그 아래 놓여 있는 암묵적인 가정은 무엇인가?

우리는 복지와 관련해 사용되는 의존이라는 단어의 의미를 검토함으로써 이 문제를 어느 정도 조명할 수 있을 것이다.[4] 그래서

---

2 Daniel P. Moynihan, *The Politics of a Guaranteed Income: The Nixon Adminstration and the Family Assistance Plan*, New York: Random House, 1973, p.17.

3 리처드 네이선(Richard P. Nathan)의 말이다. 다음의 글에서 인용했다. quoted by William Julius Wilson, "Social Policy and Minority Groups: What Might Have Been and What Might We See in the Future", *Divided Opportunities: Minorities, Poverty, and Social Policy*, eds. Gary D. Sandefur & Marta Tienda, New York: Plenum Press, 1986, p.248.

4 이 논의의 또 다른 한 축은 당연히 '복지'에 관한 것인데, 지면상의 이유로 여기에서는 충분히 다룰 수가 없었다. 좀 더 자세한 논의를 보려면 다음을 참조할 것. Nancy Fraser & Linda Gordon, "Contract Versus Charity: Why Is There No Social Citizenship in the United States?", *Socialist Review* 22:3, 1992, pp.45~68.

우리가 미국 사회복지의 핵심어라 분석하는 '의존'의 계보학을 재구성하고자 한다.[5] 이 '의존'이라는 용어의 용법이 겪어 온 굵직한 역사적 변동을 추적함으로써 오늘날까지 대체로 아무런 의문 없이 받아들여져 온 암묵적 가정과 함의를 발굴하게 될 것이다.

우리의 연구방법은 부분적으로 영국 문화유물론 비평가 레이먼드 윌리엄스에게 영향을 받았다.[6] 윌리엄스를 비롯한 이론가들과 같이 우리는 사회생활을 기술하는 데 이용돼 온 이 용어가 동시에 사회생활을 적극적으로 형성하는 힘이기도 하다고 가정한다.[7] 정치에서 핵심적인 요소는 사회적 현실을 정의하고 사람들의 혼란스러운 갈망과 욕구를 해석하려는 투쟁이다.[8] 이런 투쟁에서 특정 단어와 표현은 종종 중심이 되고 핵심어로 기능하면서, 사회적 경험의 의미가 협상되고 경합하는 지점에 위치하게 된다.[9] 대체로 핵심어는 그 수행 담론에 강력한 영향을 미칠 수 있는, 발화되지 않은 암묵적 가정과 함의—일부는 억견(doxa)을 구성하거나 정밀한 비판적 검토에서 벗어남으로써 당연하고 상식적인 신념으로 간주되기도 하는—를 담고 있다.[10]

우리는 의존이라는 용어의 계보를 재구성함으로써 현재 의존

---

5 우리가 초점을 맞춘 것은 미국의 정치문화이며 따라서 북미 영어에서의 용법에 집중하고자 한다. 하지만 다른 언어권들에서도 유사한 의미들이 유사한 단어들에 걸쳐 있는 경우가 있음을 생각할 때, 우리의 연구결과는 더 보편적인 관심사로 다뤄질 수 있다고 본다. 이 논문에서 의존의 초기 계보학을 위해 이용한 영국 쪽의 출전 중에는 16, 17세기의 것까지 있다. 우리는 '의존'의 의미가 '신세계'로 이식되어 왔으며, 미국 정치문화의 초기 단계에 형성되었다고 가정한다.

6 Raymond Williams, *Keywords: A Vocabulary of Culture and Society*, Oxford: Oxford University Press, 1976.

7 이는 언어의 재현적인 특징과는 대립되는 수행성을 강조하는 것이다. 언어의 수행성은 언어철학에서 화용론적인 전통의 특징이다. 윌리엄스 외에도 다수의 사회문화 분석가가 유용하게 차용했다. 그 예로는 다음 글들을 참조할 것. Pierre Bourdieu, *Outline of a Theory of Practice*, Cambridge: Cambridge University Press, 1977; Judith Butler, *Gender Trouble: Feminism and the Subversion of Identity*, New York: Routledge, 1990; Joan Wallach Scott, *Gender and the Politics of History*, New York: Columbia University Press, 1988. 화용론적 접근법이 줄 수 있는 유리한 점에 관한 더 많은 논의를 보려면 이 책의 5장 「상징계주의에 대한 반론」을 참조할 것.

8 이 책의 2장 「욕구를 둘러싼 투쟁」을 참조할 것.

9 Raymond Williams, *Keywords*.

10 Pierre Bourdieu, *Outline of a Theory of Practice*.

을 둘러싸고 진행되고 있는 미국의 토론 상황으로부터 억견을 몰아
내고자 한다. 미셸 푸코와 관련된 접근법을 수정함으로써[11] 우리는
특수한 행위자에게 거의 의미를 부여하지 않게 된 언어적 용법으로
초래된 폭넓은 역사적 변화를 캐내게 될 것이다. 우리는 인과론적
분석을 제시하려는 것이 아니다. 오히려 현재 사용되는 '의존'과 과
거에 사용되던 '의존'의 의미를 대비해 그동안 당연한 것으로 받아
들여진 믿음과 상식을 낯설게 함으로써 오늘날 초래되고 있는 갈등
을 조명하고 비판하려 한다.

　우리 두 사람의 연구방법은 두 가지 중요한 점에서 푸코와 다
르다. 우리는 폭넓은 제도적·사회적·구조적 변동으로 초래된 담론
적 변화를 맥락화하고자 하며 따라서 규범적·정치적 성찰을 환영
한다.[12] 우리 논문은 철학자와 역사학자 사이의 협업이다. 우리는
언어적·사회구조적 변화에 대한 역사적 분석을 사회문제의 담론적
구성에 대한 개념적 분석과 연결하고, 해방적 대안을 상상하는 페
미니즘적 관심사와 이 혼성물을 혼합하여 발효시키고자 한다.

　의존의 계보를 제시하려면 무엇이 뒤따라야 하는가? 우리는 이
용어의 역사를 개략적으로 소개하고, 오늘날 미국에서 이 용어가
복지에 관한 토론에서 품고 있는 가정과 함의를 명료하게 밝히고자
한다. 특히 인간의 본성, 젠더 역할, 빈곤의 원인, 시민권의 성격, 자

　　11　Michele Foucault, "Nietzsche, Genealogy, History", *The Foucault Reader*, ed. Paul
Rabinow, New York: Pantheon, 1984, pp.76~100.
　　12　푸코에 관한 비판적 문헌은 아주 많다. 페미니즘적인 평가에 대해서는 다음을
참조할 것. Linda Alcoff, "Feminist politics and Foucault: The Limits to a Collaboration",
Crisis in Continental Philosophy, eds. Arlene Dallery & Charles Scott, Albany SUNY Press,
1990; Judith Butler, "Variations on Sex and Gender: Beauvoir, Wittig, and Foucault",
Feminism as Critique, eds. Seyla Benhabib & Drucilla Cornell; Minneapolis: University of
Minnesota Press, 1987, pp.128~142; Nancy Hartsock, "Foucault on Power: A Theory for
Women?", *Feminism/Postmodernism*, ed. Linda J. Nicholson, New York: Routledge, 1990,
pp.157~175; Chris Weedon, *Feminist Practice and Poststructuralist Theory*, Oxford: Basil
Blackell, 1987; *Foucault and Feminism: Reflections on Resistance*, eds. Irene Diamond and
Lee Quinby, Boston: Northeastern University Press, 1988. 푸코의 장점과 단점에 관한
균형 잡힌 토론에 관해서는 다음을 참조할 것. Nancy Fraser, *Unruly Practices*; Axel
Honneth, *The Critique of Power: Reflective Stage in a Critical Social Theory*, Cambridge, MA:
MIT Press, 1992; Thomas McCarthy, *Ideals and Illusions: On Reconstruction and
Deconstruction in Contemporary Critical Theory*, Cambridge, MA: MIT Press, 1991.

격의 근거, 어떤 것을 '일'로 간주할 것이며 사회에 기여하는 일은 어떤 것인지 등의 문제에 작용하는 가정과 함의 말이다. 사회생활에서 특정한 해석은 신성시하고 다른 해석은 불법화하거나 불투명화하는 데 일조함으로써 사회의 지배집단에게는 유리하게, 종속적인 집단에게는 대체로 불리하게 작동하는 의존이라는 핵심어의 무반성적 사용에 그로써 항의하려 한다. 종합하자면, 우리는 비판적인 정치적 의미론의 형식으로 이데올로기 비판을 내놓고자 한다.

　우리의 논의 대상인 '의존'은 이데올로기적 용어다. 현재 미국 정책 담론에서 '의존자'란 통상적으로 가족을 유지할 수 있는 부양자 남성이 없거나 일정한 임금소득이 없어 '피부양 아동이 딸린 가족 지원'(Aid to Families with Dependent Children, AFDC)이라는 인색하고 인기 없는 정부 프로그램의 경제적 지원에 전적으로 의존하고 있는 아이 딸린 빈곤한 여성이라는 조건을 지칭한다. 비록 여성들로 하여금 아이를 포기하지 않고도 학대받는 생활이나 불만족스러운 관계에서 벗어날 수 있도록 해 준다고는 하나, 대단히 낙인찍기식으로 운영되는 이 프로그램은 많은 경우 참여자의 기운을 꺾는다. 빈곤한 싱글맘 가족의 문제를 지칭하는 '의존'이라는 말은 그들이 개인적으로 문제가 있고 경제적으로뿐만 아니라 심리적·도덕적으로도 문제가 있는 것으로 여기게 한다. 이 용어는 강력한 정서적·시각적 연상효과와 함께 아주 한심하고 경멸스러운 이미지를 떠올리게 한다. 현재의 논쟁에서 복지의존이라는 표현은 흔히 '복지맘'(welfare mother), 다시 말해 성욕을 억제하지 못한 어린(대체로 10대) 미혼모 흑인 여성의 이미지를 연상하게 만든다. 이런 이미지가 주는 힘은 중첩적이다. 다양하고 모순적인 의존의 의미가 압축되어 있기 때문에 우리는 그 점에 주목한다. 여러 가지로 혼란스럽게 뒤엉킨 의미의 가닥을 선별하고 암묵적인 가정과 가치평가적인 함의를 분석함으로써, 우리는 고정관념이 지닌 힘을 이해하고 제거할 수 있을 것이다.

1. 의미 용법의 역사

어원적 의미에서 동사 '의존하다'(to depend)는 서로 매달려 있는 물리적 관계를 가리킨다. 이보다 추상적인 의미, 즉 사회적·경제적·심리적·정치적 의미는 원래 은유였다. 현재 '의존'이라는 말의 의미가 뻗어 있는 범주를 살펴보면 네 가지 용법이 있다. 첫째는 경제적 용법이다. 경제적 의미로 의존은 한 사람이 생계를 위해 다른 사람(들)이나 제도에 의지하는 것을 말한다. 두 번째는 법사회적인 용법으로, 이 경우 의존이라는 용어는 법적·공적으로 독자적 지위가 결여된 상태를 지칭한다. 말하자면 여성이 결혼해 유부녀가 됨으로써 독자적 위치를 상실했다는 뜻이다. 세 번째는 정치적 용법이다. 여기서 의존이란 외부적인 통치권력에 종속된 비시민 거주자로서 피식민지인이나 피통치국민이 됨을 의미한다. 네 번째를 우리는 도덕적·심리적 용법이라고 부르는데, 이 경우 의존은 개인의 성격적 특징으로, 의지력을 상실하거나 정서적으로 지나치게 빈곤한 상태를 의미한다.

물론 의존의 용법이 반드시 이 네 가지 중 하나로 깔끔하게 떨어지지는 않는다. 그러나 우리의 분석을 위해, 이런 구분을 이 용어의 역사적 여정을 표시하는 좌표들의 기준으로 삼고자 한다. 그리하여 우리는 여성이 대다수 남성과 마찬가지로 종속된 채 의존의 많은 조건을 공유했던 가부장적 전-산업사회에서부터, 의존이 특히 여성적인 의미로 재구성되면서 남성우월주의적 용법으로 이행한 산업사회까지의 과정을 추적할 것이다. 이는 이제 후-산업사회적 용법으로 넘어가고 있다. 후-산업사회에서는 '잘나가는' 여성들의 수가 비교적 증가하고 여성들도 남성과 마찬가지로 자립하게 된 것이 사실이지만, 그럼에도 의미상으로 여성화되고 낙인찍힌 '의존'의 딱지는 여전히 일탈적이고 잉여로 간주되는 집단에게 붙는다는 것이 우리의 주장이다. 젠더화에 더해 인종화한 관행이 이런 변화에 핵심적인 역할을 한다. 그로 인해 노동을 둘러싼 조직과 의미에도 변화가 일어난다.

2. 전-산업사회의 '의존'

전-산업시대 영국에서 의존이라는 단어의 가장 일반적인 뜻은 종속이었다. 경제적·법사회적·정치적 의미의 의존은 상대적으로 엄밀하게 구별되지 않았으며, 국가와 사회에서 다양한 위계질서가 혼재되어 있는 형태를 반영했다. 당시에 이 용어의 도덕적·심리적 용법은 거의 존재하지 않았다. 『옥스퍼드 영어사전』(OED)에 등재된 '의존하다'라는 동사의 가장 오래된 사회적 정의는 '종속적 관계로 연결되다'다. 적어도 1588년부터 의존자란 '다른 사람의 지원·지위 등에 종속된 사람'을 가리켰다. 말하자면 충복, 시종, 하인, 부하 등을 뜻한 것이다. 의존은 수행하는 종자들, 한 무리의 하인들, 외국 영토에 있는 소유나 식민지를 뜻했다. 이 용어군은 넓게는 위계적 사회의 맥락에 적용할 수 있는데, 넓은 의미에서는 거의 모든 사람이 누군가에게 종속되어 있었지만 그렇다고 그것이 개인적 낙인으로 지탄받지는 않았다.[13]

우리는 의존의 반대 의미가 무엇인지를 검토함으로써 전-산업사회에서 의존이 얼마나 일반적인 현상이었는지를 알 수 있다. 본래 비의존(independence), 즉 독립이라는 개념은 개인이 아니라 집합적 실체에 주로 적용되었다. 그러니까 17세기 국가나 교회 회중에게 이러한 말을 쓸 수 있었다. 하지만 18세기에 이르면 개인에 대해서도 비의존(독립)이라는 표현을 쓰게 된다. 이때의 독립이란 재산을 소유한 상태, 즉 노동을 하지 않아도 살아갈 재산이 있는 상황을 뜻했다.(이런 의미의 독립을 오늘날 우리는 '경제력이 있다'고 칭한다. 이는 상당히 부유하다는 뜻의 'independently wealthy'라든가 누군가에게 경제적으로 자립할 수단이 있다고 할 때의 'a person of independent means' 같은 영어 표현에 남아 있다.) 이와는 대조적으로, 의존이란 타인을 위해 일함으로써 자기 생계를 유지한다는 뜻이다. 이는 물론 농노와 노예에게만 해당하는 것이 아니라 임금노동자로서 대다수 사람이 처한 조건이다. 대다수 여성뿐만 아니라

13 Joan R. Gundersen, "Independence, Citizenship, and the American Revolution", *Signs: Journal of Women in Culture and Society* 13:1, 1987, pp.59~77.

대다수 남성에게도 해당되는 조건이다.[14]

따라서 의존은 비정상과 반대되는 정상적인 조건이었으며, 개인적 특징이 아니라 사회적인 관계였다. 그러므로 의존에는 어떤 윤리적 낙인도 찍혀 있지 않았다. 영국 사전에서든 미국 사전에서든, 적어도 20세기 초반 이전에는 이 용어에서 경멸적인 의미를 찾아볼 수 없다. 사실상 전-산업사회에서 이 단어에 관한 주된 풀이는 긍정적이었으며, 서로 신뢰하고 의지하며 기댈 수 있다는 뜻이었다. 그런 의미가 오늘날의 '믿을 만하다'(dependable)라는 단어를 파생시켰다.

그러나 점점 '의존사'는 열등한 지위에 법적으로 무능력한 사람, 그래서 법적 지위를 가진 누군가를 우두머리로 하는 구성단위의 일원을 뜻하게 되었다. 대지주와 소작인이 지배하는 신분질서의 세계에서 봉토에 딸린 자유소작인과 농노가 그랬듯이, '가장'이 아닌 모든 가족구성원은 딸려 있게(의존하게) 되었다. 피터 래슬릿의 말을 빌리자면 그들은 "자기 아버지와 주인의 인격에, 말하자면 붙잡혀 있고 (…) 종속돼 있는"[15] 것이다.

의존에는 또한 오늘날 우리가 정치적 결과라 부를 만한 점이 있었다. 정확히 말해 의존이라는 단어가 부자유(unfree)를 뜻하는 것은 아니었지만, 사회질서의 맥락상 그렇게 지칭되는 대다수는 시민권이 없고 종속적인 지위였다. 독립, 즉 비의존은 노동으로부터 자유로운 대단한 특권과 우월한 위치를 뜻했다. 따라서 유럽 의회정부의 발전 과정 가운데 비의존은 재산의 소유권이라는 의미에서 정치적 권리의 필수조건이었다. 예속인들이 권리와 자유를 주장하기 시작했을 때, 그들은 필연적으로 혁명적이 될 수밖에 없었다.

---

14 게다가 전-산업사회에서 주인이 하인에게 거꾸로 의존하는 것은 널리 인정되었다. 역사가 크리스토퍼 힐은 봉건사회의 '본질'을 주인과 하인 사이의 충성과 의존의 '속박'으로 정의했는데, 이 점을 잘 이해한 것으로 볼 수 있다. 여기서 '의존'은 상호의존을 의미한다. Hill, *The World Turned Upside Down: Radical Ideas During the English Revolution*, New York: Viking, 1972, p.32.

15 Peter Laslett, *The World We Have Lost: England Before the Industrial Age*, New York: Charles Scribner, 1971, p.21.

그러므로 의존은 특별히 남편에 대한 아내의 지위를 특징짓는 말이 아니었다. 여성의 의존은 어린아이의 의존과 마찬가지로 기다란 사회적 사다리의 아래쪽에 위치했으며, 그들 위에 군림하는 남편과 아버지는 또 다른 남성들의 아래에 자리했다. 게다가 대개의 농촌에서 여성의 일방적인 경제적 의존이란 생각조차 할 수 없는 개념이었다. 왜냐하면 여성의 노동은 아이의 노동과 마찬가지로 가족경제에 필수적인 것으로 인식되었기 때문이다. 여성이 경제적으로 예속되어 있다면, 그것은 그 계급의 남성 또한 예속인이라는 의미일 뿐이었다. 전반적으로 전-산업사회에서 여성의 의존은 그 이후처럼 젠더에 한정된 특수한 현상이 아니었다. 여성의 의존도 종속적인 남성의 의존과 비슷한 종류였으며 단지 증폭되었을 뿐이었다. 어린아이, 하인, 나이 든 노인의 삶 또한 의존이라는 측면에서 겹겹의 층위를 갖기는 마찬가지였다.

전-산업시대의 배치가 실제 빈민층에게 언제나 만족할 만한 것을 제공한 건 당연히 아니었다. 14세기에 등장한 새롭고 더 강력한 국가는 빈민에 대해 이동의 자유를 제한했고, 도움을 줄 만한 가치가 있는 자와 그렇지 않은 자 간의 비공식적이되 오래된 구분을 성문화하기 시작했다. 1601년 영국의 구민법이 '도움을 줄 만한 가치가 없는 자'의 범주를 확정했을 때, 공적 지원을 요청하는 것은 이미 부끄러운 일이 되어 버렸다. 하지만 그때까지 문화는 의존을 부인하지 않았고, 개인적 독립을 가치 있는 것으로 여기지도 않았다. 오히려 이 법전의 목적은, 뿌리가 뽑혀 여기저기 떠도는 너무 '독립적'(비의존적)인 빈민들을 지역교구나 지역공동체로 되돌려 보냄으로써 전통적인 의존을 강화하기 위한 것이었다.

그럼에도 불구하고 의존이 보편적으로 인정받았다거나 도전받지 않았다는 뜻은 아니다. 적어도 17세기 이후 자유주의-개인주의자들의 정치적 주장이 널리 퍼지면서 의존은 오히려 제대로 된 도전에 직면했다. 의존과 독립 같은 용어는 잉글랜드 내전에 대한 퍼트니 논쟁(Putney Debates)의 사례에서 볼 수 있듯이 종종 이 시기 정치적 논쟁의 핵심 주제였다. 17세기 영국에서 벌어진 '외거'(外居)

하인에 관한 논쟁에서처럼 때로 사회적 위기에 관한 핵심적 기표가
되기까지 했다. 외거 하인이란 주인집에 기거하지 않으면서 일손을
돕도록 고용된 하인이다. 그들은 하인고용계약서에 묶여 있지 않거
나 그와 유사한 법적 합의가 없는 존재였다. 그 시절의 담론에서 이
들의 이례적인 '비의존'은 사회적 무질서의 보편적인 상징이자 널리
퍼져 있는 문화적 불안감을 끌어모으는 피뢰침이었다. 이는 오늘날
'복지맘'들의 이례적 '의존'이 하는 기능과 흡사했다.

3. 산업시대의 '의존': 노동자의 부정형

산업자본주의가 부상함에 따라 의존의 의미론적 지형도는 급변했
다. 18세기와 19세기에 이르면 의존이 아니라 독립(비의존)이 정치
적·경제적 담론의 핵심 단어가 되었으며, 독립의 의미는 급진적으
로 민주화되었다. 하지만 독립에 관한 담론을 자세히 읽어 보면 의
존에 대한 강한 불안의 그림자를 발견할 수 있다.

전-산업사회에서 정상적이고 무결점적 조건이었던 의존이 이
제는 일탈의 낙인이 되었다. 더 정확히 말해, 어떤 의존이 자연스럽
고 적절한 것으로 받아들여진 반면 특정 의존은 수치스러운 것으로
비춰졌다. 특히 18~19세기의 문화정치가 젠더의 차이를 강화하면
서, 새롭게 명시적으로 젠더화된 의존 개념이 나타났다. 의존이란
여성에게는 괜찮은 상태지만 남성에게는 수치스러운 것으로 여겨
졌다. 또 그와 비슷하게, 새롭게 부상한 인종적 구성에 따라 특정
형태의 의존은 '검은 인종'에게는 적절한 것이되 '백인'에게는 참을
수 없는 것이 되었다. 그와 같이 세분화된 평가는 의존이라는 단어
가 전-산업시대에 지녔던 통일성을 깨뜨려 버렸다. 더 이상 일반적
종속만을 지칭하지 않게 되면서 의존은 산업시대에 들어와 법사회
적인 것, 정치적인 것, 경제적인 것이 될 수 있었다. 이제 의존은 반
드시 사회적 관계를 가리키는 말이 아니었으며 개인의 성격적 특징
도 지칭할 수 있게 되었다. 이렇게 해서 의존의 도덕적·심리적 용
법이 탄생했다.

의존에 관한 이 같은 재정의는 급진적 프로테스탄티즘에 엄청

난 영향을 미쳐서, 개인적 독립에 대한 새롭고 긍정적인 이미지를 정교화하고 법사회적·정치적 의존을 비판하게 만들었다. 가톨릭과 초기 프로테스탄트 전통에서 주인에 대한 의존은 신에 대한 의존을 모델로 삼았다. 하지만 잉글랜드 내전 당시 급진파나 청교도, 퀘이커교도, 미국의 조합교회주의자(congregationalist) 등에게 주인에 대한 의존의 거부는 신성모독에 대한 거부이자 잘못된 신에 대한 거부와 마찬가지였다.[16] 그들이 보기에 지위의 위계질서는 더 이상 자연스럽거나 정당한 것이 아니었다. 정치적 종속과 법사회적 포섭은 인간의 존엄성을 침해하는 것이므로 오직 특별한 조건 아래서만 옹호할 수 있는 것이었다. 이런 신념은 산업시대 전반에 걸쳐 상당한 성공을 거둔 다양한 급진적 운동, 즉 노예제 폐지 운동, 페미니즘, 노동조합운동 등을 등장시켰다. 19세기의 이런 운동들은 노예제와 여성의 법적 무능력을 폐지했다. 남성 백인 노동자는 이보다 훨씬 더 전면적인 승리를 거뒀다. 18~19세기 그들은 자신을 구속했던 법사회적·정치적 의존을 벗어던지고 시민권과 투표권을 쟁취했다. 민주주의 혁명 시대에 새롭게 발전해 나간 시민권 개념은 독립에 정초했으며 의존은 시민권에 대한 안티테제로 간주되었다.

내전과 정치적 환경 속에서 초래된 의존과 비의존(독립)의 변화는 경제적 용법에서 더욱 극적인 변화를 맞았다. 백인 남성 노동자는 시민권과 선거권을 요구하면서 자신이 비의존적임을 내세웠다. 임금노동이 의존을 연상시키는 구도에서 벗어나기 위해, 이들의 주장은 '의존'의 의미 재해석으로 이어졌다. 재해석의 초점은 노동의 경험과 의미(생산수단, 토지의 소유권, 기술통제, 노동조직)에서 임금노동에 따른 보수와 그 소비방식 등의 방향으로 바뀌었다. 급진적 노동자들은 임금노동자를 '임금노예'로 간주하던 초기의 입장을 거부하고 임금노동을 남자다운 비의존의 새로운 형태로 내세웠다. 남성 노동자들의 집단적 자부심은 프로테스탄티즘의 또 다른 측면에 기반을 두고 있었다. 프로테스탄티즘의 노동윤리는 훈육과

---

16 Christopher Hill, *The Century of Revolution 1603-1714*, New York: W. W. Norton & Company, 1961.

노동을 소중히 여긴다. 노동자들은 승리로 얻은 임금노동 체계 안에서 그런 가치를 되찾고자 했다. 그들 중 대다수—남성들뿐만 아니라 여성들도—는 고용주에게 전투적으로 대담하게 맞서 새로운 형태의 비의존을 창조하고 행사했다. 그들의 투쟁을 통해 마침내 경제적 독립에는 가족임금수당이라는 이상이 포함되기에 이르렀다. 가족임금이란 '딸려 있는'(dependent) 처자식을 부양해 가족을 유지하기에 충분한 임금을 의미한다. 이렇게 해서 노동자들은 자산 소유권과 자영업에 더해 임금노동 형태까지 포함시키며 경제적 독립의 의미를 확장하게 되었다.[17]

독립(비의존)의 의미가 변하면서 의존의 의미 또한 바뀌었다. 임금노동이 점차 규범화—독립의 의미가 확정—됨에 따라 임금노동에서 배제된 이들이야말로 의존을 온몸으로 표상하는 존재가 되었다. 새로운 산업주의 의미론에서 의존의 세 가지 주요한 형태가 출현했다. 세 이미지 모두 '노동자'라는 지배적 이미지의 효과적인 부정(否定) 형태이며 각각 비독립의 서로 다른 측면들을 구체화한 것이다.

산업주의 시대에 나타난 의존의 첫 번째 이미지는 '극빈자'다. 그들은 임금으로 살아가는 것이 아니라 빈민구제기금으로 살아간다.[18] 새롭게 부상한 자본주의라는 격렬한 문화에서 극빈자의 형상은 자기 발로 우뚝 선 노동자의 잘못된 짝과도 같아서 노동자를 끌

---

17 이런 재정의는 임금노동을 새로운 형태의 자산, 즉 자기 자신의 노동력이라는 자산으로 부각한 것이라고 말할 수도 있다. 이 개념은 C.B.맥퍼슨이 '소유적 개인주의'라 부른 것을 전제하고 있었다. 소유적 개인주의는 자기 자신을 개인의 자산으로 가정한다. 이에 대해서는 다음 글을 참조할 것. Macpherson, *The Political Theory of Possessive Individualism: Hobbes to Locke*, Oxford: Oxford University Press, 1962. 임금 구성을 하나의 자격으로 이끌어 낸 이런 접근은 압도적으로 남성들의 것이었다. 앨런 헌터는 (개인적 대화에서) 이를 체제비판의 실종으로 기술했는데, 독립을 일컬어 개별 노동자에게 초점을 맞춰 획득한 개념이며 자본으로부터의 집단적인 독립에 대한 갈망을 뒤에 남겨 둔 것이었다고 표현했다.

18 16세기에 '극빈자'(pauper)라는 용어는 단지 가난한 사람을 의미했으며, 법적으로는 자기 비용을 지불하지 않아도 법정에서 소송하고 방어하는 것이 허용되었다.(OED) 그로부터 두 세기가 지나자 이 단어는 더 엄격하게 정의 내려지면서 임금이 아니라 빈민구제기금으로 생계를 유지하는 새로운 계급의 사람들을 지칭하게 되었고, 그들은 일탈적이고 비난받아 마땅한 자들이 되었다.

어내리려 위협하는 자들이었다. 극빈자의 이미지는 의존 담론의 새로운 용법—도덕적·심리적 용법—에 주로 출현하면서 정교해졌다. 극빈자는 단지 가난한 사람일 뿐만 아니라 경멸의 대상이며, 성격적으로 부패했고 그 의지력은 자선에 기대 간신히 유지되는 걸로 여겨졌다. 극빈이라는 도덕적·심리적 조건이 가난이라는 경제적 조건과 관련이 있는 것은 분명하다. 그렇더라도 이 관계는 단순하지 않고 복잡하다. 19세기의 자선 전문가들은 가난이 극빈화에 한몫했다는 점을 인정하는 한편, 성격적 결함이 가난을 야기할 수도 있다고 주장했다.[19] 19세기 끝자락에 이르러 나타난 유전자신봉주의(우생학)적 사고에 따르면, 극빈자의 성격적 결함은 생물학적으로 선천적인 것이었다. 극빈자의 의존은 농노의 의존과는 다르고, 농노의 의존이 상호적이라면 극빈자의 의존은 일방적이라고 여겨졌다. 극빈자가 된다는 건 생산적 노동체계 안에 속하지 않는다는 뜻이었다. 극빈자는 그 체계에서 완전히 벗어난 존재였다.

산업사회에서 의존의 두 번째 이미지는 '식민지 원주민'과 '노예'의 형상으로 번갈아 구체화되었다. 물론 그들은 경제체제의 내부에 분명히 존재했고, 그들의 노동은 자본과 산업의 발달에 근본적인 토대가 되곤 했다. 극빈자의 경제적 의존이 순전히 기질로서 분류·재현되었다면 원주민과 노예의 의존은 정치적 종속으로 의인화되었다.[20] '야만적이고' '어린아이 같고' '굴종적인' 그들의 형상은 전통적인 의미 못지않게 의존의 핵심적인 이미지가 되었다. 마치 식민지가, 식민주의와 노예제를 정당화하기 위해 개발된 새로운 인

---

19 Linda Gordon, "Social Insurance and Public Assistance: The Influence of Gender in Welfare Thought in the United States, 1890‑1935", *American Historical Review* 97:1, 1992, pp.19~54.

20 실제로 산업시대의 정치적 종속을 의인화하는 이미지군은 다양하다. 그런 이미지들은 서로 관계가 있지만 그렇다고 러시아의 농노, 카리브해안의 노예, 미국의 노예와 인디언 같은 전형과 동일한 것은 아니다. 게다가 이들 범주에는 뚜렷이 구별되는 남성적 전형과 여성적 전형이 있다. 이 글에서는 이 모든 이미지에 공통된 특징을 부각하기 위해 이를 단순화했다. 특히 어떤 인종은 태어날 때부터 자연적 복종이 어울린다는 생각을 단순화했다. 우리는 여기서 특히 의존의 의인화된 전형으로 아프리카계 미국인에 초점을 맞췄다. 이는 그들이 역사적으로 중요하기 때문이며, 미국 사회복지의 언어에서 오늘날까지도 그 이미지가 반복되고 있기 때문이다.

종주의 담론과 결탁했던 것처럼 말이다.[21] 그런 과정에서 의존의 전통적 의미, 즉 토착민에게 제국주의 세력이 강요한 '종속관계'라는 원래의 의미에서, 이제는 종속자들의 내재적 속성이나 성격적 특성으로 이동한 새로운 의존 개념이 나타났다. 이전의 용법에서 피식민지인은 '정복된 자'로서의 의존자였다. 반면 19세기의 제국주의 문화는 그들이 '의존자라서' 정복되었다고 말했다. 이 새로운 의존 개념에 의하면 원주민과 노예의 의존은 내재적이고 본질적인 속성이었으며 따라서 그들의 식민화와 노예화는 당연한 것이었다.

원주민과 노예의 의존 이미지는 극빈자의 의존처럼 주로 도덕적·심리적 용법으로 정교하게 다듬어졌다. 제국주의와 노예제를 정당화하는 데 동원된 이 성격적 특징의 사례들은 개인적 기질보다는 특정한 인간집단의 본성에서 비롯된 것이라는 결론으로 이어졌다. 이는 인종주의 사상의 핵심이었다. 자유와 평등이 양도할 수 없는 '인간의 권리'로 선언되고 있던 바로 그 시대—식민지라는 위상에 대한 거부의 고전적 선언문인 「독립선언문」이 그 사례다—에 '검둥이'를 본질적 타자로 보는 관점을 공인함으로써, 이런 사고방식은 복종을 합리화하는 데 필요한 탁월한 근거를 제공했다. 이렇게 해서 인종주의는 정치적 종속으로서의 의존을 심리적 의존으로 변형하고, 의존 담론과 인종 억압의 담론 간에 지속적 연결을 구축하는 데 이바지했다.

극빈자와 마찬가지로 원주민과 노예는 임금노동에서 배제된 존재로서, 노동자와 상반되는 부정적 이미지가 되었다. 그들은 산업시대 의존의 세 번째 주요 이미지로 발명된 '가정주부'와 특징을 공유하게 되었다. 앞서 보았다시피 백인 남성 노동자의 독립(비의존)은 가족임금이라는 이상을 전제로 한다. 가족임금은 한 가구를 유지하면서 임금노동에 고용되지 않은 아내와 자식들을 먹여 살리

---

21 '원주민'(native)이라는 용어의 진화는 이 과정을 아주 깔끔하게, 압축적으로 담고 있다. 영어에서 이 단어의 원래 의미는 1450년 이래 '의존'과 묶여 있었다. '노예로 태어난 존재, 즉 선천적인 노예'였다. 그러나 여기에 인종적인 의미는 없었다. 두 세기가 지나면서 이 단어에는 유색인 혹은 흑인이라는 의미가 덧붙여졌다.(OED)

기에 충분한 임금을 뜻한다. 그렇게 (백인 남성의) 독립을 창조한
임금노동은 (백인) 여성들에게는 경제적 의존을 요구했다. 여성들
은 '동반자'에서 '기생하는 피부양자'[22]가 되었다. 하지만 이런 변화
는 결코 보편적인 것이 아니었다. 예를 들어 미국에서 가족임금이
라는 이상은 대체로 흑인들보다는 백인들에게 주로 적용되었으며,
모든 빈곤층과 노동계급 사이에 다양한 편차가 있었다. 게다가 임
금노동에 고용된 여성이건 고용되지 않은 여성이건 모두가 가정경
제의 핵심인 (가사)노동을 계속해서 수행했다. 사실상 어떤 남편이
든 혼자서 가족을 완전히 부양하는 건 거의 불가능하기 때문에, 대
다수 가족은 여성과 아이들의 노동에 계속해서 의존했다. 그럼에도
불구하고 가족임금 규범은 미국에서 대단히 충성스러운 지지를 받
았다. 특히 조직화된 노동계급의 임금인상 투쟁에 이용되었기에 더
욱더 그랬다.[23]

  의존을 둘러싼 다양한 용법은 가정주부라는 이미지로 수렴되
었다. 가정주부의 이미지에는 여성의 전통적인 법사회적·정치적
의존과 산업시대 질서 속에서 상대적으로 최근에 나타난 경제적 의
존이 녹아들었다. 아버지를 가장으로 하는 가구와 그 구성원들이
아버지에 의해 대표된다는 가정에 바탕한 전–산업시대적 용법은
지속되었으며, 그것이 '처의 무능력 제도'(결혼한 여성이 법률행위
를 할 때는 나이에 관계없이 남편의 허가를 받아야 한다는 제
도–옮긴이)로 법전화되었다. 기혼 여성을 향해 규정된 법사회적·
정치적 의존은 그들에게 경제적 의존까지 새로이 강요했다. 처의
무능력 제도 아래에서 기혼 여성은 심지어 자신이 임금노동자로 일

---

22 Hilary Land, "The Family Wage", *Feminist Review* 6, 1980, p.57. Jeanne
Boydston, *Home and Work: Housework, Wage, and the Ideology of Labor in the Early Republic*,
New York: Oxford University Press, 1991.

23 Gwendolyn S. Hughes, *Mothers in Industry*, New York: New Republic, 1925;
Sophonisba P. Breckinridge, "The Home Responsibilities of Women Workers and the
'Equal Wage'", *Journal of Political Economy* 31, 1928, pp.521~543; *Women Workers Through
the Depression: A Study of White Collar Employment Made by the American Woman's
Association*, ed. Lorine Pruette, New York: Macmillan, 1934; Linda Gordon, "Social
Insurance and Public Assistance".

해서 받은 임금조차 자기가 법적으로 관리할 수 없게 되었기 때문이다. 하지만 여성의 의존이 품은 함의는 변경되었다. 과거 의존적이었던 백인 남성은 정치적 권리를 획득했지만, 대다수 백인 여성은 법적·정치적 의존 상태로 남아 있었다. 그 결과 법사회적·정치적 의존은 여성의 것―오명―이 되었다. 처의 무능력 제도는 점차 제도로서의 유해함이 드러나 법령과 법원을 대상으로 한 시위를 촉발했고 마침내 폐지되었다.

　요약하자면 의존 이미지의 이 같은 새로운 의인화는 노동자의 독립(비의존)을 밑받침하는 배경이었다. 따라서 사회에서 완전한 구성원이 되기를 갈망하는 사람들은 사신의 독립을 위해 마땅히 극빈자, 원주민, 노예, 가정주부와 자신을 구별하고 싶어했다. 임금노동이 헤게모니를 장악해 가는 사회질서 안에서 자연히 이 모든 구분은 가족임금이라는 이상으로 포장될 수 있었다. 한편 가족임금 이상은 아내의 종속과 경제적 의존을 바탕에 둔 백인 남성 노동자가 독립하기 위한 공공연한 전제였다. 하지만 다른 한편으로 가족임금 이상은 의존적 남성―애초의 전형은 빈민구제기금에 의지해 살아가는 추락한 남성 극빈자였으나 후에는 '검둥이' 여성을 지배할 능력이 없는 '검둥이' 남성으로 바뀌었다―과는 상반되는 이미지였다. 따라서 가족임금은 의존과 독립의 의미를 정교화하는 수단이었으며 젠더, 인종, 계급에 걸쳐 깊이 굴절되어 있었다.

　새로운 산업시대의 의미론상으로 백인 노동자는 경제적으로 독립적인 듯 보였지만, 사실 그들의 독립은 대체로 환상이었고 이데올로기였다. 혼자 벌어 가족을 충분히 부양할 수 있는 사람은 거의 없었기에 그들 대다수가 (말로는 아니라고 하면서도) 실질적으로 아내와 아이들의 기여에 의존했다. 또한 중요하게 짚어야 할 점은 자본주의 안에서 임금노동의 언어가, 노동자가 고용주에게 의존한다는 사실을 부인한다는 것이다. 단위의 우두머리인 누군가에게 의존하는 노동자의 종속적 위상은 그로 인해 은폐되었다. 그리하여 농부―지주 관계에서는 비교적 명료하게 보였던 위계질서가 공장을 돌리는 노동자와 공장 소유주의 관계에서는 신비화되었다. 그런 의미에서 백인 노동자의 경제적 의존은 교묘한 언어적 유희를 통해 삭제된 것이다. 빈곤층을 구획하는 공식 눈금을 낮춤으로써 빈곤한 자들의 수를 줄이는 것과 유사한 방법으로 은폐된 '의존'이었다.

백인 남성들 사이의 경제적 불평등은 개념정의상 더 이상 의존의 문제가 아니게 되었다. 그리고 미국에서 백인 남성들 사이의 비경제적 위계질서라는 건 (천부인권에 위배되므로) 용납할 수 없는 개념으로 여겨졌다. 이렇게 해서 의존은 비경제적 종속관계만을 지칭하는 것으로 재정의됨으로써, 오로지 유색인과 백인 여성에게나 적합한 것으로 취급되었다. 그 결과 전-산업시대에 혼재되어 있던 의존은 여러 차원에서 세분화되었다. 이전에는 모든 종속관계가 의존적 관계로 간주되었던 반면, 자본-노동의 관계는 그런 종속관계 정의에서 면제되었다. 법사회적·정치적 위계질서는 경제적 위계질서와는 분리되어 갈라진 것처럼 보였으며, 그리하여 오직 법사회적·정치적 위계질서 쪽만이 사회의 헤게모니 관점과 양립할 수 없는 것처럼 보이게 되었다. 나아가 법사회적·정치적 의존이 공식적으로 폐지되었을 때는 사회적으로 구조화된 어떤 의존도 남아 있지 않은 것처럼 보이게 되었다. 그 결과 오로지 도덕적·심리적 의존만이 남았다.

4. 미국의 '복지의존': 1890~1945년

산업시대 의미론의 전반적 특징을 바탕으로 삼아, 미국에서는 특히 복지와 관련된 '의존'의 용법이 발전한다. 극빈층에 관한 19세기 후반의 담론에서 시작해 진보주의 시대에 수정되고 뉴딜 기간에 안정된 이 용어의 용법은 본질적으로 대단히 모호했으며 경제적 의미에서 도덕적·심리적 의미로 거듭 미끄러져 나갔다.

특히 미국에서는 의존을 개인적이고 성격적인 결함으로 설명하는 것을 좋아했다. 이 나라는 강력한 봉건주의나 귀족주의적 유산이 없었고 따라서 널리 알려진 것과 같은 주종 간의 상호적 의무를 경험한 적이 없기 때문에, 전-산업시대부터 의존이라는 말이 품고 있던 전통적 의미—절대다수의 일반적 삶의 조건이었던 종속이라는 의미—가 약했으며 경멸적 의미가 훨씬 더 강했다. 식민주의 시대가 되면서 의존은 대개 자발적인 조건, 도제 형태의 노역 같은 것으로 간주되었다. 하지만 독립을 쟁취한 미국혁명을 거치며 '의존'의 의미에서 자발성은 떨어져 나갔고, 무기력한 상태가 강조되면서 이 말에는 낙인이 찍혔다. 그 결과 여성의 법사회적인 의존 의미에 변화가 초래되었고, 여성적 의존은 명백히 열등한 것이 되어버렸다.[24]

독립에 대한 미국인들의 오랜 사랑은 정치적으로 양날의 검이었다. 독립은 한편으로 강력한 노동운동과 여성운동이 자라나게 했다. 그러나 다른 한편 신분위계적인 전통의 부재로 인해 종속적 위치가 구조적인 것이 아닌 기질적인 것으로 이해되면서, 가난한 사람들에 대한 공적 지원에 적대적인 분위기가 쉽게 형성되었다. 또한 미국의 주(州)가 지닌 자체적 성격도 영향을 미쳤는데, 19세기 내내 미국의 주는 유럽의 주(각 나라)에 비해 탈중앙집권적이고 약체였다. 종합해 보건대 미국은 도덕적·심리적 의존 담론이 무성할 수밖에 없는 입증된 토양이었다.

앞에서 논의했다시피, 경제적 의존에 관한 이 시대의 가장 일반적인 정의는 말 그대로 '비임금소득'이다. 19세기 말에 이 정의는 두 가지로 쪼개진다. 하나는 '착한' 가내 의존으로 어린아이와 아내의 의존이었고, 다른 하나는 '나쁜'(적어도 '수상한') 자선의존으로 복지지원금 수령자의 의존이었다. 두 가지 모두 가족임금을 준거기준이자 이상으로 삼고 있었으며 궁극적으로는 국민국가 담론으로 통합되었다. 긍정적인 가내적 의미의 의존은 합의를 통해,[25] 국세청을 매개로 정교해졌는데, 이 기구는 아내가 지켜야 할 규범을 의존의 범주 내에 설정했다. 이미 문제적이었던 자선적 의미의 의존은 공공기관의 지원이 활발해짐에 따라 차츰 더 경멸적인 의미를 띠었

24 Joan R. Gundersen, "Independence, Citizenship, and the American Revolution".
25 Nancy Folbre, "The Unproductive Housewife: Her Evolution in Nineteenth-Century Economic Thought", *Signs: Journal of Women in Culture and Society* 16:3, 1991, pp.463~484.

다. 도와줄 가치가 있는 빈곤층과 그럴 가치가 없는 빈곤층이라는 오래된 구분은 19세기 후반의 도금시대(미국 남북전쟁이 끝난 직후인 1865~1890년 무렵을 일컫는 말. 미국이 농업국에서 공업국으로 급속히 이행하던 과정에서 각종 사회적 부정과 부패가 만연했기에, 겉으로는 화려한 황금시대처럼 보이지만 도금한 시대에 불과하다고 비판한 마크 트웨인의 동명 소설에서 비롯되었다—옮긴이)로 접어들면서 점점 더 강화되었다. 도와줄 가치가 없는 빈곤층은 이론상으로 보조금 같은 도움을 주지 말아야 할 대상이었으므로, 감시를 철저히 해서 이들이 어느 틈에 도움받을 가치가 있는 집단으로 분류되는 일을 막아야 했다. 도움에 의존하는 건 예전보다 더 수치스러운 일이 되었고 극빈자라는 낙인 없이 구제받기는 점점 더 힘들어졌다.

아이러니하게도 1890년대 개혁가들이 '의존자'라는 단어를 사용하기 시작한 이유는 다름 아니라 '도움의 수혜자'라는 오명을 벗겨 내기 위해서였다. 그러니까 구제 담론에서 극빈자 대신 쓴 말이었다. 처음에 그들은 어린아이들이 '죄 없는' 가난의 희생자라는 의미에서 이 단어를 사용했다.[26] 20세기 초반 진보주의 시대의 개혁가들은 이 단어를 성인에게도 적용하면서 이 단어에 실려 있는 낙인 효과를 벗겨 내려 노력했다. 2차대전 이후에 의존은 마침내 기존의 '도움의 수혜자'를 가리키는 말로 훨씬 널리 쓰이게 되었다.[27] 하지

---

26 예를 들어 에이머스 그리스올드 워너는 어린아이들에게만 '의존자'라는 단어를 사용했다. Amos Griswold Warner, *American Charities and Social Work*, New York: Thomas Y. Crowell, 1894~1930. 이디스 애벗의 경우에도 이 점은 마찬가지다. Edith Abbott & Sophonisba P. Breckinridge, *The Administration of the Aid-to-Mothers Law in Illinois*, Washington: U.S. Children's Bureau, Publication no.82, 1921, p.7. 1890~1920년대의 전국자선교정회의(National Conference of Charities and Correction) 회의록(*Proceedings*)을 보아도 마찬가지다. 이와 같은 용법은 기이한 결과를 초래했다. 규범적인 가족 속의 의존과 서로 겹치는 지점이 있었기 때문이었다. 예를 들어 자선 전문가들은 아이들을 계속 '자기 집에서 피부양자'로 만드는 것이 적절한가 하는 문제를 두고 논쟁을 벌였다. 문제의 아이들은 부모가 그들을 부양할 수 없었기 때문에 의존적인 존재로 간주되었다. 하지만 또 다른 아이들은 그들의 부모가 끊임없이 지원해 주었다는 정반대 이유로 인해 의존적인 존재로 간주되었다.

27 1940년대에 행해진 복지 연구에 의하면 당시 '의존하다'라는 단어는 가장에 의해서 지원을 받는다는 의미에 국한하여 사용되었다. Josephine Chapin Brown, *Public*

만 그렇게 되면서 오히려 이 용어의 경멸적 의미가 고착돼 버렸다.

'극빈'을 '의존'으로 대체함으로써 극빈이라는 단어에 달라붙은 낙인효과를 벗겨 내려 한 노력은 결과적으로 실패했다. 경제적 의존에 관한 논의들은 어느새 도덕적·심리적 의존에 대한 비난으로 끊임없이 빠져들었다. 특히 1930년대의 경제공황기에 복지 전문가들은 구제기금 수령자들에게 '의존 습관'이 배지 않을까 걱정했다. 또한 어떤 자선단체 지도자는 "공격적 의존이란 구제받을 자격과 권리를 누리는 태도"[28]라고 말하기도 했다. 힘든 시절이 너무 오래 지속되었고, 새롭게 빈곤층으로 추락한 이들이 너무 많아서 구제기금 수령자의 위상이 상대적으로 약간 나아졌기 때문이다. 하지만 '사취'(詐取)와 '부패'에 대한 공격은 구제기금 수령자들을 끊임없이 당혹스럽게 만들었으며, 복지혜택을 가장 필요로 하는 사람들의 대다수가 오랜 망설임과 깊은 치욕 끝에야 비로소 공적 지원을 받아들일 정도로 의존에 대한 낙인은 강력했다.[29]

가장 중요한 뉴딜 정책은 투트랙 복지체계를 강화함으로써 보조받는 것을 수치스러운 일로 만드는 데 일조했다. 투트랙 중 첫 번째 경로인 실업보험·노령보험 등의 프로그램은 낙인효과나 감시감독 없이 그 자체로 받을 자격이 있으며 의존이 아닌 것으로 분류되었다. 즉, 복지수령자들이 자신이 부은 만큼 '되돌려받는다'는 잘못된 인상을 심어 주었다. 이 수령자들은 명예로운 위상을 차지할 수 있었으며 심지어 오늘날에도 '복지'수령자로 불리지 않는다. 적어도

Relief 1929~1939, New York: Henry Holt, 1940; Donald S. Howard, *The WPA and Federal Relief Policy*, New York: Russell Sage, 1943; Frank J. Bruno, *Trends in Social Work*, New York: Columbia University Press, 1948.

28 Lilian Brandt, *An Impressionistic View of the Winter of 1930-31 in New York City*, New York: Welfare Council of New York City, 1932, pp.23~24; Gertrude Vaile, (untitled), *College Women and the Social Science*, ed. Hervert Elmer Mills, New York: John Day, 1934, p.26; Mary L. Gibbons, "Family Life Today and Tomorrow", *Proceedings*, National Conference of Catholic Charities, 1933, pp.133~168.

29 E. Wight Bakke, *Citizens Without Work: A Study of the Effects of Unemployment Upon Workers' Social Relations and Practices*, New Haven: Yale University Press, 1940; *The Unemployed Worker: A Study of the Task of Making a Living Without a Job*, New haven: Yale University Press, 1940.

부분적으로는 백인 남성 노동자의 가족임금을 대신할 의도로 시작
된 이 첫 번째 경로의 프로그램에서 대다수 소수자와 백인 여성은
배제되었다. 그와 대조적인 두 번째 경로는 공적 지원 프로그램인
데, 이 가운데서 과거에는 ADC(Aid to Dependent Children) 즉
'피부양 아동 지원'이었고 이후에는 AFDC 즉 '피부양 아동이 딸린
가족 지원'이라는 이름으로 잘 알려진 거대 규모의 프로그램은 '수
많은 사기꾼 가운데 도움받을 자격이 있는 사람을 골라내는' 사적
자선의 전통 속에서 지속되었다. 책정된 임금공제가 아닌 일반 세
금수입원으로 뒷받침되는 이 프로그램은 뭔가를 공짜로 타 내려 하
는 자들이 신청한다는 뉘앙스를 풍겼다.[30] 보조를 받기 위한 조건도
완전히 다르게 설정되었다. 재산 테스트, 윤리 테스트, 도덕적 감시
감독, 가정방문, 극도로 낮은 급료 등 한마디로 오늘날 '복지수령자'
가 연상시키는 모든 조건이 포함되었다.[31]

첫 번째 경로의 프로그램에 나타난 인종·젠더적 배제는 우연이
아니었다. 이는 남부 입법가들로부터 지지를 얻기 위해 고안된 것
이었는데, 그들은 또 다른 의미에서 흑인들을 의존적인 상태에 묶
어 두고자 했다. 즉, 흑인을 저임금노동자나 소작농으로 묶어 두기
를 바란 것이다.[32] 이와 마찬가지로 복지체계의 두 경로 간에 사회
적 품위의 격차가 발생한 것도 의도적이었다. 사회복지위원회가 사

---

30 Nancy Fraser & Linda Gordon, "Contract Versus Charity: Why Is There No
Social Citizenship in the United States?".

31 Nancy Fraser, "Women, Welfarer, and the Politics of Need Interpretation", Fraser,
Unruly Practices; Linda Gordon, "The New Feminist Scholarship on the Welfare States",
Women, the State, and Welfare, ed. Linda Gordon, Madison: University of Wisconsin Press,
1990, pp.9~35; Barbara J. Nelson, "The Origins of the Two-Channel Welfare State:
Workmen's Compensation and Mothers' Aid", *Women, the State, and Welfare*, ed. Linda
Gordon, pp.123~151. 1960년대를 시작으로 점차 많은 수의 흑인 여성이 AFDC를 요구할
수 있게 되었지만 그 전에 흑인 여성은 이런 프로그램에서 대체로 배제되었다. 처음에
뉴딜 정책의 언어는 '의존자'라는 단어를 어린아이에게 적용하던 초기 프로그램의
선행사례를 따랐다. 하지만 사실상 ADC 수령자들은 거의 싱글맘들뿐이었다. 1940년대와
1960년대 사이에 이 용어의 참고기준은 점차적으로 어린아이에서 그 어머니로 바뀌었다.

32 Jill Quadagno, "From Old-Age Assistance to Supplemental Social Security
Income: The Political Economy of Relief in the South, 1935~1972", *The Politics of Social
Policy in the United States*, eds. Margaret Weir, Ann Shola Orloff & Theda Skocpol,
Princeton, NJ: Princeton University Press, 1988, pp.235~263.

회보장노령보험(Social Security Old Age Insurance, 오늘날 이 프로
그램은 단순히 '사회보장'제도라고 불린다)을 선전할 때의 포인트도
이 제도를 이용하는 것이 공적 지원을 받는 것보다 좀 더 재산과 품
위가 있어 보인다는 바로 그 점이었다. 사회보장제도가 더 잘 받아
들여지게 하기 위해, 사회복지위원회는 공적 지원을 수치스러운 것
으로 만들었고 심지어 보조금을 줄이라고 정부에 압력을 가했다.[33]

오늘날 대다수 미국인은 공적 지원 형태의 '복지'와 '비복지' 형
태를 여전히 구분하면서 공적 지원만이 의존을 키운다고 여긴다.
하지만 이런 구분에 깔려 있는 전제는 정치적으로 구성된 것이다.
노인 세대는 수십 년에 걸쳐 직극적으로 조직을 만들고 로비를 함
으로써 (비복지)수령자라는 특권을 누리게 되었다. 공공지원 프로
그램은 그 명칭이 복지 프로그램이든 아니든 간에 어떤 의존은 강
화하고 다른 의존은 저지한다. 예를 들어 사회보장제도는 성인들이
부모 부양에 대한 책임감에서 벗어나게 해 준다. 반면 공적 지원 프
로그램은 저임금노동에 대한 소수자의, 남편에 대한 아내의, 부모
에 대한 아이의 의존을 돕고 지원한다.

두 번째 경로의 보조조건은 수령자들이 공적 지원에 의존하는
것을 임금노동을 통한 독립에 비해 열등한 것으로 여기게 만들었
다.[34] 한편 임금노동은 너무나 당연한 것이어서 임금노동 자체에 내
재한 감시감독은 간과되곤 했다. 그리하여 ADC 수령자들은 불만
을 토로했다. "복지인생은 힘든 경험이다. (…) 일을 할 때는 누구에
게 가서 보고하지 않아도 되는데 말이다."[35] 하지만 ADC 입안자들
에게는 애초에 백인 싱글맘이 임금노동에 고용되도록 이끌고 가려

33 Jerry R. Cates, *Insuring Inequality: Administrative Leadership in Social Security,
1935~1954*, Ann Arbor: University of Michigan Press, 1983.

34 Jacqeline Pope, *Biting the Hand that Feeds Them: Organizing Women on Welfare at
the Grass Roots Level*, New York: Praeger, 1989, p.73, p.144; Guida West, *The National
Welfare Rights Movement: The Social Protest of Poor Women*, New York: Praeger, 1981;
Milwaukee County Welfare Rights Organization, *Welfare Mothers Speak Out*, New York:
W. W. Norton & Company, 1972.

35 Annie S. Barnes, *Single Parents in Black America: A Study in Culture and Legitimacy*,
Bristol, Conn: Wyndham Hall Press, 1987, p.vi.

는 의도가 없었다. 오히려 그들이 꾀한 건 남성 생계부양자들이 지속적으로 국가에 의존하게 하여 가족임금 규범을 보호하는 것이었다.[36] ADC는 좋은 의존 즉 가구 차원의 의존과 나쁜 의존 즉 구호 차원의 의존이 상호교차하는 전략적·의미론적 공간에 관심을 가졌다. 이런 전략은 즉각적으로 전자의 긍정적 함의를, 후자의 부정적 함의를 강화했다.

그러다 보니 가난한 싱글맘은 전형적 복지의존자라는 말에 갇히게 되었다.[37] 이런 지칭이 무엇을 포함하는가뿐만 아니라 무엇을 배제하는가 또한 중요한 의미가 있다. 똑같이 정부의 경제적 지원에 의존해도, 사람들은 공공자금 수령자가 전부 다 의존적이라고 말하지는 않는다. 오늘날 사회보장은퇴보험 수령자를 복지의존자라고 부르는 사람은 아무도 없다. 실업수당을 받는 사람, 영농자금 대출을 받는 사람, 주택담보 보조금을 받는 사람 역시 그런 범주에서 벗어나 있다. 방위산업 청부업체나 기업의 구제금융 수혜자, 비례세에 대해서도 마찬가지다.

5. 후-산업사회와 '좋은 의존'의 실종

자본주의가 후-산업 단계로 이행함에 따라 의존의 의미론적 지도가 재작성되고 있다. 산업시대 용법상 특정 형태의 의존은 당연하고 타당한 것이었던 반면, 후-산업시대 용법에 따르면 모든 형태의 의존은 피할 수 있는 것이고 따라서 비난받아야 할 대상이다. 의존의 의미가 더 이상 긍정적인 역류를 만나 조정되지 못하면서, 그 용어에 담긴 경멸의 뜻은 훨씬 더 강화되고 있다. 산업시대의 용법은 종속적 관계에 뿌리내린 특정 형태의 의존을 인정해 주었다. 그와 대조적으로 후-산업시대 용법은 개인적 특징에 훨씬 더 초점을 맞춘다. 따라서 도덕적·심리적 용법이 확장되었고 그 질적 특징이 변하고 있다. 새로운 심리적·치유적 양식이 산업시대의 노골적으로

---

36 Linda Gordon, "Social Insurance and Public Assistance".

37 '일반적인 구호'에 의존하는 남성들 또한 때로는 이런 지칭 대상에 포함되었다. 복지체계가 그 남성들을 다룬 방식은 통상적으로 나쁘거나, 좀 더 나쁘거나 둘 중 하나다.

인종차별적이고 여성혐오적인 양식을 대체하고 있다. 그럼에도 의존은 여성화되고 인종화된 채 남아 있다. 새로운 심리학적 의미들은 '여성적'인 것을 강력하게 연상시킨다. 반면 한때 원주민과 노예를 연상시켰던 흐름은 점차 복지에 관한 담론으로 굴절되고 있다.

여기서 한 가지 중요한 사실은 산업사회 시대에 광범위했던 법적·정치적 의존이 형식적으로나마 상당 부분 폐지되었다는 사실이다. 가정주부, 극빈자, 원주민, 노예의 후손은 더 이상 형식적으로는 대부분의 시민권과 정치권력으로부터 배제되지 않는다. 그들에 대한 포섭이나 예속은 이제 합법적인 것으로 인정되지 않는다. 따라서 산업시대 용법으로는 적절하게 보였던 의존의 주요한 형태들이 이제는 빈축을 살 만한 것으로 간주된다. 그리고 의존이라는 용어의 후-산업시대 용법에는 대단히 부정적인 의미가 실리게 되었다.

후-산업시대적인 의존의 지리학이 맞은 두 번째로 주요한 변화는 경제적 용법에 초래된 영향이다. 그로 인해 가족임금 이상은 탈중심화되었다. 사실 가족임금이라는 이상은 산업시대적 용법으로는 중력의 중심이었다. 미국은 비교적 탈산업화해 정치경제를 재구조조정하고 있으며 그렇기에 구성원(가장) 한 사람만 취업한 형태의 가족이 현실화될 가능성은 몹시 낮다. 고임금을 받는 '남성' 제조부문 일자리가 없어지고 여성들이 저임금 서비스 일자리에 대거 투입됨으로써 고용의 성별 구성에 변화가 초래되고 있다.[38] 그와 동시에 이혼이 다반사가 되었다. 페미니즘 운동과 게이·레즈비언 해방운동 덕분에 변화된 젠더규범은 새로운 가족형태가 번창하는 데 도움이 되었으며, 남성 생계부양자/여성 가정주부 모델은 이제 대다수에게 그다지 매력적으로 보이지 않는다.[39] 따라서 가족임금 이

---

38 Joan Smith, "The Paradox of Women's Poverty: Wage-Earning Women and Economic Transformation", *Signs: Journal of Women in Culture and Society* 10:2, 1984, pp.291-310.

39 Judith Stacey, "Sexism by a Subtler Name? Postindustrial Conditions and Postfeminist Consciousness in the Silicon Valley", *Socialist Review* 96, 1987, pp.7~28; Kath Weston, *Families We Choose: Lesbians, Gays, Kinship*, New York: Columbia University Press, 1991.

상은 더 이상 헤게모니를 장악한 상태가 아니며 대안적 젠더규범, 가족형태, 경제배치와 경합하고 있다. 그러므로 '여성은 남성의 경제적 지원에 의지해야 한다'거나 '엄마가 바깥에서 일을 하면 안 된다'는 주장은 더 이상 당연하게 받아들여지지 않는다. 그렇다 보니 산업시대 의미론에서는 긍정적인 형태로 변화했던 의존이 이제 (전적으로 부정적이지는 않더라도) 또 다른 형태의 속성과 경합하게 되었다.

이와 같이 복잡한 발전 과정의 결과로 인해 의존의 의미에는 창피스러운 오명이 점점 덧씌워졌다. 모든 법적·정치적 의존의 불법화와 더불어 이제 아내의 경제적 의존이 도전받게 됨에 따라 후-산업사회의 성인에게 '좋은 의존' 같은 건 더 이상 없다. 오히려 모든 의존은 수상쩍은 것이며 모든 사람에게는 독립(비의존)이 요구된다. 독립은 임금노동과 동일한 것으로 남아 있는데, '노동자'와 마주 놓일 만한 '좋은 의존'의 모델이 성인들에게는 점점 없어지는 추세 속에서 '독립=임금노동'의 동일시는 더욱 가속화되는 듯하다. 이런 상황에서 노동자는 보편적인 사회적 주체가 되곤 한다. 모든 사람은 '일'하도록 되어 있으며 '자조자립'해야 정상이 된다. 노동자로 인식되지 않는 성인은 모두 자기 존재의 정당성을 무거운 짐으로 지게 된다. 따라서 이전에는 백인 남성 노동자에게만 국한되었던 규범이 점차 모든 사람에게 적용되고 있다. 그럼에도 이 규범은 인종적·젠더적 하위텍스트를 품고 있다. 노동자는 상당히 괜찮은 수준의 임금을 지불하는 일자리를 구할 수 있어야 하고, 동시에 일차부모(primary parent, 아이의 양육자 중 가장 많은 시간을 아이와 함께 보내며 돌보는 사람. 대체로 어머니다―옮긴이)는 아니어야 한다는 가정이 지속되는 한 그렇다.

이런 과정의 한 가지 결과가 의존의 부정적인 함의를 강화한다면, 또 다른 결과는 개별화를 촉진한다. 우리가 앞서 보았다시피, 산업시대부터 의존에 관한 논의가 개인의 성격적인 특성으로 확산됨으로써 전-산업시대에 강조되었던 종속관계(로 인한 의존 논의)는 축소되었다. 개인화된 의존의 비중이 높아짐에 따라 법사회적·정치적 의존은 공식적으로는 종식되었다. 처의 무능력 제도와 짐 크로 법(공공장소에서 흑인과 백인의 분리를 규정했던 흑인차별법. 1876 년부터 1965년까지 시행되었다―옮긴이)이 폐지되었으므로 기회 가 평등하게 주어지고 개인의 성격적 특장점이 성과를 결정한다고 주장할 수 있게 되었다. 우리가 보았다시피 이런 입장의 근본 토대 는 산업시대의 용법에 따라 이뤄졌으며, 이 용법은 자본주의적 종 속관계를 논외로 하기 위해 의존을 재정의했다. 자본주의 안의 경 제적 의존은 개념정의상으로는 폐지된 뒤였고, 정치적 의존은 이제 법적으로 폐지되었다. 따라서 보수주의자와 자유주의자에게 후-산 업사회는 의존을 강제하는 모든 사회구조적 토대가 제거된 사회로 보인다. 그러므로 의존이 조금이라도 남아 있다면, 그건 개인의 잘 못으로 해석될 도리밖에 없다. 그런 해석이 전혀 문제시되지 않은 건 아니지만, 논쟁의 쟁점은 바뀌었다. 이제 의존이 개인 탓이라는 것을 부인하고 싶은 사람은 의미론의 주류를 거슬러 헤엄쳐야만 한 다. 이렇게 하여 후-산업시대의 의존은 점차 개별화되었다.

6. 후-산업시대의 병리적 현상 '복지의존'

복지의존의 의미가 점점 더 안 좋아짐에 따라 복지 분야 바깥의 여 러 가지 흐름에도 그 영향이 나타났다. 새로운 후-산업시대의 의학 적·심리적 담론은 의존을 병리적인 현상으로 간주하게 되었다. 「화 학물질 의존 재활 프로그램에 관여한 약사들」 같은 논문 제목에서 볼 수 있다시피 1980년대 사회학자들은 화학물질, 알코올, 약물 의존 에 관한 온갖 표현을 동원해 의존에 관한 글을 발표하기 시작했 다.[40] 복지신청자들은 종종 중독자로 (잘못) 추정되었기에, 약물의 존의 병리적 함의가 복지의존까지 물들이며 낙인효과를 강화했다.

　의존에 관한 새로운 심리학적 의미의 부상에 따른 두 번째 주 요한 후-산업시대적 추세는 의존을 여성적인 것으로 연상하는 흐 름이다. 1950년대 정신의학의 영향을 받은 사회복지사들은 여성들,

---

40　M. Haynes, "Pharmacist Involvement in a Chemical-Dependency Rehabilitation Program", *American Journal of Hospital Pharmacy* 45:10, 1988, pp.2099~2101.

그중에서도 특히 싱글맘이 흔히 보이는 미성숙의 한 가지 형태가 의존이라는 진단을 내렸다.(물론 싱글맘들이 흔히 복지신청자이기는 했다.) 1954년 혼외임신에 관한 토론에서 한 토론자는 "싱글맘들은 의존적이고, 무책임하며, 불안정해서 어린아이처럼 즉각적으로 그 순간에 반응한다"고 주장했다.[41] 여기서 문제는, 이 여성들은 이미 의존적인 존재들로 상정된 나머지 조금만 어떻게 해도 '너무 의존적'이라는 소리를 들었다는 것이다. 그 표준에는 나아가 인종적 '특성'까지도 덧붙어서, 백인 여성은 너무 의존하는 것이 탈이고 흑인 여성은 너무 비의존적인 것이 문제라는 식으로 전형화된 비난을 받았다.

심리적 의존은 초기 제2물결 페미니즘의 표적이었다. 베티 프리던의 고전 『여성의 신비』(1963)는 전업주부의 심리적 의존을 현상학적으로 설명함으로써 여성의 사회적 종속에 관한 정치적 비판을 이끌어 냈다.[42] 하지만 더 최근에는 부르주아 문화주의적 페미니즘, 후-페미니즘, 반페미니즘 자조모임, 대중심리 문학 등이 심리적인 것과 정치적인 것 사이의 연결관계를 모호하게 만들었다. 콜레트 다울링의 저서 『신데렐라 콤플렉스』(1981)에서 여성의 의존은 마침내 깊은 심리적 젠더구조로 실체화된다. 이제 의존은 '독립에 대한 여성의 깊이 감춰진 두려움'이나 '구원받고자 하는 소망' 같은 것으로 간주되었다.[43] 1980년대 후반에 이르러서는 '상호의존'이라는 단어가 넘쳐났다. 이른바 상호의존이란 누군가를 의존'하도록' 만들거나 북돋우는 여성의 원형적 증후군을 가리키는 용어다. 약물 히스테리를 반영한 이 시기의 은유에서 볼 수 있듯이, 의존 또한 여기에선 중독 증상으로 간주된다. 겉보기에 여성 젠더의 특징인 의존 선호에서 벗어난다 할지라도, 여성은 여전히 언제든 남편이나 자녀들을 의존하도록 만든다는 비난에서 벗어나지 못했다. 이로 인

---

41 Leontine Young, *Out of Wedlock*, New York: McGraw Hill, 1954, p.87.

42 Betty Friedan, *The Feminine Mystique*, New York: W. W. Norton & Company, 1963.

43 Colette Dowling, *The Cinderella Complex: Women's Hidden Fear of Independence*, New York: Summit Books, 1981.

해 악순환의 고리는 완성된다. 문화 전체가 전반적으로 의존을 점점 수치스러운 것으로 만들었고, 그런 현상은 의존자를 돌보는 사람들에 대한 경멸을 심화했으며, 돌봄노동이나 사회적 노동처럼 전통적으로 낮은 지위의 사람이나 여성의 일이었던 도우미 직종을 멸시하는 데 가세했다.[44]

1980년대는 의존에 관한 문화적 패닉 상태를 드러냈다. 1980년에 미국 정신과협회는 '의존성 성격장애'(Dependent Personality Disorder) 즉 DPD를 공식 정신질환으로 명문화했다. 1987년에 출판된 『정신장애 진단 및 통계 편람』에는 다음과 같은 내용이 실려 있다.

> 이 (의존성 성격) 장애는 어린 시절에 비롯된 굴종적이고 의존적인 태도가 지배적 패턴이며 근본 특징이다. (…) 이런 장애가 있는 사람은 남들의 엄청난 격려와 조언이 없으면 일상적인 결정조차 할 수 없다. 심지어는 자신에게 가장 중요한 결정을 타인이 하도록 허락하게 되며 (…) 이 장애는 여성에게 특히 더 흔한 것으로 진단된다.[45]

공식적 정신병리현상으로의 DPD 명문화는 의존의 도덕적·심리적 용법 역사에 나타난 새로운 단계였다. 여기서 의존의 사회적 맥락은 의존자의 개인적인 성격으로 완전히 넘어가고 만다. 공공연한 도덕주의 또한 여기서는 중립적이고 과학적이며 의학적인 공식으로 간주되어 버린다. 따라서 의존적 성격을 규정하는 특징은 전통적으로 가정주부, 극빈자, 원주민, 노예에게서 찾았던 특징들과 하나하나 그대로 맞아떨어지면서, 종속적 관계 전반에서 비롯한 연결고리는 소멸되고 말았다. 이 점에서 유일하게 남아 있는 흔적이라면 DPD가 "여성에게 특히 더 흔한 것으로 진단된다"[46]는 진부하고

---

44 Virginia Sapiro, "The Gender Basis of American Social Policy", *Women, the State, and Welfare*, ed. Linda Gordon, pp.36~54.

45 American Psychiatric Association, *Diagnostic and Statistical Manual of Mental Disorders*, 3rd edition revised, Washington, DC: American Psychiatric Association 1987, pp.353~354.

범주적이며 분석되지 않은 관찰일 것이다.

심리학적 담론에서의 의존이 좀 더 여성화되고 개별화되었다면, 후-산업시대의 발전 과정은 한편으로 의존을 좀 더 인종화하고 있다. 복지의존이 점점 더 수치스러운 것으로 여겨지면서 미국에서는 공적 지원이 전반적으로 증가했다. 소수자 여성들의 AFDC 참여를 배제하던 차별적 관행이 특히 남부에서 철폐되고 사회보장의 범위가 확장됨에 따라 많은 백인 여성은 첫 번째 트랙에 해당하는 프로그램으로 옮겨 갔다. 1970년대 무렵에는 흑인 싱글맘 이미지가 복지의존의 완벽한 전형이 되었다. 결과적으로 복지에 관한 새로운 담론은 의존을 인종차별적인 이데올로기와 연결하는 오래된 상징적 흐름에 기대게 됐다.

'흑인 가족'에 관한 낡고 다소 모순적인 담론의 흐름이 그 기반을 구축했다. 그런 담론들은 아프리카계 미국인의 젠더와 친족관계를 백인 중산층 규범에 맞춰 규정하면서 이를 병리적이라고 평가했다. 소위 병리적 현상으로 간주된 것 중 하나가 흑인 여성의 '지나친 비의존'이었다. 이것은 임금노동, 교육적 성취, 지역사회 활동에 관련된 오래된 전통들을 이데올로기적으로 왜곡한 말이다. 가난에 관한 1960~1970년대의 담론은 아프리카계 미국 여성에 대한 여성혐오 전통을 재탕하고 있다. 예를 들어 대니얼 모이니헌은 '가모장' 가족이 흑인 남성을 '무력하게 만들고' '뒤엉킨 가족병리현상'으로 인한 '빈곤문화'를 창조했다고 진단하기까지 했다.[47] 이런 담론은 흑인 AFDC 수령자를 이중구속 상태에 놓이게 했다. 이에 따르면 흑인 여성들은 남성과의 관계에서는 병적으로 비의존적이고, 정부와의 관계에서는 병적으로 의존적이었다.

하지만 1980년대에 이르러서는 의존에 대한 인종적 이미지가 변모했다. 백인들의 상상력을 괴롭히던 흑인 복지수령맘의 강력한 가모장적 이미지는 끝장이 났다. 이제 가장 두드러진 상투적 이미

---

46 앞의 책.

47 Lee Rainwater & William L. Yancey, *The Moynihan Report and the Politics of Controversy*, Cambridge, MA: MIT Press, 1967.

지는 '복지 함정'에 빠져든 10대 미혼모로, 한없이 게으르고 수동적인 인간상으로 재현되었다. 복지의존의 이 새로운 아이콘은 강력한 가모장의 이미지보다 어리고 나약한 모습을 하고 있었다. 10대 흑인 미혼모는 애가 애를 가졌다는 표현에서 드러나듯 페미니스트들에게는 동정심을, 반페미니스트들에게는 경멸을 불러일으키며, 부모의 통제가 시급하고, 백인 인종주의자들의 우생학적 불안을 자극하는 흑인이다.

후-산업시대의 담론 대다수는 1990년대 초반에 통합되었다. 당시 부통령 댄 퀘일은 1992년 LA폭동에 대해 언급하면서 병리적이고 여성화·인종화된 흐름을 두루뭉술하게 합쳐서 논평했다. "우리의 도심은 (…) 약물에 의존하고 복지라는 마약에 의존하는, 애를 가진 애들로 가득 차 있다."[48]

이렇게 해서 후-산업시대 문화는 의존의 새로운 상을 불러냈다. 의존은 흑인, 미혼, 10대, 복지의존적인 엄마로 의인화되었다. 이 이미지는 과거에는 가정주부, 극빈자, 원주민, 노예가 차지했던 상징적 공간을 넘겨받으면서 다른 한편으로 그들에게 부여되었던 의미를 흡수하고 압축한 것이었다. 흑인, 여성, 극빈자이고 비노동자이며 가정주부이자 어머니지만 사실상 어머니 자신이 아이에 불과하다는 새로운 전형이, 역사적으로 비의존의 반대항에 자리해 온 모든 코드화된 속성을 띠게 된다. 의존에 관한 다층위적 의미가 응축되어 있는 데다 심지어 때로는 모순적인 의미까지 겹쳐짐으로써, 이 이미지는 강력한 비유가 되었으며 동시에 널리 퍼져 있던 문화적 불안을 조장하고 그 사회적 토대를 은폐하게 되었다.

7. 후-산업시대의 정책과 의존의 정치

과거 몇십 년 동안 많은 미국인의 경제적 전망이 점점 악화되고 있음에도 불구하고 복지에 관한 문화적 재평가는 전혀 없었다. 열심히 일하는 가족은 전혀 일하지 않는 것으로 보이는 가족에 비해 비

---

48 Dan Quayle, "Excerpts From Vice President's Speech on Cities and Poverty", *New York Times*, May 20, 1992, AⅡ.

난을 덜 받는다. AFDC 수령자들의 비의존성을 향상시키기 위해 AFDC를 자격 겸 권리로 재구성하려던 투쟁은 적어도 현재로서는 패배한 듯이 보인다. 오히려 '독립적'이라는 명예로운 용어는, 임금노동자들이 아무리 빈곤에 시달리고 있다 할지라도 임금노동의 핵심에 굳건히 자리 잡고 있다. 반면, 이와 대조적으로 '복지의존'은 행동장애 증상으로까지 과장되면서 점점 더 경멸의 대상이 되는 것으로 보인다.

오늘날 복지의존에 관한 정책 담론은 이런 가정에 의해 철저히 왜곡되어 있다. 그것은 두 가지 큰 흐름으로 나눌 수 있다.

첫째, '극빈구호'의 어법을 고수하며 복지가 빈곤의 문화라는 수사를 동원하고 있다. 이런 어법은 보수주의자와 자유주의자 모두 구사하며, 희생자나 비희생자를 비난하는 방식의 인과론적인 논쟁 구조에 기대고 있다. 논쟁의 내용인즉 '빈곤하고 의존적인 사람들은 단지 돈이 없는 것보다 뭔가 더 잘못되어 있다. 그들의 결함은 생물학적, 심리적, 양육상의 문제나 이웃의 영향 탓이라고 볼 수 있다. 그 결함은 빈곤의 원인이나 결과로 인한 것이며, 심지어는 원인과 결과 모두의 탓일 수 있다'는 것이다. 조지 길더나 로런스 미드 같은 보수주의자들은 복지가 도덕적·심리적 의존을 초래한다고 주장한다.[49] 한편 윌리엄 줄리어스 윌슨이나 크리스토퍼 젠크스 같은 자유주의자들은 사회경제적 영향을 비판하면서도 복지수령자의 문화와 행동은 문제적이라는 데 동의한다.[50]

두 번째 사상적 흐름은 신자유주의 경제적인 전제에서 출발한다. 이 흐름은 복지와 노동, 두 가지 모두 선택할 수 있는 상황에 처한 '합리적 인간'을 상정한다. 이런 정책 분석가들에게 의존의 도덕

---

49 George Gilder, *Wealth and Poverty*, New York: Basic Books, 1981; Lawrence Mead, *Beyond Entitlement: The Social Obligations of Civilization*, New York: Free Press, 1986.

50 William Julius Wilson, *The Truly Disadvantaged: The Inner City, the Underclass, and Public Policy*, Chicago: University of Chicago Press, 1987; Christopher Jencks, *Rethinking Social Policy: Race, Poverty, and the Underclass*, Cambridge, Mass.: Harvard University Press, 1992.

적·심리적 의미는 존재는 하되 검토의 대상은 아닌, 바람직하지 못한 것이다. 위스콘신대학 빈곤문제연구소의 사회학자들과 같은 학파에 속한 자유주의자들은 복지가 나쁜 의존 효과를 창출하는 건 틀림없는 사실임을 인정하면서도 다른 좋은 효과, 즉 어린아이들의 환경조건을 개선하고 사회적인 안정을 향상하고 고통을 완화하는 등의 효과가 나쁜 점을 상쇄할 수 있다고 주장한다. 이 학파의 보수주의자들, 즉 찰스 머리 같은 이는 이런 주장에 반대한다.[51] 두 진영은 무엇보다 인센티브 문제로 논쟁한다. AFDC 지급이 여성들에게 혼외자녀를 더 갖도록 장려하지 않는가? AFDC 지급이 그들의 일할 의욕을 꺾지 않는가? 지급액을 줄이거나 철회함으로써 복지수령자들을 학교에 있게 하고 그 자녀들 또한 학교에 보내고 결혼시키게끔 채찍질할 수 있을까?

　이 두 입장 사이에 큰 차이가 있는 건 분명하다. 하지만 양쪽에는 중요한 유사점도 있다. 자유주의 학파와 보수주의 학파 모두 의존 개념이 처한 역사적 또는 경제적 맥락은 전혀 고려하지 않는다. 둘 중 어느 학파도 의존의 전제를 추궁하지 않는다. 두 집단 중 어느 집단도 독립(비의존)을 완벽하게 좋은 것으로 간주하거나 임금노동과 동일시하는 데 의문을 품지 않는다. 대다수의 빈곤과 복지 분석가들이 의존을 복지수령자(또는 복지수요자)에 대한 가치중립적 용어로 사용하는 공식적 입장과 극빈구호의 동의어로 보는 용법 사이를 모호하게 흐린다.

　이런 가정은 공적 영역으로 스며든다. 복지의존에 대한 오늘날의 경고에 따라 '복지맘들은 일해야 한다'는 주장이 점점 커지고 있다. 이런 주장은 임금을 버는 건 일이지만 아이를 키우는 건 일이 아니라고 암묵적으로 정의하는 셈이다. 여기서 우리는 의존 담론이 드러내는 모순에 부딪히게 된다. 10대 임신 문제를 다룰 때 10대 엄마들은 어린아이로 취급된다. 그런데 이들이 복지의 주체가 될 때에는 스스로 자립해야 하는 성인이 된다. AFDC 수령자들이 일자

51　Charles Murray, *Losing Ground: American Social Policy: 1950~1980*, New York: Basic Books, 1984.

리에 고용되어야 한다는 입장에 복지 전문가들이 합의한 건 불과 지난 10년 사이의 일이다. ADC의 원래 취지를 강조하는 입장에서는 '아이에게는 집에 있는 엄마가 필요하다'고 말한다. 계급적인 이 중잣대가 적용되긴 했으나, 사실 전업주부 엄마라는 전제는 성취되어야 할 특권이었던 것이다. 이는 애초에 빈곤 여성이 주장할 수 있는 자격이 아니었다. 하지만 어린 자녀를 둔 엄마들 사이에서 임금 노동이 점점 널리 확산되고 정상적인 규범이 되어 감에 따라, 복지 프로그램의 옹호자들마저 복지수령자들이 자녀양육에만 전념하도록 허용하는 문제에 대해 입을 다물게 되었다.

물론 복지의존에 관한 부정적 이미지들이 아무런 저항도 받지 않고 그저 넘어갈 수 있었던 건 아니다. 1950년대부터 1970년대에 이르기까지 앞에서 본 여러 가정이 문제제기의 대상이 되었다. 특히 1960년대 중반엔 여성 복지수령자들의 조직인 전국복지권기구(National Welfare Rights Organization, NWRO)로부터의 정면도전이 있었다. NWRO의 여성들은 복지제도와 자신의 관계를 수동적인 것이 아닌 능동적인 것으로, 자선 받기가 아닌 권리의 요구로 제시했다. 그들은 또한 자신의 가사노동이 사회적으로 필요하고 존중받아야 할 대상임을 주장했다. 그들의 관점은 복지에 관한 논쟁을 재구성하는 데 도움이 되었으며, 자격이자 권리로서의 복지에 대한 법적·정치이론적 토대 발전에 박차를 가하도록 진보적 지식인들과 법률가들을 자극했다. 복지권운동의 법적 전략가인 에드워드 스패러는 의존에 관한 통상적 해석에 반론을 제기했다.

> 복지에 반대하는 정치가들은 복지가 수령자들을 '의존적'으로 만든다고 비난한다. 이런 비난이 뜻하는 바는 복지수령자들이 그들의 물질생활 유지를 다른 자원에 의지하지 않고 복지수표에 의존한다는 것이다. (…) 그런 자원이 좋은 것인가 나쁜 것인가는 '더 나은 소득'이라는 자원을 손에 넣을 수 있는지에 달려 있다. 진짜 문제는 (…) 전혀 다른 데 있다. 복지수령자들과 지원자들은 오랫동안 사회복지사들의 변덕에 의존해야 한다는 점이다.[52]

복지의존에 대한 해결책은 따라서 복지권리였다. 만약 1970년 대 후반에 이르러 NWRO의 세력이 많이 약해지지 않았더라면, 1980년대 부활한 극빈구호 담론이 헤게모니를 장악하지는 못했을 것이다.

NWRO의 강력한 힘이 부재한 가운데서도 많은 AFDC 수령 자들은 복지의존에 대한 자기 나름의 고유한 대항해석을 이어 나갔 다. 그들은 인색한 수령액에 불만을 표현했을 뿐만 아니라 감시감 독을 통해 자신을 어린아이로 취급하는 것, 사생활의 부재, 거주지 와 직업 심지어 (1960년까지는) 성관계에 관한 결정마저 간섭하는 관료주의적인 규칙에 관해 불평했다. 수령자의 입장에서 볼 때 복 지의존은 사회적인 조건이지 심리적인 상태가 아니다. 그들은 복지 의존이 권력관계와 관련된 조건이라고 분석했다. 좌파 영어사전의 정의에 따르면, 사회복지에 대한 강제된 의존(enforced dependency) 이란 "필요한 심리적·물질적 자원을 얻기 위해 어쩔 수 없이 의지 하게 만듦으로써" 결과적으로 "의존적인 계급을 창출하는 것"을 말 한다.[53]

'강제된 의존'이라는 아이디어는 지배적 관련 담론에 도전하는 또 하나의 이론적 핵심이었다. 이 시기 NWRO 활동은 절정에 달 했으며, 신좌파 개혁주의 역사가들은 복지국가가 사회적 통제장치 라는 해석을 발전시켰다. 그들은 복지옹호론자들이 '도움을 주는 관행'으로 묘사한 부분이 사실상 강제된 의존을 창출하는 지배의 양식이라고 주장했다. 신좌파의 비판에는 NWRO의 비판과 일맥 상통하는 점이 있지만 양쪽 사이에 겹치는 부분은 일부뿐이다. 사 회통제를 주장하는 역사가들은 자신의 관점을 주로 '조력자'의 입장 에서 설명하며, 수령자를 거의 전적으로 수동적인 행위자로 간주한 다. 따라서 그들은 자신의 욕구를 명료하게 말하고 권리를 요구하

---

52 Edward V. Sparer, "The Right to Welfare", *The Rights of American: What They Are - What They Should Be*, ed. Norman Dorsen, New York: Pantheon, 1971, p.71.

53 Noel & Rita Timms, *Dictionary of Social Welfare*, London: Routledge & Kegan Paul, 1982, pp.55~56.

며 주장할 수 있는 복지수령자들의 능동적·잠재적 행위능력을 치
지도외했다.[54]

의존의 지배적 용법에 여전히 도전하고 있는 우리 시대의 또
다른 흐름은 국제 정치경제 신좌파로부터 나왔다. 그 맥락은 전후
탈식민화가 진행되던 초창기의 열띤 분위기 속에서 현실화되었다.
이는 말하자면 정치적으로는 독립했지만 경제적으로는 의존적이던
과거 식민지들의 분위기와 관련이 있었다. '저개발'을 다루던 급진
적인 이론가들은 반인종적·반제국주의적인 관점에서 글로벌 신식
민주의 경제질서를 분석하기 위해 의존 개념을 사용했다. 그럼으로
써 그들은 '종속된 영토'라는 의존의 오래된 전-산업시대적 의미를
부활시켰고, 따라서 이 용어에 새롭게 달라붙어 있던 도덕적·심리
적 부착물들을 제거하고 종속과 복종의 폐색된 차원을 되찾고자 했
다. 이런 용법은 라틴아메리카나 미국의 사회과학 문헌에 강력한
자취를 남기고 있다. 이런 문헌들에서 우리는 「제도화된 의존: 계획
된 농업 현대화 20년의 충격」[55] 같은 논문을 발견할 수 있다.

모든 상호대립적 담론이 공유하고 있는 건, 의존을 개인적인
특징으로 강조하는 지배적 주장에 대한 반대다. 이 담론들은 종속
의 초점을 사회적인 맥락으로 되돌려 놓고자 했다. 하지만 이 담론
들은 오늘날 미국 복지의 지배적인 담론에 그다지 큰 충격을 가하
지는 못했다. 충격을 받기는커녕, 경제적 의존이 빈곤의 한 증상이
라는 주장과 더불어 도덕적·심리적 의존은 이제 성격장애가 되고
있다. 의존을 종속의 사회관계로 이해하는 담론은 갈수록 희귀해진
다. 의존을 권력과 지배의 관점으로 해석하려 하는 담론은 소멸 중
인 것 같다.[56]

---

54 사회통제 비판에 관한 더욱 충분한 논의는 다음 글을 참조할 것. Linda Gordon,
"The New Feminist Scholarship on the Welfare State". 욕구 주장에 관해서는 이 책의 2장
「욕구를 둘러싼 투쟁」 및 다음 글을 참조할 것. Barbara J. Nelson, "The Origins of the
Two-Channel Welfare State".

55 M. Gates, "Institutionalizing Dependency: The Impact of Two Decades of
Planned Agricultural Modernization", *Journal of Developing Areas* 22:3, 1988, pp.293~320.

56 그 후 연달아 나온 신자유주의 담론은 의존을 점점 더 개인화된 특징으로
설명하게 되는데, 이 점에 관해서는 다음을 참조할 것. Nancy Fraser, "Clintonism, Welfare

8. 결론

의존은 종속과 관련된 사회관계 전반을 규정하던 일반 용어로, 이제는 뚜렷이 구별되는 여러 가지 용법으로 분화되고 있다. 경제적 용법상 의존의 의미는 남을 위해 일해 주고 자신의 생계를 꾸려 가는 것에서, 자선이나 복지 지원에 의존하는 것으로 변모했다. 이제 임금노동은 비의존을 의미한다. 한편 법사회적 용법의 의존이 가진 '포섭된 것'이라는 의미는 변하지 않았지만, 그 지시와 함축의 범위는 변경되었다. 그 성격이 일단 사회적으로 인정받는 다수의 조건이 되면, 의존의 의미는 집단 가운데서 맨 아래를 차지하는 일부 계급에게는 적절하지만 그 밖의 계급에게는 (어린아이의 경우를 제외하면) 부적절한 것으로 간주되는, 이례적이고 일탈적이며 무능한 개인의 대단히 수치스러운 상태를 지시하도록 다시 옮겨 가게 된다. 이와 유사하게 정치적 용법상의 의존은 외부의 지배세력에 대한 종속이라는 의미로 비교적 계속 남아 있지만, 의존에 관한 가치 평가적 함의는 개인의 정치적 권리와 국가적 주권의 규범화에 따라 악화일로를 걷고 있다. 다른 한편으로 새로운 도덕적·심리적 용법이 출현함에 따라, 과거 한때는 사회적인 관계로 기술되었던 속성들이 이제는 개인이나 집단의 내재적인 성격적 특징으로 자리 잡게 되었으며, 따라서 의존에 관한 정치적 함의 또한 줄곧 악화되었다. 이 마지막 용법이 점차 대부분의 담론을 차지하게 되면서 의존의 사회적 관계는 개인의 개성으로 흡수되어 버린 듯하다. 과거에는 사회관계로 이해되었던 것들이 이제 의존적인 성격을 가진 다양한 초상의 전시장으로 실체화되었다. 초기에는 가정주부, 극빈자, 원주민, 노예를 의존의 전형으로 간주했지만 후대에 이르러 의존은 점차 가난한 흑인 10대 싱글맘으로 의인화되었다.

의존의 의미가 이런 식으로 변한 건 주요한 사회사적 발전이 반영된 결과다. 즉, 한편으로 이것은 공식경제의 점진적 분화 과정을 반영하고 있다. 공식경제는 국내국민생산으로 환산되어 중시됨

and the Antisocial Wage: The Emergence of a Neoliberal Political Imaginary", *Rethinking Marxism* 6:1, 1993, pp.1~15.

으로써 표면상으로는 사회생활을 지배하는 자율적인 체제로 여겨진다. 자본주의가 부상하기 전에는 모든 형태의 노동이 상호의존의 그물망으로 엮여 있었으며, 그로 인해 의존은 사회적 위계질서를 직조하는 고유한 조직의 결로 구성되었다. 따라서 전-산업시대의 도덕경제에 따라 모든 관계망은 도덕적 합의의 구속을 받았다. 전-산업시대의 특징인 가부장적 가족과 공동체에서 여성은 종속적인 위치였으며, 여성의 노동은 타인들에 의해 비록 통제받기는 했으나 가시적이었고 가치 있는 것으로 인정받았다. 한편으로는 종교적이고 세속적인 개인주의의 출현과 더불어, 다른 한편으로는 산업자본주의의 출현과 더불어 뚜렷하고 새로운 이분법이 나타났다. 그 이분법에 의하면 경제적 의존과 비의존은 서로 넘나들 수 없는 대립관계다. 의존 대 비의존이라는 이분법과 임금노동의 헤게모니 장악에 따른 필연적인 결과로 여성의 무임금 가사노동과 양육노동은 완전히 평가절하당하게 되었다.

의존의 계보를 따라 근대에 이르면, 이제 의존은 개인의 성격 탓이라는 점이 부각된다. 이는 도덕적·심리적 용법의 엄청난 부상이 불러온 가장 중요한 의미다. 도덕적·심리적 용법은 이제 의존/비의존의 이분법에 대한 또 다른 해석을 이룬다. 도덕적·심리적 해석에서 사회관계는 개인이나 집단의 속성으로 실체화된다. 의존에 대한 분명하고도 암시적인 공포는, 의존적이라고 간주되는 이들의 일탈적이고 비정상적인 성격에 대비되도록 비의존적(독립적)인 성격을 이상적이고 바람직한 것으로 설정한다. 이런 대조는 노동 성별분업의 흔적을 지니고 있다. 노동의 성별분업은 남성에게는 공급자·생계부양자로서의 책임을 일차적으로 할당하고, 여성에게는 양육자·돌봄제공자로서의 책임을 일차적으로 할당한 뒤, 그에 따라 파생된 성격 패턴을 각 성별의 기본 속성으로 취급했다. 마치 남성 생계부양자의 이미지가 그들에게 부여된 경제적 역할과 하나로 묶인, 이상적으로 풀이되는 '독립'의 속성을 흡수해 구성된 것처럼, 여성 양육자의 형상은 그들이 보살피는 이들의 의존적 속성을 빨아들인다. 이런 방식으로 독립적 성격과 의존적 성격 간의 대립은 위계적인 대립구도로 도식화되었으며, 이는 남성적/여성적, 공적/사적, 일/보살핌, 성공/사랑, 개인/공동체, 경제/가족, 경쟁/자기희생이라는 근대 자본주의 문화의 이분법에서도 핵심적인 역할을 하게 된다.

이 계보는 복지의존에 관한 오늘날의 담론에 어떻게 하면 정치적으로 대응할 수 있는지를 말해 주지는 않지만, 표현에 내포된 문제적 정의에 도전하지 않고 수용했을 때의 한계를 드러내 준다. 의존과 독립의 정의에 관해 우리가 받아들여 온 기존의 가치평가와 정의에 물음을 던지는 일은 장차 새롭게 부상할 해방적 사회에 대한 비전을 제시하기 위한 적절한 내응의 하나일 것이다. 우리 시대 상당수의 복지권운동가들은 이런 전략을 채택하고 있으며 NWRO의 전통을 이어 나가고 있다. 예를 들어 팻 고윈스는 페미니즘 재해석을 다음과 같이 정교하게 다듬었다.

어떤 계급, 어떤 교육수준이건 대다수의 어머니는 또 다른 소득에 '의존'한다. 그 소득은 자녀지원수당으로부터 나오기도 하고 (…) 그가 7천 달러를 버는 동안 2만 달러를 버는 남편으로부터 나오기도 한다. 하지만 자녀를 양육하고 집안을 돌봐도 임금을 받지 못하는 여성의 무임금노동에 의존하는 아버지야말로 바로 '의존자'임을 우리는 더욱 정확히 정의해야 한다. 자녀양육, 집안살림, (이런저런 방식의) 돈벌이 등 그 모든 것을 전부 수행하고 있는 싱글맘을 일컬어 의존적이라고 정의할 수는 없다. 돌봄노동이 가치를 인정받고 임금이 지불될 때, 의존이 창피한 단어가 아니게 될 때, 상호의존이 규범이 될 때, 그때 비로소 우리는 가난을 줄여 나갈 수 있을 것이다.[57]

---

57 Pat Gowens, "Welfare, Learnfare—Unfair! A Letter to My Governor", *Ms. Magazine*, September-October 1991, pp.90~91.

4

가족임금 그다음

후-산업시대에 대한 사고실험[*]

복지국가의 위기는 수많은 원인에서 비롯되었다. 경제의 글로벌화 추세, 난민과 이민의 대규모 이동, 세금에 대한 엄청난 거부감, 노동조합과 노동당의 약화, 국가적·인종적·종족적 적대감의 부상, 연대 이데올로기의 몰락과 쇠퇴, 국가사회주의의 붕괴 등등. 하지만 그중에서 한 가지 절대적으로 중요한 요인은 오래된 젠더질서의 붕괴다. 기존의 복지국가가 세워 놓은 젠더에 대한 전제는 많은 사람의 삶이나 자기이해와는 점점 멀어지고 있다. 그리하여 결과적으로 적절한 사회적 보호, 특히 여성과 아이들을 위한 적절한 보호를 제공하지 못하고 있다.

이제 사라지고 있는 젠더질서는 산업자본주의 시대로부터 물려받은 것으로 그 시절의 사회세계를 반영하고 있다. 산업자본주의 시대는 가족임금 이상을 중심으로 삼았다. 그 세계에서 사람들은 남성이 가장인 이성애 핵가족으로 조직되고, 그 가족은 남성이 노동시장에서 벌어오는 임금을 중심으로 살아간다고 여겨졌다. 이런 가구의 남성가장은 가족임금을 지급받았으며, 자녀들과 아내-어머니를 가족수당으로 충분히 부양하고, 아내-어머니는 임금이 지불되

* 이 논문을 연구하면서 노스웨스턴대학 도시문제정책연구센터의 지원을 받았다. 리베카 블랭크(Rebecca Blank), 조슈아 코언(Joshua Cohen), 페이 쿡(Fay Cook), 바버라 홉슨, 악셀 호네트(Axel Honneth), 제니 맨스브리지, 린다 니컬슨, 앤 숄라 올로프(Ann Shola Orloff), 존 로머(John Roemer), 이언 셔피로(Ian Shapiro), 트레이시 스트롱(Tracy Strong), 피터 테일러-구비(Peter Taylor-Gooby), 주디 위트너(Judy Wittner), 엘리 자레츠키, 노스웨스턴대학 도시문제정책연구센터의 페미니즘 공공정책 연구집단 회원들에게 많은 신세를 졌다. 그들의 유용한 논평에 감사한다.

지 않는 가사노동을 수행했다. 물론 이런 가족형태에 부합하지 않는 수많은 가족이 있었다. 그럼에도 이런 가족형태는 계속해서 적절하고 규범적인 가족 이미지로 제시되었다.

가족임금 이상은 대다수 산업시대 복지국가의 구조에 각인되었다.[1] 그 구조에는 세 가지 단계가 있다. 첫 번째 단계의 핵심은 사회보장 프로그램이었다. 노동시장의 변덕으로부터 사람들을 보호하기 위해(또한 수요의 부족으로부터 경제를 보호하기 위해) 고안된 이런 프로그램들은 질병, 장애, 실업, 노령의 경우에 생계부양자 임금을 대신해 주었다. 많은 국가는 두 번째 단계의 프로그램 또한 고안해 전업주부와 어머니 역할에 직접적인 지원을 제공하기도 했다. 세 번째 단계는 '잔여층'(residuum)을 돕는 것이었다. 주로 전통적인 빈민구제에서마저 벗어나 있는 경우에 해당하는 공적 지원 프로그램은 쥐꼬리만큼, 수치스럽게, 그리고 소득을 조사한 후에야 지원을 결정하고 제공했다. 이 프로그램의 수령자들은 떳떳하게 지원을 요구할 만한 수단이 없는 사람들이었다. 왜냐하면 그들은 가족임금 시나리오에 적합하지 않았기 때문이다.[2]

1　Mini Abramowitz, *Regulating the Lives of Women: Social Welfare Policy from Colonial Times to the Present*, Boston: South End Press, 1988; Nancy Fraser, "Women, Welfare, and the Politics of Need Interpretation", Fraser, *Unruly Practices: Power, Discourse, and Gender in Contemporary Social Theory*, Minneapolis: University of Minnesota Press, 1989; Linda Gordon, "What does Welfare Regulate?", *Social Research* 55:4, Winter 1988, pp.609~630; Hilary Land, "Who cares for the Family?", *Journal of Social Policy* 7:3, July 1978, pp.257~284. 가족임금 가설의 예외가 프랑스다. 프랑스에서는 초기부터 여성 임금노동을 높은 수준에서 받아들였다. Jane Jenson, "Representations of Gender: Policies to 'Protect' Women Workers and Infants in France and the United States before 1914", *Women, the State, and Welfare*, ed. Linda Gordon, Madison: University of Wisconsin Press, 1990.

2　복지국가의 3단계 구조에 대한 이런 설명은 내가 "Women, Welfare, and the Politics of Need Interpretation"에서 제시한 설명을 수정한 것이다. 그 글에서 나는 '남성적' 사회보장 프로그램과 '여성적' 가족지원 프로그램이라는 2단계 구조를 이상적 전형으로 설정하면서 바버라 넬슨의 이론을 따랐다. Barbara Nelson, "Women's Poverty and Women's Citizenship: Some Political Consequences of Economic Marginality", *Signs: Journal of Women in Culture and Society* 10:2, Winter 1984, pp.209~231; "The Origins of the Two-Channel Welfare State: Workmen's Compensation and Mothers' Aid", *Women, the State, and Welfare*, ed. Linda Gordon. 이런 입장은 미국 사회복지 체계에 대한 상당히 정확한 분석이기는 하지만 그럼에도 나는 이제 그것이 잘못된 분석이라고 생각한다. 미국은 2단계와 3단계가 서로 협착되어 있다는 점에서 특수한 경우다. 수십 년 동안의

하지만 오늘날 가족임금이라는 가정은 경험적으로든 규범적으로든 더 이상 받아들이기 힘들다. 우리는 이제 자본주의가 새로운 후-산업시대로 이행함에 따라, 낡은 산업시대 젠더질서의 마지막 발악을 눈앞에서 경험하고 있다. 복지국가의 위기는 이런 시대적 변화와 함께 묶여 있다. 복지국가의 위기는 부분적으로는 가족임금을 이상으로 삼았던 세계의 붕괴에서 비롯되었고, 다른 한편으로는 노동시장과 가족에 관한 핵심적 전제의 붕괴에서 비롯되었다.

후-산업 자본주의 노동시장에서 한 명이 벌어서 가족을 부양할 정도로 충분한 임금을 받는 일자리는 거의 없다. 사실상 대다수 직업이 임시적이거나 비상근직이며, 복지기준(standard benefit)을 이행하지 않는다.[3] 비록 남성에 비해 훨씬 적은 임금을 받지만, 그럼에도 여성의 고용 증가는 점차 흔한 현상이 되고 있다.[4] 다른 한편 후-산업시대 가족은 점점 더 비관습적이고 점점 더 다양해지고 있다.[5] 이성애자들의 결혼은 줄어들고 결혼연령은 높아졌으며, 이혼은 점점 늘어나고 시기도 앞당겨지고 있다. 반면 게이와 레즈비언은 새로운 형태의 가정을 개척하고 있다.[6] 이처럼 젠더규범과 가족형태는 대단히 도전받고 있다. 한편으로는 페미니스트 덕분에, 다른 한편에서는 게이·레즈비언 해방운동 덕분에, 많은 사람이 더 이상 남성 생계부양자/여성 가정주부 모델을 선호하지 않는다. 이

소득조사에 바탕을 둔 빈곤 구제 프로그램 AFDC(피부양 아동이 딸린 가족 지원)는 여성들의 자녀양육을 지원하는 주요한 지원 프로그램이기도 했다. 하지만 분석적으로 볼 때 이 프로그램들은 사회복지 면에서 뚜렷이 구별되는 두 가지 단계로 가장 잘 이해할 수 있다. 그러나 사회보장이 첨가되면, 복지국가에 관한 3단계로 받아들이게 된다.

3 David Harvey, *The Condition of Postmodernity: An Inquiry into the Origins of Cultural Change*, Oxford: Blackwell, 1989; Scott Lash & John Urry, *The End of Organized Capitalism*, Cambridge: Polity Press, 1987; Robert Reich, *The Work of Nations: Preparing Ourselves for 21st Century Capitalism*, New York: Knopf, 1991.

4 Joan Smith, "The Paradox of Women's Poverty: Wage-earning Women and Economic Transformation", *Signs: Journal of Women in Culture and Society* 9:2, Winter 1984, pp.291~310.

5 Judith Stacey, "Sexism By a Subtler Name? Postindustrial Conditions and Postfeminist Consciousness in the Silicon Valley", *Socialist Review* no.96, 1987, pp.7~28.

6 Kath Weston, *Families We Choose: Lesbian, Gays, Kinship*, New York: Columbia University Press, 1991.

런 추세의 결과 싱글맘 가족이 가파르게 증가하고 있다. 이혼했거나 한 번도 결혼하지 않은 여성들이 증가함에 따라, 이들은 남성 생계부양자의 임금에 기대지 않으면서 자신과 가족을 스스로 부양하려고 애쓰고 있다. 이런 가족들의 빈곤비율은 대단히 높다.

간단히 말해 경제적 생산과 사회적 재생산에 관한 새로운 세계가 출현하고 있다. 이는 안정적인 고용은 줄어들고 다양한 가족의 모습이 증가하는 세계다. 이런 세계의 궁극적인 형태가 어떤 모습일지 아무도 확신할 수 없지만, 하나는 분명해 보인다. 가족임금의 세계는 말할 것도 없거니와 앞으로 부상할 세계는 효과적으로 불확실성에 대비해 줄 수 있는 복지국가를 요구할 것이다. 남성가장 가족과 비교적 안정적인 직장을 전제로 해서 이루어지는 낡은 복지국가 형태는 더 이상 보호를 제공하는 데 적합하지 않다는 사실 또한 분명하다. 우리는 무언가 새로운 것을 요구한다. 후-산업시대 복지국가에 적합한 진보적이고 새로운 고용과 재생산의 조건을 요구한다.

그렇다면 후-산업시대 복지국가는 어떤 모습이어야 할까? 근래 들어 보수주의자들은 '복지국가의 구조조정'에 관해 무수히 많은 말을 해 왔다. 하지만 그들의 비전은 반역사적이고 모순적이다. 그들은 중산층에게는 남성 생계부양자/여성 가정주부 구도를 회복시키기를, 가난한 싱글맘들에게는 '일하기'를 요구한다. 최근 들어 미국에서 급속히 부상한 신자유주의적 제안들 또한 현재의 맥락에 적절하지 않다. 좋은 일자리가 없음에도 불구하고 처벌 위주이며 남성중심적이고 고용에 집착하는 이 제안들은 후-산업 세계에서 안전을 제공할 수 없다.[7] 보수주의적인 접근과 신자유주의적인 접근 모두 한 가지 중대한 사실을 무시한다. 후-산업시대 복지국가는 그에 앞선 산업시대 복지국가와 마찬가지로 젠더질서를 뒷받침해 주어야 한다는 사실 말이다. 하지만 오늘날 받아들일 수 있는 한 가지 유일한 젠더질서는 젠더정의를 전제하는 것이다.

따라서 페미니즘은 다가올 시기를 위한 해방적 비전을 제시하

---

7   Nancy Fraser, "Clintonism, Welfare, and the Antisocial Wage: The Emergence of a Neoliberal Political Imaginary", *Rethinking Marxism* 6:1, Spring 1993, pp.9~23.

기에 좋은 위치에 있다. 페미니스트들은 산업시대 복지국가가 초래한 현재의 위기와 젠더관계가 맺고 있는 중요성을 인식하고 있으며, 만족스러운 해결책을 제시하려면 젠더정의가 중심이 되어야 한다는 사실을 누구보다 잘 알고 있기 때문이다. 또한 페미니스트들은 좋은 삶을 유지하는 데 돌봄노동과 여성의 지위에 바탕한 사회조직의 영향력이 얼마나 중요한지 잘 인식하고 있다. 마지막으로 페미니스트들은 가족 안에서 이해관계로 인한 잠재적 갈등을 조율해 내고 노동에 관한 남성중심주의적 정의의 부적절성에 잘 대처할 수 있다.

하지만 지금까지 페미니스트들은 복지국가에 관한 체계적인 구조조정에 관해 생각하지 않으려는 경향이 있었다. 또한 해방적 비전을 제공할 수 있는 젠더정의에 관해 만족할 만한 설명을 아직 제대로 전개하지 못했다. 우리는 이제 그런 작업에 착수할 필요가 있다. 그리고 우리는 후-산업시대에 이르러 가족임금을 대체할 만한 새로운 젠더질서가 무엇일지 반드시 질문해 보아야 한다. 어떤 형태의 복지국가가 새로운 젠더질서를 가장 잘 뒷받침할 수 있는가, 그것을 가장 잘 구체화할 수 있는 사회복지의 비전은 어떤 것인가를 물어야 한다.

이런 질문에 대해 현재로서는 두 가지 다른 형태의 대답이 제시되고 있다. 내가 생각하기에 두 대답 모두 페미니즘적인 접근으로 간주할 만하다. 첫 번째 대답을 나는 **보편적 생계부양자**(universal breadwinner) 모델이라고 부른다. 대다수 미국 페미니스트와 자유주의자의 현재 정치적 실천에 암묵적으로 내재되어 있는 이와 같은 비전은 여성의 고용을 창출하고 증진함으로써 젠더정의를 강화하고자 한다. 이 모델의 핵심은 탁아서비스를 제공함으로써 국가가 고용을 제공하는 것이다. 두 번째 가능한 대답을 나는 **동등한 돌봄제공자**(caregiver parity) 모델이라고 부른다. 대다수 서유럽 페미니스트와 사회민주주의자의 현재 정치적 실천에 암묵적으로 내재되어 있는 이런 접근법은 비공식 돌봄노동을 주로 지원함으로써 젠더정의를 향상시키려 한다. 이런 접근법의 핵심은 돌봄제공자 수당을 국가가 제공하는 것이다.

장차 다가올 시대에 대비해 이 두 가지 접근법 중 어느 것을 충실히 따라야 할까? 후-산업시대 젠더질서에 가장 매력적인 비전을 어떤 접근법이 더 잘 표현하고 있는가? 어떤 접근법이 젠더정의의 이상을 가장 잘 구현하는가? 이 장에서 나는 이런 질문에 관해 체계적으로 사고할 수 있는 프레임을 개괄하고자 한다. 나는 사고실험의 자세로 보편적 생계부양자 모델과 동등한 돌봄제공자 모델에 관해 대단히 이상화된 해석을 하려 한다. 사실과는 반대로 나는 이 두 가지 모델이 실현 가능한 세계를 설정하고, 그 세계 안에서 이들 모델의 경제적·정치적 전제조건이 자리한 지점을 살펴보고자 한다. 그런 다음 대단히 우호적인 조건을 가정함으로써 각각의 모델이 지닌 장단점을 평가해 보겠다.

표준적인 정책분석을 결과로 내려는 것이 아니다. 왜냐하면 보편적 생계부양자 모델이나 동등한 돌봄제공자 모델 중 어느 것도 사실상 가까운 장래에 실현될 수 있는 것이 아니기 때문이다. 내 논의는 정책을 입안하는 엘리트들을 우선적으로 겨냥하고 있지 않다. 오히려 내 의도는 넓은 의미에서 이론적·정치적이다. 우선 나는 젠더정의가 무엇을 의미하는지 다시 고려해 봄으로써 '평등'과 '차이'를 중심으로 초래된 딜레마를 명확히 하고자 한다. 그렇게 함으로써 페미니즘 전략과 목표에 관한 성찰에 박차를 가하고, 현재의 관행에 내재되어 있는 가정을 간결하게 설명함으로써 비판적으로 탐색하고자 한다.

이번 논의는 네 부분으로 진행할 것이다. 첫 번째 절에서 나는 일련의 평가기준을 산출할 젠더정의를 분석해서 제안한다. 그런 다음 두 번째, 세 번째 절에서 이 기준을 보편적 생계부양자와 동등한 돌봄제공자에 각각 적용할 것이다. 마지막 네 번째 절에서 나는 두 가지 접근 중 어느 것도 충분한 젠더정의를 전달할 수 없다는 결론을 내리게 될 것이다. 그러므로 우리가 후-산업시대 복지국가의 새로운 비전을 발전시켜야 한다고 주장하고 싶다. 그렇게 함으로써 성별 노동분업을 효과적으로 해체하고자 한다.

1. 젠더정의: 복잡한 개념

후-산업시대 복지국가에 대한 대안적 비전을 평가하려면 규범 기준이 필요하다. 젠더정의는 내가 말했다시피 필수불가결한 기준이다. 그렇다면 젠더정의는 정확히 무엇에 바탕하고 있는가?

페미니스트들은 젠더정의를 여태껏 평등 혹은 차이와 연결시켰다. 이 경우 '평등'은 여성을 남성과 똑같이 대우하라는 뜻이 되는 반면 '차이'는 여성이 남성과 다른 만큼 다르게 대우하라는 뜻이 된다. 이론가들은 이 두 가지 접근법의 상대적 장점에 관해 논쟁했다. 이 두 접근법이 마치 절대적 이분법의 양극에 위치한 대립항인 것처럼 말이다. 이런 논쟁은 전반적으로 교착상태로 끝났다. '차이'의 주창자들은 '평등' 전략이 '규범으로서의 남성'을 전형으로 전제하고 있으며 그로 인해 여성에게 불이익을 가져다주고 모든 사람에게 왜곡된 기준을 강제한다는 점을 성공적으로 보여 주었다. 평등주의자들 또한 마찬가지로 설득력 있게 논쟁했다. 즉, 차이의 접근법은 여성성에 관한 본질적 개념에 전형적으로 의존하고 있으며 그로 인해 기존의 전형을 강화하고 기존 젠더 분리의 한계 안에 여성을 고정한다고 주장했다.[8] 평등 혹은 차이, 어느 것도 젠더정의의 실행 가능한 개념은 아니다.

페미니스트들은 여러 가지 다른 방식으로 이 교착상태에 대처해 왔다. 일부 페미니스트들은 평등 아니면 차이를 재개념화함으로써 이 딜레마를 해결하려고 했다. 그들은 좀 더 옹호할 수 있을 만한 형태로 차이 혹은 평등을 재해석해 왔다. 일부 페미니스트들은 양쪽 다 잘못되었다는 결론 아래 제3의 다른 규범적 원칙을 추구했다. 그리고 그 밖의 페미니스트들은 이 딜레마를 일종의 역설, 즉 해결해야 할 교착상태가 아니라 오히려 소중한 자원으로 포용하고자 했다. 마지막으로 대다수 페미니스트는 규범적인 이론화에서 완전히 물러나 문화적 실증주의, 단편적 개량주의 혹은 포스트모던한

8　이와 관련해 가장 세련된 논쟁은 『페미니즘 법이론』에서 찾아볼 수 있다. *Feminist Legal Theory: Readings in Law and Gender*, eds. Katharine T. Bartlett & Rosanne Kennedy, Boulder, CO: Westview Press, 1991.

도덕률 폐기론으로 나가기도 했다.

이 모든 대응 방식 중 어느 것도 만족스럽지 않다. 규범적 이론화는 페미니스트들에게는 필수불가결한 지적 기획으로 남아 있으며 사실상 해방을 추구하는 모든 사회운동에 필수불가결하다. 우리가 나아가야 할 곳과 그곳에 도달하는 데 필요한 다양한 제안을 평가할 만한 일련의 기준에 대해 비전과 그림을 그릴 수 있어야 한다. 평등/차이의 딜레마는 현실적이며, 단지 피해 가거나 포용할 수 있는 것이 아니다. 이 양자의 딜레마를 마술적으로 뛰어넘도록 해 줄 '완전히 다른' 제3의 대안이 있는 것도 아니다. 그렇다면 페미니즘 이론가들은 무엇을 해야 하는가?

나는 젠더정의를 단순한 한 가지 아이디어가 아니라 복잡한 아이디어로 재개념화하자고 제안한다. 젠더정의를 하나의 단일한 가치나 규범과 동일시할 수 있다는 가정에서 탈피해야 한다는 뜻이다. 말하자면 그것이 평등이든 차이든 혹은 제3의 아이디어든 간에 오직 하나의 개념으로 설명될 수 없다는 것이다. 그보다는 오히려 우리는 젠더정의를 뚜렷이 구별되는 여러 가지 규범적 원칙들로 구성된 복잡한 개념으로 다뤄야 한다. 우리는 이들 논쟁에서 차이의 측면뿐만 아니라 평등의 측면과 관련된 개념들을 다양하게 포함할 것이다. 여기에다 평등 혹은 차이의 측면과는 여전히 일치하지 않는 다른 규범적 아이디어 또한 포함하게 될 것이다. 이 아이디어들이 어디서 나온 것이든 명심해야 할 것은 젠더정의가 실현되기 위해서는 서로 제각기 구별되는 여러 가지 규범을 동시적으로 다 같이 존중해야 한다는 점이다. 이 다양한 요소들 중 어느 하나라도 만족시키지 못하면 젠더정의의 충분한 의미를 실현하지 못한 것이다.

나는 젠더정의가 이처럼 복잡하다는 가정하에, 후-산업시대 복지국가에서의 복지대안을 평가하겠다는 특별한 목적을 위해 고안된 젠더정의를 설명하고자 한다. 왜냐하면 복지가 아닌 다른 이슈인 경우 다소 다른 일련의 규범들이 요구될 수도 있을 것이기 때문이다. 그럼에도 불구하고 나는 젠더정의를 복잡한 개념으로 다루기 위한 전반적인 아이디어는 다른 곳에도 널리 적용될 수 있을 것으로 본다. 여기서 내가 제시하는 분석은 이런 접근의 유용성을 시사하는 하나의 패러다임으로 기능할 수 있을 것이다.

어떤 경우든지 이와 같은 특별한 사고실험을 위해 나는 젠더정의를 복합적인 일곱 가지 구별되는 규범적인 원칙으로 설명하고자한다. 이 일곱 가지 규범을 차례차례 열거해 보겠다.

1) 반빈곤 원칙: 무엇보다 가장 우선적이고 명백한 사회복지급여의 목적은 빈곤을 방지하는 것이다. 싱글맘 가족의 빈곤비율이 대단히 높아졌고, 미국 여성들과 아이들이 그런 빈곤 가정에서 살아가게 될 확률이 극도로 높아졌다는 사실[9]로 볼 때, 빈곤 방지는 가족임금 이후 성취해야 할 젠더정의의 핵심이다. 다른 것은 차치하더라도 복지국가라면 적어도 기본적인 욕구를 충족할 방법이 달리 없는 사람들의 고통은 구제해 주어야 한다. 이런 원칙과 기준에따르면 미국에서 여성, 어린아이, 빈곤한 남성을 방치하는 시책은 용납할 수 없다. 그런 빈곤을 방지하려 해 온 후-산업시대 복지국가라면 주요한 진전이 있어야만 했으나, 여태껏 그 점은 충분히 논의되지 못하고 있다. 반빈곤 원칙은 여러 가지 다양한 방식으로 충족될 수도 있었지만, 그런 원칙 전부가 받아들일 만한 것은 아니다. 싱글맘 가족을 고립적으로 선별해 표적으로 삼고 낙인찍는 빈민구제기금 같은 규범적 원칙은 사회복지 젠더정의의 핵심인 여러 규범적 원칙을 준수하지 못한다.

2) 반착취 원칙: 반빈곤 척도는 그 자체로도 중요할 뿐만 아니라다른 기본적 목표를 달성하는 데 필요한 수단으로서도 중요하다. 말하자면 취약계층 사람들이 당하는 착취를 방지하는 데 중요하다.[10] 이 원칙 또한 가족임금 이후의 젠더정의를 실현하는 데 핵심적이다. 예를 들어 자신과 자녀들을 먹여 살릴 수 있는 방법이 달리없는 궁핍한 여성들은 착취에 취약하기 마련이다. 이들 여성은 학

9   David T. Ellwood, *Poor Support: Poverty in the American Family*, New York: Basic Books, 1988.

10   Robert Goodin, *Reasons for Welfare: The Political Theory of the Welfare State*, Princeton, NJ: Princeton University Press, 1988.

대하는 남편에게, 저임금노동 공장의 반장에게, 포주에게 착취당하기 쉽다. 빈곤 구제를 보장하려면, 복지급여는 착취에 대한 의존을 덜어 주어야 한다.[11] 대안적인 다른 소득원을 제공함으로써 불평등한 관계에서 종속적인 입장에 처한 사람들의 협상력을 높여 줄 수 있어야 한다. 결혼생활 바깥에서 자기 자신과 자녀들을 먹여 살릴 수 있다는 점을 알게 됨으로써, 직업이 없는 아내들이 결혼생활 안에서 보다 큰 목소리를 낼 수 있도록 해야 한다. 아내의 '목소리'는 '탈출'의 가능성이 있을 때 높아진다.[12] 이 점은 저임금에 시달리는 양로원 간호사와 원장의 관계에도 마찬가지로 적용된다.[13] 이런 효과를 얻을 수 있는 복지기준이 되려면, 복지 지원이 권리로서 제공되어야 한다. 복지수령자가 자신을 대단히 수치스럽게 여기거나 사회복지사의 재량권에 시달리게 되면 반착취 원칙은 실현될 수 없다.[14] 그럴 경우 복지수령자들은 기껏해야 남편이나 사장의 착취에 의존하던 것을 사회복지사의 변덕에 의존하는 것으로 맞바꿀 뿐이다.[15] 이 원칙의 목표는 적어도 세 가지 형태의 착취의존을 방지하는 것이다. 첫째, 개별 가족구성원 즉 남편이나 정신적으로 어린아이 같은 어른들로부터의 착취의존을 방지해야 한다. 둘째, 고용주나 감독관으로부터의 착취의존을 방지해야 한다. 셋째, 국가공무원의 개인적인 변덕에 기대는 착취의존을 방지해야 한다. 이 세 가지

---

11 모든 의존이 착취적인 것은 아니다. 바로 앞의 책에서 로버트 구딘은 의존이 착취가 되려면 다음 네 가지 조건을 충족해야 한다고 명시했다. 1) 관계가 비대칭적이다. 2) 종속된 이가 상급자가 공급해 주는 자원을 필요로 한다. 3) 종속된 이가 필요한 자원을 공급받기 위해 특정한 상급자에게 의존한다. 4) 종속된 이가 필요한 자원을 요구할 때 상급자가 자신의 자유재량권을 누린다.

12 Albert O. Hirschman, *Exit, Voice, and Loyalty: Response to Decline in Firms, Organizations, and States*, Cambridge, MA: Harvard University Press, 1970; Susan Moller Okin, *Justice, Gender, and the Family*, New York: Basic Books, 1980; Babara Hobson, "No Exit, No Voice: Women's Economic Dependency and the Welfare State", *Acta Sociologica* 33:3, Fall 1990, pp.235~250.

13 Frances Fox Piven & Richard A. Cloward, *Regulating the Poor*, New York: Random House, 1971; Gosta Esping - Andersen, *The Three World of Welfare Capitalism*, Princeton, NJ: Princeton University Press, 1990.

14 Robert Goodin, *Reasons for Welfare*.

15 Edward V. Sparer, "The Right to Welfare", *The Rights of Americans: What They are- What They Should Be*, ed. Norman Dorsen, New York: Pantheon, 1970.

착취의존 사이에서 오락가락하지 않으려면 이를 동시에 전부 막아 줄 수 있는 적절한 접근법이 필요하다.[16] 이 원칙에 따라 가정주부 가 남편을 통해 혜택을 얻도록 연결하는 장치들은 제거 대상이 된 다. 이것은 건강보험처럼 근본적으로 상품을 제공하려는 취지였지 만, 실제로 일자리가 없는 경우 형식적인 것에 불과해짐으로써 근 본 취지와 양립할 수 없게 되었다. 반착취 원칙을 만족시키는 후–산업시대 복지국가는 현재 미국이 실시하고 있는 시책을 많이 개선해 내는 것으로 드러난다. 하지만 이조차 만족스러운 것은 아 니다. 반착취 원칙은 만족시킨다 하더라도 아래와 같은 규범적 원 칙을 지키지 못하고 있기 때문이다. 이런 규범적 원칙 또한 사회복 지에서 젠더정의를 실현하는 데 핵심적이다.

세 가지 평등 원칙: 여성들의 빈곤과 착취를 방지할 수 있는 후–산업시대 복지국가마저 아직도 심각한 젠더 불평등을 묵인하고 있다. 그런 복지국가는 결코 만족스러울 수가 없다. 사회적 대비책 으로서 젠더정의의 좀 더 나은 차원은 여성과 남성 사이에 벌어지 는 불평등을 줄일 수 있도록 재분배하는 것이다. 우리가 보았다시 피 일부 페미니스트들은 평등 원칙을 비판해 왔다. 그들은 평등이 남성이 정한 기준에 따라 여성을 남성과 똑같이 대하게 만든다고, 그리고 이런 기준은 여성에게 반드시 불리하게 작용한다고 주장했 다. 그런 주장은 정당한 우려를 표현한 것인데, 이에 관해서는 아래 의 다른 항목에서 논의하고자 한다. 하지만 이 원칙이 평등이라는 이상 자체를 침해하지는 않는다. 이런 걱정은 평등을 인식하는 방 법상의 부적절성에서 비롯된 것이다. 이런 부적절성에 관해서는 여 기서 거론하지 않겠다. 적어도 평등에 관한 세 가지 주요한 개념은

---

16 Ann Shola Orloff, "Gender and the Social Rights of Citizenship: The Comparative Analysis of Gender Relations and Welfare States", *The American Sociological Review* 58:3, June 1993, pp.303~328. 반착취 원칙의 목표를 현재 미국이 '복지의존'에 대해 보이고 있는 비난과 혼동해서는 안 된다. 이들은 '의존'을 공적 지원 수령자들에게 국한해 비난하고 있다. 이들은 공공복지 수령자가 남편과 고용주에게 착취의존하는 것을 막아 줌으로써 수령자들의 독립을 증진할 수 있다는 사실을 무시한다. 그런 입장에 대한 비판을 보려면 이 책의 3장 「의존의 계보학」을 참조할 것.

그런 반대를 물리칠 수 있다. 이 세 개념은 사회복지에서 젠더정의
를 실현하는 데 핵심적이기 때문이다.

3) 소득의 평등: 젠더정의에 핵심적인 한 가지 형태의 평등은 일
인당 실소득 분배에 관한 것이다. 이런 형태의 평등은 가족임금 이
후 지금 대단히 절실하다. 현재 미국 여성의 소득은 남성 대비 대략
70퍼센트에 해당한다. 많은 여성의 노동은 전혀 보상받지 못하고
있다. 그리고 많은 여성이 가족 안에서 불평등 분배에 의해 '감춰진
빈곤'으로 고통받고 있다.[17] 내가 해석하다시피, 소득 평등의 원칙
은 절대적 균등을 요구하는 것이 아니다. 하지만 이혼 이후 여성의
소득은 거의 절반으로 줄어드는 반면 남성의 소득은 거의 두 배로
늘어나는 분배 방식은 배제해야 한다.[18] 이것은 동일노동에 불평등
한 임금을 지급하는 것이나 마찬가지이며, 여성의 노동과 기술을
전체적으로 과소평가한 것이다. 소득 평등 원칙은 남성의 임금과
여성의 임금 사이에 벌어진 엄청난 격차를 실질적으로 감소시키도
록 요구한다. 이 원칙은 임금 격차를 줄임으로써 또한 미국의 대다
수 어린이가 어느 순간 싱글맘 가족 안에서 살아가고 있는 지금 어
린아이들이 누리는 삶의 기회를 균등화하는 데 일조할 수 있다.[19]

4) 여가시간의 평등: 젠더정의에 핵심적인 또 다른 형태의 평등
은 여가시간의 분배에 관한 것이다. 가족임금 이후 이런 형태의 평
등이 현재 대단히 절실하다. 대다수 여성과 비교적 소수의 남성이
임금노동에 더해 무보수의 일차적 돌봄노동을 전부 감당하고 있고
여성은 비교할 수 없을 만큼 '시간빈곤'에 시달리고 있는 지금,[20] 여

17 Ruth Lister, "Women, Economic Dependency, and Citizenship", *Journal of Social Policy* 19:4, 1990, pp.445~467; Amartya Sen, "More Than 100 Million Women Are Missing", *New York Review of Books* 37:20, December 20, 1990, pp.61~66.

18 Lenore Weitzman, *The Divorce Revolution: The Unexpected Social Consequences for Women and Children in America*, New York: Free Press, 1985.

19 David T. Ellwood, *Poor Support*, p.45.

20 Lois Bryson, "Citizenship, Caring and Commodification". 이는 미출판된
논문으로 '교차경계: 젠더, 사회정치 그리고 시민권에 관한 국제적인 대화'를 주제로 한
컨퍼런스(Crossing Borders: International Dialogues on Gender, Social Politics and Citizenship, Stockholm, May 27~29, 1994)에서 발표되었다. Arlie Hochschild, *The Second Shift: Working Parents and the Revolution at Home*, New York: Viking Press, 1989; Juliet

가시간 평등은 대단히 절실하다. 최근 영국에서 나온 연구에 따르면, 연구 대상 중 남성은 21퍼센트인 데 비해 여성은 52퍼센트가 '대부분의 시간 동안 피로를 느낀다'고 대답했다.[21] 여가시간 평등 원칙은 소득이 같은 경우라도 남성은 오직 일교대 노동을 하지만 여성은 이중교대 노동을 요구받게 되는 복지시책을 제거한다. 이것은 남성이 아닌 여성에게 '청구 노동'(work of claiming)이나 시간소모적인 짜깁기노동을 시키는, 즉 다양한 출처에서 나오는 임금을 합쳐서 보충하게 하고 여러 다양한 기관과 협회로부터 나오는 서비스를 조정하도록 요구하는 장치를 배제한다.[22]

5) 존중의 평등: 이 또한 젠더정의에 핵심적이다. 가족임금 이후 이런 형태의 평등은 지금 특히 절실하다. 후-산업시대 문화가 남성 주체의 쾌락을 위한 성적 대상으로 여성을 상투적으로 재현하는 지금, 존중의 평등은 아주 절실히 요구된다. 평등한 존중의 원칙은 여성을 대상화하고 비하하는 장치들을 배제한다. 설령 이런 장치들이 빈곤과 착취를 방지해 준다고 할지라도, 심지어 소득과 여가시간을 평등하게 해 준다고 할지라도 배제되어야 한다. 따라서 AFDC 수령자들을 '일하지' 않는 것으로 가정하는 미국의 '복지개혁'처럼, 여성의 활동을 하찮은 것으로 멸시하고 여성의 기여를 무시하는 그런 복지 프로그램과 이 원칙은 서로 양립할 수 없다. 존중의 평등은 여성의 인격과 여성의 일을 인정하도록 요구한다.

후-산업시대 복지국가는 이 세 가지 차원 전부에서 평등을 향상시켜야 한다. 그런 국가는 지금의 장치 전반에 걸쳐 엄청난 진보를 이뤄 낸 것일 테지만, 심지어 그 정도로도 충분하지 않다. 평등의 원칙을 만족시켜 줄 수 있는 방법 중 일부는 사회복지에서 젠더정의를 실현하기 위한 핵심인 다음의 원칙을 존중하지 못할 수도 있다.

Schor, *The Overworked American: The Unexpected Decline of Leisure*, New York: Basic Books, 1991.

21 Ruth Lister, "Women, Economic Dependency, and Citizenship".

22 Laura Balbo, "Crazy Quilts", *Women and the State*, ed. Ann Showstack Sassoon, London: Hutchinson, 1987.

6) 반주변화 원칙: 앞서 언급한 모든 원칙을 전부 만족시킬 수 있다 하더라도, 복지국가는 여성을 주변화할 수 있다. 예를 들자면 관대한 어머니연금 지원에 제약을 가함으로써, 복지국가는 여성이 독립적일 수 있도록 지원하고, 충분히 휴식을 취할 수 있도록 자원을 공급하고, 충분히 존중해 주면서도 여성들이 보다 큰 사회 속에서 생활하지 못하도록 고립된 가정 영역에 분리할 수 있다. 그와 같은 복지국가는 받아들일 수 없다. 사회정책은 고용, 정치, 시민사회에서의 생활 등 모든 면에서 남성과 똑같이 사회생활의 모든 영역에 여성이 충분히 참여하도록 도와야 한다. 반주변화 원칙은 탁아, 노인 돌봄, 공공장소에서의 모유수유 공간 제공을 포함해 여성의 사회참여에 필요한 조건을 제공하도록 요구한다. 또한 남성주의 노동문화와 여성혐오적인 정치환경을 탈피하도록 요구한다. 이런 조건들을 충족시켜 주는 후-산업시대 복지국가라면 현재의 장치 수준 전반을 대단히 향상시킨 것이다. 하지만 이마저도 만족할 만한 것은 아니다. 반주변화 원칙을 만족시키는 어떤 것들이 마지막 원칙을 존중하지 않을 수도 있기 때문이다. 이 마지막 원칙 또한 사회복지에서 젠더정의를 실현하는 데 중요하다.

7) 반남성중심주의 원칙: 앞서 제시한 원칙들을 대부분 만족시키는 복지국가라고 할지라도 여전히 젠더규범에 유해한 것들이 남아 있을 수 있다. 그런 젠더규범은 남성의 현재 생활 패턴을 인간규범을 대표하는 것으로 가정하면서 여성들에게 그것에 동화되도록 요구하는 남성중심적인 관점을 전제하는 것이다.(이것이야말로 앞서 평등에 관해 걱정하며 언급했던 것들 이면에 자리하고 있는 진짜 문제다.) 그런 복지국가는 용인할 수 없다. 상당한 수준의 복지를 누리도록 해 주는 사회정책이라고 해서 여성들에게 남성이 되기를 요구해서는 안 되며, 남성을 위해 고안된 사회제도에 여성들이 적응하도록 강제해서도 안 된다. 그와 달리 진정한 젠더정책은 출산을 할 수 있고, 친척과 친구를 보살펴 주기도 하는 이들 인류를 환영할 수 있도록 남성중심적 제도를 재구성해야 한다. 여성을 예외로 취급해서는 안 되며 이상적인 형태의 참여자로 대접해야 한다.

반남성중심주의 원칙은 남성주의 규범을 탈중심화하도록 요구한다. 한편으로는 지금 현재 과소평가되고 있는 관행과 특성을 재평가함으로써 탈중심화가 가능하다. 왜냐하면 이런 관행들은 여성적인 것과 연결되었다는 이유로 평가절하되고 있기 때문이다. 이 원칙은 여성을 변화시킬 뿐만 아니라 남성의 변화 또한 이끌어 낼 것이다.

사회복지 영역에서의 젠더정의를 설명하자면 바로 이런 것들이다. 이런 설명에 따르면 젠더정의는 일곱 가지 서로 구별되는 규범적 원칙으로 구성되는 복잡한 사상인데, 각각의 원칙 하나하나가 필수적이고 근본적이다. 이 모든 원칙을 만족시키지 못하는 한, 어떤 후-산업시대 복지국가도 젠더정의를 실현할 수 없다.

그렇다면 이 원칙들은 어떻게 상호관련되어 있는가? 여기서 모든 것은 맥락에 달려 있다. 일부 제도적인 장치는 상호간섭을 최소화함으로써 여러 가지 원칙을 동시에 만족시킬 수 있도록 해 준다. 이와는 대조적으로 다른 장치들은 제로섬 상황을 만들기도 한다. 그런 상황에서는 하나의 원칙을 만족시키려는 시도가 다른 원칙을 충족하려는 시도와 서로 부딪치게 된다. 그러니 가족임금 이후에 젠더정의를 증진하려면 잠재적으로 갈등할 수 있는 여러 가지 목표에 귀를 기울여야 한다. 젠더정의의 목표는 일곱 가지 원칙 모두—혹은 적어도 대부분—를 만족시킬 수 있는 전망을 극대화하면서 서로 거래하지 않는 접근법을 찾아야 한다.

다음 절에서 나는 후-산업시대 복지국가의 두 가지 대안적 모델에 대한 접근법을 이용하고자 한다. 하지만 나는 관련된 네 가지 이슈를 먼저 밝힐 것이다. 하나는 돌봄노동의 사회적 조직화에 관한 것이다. 돌봄노동이 정확히 어떻게 조직되는가를 밝히는 것은 인간 복지 전반뿐만 아니라 특히 여성의 사회적 입지에 핵심적이다. 가족임금 시절에 돌봄노동은 여성 개인의 개별적인 책임으로 여겨졌다. 하지만 오늘날 돌봄노동은 더 이상 그런 방식으로 간주될 수 없다. 따라서 돌봄노동을 조직하는 다른 방식이 요청되고 있는데, 여러 가지 다양한 시나리오가 가능하다. 후-산업시대 복지국가 모델을 평가하면서 우리는 이런 질문을 반드시 해 보아야 한다. 가족, 시장, 시민사회, 국가와 같은 제도 사이에 돌봄노동의 책임을 어떻게 할당할 것인가? 그런 제도 안에서 돌봄노동의 책임을 어떻게 배치할 것인가? 젠더에 따라? 계급에 따라? 인종 혹은 종족에 따라? 혹은 나이에 따라?

두 번째 이슈는 수령 자격의 기본 원칙에 관한 것이다. 모든 복지국가는 분배 원칙의 특수한 배합에 따라서 수혜를 할당하는데, 그런 원칙이 기본된 도덕적 자질을 정의한다. 각각의 원칙에서 이런 배합은 엄정하게 심사될 필요가 있다. 통상적으로 자격심사의 세 가지 기본 원칙인 필요(nccd), 보상(desert), 시민권이 다양한 비율로 포함한다. 대체로 수령자의 필요에 기초한 분배 방식이 대부분이지만, 그런 방식은 수령자들을 고립시키고 창피스러운 존재로 만들 소지가 다분하다. 전통적인 빈민구제기금과 근대적인 공적 지원의 토대가 되었던 방식으로, 전혀 바람직하지 않다. 이와는 대조적으로 가장 바람직한 방식은 보상에 기초한 것이지만, 이것은 반평등주의적이고 배타적이다. 이런 방식은 통상적으로 납세, 노동, 서비스 등으로 기여한 바에 따라서 혜택을 받는 것이다. 여기서 '납세'는 특별기금으로 지불되었던 임금공제를 의미하고, '노동'은 일차적인 노동력으로서 고용되는 것을 뜻하며, '서비스'는 군대복무 등과 같이 여성에게 불이익을 주었던 조항에 관한 모든 해석을 의미한다. 통상적으로 보상은 산업시대 복지국가에서 소득과 관련된 사회보장의 일차적 토대로 간주되었던 것이다.[23] 세 번째 원칙인 시민권은 사회구성원에 토대를 두고 제공된다. 이것은 바람직하고, 평등주의적이며, 보편주의적이지만, 비시민인 이민자들과 법적 서

---

23 공적 지원은 필요에 기초한 것이며, 사회보장은 보상에 기초한 것이라는 통상적인 견해는 대단히 이데올로기적인 것이다. 사회보장에서 수혜기준은 엄격하게 '기여'에 따른 것이 아니다. 게다가 모든 정부 프로그램은 납세의 형태로 재정적인 '기여'를 받는다. 공적 지원 프로그램은 연방정부든 주정부든 일반조세의 형태로 재정이 조달된다. 다른 사람들과 마찬가지로 복지수령자들 또한 이런 기금에 '기여'한다. 예를 들자면 소비세 지불을 통해서 말이다. Nancy Fraser & Linda Gordon, "Contract versus Charity: Why Is There No Social Citizenship in the United States?", *Socialist Review* 22:3, July-September 1992, pp.45~68.

류가 없는 사람들에 대해 본다면 배타적이다. 시민권 원칙은 비용이 많이 든다. 따라서 높은 수준의 질과 관용이 지속되기 어렵다. 일부 이론가들은 무임승차를 권장하지나 않을까 우려한다. 하지만 그들이 정의하는 무임승차는 남성중심적인 것이다.[24] 시민권에 기초한 자격은 사회민주주의 국가에서 가장 흔하게 찾아볼 수 있는데, 시민권 자격은 '건강보험 단일보험자 체제', 보편적 가족이나 자녀 수당을 포함하고 있다. 이런 자격으로 이루어지는 건 미국에서는 공교육을 제외하면 사실상 거의 알려진 것이 없다. 후-산업시대 복지국가 모델을 검토하면서 우리는 이런 자격구성을 면밀히 살펴보아야 한다. 이 모델은 여성과 아이 들의 복지에 상당한 차이를 초래할 수 있기 때문이다. 예를 들어 탁아장소가 시민권에 기초한 자격에 따라 분배되고 있는지, 혹은 보상에 기초한 자격에 따라 분배되고 있는지, 혹은 우선 취업에 따른 조건부인지 아닌지를 자세히 살펴보아야 한다. 이 점은 또 다른 사례에서도 마찬가지다. 돌봄노동이 빈곤층에게 필요에 따라 지원되는지, 혹은 재산조사 결과에 따라 지급되는 복지수당의 형태인지, 혹은 '노동'이나 '서비스'에 따른 보상에 기초하여 지원되는지, 혹은 비남성주의적인 것으로 해석된 것인지, 아니면 보편적 기본소득 도식에 따른 시민권에 기초하여 지원되는지 살펴보아야 한다.

세 번째 이슈는 여성들 사이의 차이에 관한 것이다. 이 장에서 젠더가 가장 주요한 초점인 것은 분명하지만, 그럼에도 그것을 하나로 묶어 일괄적으로 취급할 수는 없다. 여성과 남성의 삶은 계급, 인종·종족, 섹슈얼리티, 나이를 포함한 여러 가지 두드러진 사회적 분리에 의해 교차되고 있다. 후-산업시대 복지국가의 모델은 모든 남성에게 그러하듯이 모든 여성에게도 똑같은 방식으로 영향을 미치고 있지 않다. 이는 각기 다른 조건과 지위로 살고 있는 사람들에

---

24 무임승차를 걱정하는 사람들은 대체로 수령자가 임금노동 일자리로의 취업을 기피하지 않을까 우려하는데, 이것은 남성중심적인 입장이다. 이들은 이보다 훨씬 심각하게 널리 퍼져 있는 문제인, 여성의 무임금 가사노동에 남성들이 무임승차하는 것에는 거의 관심을 기울이지 않는다.

게서 다른 결과를 낸다. 예를 들어, 어떤 정책은 자녀가 있는 여성과 없는 여성에게 각기 다른 영향을 미칠 수 있다. 또 부업(부차소득)을 가질 수 있는 여성과 그렇지 못한 여성에게 다른 영향을 미칠 수 있다. 정규직 여성과 비정규직 시간제로 고용된 여성에게, 그리고 실업 상태인 여성에게 각기 다르게 작용할 수 있다. 각각의 모델이 어떤 집단의 여성에게 유리하고 어떤 집단의 여성에게는 불리한지 물어야 한다.

네 번째 이슈는 후-산업시대 복지국가에서 필요한 것들 중 젠더정의 이외에 관한 것이다. 어쨌거나 젠더정의는 사회복지의 유일한 목표가 아니다. 비정의(non-justice)의 영역, 예를 들면 효율성, 공동체, 개인적 자유의 성취 또한 중요한 목표들이다. 여기에 덧붙여 다른 정의의 영역들, 즉 인종적·종족적 정의, 세대 간 정의, 계급적 정의, 국가들 사이의 정의와 같은 목표 또한 남아 있다. 이 모든 이슈를 여기서는 어쩔 수 없이 배경으로 다뤘다. 하지만 이 중 인종적·종족적 정의와 같은 요소는 평행사고실험을 통해 다룰 수 있었다. 누군가는 인종적·종족적 정의를 여기서 다룬 젠더정의와 유사하게 복잡한 아이디어로 정의하고, 이 또한 후-산업시대 복지국가의 비전을 두고 서로 경쟁하는 것으로 접근할 수 있을 것이다.

이런 점들을 염두에 두고서 우리는 이제 두 가지 서로 뚜렷이 구별되는 후-산업시대 복지국가의 페미니즘에 대한 비전을 검토해볼 것이다. 우선 이렇게 물어보자. 내가 여기서 공들여 설명한 그런 의미의 젠더정의에 가장 가까운 접근법은 어떤 것일까?

2. 보편적 생계부양자 모델

후-산업사회의 비전 가운데 하나는 가족임금 시대가 보편적 생계부양자 시대로 넘어갈 수도 있다는 것이다. 이것은 현재 대다수 미국 페미니스트와 자유주의자의 정치적 실천에 내재하는 비전이다.(과거 공산주의 국가에서도 암묵적인 전제였다!) 이 모델은 주로 여성의 고용을 증진함으로써 젠더정의를 실현하고자 했다. 이 모델의 핵심은 여성들이 자기 스스로 돈벌이를 함으로써 자신과 가족을 부양할 수 있도록 하는 것이다. 요약하자면 생계부양자 역할이 보편화됨으로써 여성들 또한 시민-노동자가 될 수 있다는 것이다.

보편적 생계부양자는 대단히 야심찬 후-산업시대 시나리오로서 새롭고 중요한 프로그램과 정책을 요구한다. 그중 핵심적인 요소는 탁아와 노인 돌봄 등의 서비스를 제공함으로써 여성들이 무임금노동의 무거운 책임에서 벗어나 남성에 버금갈 만한 정규직 일자리를 갖게 하는 것이다.[25] 또 다른 근본 요소는 성차별, 성희롱과 같이 동등한 기회 제공에 장애가 되는 것들의 제거를 목표로 하는 직장개혁이다. 직장개혁은 문화적 개혁을 요구한다. 말하자면 성차별적인 상투적 이미지를 제거하고 생계부양자는 곧 남성이라는 문화적 연상에서 탈피해야 한다. 그러려면 첫째, 여성의 열망이 가정생활에서 취업으로 다시 나아갈 수 있도록 여성들의 사회화에 변화를 가져다줄 정책이 요구된다. 둘째, 여성의 새로운 역할을 받아들일 수 있도록 남성의 기대치를 재조정하는 정책이 요구된다. 하지만 이 두 가지 중 어느 것도 또 다른 부가요소인, 여성들에게 정규직·고임금·영구직을 보장해 주는 거시경제적 정책이 없으면 성취될 수 없다.[26] 이 점은 일차적 노동력인 생계부양자 일자리에도 해당되는 사실이다. 충분한 일급(first-class) 사회보장 혜택을 실시해야 한다는 점에서 그렇다. 마지막으로 사회보장은 보편적 생계부양자 모델에 핵심적이다. 여기서 목표는 전통적으로 여성에게 불리했던 제

25 취업을 가능케 하는 이 서비스는 필요, 보상, 시민권에 따라서 분배할 수 있지만 이 모델의 정신은 시민권과 가장 잘 어울린다. 빈곤층에게 재산조사 결과에 따라 탁아 제공을 하는 건 진정한 생계부양자 지위를 성취하지 못하게 하겠다는 의미일 따름이다. 보상에 기초할 경우 진퇴양난에 봉착한다. 일자리가 필요한 사람들에게 이미 고용되어 있어야 한다고 전제하는 셈이다. 시민권에 기초한 자격이 최선이지만 이 모델은 이민자들을 포함해 모든 사람에게 접근 가능한 것이 되어야만 한다. 이 모델에서는 스웨덴 유형이 배제된다. 스웨덴 모델은 충분한 탁아장소를 보장해 주지 못해 긴 대기 줄이 늘어서도록 만든다. 스웨덴 모델에 관해서는 다음을 참조할 것. Barbara Hobson, "Economic Dependency and Women's Social Citizenship: Some Thoughts on Esping-Andersen's Welfare State Regimes"(미출판 원고), 1993.

26 그런데 이 요소는 미국 정책과 단호하게 결별한 상태다. 왜냐하면 미국의 일거리 창출 정책은 뉴딜 정책 이래로 남성 위주로 되어 왔기 때문이다. '산업화'와 '하부구조 투자' 정책에 관한 빌 클린턴의 1992년 선거캠페인 제안 또한 이 점에서는 예외가 아니었다. 다음 글을 참조할 것. Nancy Fraser, "Clintonism, Welfare, and the Antisocial wage".

도를 개선해 여성과 남성이 동등해지도록 만드는 것이다.

그렇다면 이 모델의 경우 돌봄노동은 어떻게 조직할까? 돌봄노동의 많은 부분을 가족에서 시장과 국가로 이동시킴으로써, 임금을 지급받는 직원들이 그 일을 수행하게 된다.[27] 그럼 이 경우 피고용인은 주로 어떤 사람들일까? 오늘날 미국을 포함한 많은 나라에서 유급시설 돌봄노동은 저임금에 여성화되고 주로 인종화된 이민자들에 의해 수행되고 있다.[28] 하지만 그런 장치들은 이 모델에서는 논외다. 모든 여성이 생계부양자가 될 수 있도록 이 모델이 성공하려면, 돌봄노동 일자리에 따라다니는 지위와 임금을 향상시켜야만 하고 그런 일자리들이 일차 노동력이 되도록 만들어야 한다. 따라서 보편적 생계부양자 모델은 동일임금 원칙 정책을 반드시 고수해야 한다. 현재 여성화되어 있거나 '비백인'적인 것으로 규정되어 있는 기술과 일자리에 대해 널리 퍼진 평가절하를 반드시 시정해야 하며, 그런 일자리들에 생계부양자 수준의 급여가 지불되도록 해야 한다.

보편적 생계부양자 모델은 고용에 많은 혜택을 줄 수 있고 임금에 따른 사회보장을 통해 그것을 다양한 수준으로 분배하도록 해줄 수 있다. 이런 관점에서 볼 때 이 모델은 산업시대 복지국가와 유사하다.[29] 차이가 있다면 더 많은 여성이 자신의 취업이력에 기초하여 고용될 수 있다는 점이다. 더 많은 여성의 취업이력이 남성의 것과 비슷해질 것이다.

하지만 모든 성인이 고용될 수 있는 것은 아니다. 이전에 고용

---

27 정부는 공공재의 형태로 돌봄서비스 자체를 제공할 수 있거나 혹은 바우처 체계를 통해 시장화된 공급에 급여를 지불할 수도 있다. 다른 대안으로는 고용주에게 피고용인을 위한 바우처 방식이나 재택근무 방식을 통해 취업 가능 서비스를 제공하도록 의무화할 수도 있다. 주정부의 옵션은 물론 더 많은 세금을 뜻하지만 그럼에도 불구하고 선호할 만한 방식일 수 있다. 고용주의 책임을 의무화하면 부양자가 딸린 노동자의 고용을 기피할 수 있으며, 여성들에게 불리하게 작용할 수도 있다.

28 Evelyn Nakano Glenn, "From Servitude to Service Work: Historical Continuities in the Racial Division of Paid Reproductive Labor", *Signs: Journal of Women in Culture and Society* 18:1, Autumn 1992, pp.1~43.

29 이것은 또한 보상에 기초한 것이며, 전통적인 남성중심적 조항에서 '기여'를 취업과 임금공제로 정의하는 것과 같은 방식이다.

된 경험이 없는 상당수를 포함하여 일부는 건강상의 이유로 일할 수 없을 것이다. 그 밖의 사람들도 일자리를 얻지 못할 수 있다. 끝으로 일부는 돌봄노동을 책임지고 있어서 다른 곳에서 일을 할 수 없거나 교대로 일을 하고 싶어하지 않을 수 있다. 이 마지막 경우에 해당하는 사람들은 대부분 여성일 것이다. 이런 이들에게 일자리를 제공하려면, 보편적 생계부양자 모델은 필요와 재산조사 결과에 따라 복지급여 대체수당을 제공해 사회복지의 잔여층을 포함해야만 한다.[30]

보편적 생계부양자 모델은 지금의 현실과는 너무나 동떨어져 있다. 이 모델은 일차 노동력 일자리를 대량 창출하도록 요구한다. 혼자 벌어서 가족을 부양할 수 있는 일자리를 대규모로 창출해야 한다. 이것은 물론 지금과 같은 후-산업시대의 추세와는 너무나도 거리가 멀다. 왜냐하면 후-산업시대는 생계부양자를 위한 일자리가 아니라 '임시직 노동자'를 만들어 내기 때문이다.[31] 하지만 사고실험을 위해, 그런 가능성을 충족하는 조건이 과연 무엇인지 한번 가정해 보자. 결과적으로 후-산업시대 복지국가가 젠더정의를 실현하고 있다고 주장할 만한 자격이 있는지 한번 생각해 보자.

반빈곤: 보편적 생계부양자 모델이 빈곤 탈출에 큰 도움이 된다는 점은 즉각 인정할 수 있다. 취업 가능한 모든 남성과 여성에게 생계에 충분한 일자리를 확보해 주는—여성이 그런 일자리를 가질 수 있도록 서비스를 제공하는—정책은 대다수 가족이 빈곤에서 벗어나도록 해 줄 것이다. 관대한 수준의 잔여층 지원 이전을 통해 나

---

30 잔여층 지원 체계 안에서 마땅히 제공되어야 할 그 밖의 것은 그 체계 바깥에 있는 사람들과의 수혜자격 형평성에 의존하게 될 것이다. 예를 들어 시민보조금으로서 건강보험이 보편적으로 제공된다면, 비취업자들에게 재산조사 결과에 따른 건강보험 체계는 필요가 없다. 하지만 주류 건강보험이 취업과 관련되어 있다면 잔여층 건강간호 체계는 필요할 것이다. 비취업, 은퇴, 장애 보험의 경우에도 이 점은 마찬가지다. 일반적으로 보상에 기초한 것이 아니라 시민권에 기초한 복지가 제공될수록 필요에 기초한 복지는 점점 더 줄어들게 된다. 따라서 보상에 기초한 복지는 필요에 기초한 복지를 창출한다고까지 말할 수 있다. 그러므로 고용과 관련된 사회보장은 재산조사 결과에 따른 공공지원의 필요를 창출한다.

31 Peter Kilborn, "New Jobs Lack the Old Security in Time of 'Disposable Workers'", *New York Times*, March 15 1993, A1, A6.

머지 사람들도 빈곤에서 벗어날 수 있도록 해 줄 것이다.[32]

반착취: 이 모델은 대다수 여성이 착취의존에서 벗어나도록 하는 데 또한 성공해야 한다. 안정된 생계부양자 일자리는 만족스럽지 못한 남자와의 관계에서 벗어나도록 해 줄 수 있다. 비록 지금 현재 안정된 일자리를 갖지 못한 상태라고 하더라도 앞으로 그럴 가능성이 있다는 사실을 알고 있으면 착취에 덜 취약해질 수 있다. 실패할 경우에도, 소득지원 잔여층 체계가 착취의존에 맞설 수 있는 든든한 보호를 제공할 수 있다. 그런 보호와 지원은 관대하고 비차별적이며 존엄한 것이어야 한다.[33]

소득의 평등: 보편적 생계부양자 모델은 소득 평등을 성취했을 때라야만 오직 공평하다. 여성들에게 안정된 생계부양자 일자리—여기에 여성이 그런 일자리를 가질 수 있도록 서비스를 제공하는 것까지 포함하여—는 젠더 간 임금 격차를 좁혀 줄 것이다.[34] 게다가 소득 불평등을 줄여 나가는 것은 사회보장 혜택의 불평등을 감소시킬 수 있다. 결혼에서 벗어날 수 있는 출구 선택을 용이하게 함으로써 결혼 안에서 좀 더 평등한 자원의 분배를 권장해야 한다. 하지만 그렇지 못할 경우 이 모델은 평등한 것이 되지 못한다. 이 모델은 근본적으로 생계부양자와 그렇지 못한 사람들—대부분의 경우 여성들—을 구분하는 사회적 단층선(fault line)을 포함한다. 게다가 동일임금 원칙은 별도로 치더라도, 이 모델은 생계부양자 일자리 가운데서 초래되는 소득 불평등을 감소시키지 못한다. 확실히 이 모델은 개인들에게 불평등하게 주어지던 생계부양자 일자리를 할당함으로써 젠더의 부담을 줄인다. 하지만 그로 인해 다른 변수들의 부담, 짐작컨대 계급, 교육, 인종·종족, 나이 같은 변수들의

---

32 이것이 실패할 경우 이 모델은 빈곤에 특히 취약한 여러 집단을 남겨 두게 된다. 일할 수 없는 사람들, 좋은 임금의 정규직 혹은 영구직을 확보할 수 없는 사람들은 주로 여성이나 유색인이다. 그리고 교대하기 힘든 무임금 돌봄노동의 책임을 맡고 있는 사람들의 경우 여성의 비율이 절대적이다.

33 이것에 실패할 경우 위 집단들은 특히 학대하는 남성, 불공정하고 약탈적인 고용주, 변덕스러운 주정부 관리 들의 착취에 취약한 상태로 남아 있게 된다.

34 정부가 얼마나 차별 제거와 동일임금 원칙 실시에 성공하느냐가 여전히 관건으로 남는다.

부담을 가중한다. 사회적 구별짓기의 축과 관련하여 불리한 입장에 있는 여성—그리고 남성—은 그렇지 않은 사람들에 비해 훨씬 적게 벌게 된다.

여가시간의 평등: 우리가 공산주의 사회를 경험함으로써 알게 되었다시피, 이 모델은 여가시간 평등의 관점에서 보자면 대단히 열악하다. 이 모델은 현재 여성들이 떠맡고 있는 가사노동과 돌봄노동의 책임을 이제 시장이나 국가에 넘길 수 있다고 가정한다. 하지만 이런 가정은 그야말로 비현실적이다. 임신, 시급한 가족 간호, 육아노동 같은 것들은 시장과 국가로 넘길 수 있는 형편이 못 된다. 보편적 대리모의 부족과 그 밖에도 짐작컨대 바람직하지 못한 장치들 때문이다. 요리와 집안살림 꾸리기 같은 것들은 넘길 수도 있다. 만약 우리가 집단적으로 생활하거나 고도의 상업화를 받아들일 준비가 되어 있다면 말이다. 심지어 이런 일들을 넘긴다 하더라도 완전히 사라지는 것은 아니고, 이런 것들을 조정해야 하는 대단히 성가신 새로운 일들이 기다리고 있다. 그렇다 보니 여성이 평등한 여가를 누릴 수 있는 기회는 이런 일들을 남성들과 공평하게 분담할 때라야 가능하다. 그런 점에서 이 모델은 그다지 확신을 주지 못한다. 이 모델은 무임승차의 유혹을 방지할 방법이 없을 뿐만 아니라 임금노동을 안정화함으로써 암묵적으로 무임금노동을 폄하하고, 의무태만을 충동질한다.[35] 파트너가 없는 여성은 어떤 경우든지 그런 일들을 혼자 도맡아야 한다. 저소득 가구 여성들은 자신을 대신해 줄 노동력을 구입할 형편이 되지 못한다. 이 모델에 따르면 일자리에 고용된 여성들은 지금 일부 여성들이 하고 있는 것보다는 덜 힘들다 하더라도 하여튼 이중교대를 해야 한다. 그리고 이제 정규직에 고용된 여성들이 점점 증가할 것이다. 요약하자면 보편적 생계부양자 모델은 평등한 여가시간을 누리게 할 수 있을 것처럼 보

---

35 보편적 생계부양자 모델은 주로 여성의 무임금노동 몫을 남성들이 분담하도록 설득하려는 듯하다. 그런 무임금노동 분담 기회는 문화를 바꾸고 결혼생활 안에서 여성의 목소리를 높일 수 있다면 더 많아지기는 할 것이다. 하지만 이런 문화적 변화만으로 과연 충분할지 의문이다. 우리는 공산주의에서 이미 그렇지 못하다는 것을 경험했다.

이지 않는다. 이렇게 전개될 후-산업 세계에서, 무임승차하지 않으려는 사람은 고달프고 지칠 것이다.

존중의 평등: 게다가 이 모델은 존중의 평등이 이뤄질 때라야만 공평해질 것이다. 남성이든 여성이든 상관없이 시민-노동자라는 단일한 기준을 적용하기 때문이다. 따라서 젠더에 따른 존중의 격차를 없앨 유일한 길은 여성을 남성과 동일한 지위로 격상하는 것뿐이다. 하지만 이런 일은 일어날 것 같지 않다. 앞으로 전개될 법한 상황은 여성들이 재생산과 가사노동을 남성들보다 더 많이 함으로써 생계부양자가 되려다 실패하는 것이다. 여기에 덧붙여 이 모델은 또 다른 형태의 존중에서 격차를 야기할 것으로 보인다. 생계부양자 지위에다 최고의 가치를 부여함으로써 그렇지 못한 사람들을 멸시하도록 할 것이다. 재산조사 결과에 따른 잔여층 지원 체계 참여자들은 오명의 존재가 될 가능성이 높다. 그리고 이들의 대다수가 여성일 것이다. 고용중심 모델은 페미니즘적인 모델이건 어떤 것이건, '비노동자'로 규정된 사람들에게 존중받을 만한 지위를 마련하기가 무척 힘들 것이다.

반주변화: 이 모델은 또한 여성의 주변화에 저항할 때라야만 비로소 공평할 수 있다. 이 모델이 여성의 일자리 참여를 향상시키는 것은 인정하지만, 문제는 일자리 참여의 정의가 너무 협소하다는 것이다. 가능한 모든 사람들에게 정규직이 될 것을 기대하는 이 모델은 사실상 정치와 시민사회 참여를 방해할 수도 있다. 이 모델은 정치와 시민사회에서 여성의 참여를 증진하는 것과는 하등 관련이 없다. 여성의 주변화에 대한 투쟁을 일방적인 '일자리 창출'로 국한하고 있는 것이다.

반남성중심주의: 마지막으로 이 모델은 남성중심주의를 극복하기 위한 실행적 측면에서 형편없다. 남성의 전통적인 영역인 고용을 안정화하고, 여성을 단지 그에 꿰맞추려고 노력한다. 반면 전통적인 여성적 돌봄노동은 기능적인 것으로, 생계부양자가 되려면 마땅히 벗어나야 할 것으로 취급한다. 돌봄노동 자체는 사회적인 가치에 부합하지 않는 것으로 간주된다. 여기서 이상적 형태의 시민

은 생계부양자이며, 이제 이런 생계부양자는 명목상 젠더중립적이
다. 하지만 생계부양자의 위상이 차지하는 내용은 암묵적으로 남성
적이며, 과거의 남성 생계부양자/여성 가정주부 모델에서 남성이
차지했던 역할이 이제는 모든 사람에게 요구되는 보편적 역할이 되
어 버린다. 전통적 부부의 반쪽을 이루던 여성의 역할은 슬그머니
사라진다. 여성의 현저한 덕목과 능력은 남성들에게 보편적인 것이
되기는커녕 여성을 위해서도 보존되지 않는다. 이 모델은 그야말로
남성중심적인 것이다.

보편적 생계부양자 모델은 전통적 가족임금 이상 속의 '남편'과
아주 유사한 삶을 사는 여성들에게는 최대의 성과를 가져다준다.
이 점은 그다지 놀랄 일이 아니다. 이 모델은 특히 아이가 없는 여
성들과 사회적 서비스에 쉽게 넘겨줄 수 없는 중요한 가사책임이
없는 여성들에게는 특히 유리하다. 하지만 그런 여성이 아닌 대부
분의 여성들에게 이 모델은 충분한 젠더정의를 달성하기에는 턱없
이 부족하다.

3. 동등한 돌봄제공자 모델

후-산업사회의 두 번째 비전에 의하면, 가족임금 시대는 동등한 돌
봄제공자 모델로 넘어간 것처럼 보인다. 이것은 대다수 서유럽 페
미니스트와 사회민주주의자의 정치적 실천에 암묵적으로 내재하는
그림이다. 이 모델은 주로 비공식 돌봄노동을 지원함으로써 젠더정
의를 증진하는 것을 목표로 삼는다. 여기서 요점은 여성들이 오로
지 돌봄노동을 통해, 혹은 돌봄노동과 함께, 비상근직 일자리를 통
해 자신과 가족을 보살피는 중요한 가사노동의 책임을 질 수 있도
록 해 주는 것이다.(중요한 가사노동의 책임이 없는 여성은 일자리
를 통해 자신을 보살피게 하는 듯하다.) 이 모델의 목표는 여성의
삶을 남성의 삶과 동일한 방식으로 만드는 것이 아니라 오히려 '비
용 없이 차이를 유지하는' 것이다.[36] 그렇게 하여 임신과 출산, 육아,

---

36 Christine A. Littleton, "Reconstructing Sexual Equality", *Feminist Legal Theory*,
eds. Katharine T. Bartlett & Rosanne Kennedy.

비공식 가사노동은 공식적인 임금노동과 동등한 것으로 격상된다. 돌봄노동 역할을 생계부양자 역할과 대등한 것으로 자리 잡게 함으로써, 여성과 남성은 품위와 복지에서 대등한 수준을 누릴 수 있게 된다.

동등한 돌봄제공자 모델은 또한 대단히 야심차다. 이 모델에 의하면, 많은 여성(모든 여성은 아니라고 할지라도)은 현재 미국 여성의 대체 관행, 즉 상근직 일자리의 근무시간, 상근직 돌봄노동의 근무시간, 임시직 돌봄노동과 임시직 일자리를 결합한 근무시간을 번갈아 교대하는 현재 미국 여성들의 관행을 따르게 될 것이다. 이 모델의 목표는 그와 같은 생활 패턴을 비용 들이지 않고 유지해 나가는 것이다. 이런 목적을 성취하려면 여러 가지 주요한 새로운 프로그램이 필요하다. 하나는 임신과 출산, 양육, 집안살림, 사회적으로 필요한 가사노동의 다양한 형태를 보상해 줄 수 있는 돌봄제공자 수당을 지급하는 프로그램이다. 이런 수당은 가족을 부양할 정도로 충분하고 넉넉하게, 상근직과 같은 비율로 지불되어야 한다. 따라서 생계부양 임금과 대등한 수준이 되어야 한다.[37] 또한 직장개혁 프로그램이 요청된다. 이런 프로그램들은 지원받는 돌봄노동과 임시적 고용상태와 여러 가지 다양한 생활상태를 서로 용이하게 전환할 수 있도록 해 주어야 한다. 여기서 가장 핵심은 유연성이다. 법정출산휴가(mandated pregnancy)와 가족휴가에 관한 관대한 프로그램이 필수적이라는 점은 분명하다. 그래서 돌봄제공자가 안전

---

37 돌봄제공자 수당은 미국에서 언제나 그랬던 것처럼 필요에 토대를 두고 있다. 말하자면 빈곤층을 위한 재산조사 결과에 따른 복지혜택에 기반해 분배된다. 하지만 이것은 동등한 돌봄제공자 모델 정신에 위배될 수 있다. 돌봄제공자에게 빈곤을 막아 줄 최종적인 수단을 임시방편으로 제공하면서도 돌봄제공자의 생활이 생계부양자의 생활과 똑같은 품위를 지닌다고 집요하게 주장할 수는 없을 것이다.(이런 모순은 미국에서 어머니연금을, 나중에는 피부양 아동 지원을 둘러싸고 터져 나왔던 곤혹스러운 문제들이다. 모성을 고취하는 것이 이 프로그램 옹호자들의 의도였지만, 재산조사와 도덕성조사라는 수단으로 인해 모순적인 메시지를 보낸 셈이다.) 게다가 재산조사 결과에 따른 수당 지불은 고용과 돌봄노동 사이를 손쉽게 오가는 데 방해가 되기도 했다. 돌봄제공자를 생계부양자와 대등하게 대우하려는 의도이기 때문에, 돌봄제공자 수당은 보상에 바탕해야 한다. 사회적으로 필요한 '서비스'나 '노동'에 대한 보상으로 대우하기 위해선, 옹호자들은 이런 용어들이 가진 표준화된 남성중심적인 의미를 변경해야 한다.

하게 혹은 경력을 상실하지 않고 취업과 이직을 자유롭게 할 수 있어야 한다. 그리고 과거의 일자리를 유지하기 위한, 혹은 과거 일자리로 돌아가지 않는 사람들이 구직활동을 할 수 있는 프로그램 또한 필요하다. 탄력적 근무시간제 또한 중요한데, 그래야만 돌봄제공자가 상근직 일자리와 임시직 일자리를 유연하게 오가며 돌봄노동 책임을 감당할 수 있도록 시간을 교대할 수 있기 때문이다. 마지막으로 이 모든 유연성의 궤적을 따라 건강, 실업, 장애, 은퇴 보험을 포함하여 기본적인 사회복지수당의 지속성을 보장해 주는 프로그램이 되어야만 한다.

이 모델은 돌봄노동을 보편적 생계부양자 모델과는 상당히 다른 방식으로 조직한다. 생계부양자 접근방식은 돌봄노동을 시장과 국가에게 넘기는 반면, 이 모델은 그런 일들을 집 안에서 계속하면서 공적 자금으로 지원받는 방식이다. 동등한 돌봄제공자 모델이 제시하는 사회보장 체계 또한 생계부양자 모델과 대단히 다르다. 돌봄노동과 직장생활을 교대로 지속할 수 있도록 확실히 보장하려면 이 두 가지에 딸려 있는 혜택을 단일한 체계로 통합해야 한다. 이 체계에서 시간제 일자리와 수당 지원 돌봄노동은 정규직 일자리와 동일한 조건으로 충당되어야 한다. 따라서 수당 지원 돌봄노동의 교대를 마친 여성들이 적절한 일자리를 찾을 수 없을 경우 수당을 받을 수 있어야 한다. 그리고 실업보험 수당은 최근 일시해고된 임시 실업자들과 같은 조건으로 주어져야 한다. 장애가 있는 수당 지원 돌봄제공자 또한 장애인 피고용인들과 동일한 근거로 장애수당을 받을 수 있어야 한다. 은퇴연금을 산정할 때 취업햇수를 자격 기준으로 하는 것처럼, 수당 지원 돌봄노동의 햇수 또한 그와 마찬가지로 동등하게 산정되어야 한다.[38]

---

38 『정의, 젠더, 가족』에서 수전 오킨은 돌봄노동에 자금을 조달할 대안적인 방법을 제안했다. Susan Okin, *Justice, Gender, and the Family*. 그의 도식에 따르면 이 돈은 현재 돌봄제공자 파트너의 것으로 간주되고 있는 소득에서 나온다. 예를 들어 비고용된 아내가 있는 남편은 '자기' 급료의 절반을 받아야 할 것이다. 사장이 남편의 급료 중 나머지 절반을 아내의 통장에 곧바로 입금해야 할 것이다. 흥미로운 생각이기는 하지만 이것이 정말로 아내가 남편으로부터 더 독립하는 데 최선의 방식인지에 관해서는 미심쩍을 수 있다.

　　동등한 돌봄제공자 모델은 또한 사회복지의 또 다른 잔여층이 형성되게 한다. 일부 성인들은 돌봄노동이나 임금노동을 할 수 없다. 여기에는 과거 이런 형태의 노동 중 어느 것도 한 적이 없어서 노동이력이 전혀 없는 사람들까지 포함된다. 이들 중 대다수는 아마도 남성일 것이다. 그들에게도 지원하려면, 이 모델은 재산조사 결과에 따른 임금-수당 대체 혜택을 제공해야 한다.[39] 하지만 동등한 돌봄제공자 모델의 잔여층은 생계부양자 모델의 잔여층보다는 적어야 한다. 거의 모든 성인에게 통합된 생계부양자-돌봄제공자 체계의 사회보장 혜택이 적용되어야 하기 때문이다.

　　동등한 돌봄제공자 모델 또한 현재 미국의 복지체계와는 거리가 멀다. 이 모델은 돌봄제공자 수당을 지급할 수 있는 공적 자금의 엄청난 지출을 요구한다. 따라서 주요한 구조적 세제개혁과 더불어 정치문화에서 상전벽해가 일어나야 한다. 하지만 사고실험을 위해, 그런 가능성을 충족하는 조건이 과연 무엇인지 한번 가정해 보자. 결과적으로 후-산업시대 복지국가가 젠더정의를 실현하고 있다고 주장할 만한 자격이 있는지 한번 생각해 보자.

　　반빈곤: 동등한 돌봄제공자 모델은 빈곤을 방지하기 위한 좋은 모델이 될 수 있다. 현재로서는 가장 취약한 계층인 여성들과 아이들이 빈곤에서 벗어나는 데 도움이 될 것이다. 충분하고 넉넉한 수당은 싱글맘 가족들이 상근직 돌봄노동에 묶여 있는 기간 동안 빈

게다가 오킨의 제안에서, 고용된 파트너가 없는 여성들의 돌봄노동은 아무런 지원을 받지 못한다. 그와는 대조적으로 동등한 돌봄제공자 모델은 비공식적인 돌봄노동을 실행하는 모든 사람에게 공적 지원을 제공한다. 그렇다면 누가 그런 수혜자가 될 것 같은가? 출산휴가를 예외로 친다면, 모든 모델의 수혜는 모든 사람에게 적용되어야 한다. 여성뿐만 아니라 남성들도 '여성적인' 생활을 선택할 수 있다. 하지만 상대적으로 여성이 그런 선택을 할 가능성이 훨씬 높다. 이 모델은 그런 생활을 비용 들이지 않고 하도록 하는 것이 목적이지만 여성들에게 변화를 자극할 만한 긍정적인 요소가 전혀 포함되어 있지 않다. 물론 일부 남성들은 그런 생활을 그야말로 선호하여 기회가 주어진다면 그런 생활을 선택할 수도 있다. 하지만 대다수 남성은 현재와 같은 사회화와 문화 속에서 그런 선택을 하려 들지 않을 것이다. 여기서 동등한 돌봄제공자 모델이 남성 돌봄제공자의 의욕을 은밀히 떨어뜨린다는 점을 발견할 수 있다.

　39 이런 관점에서 이것은 보편적 생계부양자 모델과 유사하다. 추가적인 기본적 재화가 아무리 보상에 바탕을 두고 정상적으로 제공된 것이라 할지라도, 여기서는 이 또한 필요에 기반하여 제공되어야 한다.

곤에서 벗어나도록 해 줄 것이다. 그리고 이 점은 수당과 임금이 결합된 비상근 수당 지원 돌봄노동 기간과 비상근 취업 기간 동안에도 마찬가지다.[40] 이런 선택 중 어느 것이든, 기본적 사회보장 패키지를 수행할 수 있고 '여성화된' 노동 패턴으로 일하는 여성들이 상당한 안정을 누릴 수 있을 것이다.[41]

반착취: 동등한 돌봄제공자 모델은 오늘날 가장 취약한 사람들을 포함해 대다수 여성에 대한 착취를 막아 줄 수 있어야 한다. 이 모델은 비취업 아내들에게 임금을 직접적으로 제공함으로써 남편에 대한 경제적 의존을 줄여 주어야 한다. 또한 자녀가 딸린 싱글맘에게 경제적 안정을 제공하고 고용주에게 착취당할 가능성의 부담을 줄여 주어야 한다. 돌봄제공자 수당은 존중을 받아야 하고 경멸적인 것이 아니어야 한다. 마지막으로 수령자가 사회복지사의 변덕에 좌지우지되지 않도록 해야 한다.[42]

소득의 평등: 하지만 동등한 돌봄제공자 모델은 우리가 북유럽 국가의 사례에서 살펴보았다시피 소득 평등과 관련해서는 제대로 실현되고 있지 않다. (돌봄제공자)수당＋임금 체계가 기본적인 최소한의 생계부양 임금 수준과 비슷하다고 할지라도, 그것이 고용에서는 '마미 트랙'(mommy track, 여성이 육아 등을 위해 출퇴근 시간을 조정할 수 있지만 승진·승급의 기회는 제한되는 방향―옮긴이)으로 제도화되고 있다. 고용시장은 유연하고 비지속적이며 상근직과 임시직으로 양분되는 형태로 굳어지고 있다. 이런 일자리들은 대부분 동일노동 생계부양자 취업형태와 비교해 볼 때 다 같이 상근직을 하더라도 훨씬 적은 임금을 받게 될 것이다. 2인 파트너 가족은 두 사람이 돌봄노동을 분담하기보다 한쪽 파트너가 생계부양자 취업형태를 계속 유지함으로써 경제적 인센티브를 누릴 것이다. 현재의 노동시장 형태로 볼 때, 남성이 생계부양자가 되는 이성애

---

40 상근직의 임금 또한 품위 있게 가족을 지원할 수 있을 정도로 충분해야 한다.

41 돌봄노동 이력도 없고 취업이력도 없는 성인은 이 모델에 따르면 가난에 가장 취약한 계층이 된다.

42 돌봄노동 이력도 없고 취업이력도 없는 성인은 이 모델에 따르면 다시 한 번 착취에 가장 취약한 계층이 된다. 그런 성인 중 대다수는 남성일 것이다.

부부 중에서 남자가 가장 혜택을 누릴 것이다. 게다가 현재의 문화적 사회화로 짐작건대, 남성이 여성들만큼 많은 비율로 '어머니' 취업형태를 선택할 것 같지는 않다. 그래서 두 가지 취업형태에는 전통적인 젠더 연상이 뒤따를 것이다. 이와 같은 젠더 연상은 생계부양자 취업 트랙의 여성들을 차별하는 방향으로 나가게 될 것이다. 동등한 돌봄제공자 모델은 '적은 비용으로 차이를 유지할' 수는 있겠지만, '비용 없이 차이를 유지할' 수는 없을 것이다.

여가시간의 평등: 동등한 돌봄제공자 모델은 여가시간의 평등과 관련해서 보자면 상당히 괜찮은 편이다. 이 모델은 여성들에게 생애의 여러 단계에서 상근직 혹은 비상근직 수당 지원 돌봄노동을 선택할 수 있게(그들이 선택한다면) 해 줌으로써, 모든 여성이 이중교대를 하지는 않을 수 있도록 해 준다.(현재로서 이 선택은 특권화된 미국 여성들 중 아주 소수만 이용 가능하다.) 하지만 조금 전까지 살펴보았다시피 이런 선택에 진정으로 비용이 들지 않는 것은 아니다. 가족이 딸린 상당수 여성은 생계부양자 취업형태의 혜택을 포기하고 싶지 않을 것이며, 돌봄제공자 취업형태와 결합하고 싶어 하지 않을 것이다. 돌봄제공자 취업형태에서 보살핌을 함께 나눌 파트너가 없는 사람들은 여가시간 면에서 대단히 불리해질 것이고 취업에서도 마찬가지로 불리할 것이다. 반면 남성들은 이런 딜레마에서 대체로 벗어나 있다. 따라서 여가시간에 관련해 이 모델은 상대적으로만 공평한 편이다.

존중의 평등: 동등한 돌봄제공자 모델은 존중의 평등을 증진했을 때라야만 공평할 수 있다. 보편적 생계부양자 모델과는 달리 이 모델은 두 가지 다른 루트를 통해 목표에 도달한다. 이론적으로 시민-노동자와 시민-돌봄제공자는 똑같은 품위와 지위를 갖는다. 하지만 이 두 가지 노동이 과연 대등한 지위를 누릴까? 현재의 미국 사회에 비하면 이 모델에서 돌봄노동이 상당히 존중받는 것은 분명하다. 하지만 돌봄노동은 여성적인 것으로 연상된다. 그와 마찬가지로 생계부양 노동은 남성적인 것으로 연상된다. 여기에 덧붙여 두 가지 노동생활 방식 사이에 벌어질 경제적 차이 때문에라도, 돌

봄노동이 생계부양 노동과 진정으로 동등한 지위를 획득할 것 같지는 않다. 전반적으로 '별개지만 동등한' 젠더 역할이 오늘날 어떻게 진정한 존중의 평등을 제공할 수 있을지 상상하기 어렵다.

반주변화: 게다가 동등한 돌봄제공자 모델은 여성의 주변화를 방지하기에는 형편없는 모델이다. 여성의 비공식 돌봄노동을 지원함으로써 이 모델은 그런 노동을 여성의 노동으로 보는 견해를 강화하고 가사노동의 성별분업을 견고하게 만든다. 생계부양 노동과 돌봄노동이라는 이중화된 노동시장을 견고하게 함으로써 여성을 취업 분야 안에서 주변화한다. 돌봄노동은 곧 여성적인 것이라는 연상을 강화함으로써 마침내 이 모델은 정치와 시민사회 등 사회생활의 다른 영역에 대한 여성의 참여를 방해할 수도 있다.

반남성중심주의: 하지만 이 모델은 남성중심주의와 싸우기에는 보편적 생계부양자 모델보다 훨씬 유리한 점이 있다. 돌봄노동을 단지 취업의 걸림돌로 취급하는 것이 아니라 그 자체로 가치 있는 것으로 간주함으로써, 전통적으로 남성의 활동만이 완전히 인간적인 것이라는 입장에 도전하게 해 준다. 또한 '여성적인' 생활 패턴을 수용함으로써 여성이 '남성적인' 생활 패턴에 동화되도록 요구하는 것을 거부하도록 해 준다. 하지만 여전히 결함이 있다. 동등한 돌봄제공자 모델은 여성과 연관되는 활동과 생활 패턴의 보편적 가치를 긍정하기에는 역부족이다. 또한 돌봄노동의 가치를 충분히 인정함으로써 남성들에게도 돌봄노동을 요구하기에는 충분하지 않다. 이 모델은 남성들에게 변화를 요구하지 않는다. 이렇게 볼 때 동등한 돌봄제공자 모델은 남성중심주의에 대한 전면전을 전개하기에는 반쪽짜리 도전에 불과하다. 여기서도 또한 실행이 될 때라야만 공평하다.

전반적으로 동등한 돌봄제공자 모델은 중요한 돌봄노동 책임을 맡은 많은 여성의 삶을 향상시킨다. 하지만 그 여성들뿐만 아니라 다른 여성들에게도 젠더정의를 충분히 실현하지는 못한다.

4. 보편적 돌봄제공자 모델

보편적 생계부양자와 동등한 돌봄제공자 모델 모두 후-산업 복지
국가 시대에 고도로 유토피아적인 비전을 제공한다. 두 모델 중 어
느 것이라도 현재 미국의 복지국가 체계보다는 주요한 측면에서 훨
씬 향상된 비전을 제공한다. 하지만 둘 중 어느 것도 조만간 실현될
것 같지는 않다. 두 모델 모두 오늘날에는 거의 없는 배경을 전제조
건으로 가정하고 있기 때문이다. 기업에 대한 의미 있는 공적 통제,
고품질 영구직을 창출하는 데 필요한 직접투자 능력, 확장된 고품
질 사회복지 프로그램에 충분한 자금을 조달할 만큼의 이윤과 부에
대한 과세 능력을 포함해 커다란 정치적·경제적 구조조정을 전제
로 한다. 그리고 젠더정의를 실천하는 후-산업시대 복지국가를 위
한 폭넓고 대중적인 지원 또한 전제하고 있다.

두 모델 모두 이런 의미에서 유토피아적이라고 한다면, 그중
어느 것도 충분히 유토피아적이지는 않다. 보편적 생계부양자 모델
이나 동등한 돌봄제공자 모델 어느 것도 현실적으로 젠더정의에 대
한 약속을 실천하지 못한다. 최대한 우호적으로 보더라도 그렇다.
두 가지 모두 여성의 빈곤과 착취를 방지하는 데는 훌륭하지만, 존
중의 불평등을 시정하기에는 공평하지 않다. 보편적 생계부양자 모
델은 여성에게 남성과 동일한 기준을 적용하면서도 여성들에게 그
럴 수 있는 조건을 충분히 충족할 수 없도록 배치하고 있다. 이와는
대조적으로 동등한 돌봄제공자 모델은 젠더 차이를 수용하는 이중
적 기준을 세우고 있으면서 다른 한편으로는 '여성적인' 활동과 생
활 패턴을 똑같이 존중하도록 해 주지 못하는 정책을 제도화한다.
게다가 나머지 원칙들로 되돌아가 보면, 두 모델의 장단점은 수렴
한다. 보편적 생계부양자 모델은 특히 여가시간의 평등을 촉진하지
못하고 남성중심주의에 맞서 싸우는 데 실패한다. 반면 동등한 돌
봄제공자 모델은 특히 소득 평등을 증진하지 못하고 여성의 주변화
를 막지 못한다. 여기에 덧붙여 두 가지 중 어느 모델도 여성들이
남성과 대등할 정도로 정치와 시민사회에 충분히 참여하도록 해 주
지 못한다. 어느 모델도 남성들에게 여성적인 것으로 연상되는 실

천을 요구할 만큼 여성적인 가치를 충분히 평가하지 못한다. 즉 남성들에게 변화를 요구할 수 있을 정도가 되지 못한다. 요약하자면 어느 모델도 페미니스트들이 원하는 모든 것을 충족하지는 못한다. 두 가지 모두 고도로 이상화된 형태임에도 불구하고 어느 것도 젠더정의를 제대로 구현하지 못하는 것이다.

선택지가 이 두 모델뿐이라면, 우리는 거래하기 대단히 힘든 상황과 직면하게 된다. 하지만 홉슨의 선택을 거부하고 제3의 대안을 전개한다 해 보자. 여기서 요령은 보편적 생계부양자 모델 중 최상의 것과 동등한 돌봄제공자 모델 중 최상의 것을 결합하고 다른 한편으로 각각의 모델에서 최악의 것을 제거한 모델을 상상해 보는 것이다. 그렇게 했을 때 가능한 제3의 모델은 무엇일까?

우리가 여태 검토해 온 것처럼―부족한 점들을 살펴본 것처럼―애초에 두 가지 그럴듯한 접근방식이 있었다. 하나는 여성을 지금의 남성들처럼 되도록 만드는 것이다. 다른 하나는 남성과 여성을 별로 변화시키지 않고 내버려 두면서 여성의 차이를 그대로 인정하는 것을 목표로 했다. 세 번째 가능성은 남성을 지금의 대다수 여성처럼 되도록 유도하는 것이다. 말하자면 사람들에게 돌봄노동이 주가 되도록 유도하는 것이다.

우리가 방금 검토한 모델들에 관해서 한 가지 변화로 인한 효과를 생각해 보자. 돌봄노동에 남성들이 정당한 몫을 분담하여 참여한다면, 보편적 생계부양자 모델은 여가시간을 평등하게 하는 데 훨씬 더 가까워질 것이고 남성중심주의를 제거하게 될 것이다. 반면 동등한 돌봄제공자 모델은 동일임금을 훨씬 더 보장할 수 있고 여성의 주변화를 줄일 수 있을 것이다. 여기에 덧붙여 두 모델은 존중의 평등을 향상시키려 할 것이다. 요약하자면 남성들이 지금의 여성들처럼 된다면, 두 모델은 젠더정의에 다가설 것이다.

후―산업시대 복지국가에서 젠더정의를 달성하기 위한 열쇠는 지금 현재 여성의 생활 패턴을 모든 사람이 규범으로 삼도록 하는 것이다. 오늘날 여성은 흔히 생계부양 노동과 돌봄노동 양쪽을 결합하고 있다. 물론 그렇게 하기 위해서 여성들은 대단히 힘들고 스트레스를 받는다. 후-산업시대 복지국가는 남성들도 그와 똑같이 하도록 보장하는 한편, 그로 인한 긴장과 스트레스를 제거할 수 있도록 제도를 재디자인해야 할 것이다.

우리는 이와 같은 제3의 비전을 보편적 돌봄제공자 모델이라고 부를 것이다.

그렇다면 그와 같은 복지국가는 과연 어떤 모습일까? 동등한 돌봄제공자 모델과는 달리, 고용 분야가 두 가지 다른 형태로 나뉘지 않을 것이다. 모든 일자리는 돌봄제공자인 동시에 노동자인 사람들을 위한 방식으로 고안될 것이다. 모든 사람은 지금의 상근직보다 주중 노동시간이 줄어들 것이다. 그리고 모든 사람이 취업을 가능케 하는 서비스의 지원을 받게 될 것이다. 하지만 보편적 생계부양자 모델과는 달리 돌봄노동을 사회서비스에 넘긴다고 생각하지 않아도 된다. 상당수 비공식적인 노동은 공적 지원을 받고 단일 사회보장제도 체계에서 임금노동과 동등하게 통합될 것이다. 어떤 비공식적 노동은 친척이나 친구가 집에서 수행할 수도 있다. 그런 가구들이 반드시 이성애 핵가족일 필요는 없다. 그 외의 지원받는 돌봄노동은 전적으로 가구 바깥에서 실시될 수도 있다. 말하자면 시민사회에 자리할 수도 있다. 국가가 재정을 지원하지만 지역적으로 조직된 시설에서 무자녀 성인들, 노인들, 또 혈육에 대한 책임을 져야 할 필요가 없는 사람들이 부모 역할에 합류할 수도 있고 어떤 사람들은 민주적이고 자기관리 형태를 띤 돌봄노동 활동에 합류할 수도 있다.

보편적 돌봄제공자 복지국가는 생계부양 노동과 돌봄노동 사이의 성별대립적 설정을 해체함으로써 젠더정의를 효과적으로 증진할 것이다. 이 모델은 현재 제각기 분리돼 있는 활동을 통합할 수 있게 하고, 젠더코드에 따른 구분을 없애면서 남성들에게도 그런 활동을 수행하도록 권장할 것이다. 하지만 이 모델은 기존의 젠더 제도를 대대적으로 완전히 재구성해야 한다. 생계부양자와 돌봄제공자를 분리된 성별역할, 즉 각각 코드화된 남성성·여성성으로 구성하는 것은 현재의 젠더질서를 지탱하는 주요한 토대다. 이런 성별역할과 문화적 코드화를 해체하려면, 사실상 기존의 젠더질서를 완전히 뒤집어 놓아야 한다. 기존의 성별 노동분업을 전복하고 사회조직화의 핵심적·구조적 원칙인 젠더 역할을 전환해야 한다는 의미다.[43] 이것은 젠더의 한계를 완전히 해체한다는 뜻이다.[44] 게다가 생계부양자와 돌봄제공자 사이의 대립구조를 해체함으로써 동시에 보편적 돌봄제공자 모델은 관료화된 공적·제도적 환경과 친밀한 사적·가정적인 환경으로 연상되는 이분법 또한 해체할 것이다. 시민사회를 돌봄노동을 위한 부수적인 공간으로 다룸으로써 생계부양자 모델의 노동자중심주의와 동등한 돌봄제공자 모델의 사생활주의(privatism) 모두를 극복할 것이다. 이렇게 하여 보편적 돌봄제공자 모델은 사회생활의 실질적 내용을 풍요롭게 해 주고 동등한 사회참여를 증진할 새로운 가능성의 확장을 약속할 것이다.

게다가 보편적 돌봄제공자 비전을 포용할 때라야만 우리는 젠더정의를 실현하는 데 필요한 일곱 가지 원칙들 사이에 초래될 수 있는 잠재적인 갈등을 완화하고 그 사이에 벌어지는 욕구 교환의 거래를 최소화하게 될 것이다. 반대로 이런 접근을 거부하게 되면 갈등이 생기고 따라서 더 많은 거래와 교환이 초래될 것이다. 후-산업시대 복지국가에서 젠더정의의 성취는 따라서 젠더의 해체를 요구한다.

후-산업시대 복지국가에서 세 번째 모델인 보편적 돌봄제공자 모델을 발전시키려면 더 많은 노력이 필요하다. 무임승차를 제거하는 정책을 개발하는 것이 열쇠다. 보수주의자들의 주장과는 반대로, 지금 체제 아래서 진정한 무임승차자는 일자리를 기피하는 가난한 싱글맘들이 아니다. 오히려 가사노동과 돌봄노동을 기피하는 모든 계급의 남성들이다. 저임금과 무임금에 시달리는 노동자들의 노동에 무임승차하는 기업들이다.

보편적 돌봄제공자 비전에 관한 훌륭한 진술은 스웨덴 노동부

---

43 Susan Okin, *Justice, Gender, and the Family*.

44 Joan Williams, "Deconstructing Gender", *Feminist Legal Theory*, eds. Katharine T. Bartlett & Rosanne Kennedy.

장관에게서 찾아볼 수 있다. "남자와 여자 모두가 부모노릇과 유급
고용을 결합시킬 수 있으려면 남성의 역할에 대한 새로운 견해와
노동생활의 조직화에 대한 철저한 변화가 요청된다."[45] 여기서 중
요한 것은 시민의 삶이 임금노동, 돌봄노동, 공동체 활동, 정치적
참여, 시민사회의 활동 참여를 전부 아우르는 사회세계를 상상하는
데 있다. 그러면서도 여가를 즐길 수 있는 시간이 있는 사회세계 말
이다. 이런 사회세계가 가까운 미래에 조만간 실현될 것 같지는 않
다. 하지만 이런 세계야말로 진정한 젠더정의를 약속하는, 상상 가
능한 유일한 후-산업시대 세계다. 우리가 지금 이런 비전에 따라서
나아가지 않는다면, 그런 세계에 좀 더 가까이 다가갈 기회는 영영
멀어질 것이다.

---

45 Ruth Lister, "Women, Economic Dependency, and Citizenship", p.463.

2

길들여진 페미니즘

정체성의 시대, 분배에서 인정으로

5

상징계주의에 대한 반론

페미니즘 정치를 위한 라캉주의의 용도와 남용[*]

이 장은 대단히 곤혹스러운 경험에서 비롯되었다. 수년 동안 나는 다수의 영향력 있는 페미니스트 학자들이 전개한 도무지 이해되지 않는 자크 라캉의 상징질서이론에 관한 해석을 지켜보았다. 그들은 라캉의 상징질서이론을 페미니즘적 목적에 이용하고자 노력했다. 나 자신은 라캉의 사상에 정치적으로든 지적으로든 친밀감을 느낄 수 없었기에, 많은 페미니스트 동료가 유사라캉주의 사상을 채택해 영화와 문학에서 주체성의 담론적 구성을 이론화하는 동안 오히려 페미니즘 사회이론에 유익한 언어이론을 전개하는 대안적 모델에 의지해 왔다.[1] 그러는 동안 나는 이 문제에 관한 명백히 메타이론적인 논의는 피했다. 내가 왜 라캉, 크리스테바, 소쉬르, 데리다[2] 대신에 푸코, 부르디외, 바흐친, 하버마스, 그람시 같은 저자들의 담론 모델을 추구해 왔는지 나 자신에게나 동료들에게나 설명한 적이 없다. 이 논문에서 나는 그에 관한 설명을 제시하고자 한다. 내가 왜 페미니스트들이 라캉에게서 비롯된 담론이론 해석과 쥘리아 크리스테바에게서 비롯된 관계이론들에서 벗어나야 한다고 생각하는지

---

[*] 조너선 애럭(Jonathan Arac), 데이비드 레빈(David Levin), 폴 매틱 주니어, 존 매컴버(John McCumber), 다이애나 메이어스(Diana T. Meyers), 엘리 자레츠키의 유익한 논평과 제안에 감사드린다.

1 이 책의 2장 「욕구를 둘러싼 투쟁」을 참조할 것.

2 내가 이 저자들을 함께 묶은 건 그들이 모두 라캉주의자라서가 아니다. 이 가운데 라캉주의자는 라캉 자신과 크리스테바뿐이다. 그럼에도 그들 모두(라캉주의를 부인하는 이들까지 포함해)는 담론을 상징체계에 구조주의적으로 환원하고 있다. 나는 이 장의 후반부에서 이에 대한 논의를 좀 더 전개할 것이다.

설명하고 싶다. 또한 우리가 더 만족스러운 대안을 찾을 수 있다고 여기는 지점을 몇 가지 지적하고 싶다.

1. 담론이론에서 페미니즘은 무엇을 원하는가?

두 가지 질문을 제기함으로써 시작하겠다. 첫째, 담론이론이 페미니즘에 어떤 기여를 할 수 있을까? 둘째, 그렇다면 페미니즘은 담론이론에서 무엇을 추구해야 하는가? 담론 개념은 적어도 네 가지를 이해하는 데 도움을 줄 수 있다고 제안하고 싶다. 이 네 가지는 상호연결되어 있다. 첫째, 시간이 경과함에 따라 사람들의 사회적 정체성이 어떻게 형성되고 변화하는가를 이해하는 데 도움을 줄 수 있다. 둘째, 불평등한 조건하의 집단적 행위자라는 의미에서 사회적 집단이 어떻게 형성되고 해체되는가를 이해하는 데 도움을 줄 수 있다. 셋째, 사회에서 지배집단의 문화적 헤게모니가 어떻게 확립되고 경합하는가를 조명해 줄 수 있다. 네 번째이자 마지막으로, 그것은 해방적인 사회 변화와 정치적 실천을 위한 전망을 밝혀 줄 수 있다. 그럼 자세히 살펴보자.

첫째, 사회적 정체성을 이해하는 데 담론의 개념이 어떻게 사용될 수 있는지 보자. 여기서 기본적인 아이디어는 사람들의 사회적 정체성은 복잡한 의미와 해석의 그물망으로 이뤄진다는 것이다. 예를 들어 여성으로서 혹은 남성으로서 사회적 정체성을 갖는다는 것은 일련의 묘사(description) 아래서 그야말로 생활하고 행동하는 일이다. 물론 여기서 묘사는 단지 사람들의 몸에서 분비되는 것이 아니다. 또한 사람들의 정신에서 그냥 뿜어져 나오는 것도 아니다. 차라리 특별한 모임에서 행위자가 될 수 있는 해석 가능한 자원으로부터 나온다. 따라서 사회적 정체성의 젠더 차원을 이해하려면 생물학이나 심리학을 연구하는 것만으로는 충분하지 않다는 결론이 뒤따른다. 오히려 그보다는 역사적으로 특별한 사회적 관행을 연구해야 한다. 그런 사회적 관행을 통해 젠더의 문화적인 묘사가 만들어지고 유통되기 때문이다.[3]

게다가 사회적 정체성은 대단히 복잡하다. 사회적 정체성은 제각기 다른 다양한 의미화 실천에서부터 비롯된다. 그것은 제각기 다른 다양한 묘사로 서로 얽히고 짜인다. 따라서 여성은 그냥 여성일 수가 없다. 예를 들어 어떤 여성은 백인, 유대인, 중산층, 철학자, 레즈비언, 사회학자, 어머니다.[4] 모든 사람은 사회적 맥락 속에서 복수적인 행위자로 행동하고, 게다가 개인의 정체성을 구성하는 제각기 다른 묘사들은 초점에서 멀어졌다 가까워졌다 한다. 그러므로 여성이라고 해서 언제나 똑같은 여성이 아니다. 어떤 맥락에서의 여성됨은 그 여성이 행동하는 상황에서 여러 가지 묘사로 형상화된다. 다른 맥락에서 그런 묘사들은 부차적이거나 잠재적인 것이 된다.[5] 마지막으로 사람들의 사회적 정체성은 고작 한 번 만에 구성되어 확실하게 고정되는 것이 아니다. 오히려 시간의 흐름에 따라 변하고 행위자의 실천과 연대소속감에 따라서 바뀌고 또 바뀐다. 심지어 어떤 사람이 여성으로 사는 방식 자체도 어떻게 사느냐에 따라, 말하자면 페미니스트가 됨으로써 극적인 변화를 초래할 수도 있다. 간단히 말해 사회적 정체성은 역사적으로 특정한 사회적 맥락에서 담론적으로 구성된다. 사회적 정체성은 복잡하고 복수적이다. 그것은 시간이 경과함에 따라 변한다. 페미니즘 이론화를 위한 담론 개념의 용도는 전체적으로 복잡한 사회문화적 맥락 속에서 사회적 정체성을 이해하는 데 있으며, 따라서 젠더정체성을 정태적이고 단일한 변수로 이해하는 본질주의적인 입장을 탈신비화하는 데 있다.

두 번째 페미니즘 이론화를 위한 담론 개념의 용도는 사회집단의 형성을 이해하는 데 있다. 집단 형성은 어떻게 일어나는가? 지배

---

3   20세기 후반 북아메리카에서 내가 이용할 수 있는 해석 가능한 자원이 얼마나 보잘것없는지를 생각하며 역사의 중요성을 인정하기 위해선, 13세기 중국 여성을 우리 언니로 가정하며 그에게서 이용할 수 있는 해석 가능성을 겹쳐 보면 된다. 그 언니의 것이든 내 것이든, 어느 쪽이든 해석 가능성은 모두 사회적 담론을 매체로 하여 성립된다. 이 담론매체 안에서 우리 각자는 우리가 특별한 유형의 사람이라는 점을 세부적으로 밝혀주는 가능한 묘사의 목록뿐만 아니라 인간이란 어떤 존재인지에 대한 해석과 만나게 된다.

4   Elizabeth V. Spelman, *Inessential Woman*, Boston: Beacon Press, 1988.

5   Denise Riley, *"Am I That Name?" Feminism and the Category of "Women" in History*, Minneapolis: University of Minnesota Press, 1988.

적 조건 아래서 사람들이 집단적인 정체성의 깃발 아래 자신들을
어떻게 배치하고, 함께 모이고, 집단적·사회적 행위자로 구성하게
되는가? 계급은 어떻게 형성되는가? 비유하자면 젠더 형성은 어떻
게 일어나는가?

집단 형성은 사람들의 사회적 정체성 변동과 분명한 관련이 있
고, 따라서 사회적 담론과 그들이 맺는 관계와 관련이 있다. 그로
인해 여기서 일어나는 일 중 하나는 기존의 정체성이 새로운 형태
의 뚜렷한 특징과 중심을 획득하게 되는 것이다. 다른 많은 특징 가
운데 이전에는 묻혀 있었던 어떤 것이 새로운 자기정의와 연대의
핵으로 재각인된다.[6] 예를 들어 페미니즘의 활력이 흘러넘치던 시
절, 이전에는 당연한 방식으로 '여성'들이었던 우리 중 다수는 이제
대단히 다른 의미에서 담론적으로 자기구성된 정치적 집단성 속에
서 '여성'이 되었다. 이 과정에서 우리는 사회적 담론의 전체 영역을
재형성했다. 우리는 사회적 현실을 묘사할 새로운 용어를 발명했
다. 예를 들어 '성차별주의', '성희롱', '이중교대', '아내 구타'와 같은
신조어를 만들었다. 우리는 또한 의식 고양과 같은 새로운 언어게
임과 여성철학회처럼 새롭고 제도화된 공적 영역을 발명했다.[7] 여
기서 요점은 사회집단의 형성이 사회적 담론에 관한 투쟁으로 인해
추진된다는 점이다. 이렇게 볼 때 담론의 개념은 집단 형성을 이해
하고 사회문화적 헤게모니와 밀접하게 관련된 이슈를 포착하는 데
유용하다.

'헤게모니'는 이탈리아 마르크스주의자 안토니오 그람시가 권
력의 담론적 면모를 표현하려고 만든 용어다. 헤게모니는 사회의

---

6   Jane Jenson, "Paradigms and Political Discourse: Labor and Social Policy in the
USA and France before 1914", *Working Paper Series*, Center for European Studies, Harvard
University, Winter 1989.

7   이 책의 2장 「욕구를 둘러싼 투쟁」 및 다음 글을 참조할 것. Riley, *Am I That
Name?*. 새로운 공적 영역을 창조하기 위한 투쟁에 관해서는 다음을 참조할 것. Nancy
Fraser, "Rethinking the Public Sphere: A Contribution to the Critique of Actually Existing
Democracy", *Habermas and the Public Sphere*, ed. Craig Calhoun, Cambridge, MA:MIT
Press, 1991, pp.109~142; "Tales from the Trenches: On Women Philosophers, Feminist
Philosophy, and SPEP", *Journal of Speculative Philosophy* 26:2, 2012, pp.175~184.

'상식' 혹은 '의견'을 확립하는 권력이며, 정상적으로 아무런 문제 없이 통하는 사회적 현실의 자명한 묘사 자원이다.[8] 헤게모니는 사회적 상황, 사회적 욕구의 권위 있는 정의를 확립할 수 있는 힘, 합법적인 의견불일치의 세계를 정의할 수 있는 힘, 정치적 의제를 형성할 수 있는 힘을 포함한다. 따라서 헤게모니는 담론 속에서 지배적인 사회집단의 유리한 위치를 표현한다. 이것은 사회적 정체성과 사회집단을 사회적인 불평등의 견지에서 재조정하도록 해 준다. 그렇다면 지배와 종속이라는 만연한 축이 사회적 의미의 생산과 유통에 어떤 영향을 미치는가? 젠더, 인종, 계급의 노선을 따라 구획된 층위들이 사회적 정체성의 담론적 구성과 사회집단 형성에 어떤 영향을 미치는가?

헤게모니 개념은 권력, 불평등, 담론의 상호교차 지점을 가리킨다. 하지만 그렇다고 사회에서 유통되는 묘사의 앙상블이 단선적이고 매끈한 그물망으로 구성된다는 뜻은 아니다. 또한 지배집단이 절대적이며 위에서부터 아래로 의미가 통제된다는 뜻도 아니다. 그와는 반대로 헤게모니는 문화적 권위가 협상되고 경합되는 과정을 지칭한다. 헤게모니는 사회가 담론과 담론적 공간, 위치의 다수성과 그것이 말하는 관점의 복수성을 포함한다는 점을 전제한다. 물론 이 모든 것이 똑같은 권위를 갖는 것은 아니다. 하지만 갈등과 경합이 여기서 한 부분을 차지한다. 그렇게 볼 때 페미니즘 이론화를 위한 담론 개념의 용도는 지배집단의 사회문화적 헤게모니가 성취되고 경쟁하는 과정을 조명해 주는 데 있다. 여성의 이해관계에 불리한 정의와 해석이 문화적 권위를 획득하는 과정은 어떤 것인가? 그렇다면 폭넓은 대항집단과 연대를 창출하기 위한 반헤게모니적 페미니즘 정의와 해석을 가동하기 위한 전망에는 어떤 것이 있는가?

나는 이런 질문과 해방적인 정치적 실천 사이에 확실한 연관성

---

8 Antonio Gramsci, *Selections from the Prison Notebooks of Antonio Gramsci*, eds. & trans. Quinton Hoare & Geoffrey Nowell Smith, New York: International Publishers, 1972.

이 있다고 생각한다. 내가 묘사해 온 방식으로 정체성, 집단, 헤게모니를 검토하게 해 주는 담론 개념은 페미니즘 실천에 상당히 유익할 것이다. 담론투쟁의 차원에서 역량을 강화하면 '문화주의자들'은 정치적 참여로부터 후퇴하지 않고도 안정될 것이다.[9] 여기에 덧붙여 올바른 형태의 개념은 여성이 단지 남성지배의 수동적인 희생자라는 무력한 가정에 저항할 수 있을 것이다. 이런 가정은 남성지배를 과도하게 총체화하는 것이고 남성을 유일한 사회적 행위자로 간주하는 것이며, 페미니즘 이론가이자 활동가로서 우리 자신의 존재를 인식하지 못하게 만든다. 그런 가정과는 반대로 내가 제안해 온 형태의 개념은 심지어 종속적인 상황에서도 여성이 문화를 만들고 참여해 온 방식을 이해하는 데 도움을 줄 것이다.

2. 라캉주의와 구조주의의 한계

앞에서 말한 관점에서 볼 때 어떤 종류의 담론 개념이 페미니즘 이론화에 유용할까? 어떤 종류의 개념이 사회적 정체성, 집단 형성, 헤게모니, 해방적 실천을 조명하는 데 최선의 것이 될 수 있을까?

전후시기에는 언어를 이론화하는 두 가지 연구방법이 정치이론가들 사이에 영향력을 미쳤다. 첫 번째는 언어를 상징체계 혹은 코드로서 연구하는 구조주의 모델이다. 소쉬르에게서 비롯된 이 모델은 내가 여기서 살펴볼 라캉주의 이론적 해석을 전제하고 있다. 여기에 덧붙여 라캉의 모델은 해체주의, 프랑스식 '여성으로서 글쓰기'와 관련된 형식들을 관념적으로는 부정하지만 그것을 완전히 대체한 것은 아니다. 언어이론에 지대한 영향을 미친 두 번째 접근법은 **화용론 모델**이라고 부를 수 있다. 이 모델은 역사적으로 특정한 의사소통의 사회적 실천인 담론 차원에서 언어를 연구하는 것이다. 미하일 바흐친, 미셸 푸코, 피에르 부르디외 같은 사상가들이 옹호

---

9 '문화주의 페미니즘'이 정치적 투쟁으로부터의 후퇴라는 비판에 관해서는 다음을 참조할 것. Alice Echols, "The New Feminism of Yin and Yang", *Powers of Desire: The Politics of Sexuality*, eds. Ann Snitow, Christine Stansell & Sharon Thompson, New York: Monthly Review Press, 1983.

했던 이 모델은 쥘리아 크리스테바와 뤼스 이리가레의 저서에 작업 가설로 일부 들어 있지만 모든 차원에서 작동하는 것은 아니다. 이 장의 이 절에서 나는 첫 번째 구조주의 모델은 페미니즘 이론화에 조금밖에 도움이 되지 않는다고 주장할 것이다.

페미니스트들이 구조주의 모델을 수상쩍게 볼 만한 그럴 법한 이유가 있다는 점에서부터 시작하고자 한다. 이 모델은 우리 페미니스트들이 집중할 필요가 있는 바로 그것, 말하자면 사회적 실천과 의사소통의 사회적 맥락을 추상화하는 것을 연구의 목적으로 삼는다. 사실상 소쉬르 언어학의 창시 목적 가운데 하나가 사회적 실천과 맥락의 추상화에 있다. 소쉬르는 의미화를 랑그와 파롤로 분리하는 데서부터 시작했다. 랑그는 상징체계 혹은 코드라고 부르는 것이고, 파롤은 의사소통적인 실천이나 발화에서 화자가 사용하는 언어의 용도다. 그는 전자인 랑그를 새로운 언어학의 적절한 대상으로 만들었으며, 후자인 파롤은 평가절하된 잔여의 위치로 밀쳐냈다.[10] 그와 동시에 소쉬르는 랑그 연구는 통시적이라기보다는 공시적인 것이어야 한다고 주장했으며, 그로 인해 자기 연구의 대상을 역사적 변화로부터 동떨어진 정태적이고 무역사적이며 추상적인 것으로 설정했다. 그리고 이 구조주의 언어학의 창시자는 랑그를 하나의 단일한 체계로 설정했다. 그는 랑그의 통일성과 체계성이 다음과 같은 추정상의 사실에 바탕해 있다고 정리했다. 말하자면 모든 기표, 모든 코드의 물질적 의미화 요소는 다른 모든 것과의 차이를 통해 발생하는 위치로 인해 의미가 형성된다는 것이었다.

종합하자면, 그런 창시 작업은 구조주의적 접근법이 페미니즘의 목적에 봉사하는 데 제한적인 용도밖에 제공할 수 없도록 만든

---

10 Fernand de Saussure, *Course in General Linguistics*, trans. Wade Baskin, New York: Columbia University Press, 2011. 이런 접근법에 대한 설득력 있는 비판을 보려면 다음을 참조할 것. Pierre Bourdieu, *Outline of a Theory of Practice*, Cambridge: Cambridge University Press, 1977. 부르디외에게 그와 유사한 비판을 한 사람은 쥘리아 크리스테바다. "The System and the Speaking Subject", *The Kristeva Reader*, ed. Toril Moi, New York: Columbia University Press, 1986. 크리스테바 이론의 바탕이 된 러시아 형식주의에 관한 소비에트 마르크스주의자들의 비판은 뒤에 논의할 것이다.

다.[11] 파롤을 추상화함으로써 구조주의적 방법론은 실천, 행위자, 발화하는 주체의 문제를 괄호로 묶어 버리게 된다. 이렇게 본다면 구조주의 모델은 사회적 정체성과 사회집단이 형성되는 바로 그런 담론적 실천에 관해서는 밝혀 줄 수가 없다. 이런 접근법은 통시적 인 접근을 괄호로 묶어 버리기 때문에, 시간이 흘러가면서 형성되 는 정체성과 연대감의 변동에 관해서는 우리에게 아무것도 말해 주 지 못할 것이다. 그와 마찬가지로 구조주의 모델은 의사소통의 사 회적 맥락을 추상화해 버리기 때문에, 권력과 불평등이라는 문제를 괄호로 묶어 버린다. 끝으로 이 모델은 이용 가능한 언어적 의미의 자원을 하나의 단일한 상징체계로 이론화하고 있기 때문에, 사회적 의미들이 서로 긴장을 초래하고 갈등한다는 점을 부인하는 일원적 인 의미화 입장에 적합하다. 간단히 말해 담론을 '상징체계'로 환원 함으로써 구조주의 모델은 사회적 행위자, 사회적 갈등, 사회적 실 천을 솎아내 버린다.[12]

　　이제 라캉주의를 간략하게 설명함으로써 이 문제를 조명해 보 고자 한다. '라캉주의'라고 말한 것은 그것이 실제로 자크 라캉의 사 상이라는 뜻이 아니다. 자크 라캉의 사상은 여기서 다루기에는 지 나치게 복잡하다. 라캉주의라는 말로 내가 뜻하는 바는 영어권 페 미니스트들 사이에서 널리 인정받고 있는, 라캉에 관한 관념적이고 전형적인 신구조주의적 독법이다.[13] '라캉주의'를 논의하면서 나는 얼마나 라캉주의에 충실한 독법인가 하는 문제는 괄호 처리할 셈이

---

11 구조주의적인 접근법이 다른 목적에 유용한지에 관해서는 언어학자들의 결정에 맡기겠다.

12 이런 비판은 '글로벌' 구조주의, 즉 언어 전체를 하나의 단일한 상징체계로 간주하는 접근법이라고 할 만한 것에도 마찬가지로 해당된다. 이런 접근법은 제한적이고, 사회적으로 자리하고, 문화적·역사적으로 특수한 하위언어 혹은 담론과 맺는 구조적 관계를 분석하는 접근법의 잠재적인 용도를 제거하려 의도한 건 아니다. 그와는 반대되는 후자의 접근법은 뒤에 논의하게 될 화용론적인 모델에서 유용하고도 명료하게 밝혔다.

13 이 장의 앞부분에 제시한 해석에서 나는 라캉과 '라캉주의'를 구별할 만큼 주의 깊지 못했다. 하지만 여기서 나는 이 양자를 구분하려고 엄청나게 노력했다. 그러나 그렇다고 해서 라캉에게서 그런 문제점들을 찾을 수 없다는 뜻은 아니다. 오히려 내가 여기서 '라캉주의'에 가한 근본적인 비판의 많은 부분은 라캉에게도 그대로 해당된다. 하지만 그 점을 밝히려면 더욱 복합적이고 텍스트에 바탕한 주장이 요구되곤 한다.

다. 그런 독법은 헤겔과 같은 다른 이론가들의 상반된 영향력을 희생한 대가로 소쉬르의 영향력을 과도하게 강조하는 잘못을 저지를 수 있기 때문이다.[14] 하지만 내 목적을 위해 이처럼 관념적이고 전형적으로 라캉을 읽어 내는 소쉬르적 독법은 대단히 유용하다. 이런 독법은 '후-구조주의'로 널리 간주되었지만, 사실 중요한 측면에선 여전히 구조주의여서 수많은 담론 개념에 둘러싸인 난점들을 선명하게 드러내고 있다. 구조주의로부터 벗어나려는 그들의 노력이 추상적이기 때문에, 그런 개념들은 끝내 구조주의를 재활용하려는 경향이 있다. 여기서 논의하고자 하는 라캉주의는 '신구조주의'[15]의 표본과도 같은 사례다.

얼핏 보면 신구조주의적 라캉주의는 페미니즘 이론화에 상당히 유리하게 작용할 것처럼 보인다. 젠더화된 주체성에 관한 프로이트적 문제 프레임을 소쉬르적인 구조주의 언어학 모델과 결합함으로써, 신구조주의는 각각의 이론에서 부족한 부분을 시정해 주는 것처럼 보인다. 프로이트적 문제 프레임의 도입은 소쉬르 이론이 놓치고 있는 발화주체를 제공하고, 그로 인해 정체성, 발화, 사회적 실천에 관해 배제되었던 질문들을 다시 제기해 주겠다고 약속한다. 역으로 소쉬르적인 모델의 용도는 프로이트의 이론에 부족한 점들을 치유할 수 있다고 약속한다. 젠더정체성은 **담론적으로 구성된다**고 주장함으로써, 라캉주의는 프로이트에게 어른거리고 있던 생물학주의의 흔적을 제거하고 프로이트 이론의 변화에 좀 더 유연한 원칙을 부여하는 것처럼 보인다.

하지만 꼼꼼히 살펴보면 이런 약속된 장점들은 구체화되지 못한다. 그 대신 오히려 라캉주의는 악순환을 시작하는 것처럼 보인다. 라캉주의에 의하면, 한편으로 개인들은 어린 시절 기존의 남근

---

14 라캉의 사상에 드러난 헤겔주의적 차원과 소쉬르적 차원 간의 갈등에 관해서는 다음을 참조할 것. Peter Dews, *Logics of Disintegration: Poststructuralist Thought and the Claims of Critical Theory*, London: Verso Books, 1987.

15 '신구조주의'의 개념에 대해서는 다음을 참조할 것. Manfred Frank, *What Is Neo-Structrralism?*, trans. Sabine Wilke & Richard Gray, Minneapolis: University of Minnesota Press, 1989.

중심주의적인 상징질서 속으로 고통스럽게 편입됨으로써 젠더화된 주체성을 획득한다. 여기서 상징적 질서의 구조는 개인적 주체성의 특징을 결정하는 것으로 추정된다. 하지만 다른 한편으로 이 이론은 상징질서가 반드시 남근중심주의여야 한다는 점을 보여 주려고 한다. 왜냐하면 개인의 주체성은 '아버지의 법'에 복종할 때 획득 가능하기 때문이다. 그런데 여기서 그와는 거꾸로 개인적 주체성의 성격은 자율적인 심리에 의해 지배받음으로써 상징적 질서의 특징을 결정하는 것으로 추정된다.

　이런 순환논리의 결과는 명백한 철칙처럼 보인다. 도러시 릴런드가 주목했다시피, 라캉주의 이론은 자신이 묘사하는 발달 과정을 필연적이고, 변하거나 변경될 수 없는 것으로 설정한다.[16] 남근중심주의, 상징질서 안에서 여성의 불리한 위치, 남성성을 문화적인 권위로 각인하는 것, 비남근적 섹슈얼리티를 기술하는 것의 불가능성 등. 간단히 말해 남성지배에 따른 역사적으로 우연한 무수한 함정들은 이제 인간조건의 변할 수 없는 상수로 나타난다. 따라서 여성의 종속은 문명의 필연적인 운명으로 각인된다.

　나는 이런 추론이 그럴듯해 보이게 하는 여러 가지 단계를 지적할 수 있다. 그런 단계들의 일부는 구조주의적 모델의 전제에 뿌리를 두고 있다. 첫째, 라캉주의가 어느 정도 생물학주의를 제거하는 데 성공했다는 평가―여러 가지 이유로 대단히 미심쩍은 주장이기는 하지만 여기서는 더 이상 깊이 파고들지 않겠다[17]―가 있는

　16　Dorothy Leland, "Lacanian Psychoanalysis and French Feminism", *Revaluing French Feminism: Critical Essays on Difference, Agency, and Culture*, eds. Nancy Fraser & Sandra Bartky, Bloomington: Indiana University Press, 1991.

　17　나는 여기서 라캉에 관해 제대로 말할 수 있다고 생각한다. 생물학주의를 극복했다는 라캉의 주장은 그가 말하는 남근이 페니스가 아니라는 완강한 주장에 근거하고 있다. 하지만 상징계적 기표가 생물학적 기관으로 무너져 내리는 것을 막지 못했음을 많은 페미니스트 비평가가 보여 주었다. 이런 실패가 가장 분명히 드러난 건 라캉의 논문 「남근의 의미」에서다. 이 논문에서 보여 준 그의 주장에 따르면 남근은 주인기표가 된다. 그는 이것이 남근이 성교 시 부풀어 오르는 '팽창'을 통해 '생명력의 흐름'을 전달'하기 때문이라고 주장한다. Jacques Lacan, "The Meaning of the Phallus", *Feminine Sexuality: Jacques Lacan and the école freudienne*, eds. Juliet Mitchell & Jacqueline Rose, New York: W. W. Norton & Company, 1982.

데, 라캉주의는 생물학주의를 심리학주의로 대체했으며, 문화나 역
사와는 무관하게 주어진 이 방어하기 힘든 자율적인 심리적 강령은
문화와 역사 안에서 실행되고 해석되는 방식을 지배할 수 있다. 라
캉주의는 상징질서의 남근이성중심주의가 문화 자체와는 무관하게
문화화 과정의 요구에 의해 형성된다고 주장하는 정도에 이르렀다
는 점에서 심리학주의의 먹잇감이 된다.[18]

　라캉주의의 순환론적 주장 절반이 심리학주의에 오염되어 있
다면, 나머지 절반은 내가 상징계주의(symbolicism)라고 부르는 것
에 오염되어 있다. 여기서 내가 말하는 상징계주의는 첫째, 의미화
실천의 다양한 물신화를 단선적이면서 모든 것을 포괄하는 '상징질
서'로 균질화하는 것이다. 둘째, 상징계주의는 상징질서에 독점적이
고 무한한 인과의 힘을 부여함으로써 사람들의 주체성을 단번에 고
정한다. 따라서 상징계주의의 작전에 따르면 구조주의의 추상화인
랑그는 유사신격화이자, 규범적인 '상징질서'로 비유된다. 반면 정
체성을 형성하는 상징질서의 힘은 위축되어 마침내 역사적 제도와
실천의 힘에 불과한 것으로 축소된다.

　사실 데버러 캐머런이 지적했다시피, 라캉 본인이 '상징질서'라
는 표현을 모호하게 만들었다.[19] 그는 상징질서라는 표현을 비교적
좁은 뜻으로 사용해 소쉬르의 랑그, 즉 기호체계로서의 언어구조를
종종 지칭한다. 이처럼 좁은 의미의 라캉주의는 기호체계 자체가
그것이 사용되는 사회적 맥락이나 사회적 실천과는 무관하게 개인
의 주체성을 결정한다는 믿기 어려운 입장에 헌신해 왔다. 또 다른
경우 라캉은 '상징질서'를 대단히 폭넓게 사용해 언어적 구조뿐만
아니라 문화적 전통, 친족구조까지 포함하는 혼합물을 지칭할 정도
로까지 멀리 확장한다. 후자의 용도로 사용된 상징질서는 사회구조
전반으로 잘못 등치되어 버린다.[20] 이처럼 폭넓은 의미에서 라캉주

18　이런 논쟁에 관한 해석을 보려면 릴런드의 글을 참조할 것. Dorothy Leland,
"Lacanian Psychoanalysis and French Feminism".
　19　Deborah Cameron, *Feminism and Linguistic Theory*, New York: St. Martin's Press,
1985.
　20　현대 자본주의 사회에서 일어난, 사회구조적 구성요소이던 친족 의미의 쇠퇴에

의는 무역사적·구조적 추상화인 랑그와 가족형태 및 양육관행 같
은 가변적인 역사적 현상을 융합하고자 한다. 말하자면 예술, 문학,
철학에서 사랑과 권위의 문화적 재현, 노동의 성별분업, 정치조직
의 형태와 권력 및 지위에 관한 다른 제도적 원천의 형태를 전부 랑
그로 융합하고자 한다. 그 결과 우연한 역사적 관행과 전통을 본질
화·균질화하면서 다른 한편으로는 긴장과 갈등과 변화의 가능성을
삭제한 '상징질서' 개념이 형성된다. 게다가 이 개념은 너무나 광범
해서 상징질서가 주체성의 구조를 결정한다는 주장은 공허한 동어
반복으로 무너질 소지가 다분하다.[21]

　　라캉주의에서 심리학주의와 상징계주의의 결합은 페미니즘 이
론화에 그다지 도움이 되지 않는 담론 개념을 형성한다. 이 개념이
사회적 정체성의 담론적 구성을 설명해 주는 건 분명하다. 하지만
이 개념은 사회적 정체성이 갖는 복합성과 복수성을 설득력 있게
설명해 주지 못한다. 말하자면 여러 가지 담론의 가닥이 어떻게 엮
여서 직조되는지 그 방법을 설명해 주지 못한다. 자아정체성이 보
여 주는 외관상의 통일성과 단순성이 상상계적인 것이며, 주체는
언어와 충동에 의해 도무지 회복 불가능할 정도로 분열되어 있다는
점을 라캉주의가 강조했다는 점은 인정한다. 하지만 분열을 이처럼
주장한다고 해서, 정체성의 여러 가닥이 엮이는 사회적·문화적·담
론적 실천의 다양성을 인정하는 방향으로 나가는 것은 아니다. 오
히려 이런 분열이야말로 인간조건의 근원적인 비극이라는 단일한
입장으로 나가게 된다.

　　사실상 라캉주의는 남근을 가지고 있느냐 없느냐 하는 하나의
축을 따라 이항대립적으로 정체성을 구분한다. 뤼스 이리가레가 지

관해서는 이 책의 7장 「이성애중심주의, 불인정, 자본주의」와 다음을 참조할 것. Linda
J. Nicholson, *Gender and History: The Limits of Social Theory in the Age of the Family*, New
York: Columbia University Press, 1986.
　　21 사실 폭넓은 의미의 상징질서가 가진 주된 기능은 이데올로기적인 것처럼
보인다. 왜냐하면 그것은 무역사적이고 필수적인 것으로 추정되는 것과 역사적이고
우연적인 것으로 추정되는 것을 하나의 범주로 뭉쳐 놓았을 때라야만 가능하기 때문이다.
그리고 라캉주의는 남근중심주의의 필수불가결성을 주장하기 위해 그것에다 기만적인
개연성의 겉모습을 부여해 놓았을 수 있기 때문이다.

적하다시피, 성차에 관한 남근적 개념은 여성성을 이해하는 데 적절한 토대가 아니다.[22] 덧붙이자면 이것은 남성성을 제대로 이해할 수 있는 토대 또한 아니다. 사회적 정체성의 다른 차원들, 즉 종족, 피부색, 사회적 계급 등을 포함한 여타의 사회적 정체성을 밝혀 줄 수 있는 것은 더더욱 아니다. 무역사적이고 긴장과 갈등이 없는 '상징질서'를 친족과 동일시한 선결조건으로 미뤄 볼 때 이 이론은 역사적인 현상들을 통합하기 위해 수정될 수 있는 것도 분명히 아니다.[23]

게다가 정체성 구조에 관한 라캉주의적 설명은 시간이 흐름에 따라 일어날 수 있는 정체성 변동을 설명해 줄 수 없다. 젠더정체성(라캉주의가 염두에 두고 있는 유일한 형태의 정체성)은 기본적으로 오이디푸스 콤플렉스의 해소와 더불어 단번에 고정된다는 일반적인 심리학적 과제로 이행된다. 라캉주의에서 오이디푸스 콤플렉스의 해소란 아이가 고정되고 획일적이고 전능한 하나의 상징질서로 진입하는 것에 다름 아니다. 따라서 라캉주의는 고전적인 프로이트 이론에서 발견되었던 정체성의 고착 정도를 사실상 더욱 높인다. 재클린 로즈가 지적하다시피 라캉주의 이론에서 젠더 정체성은 언제나 불확실한 것이며, 겉으로 보여 주는 일관성과 안정성이 언제나 억압된 리비도 충동에 의해서 위협받는다는 것은 사실이다.[24] 하지만 이처럼 불확실성을 강조한다고 해서 그것이 사람들이 보여 주는 사회적 정체성의 변화에 관한 진정한 역사적 사유가 되는 것은 아니다. 역사적 사유로 열리기는커녕 오히려 그런 불확실성의 강조가 영구적이고 무역사적인 조건을 고집하는 방향으로 나간다. 왜냐하면 라캉주의자들에게 고정된 젠더정체성을 대신할 수 있는

---

22 "The Blind Spot in an Old Dream of Symmetry", Luce Irigaray, *Speculum of the Other Woman*, trans. Gillian C. Gill, Ithaca: Cornell University Press, 1985. 여기서 이리가레는 남근적 기준의 용도가 성차를 개념화하면서 어떻게 여성을 부정적인 '결여'로 만들어 내는지 잘 보여 준다.

23 이 문제를 잘 조명하고 있는 것으로서, 미국에서 낸시 초도로가 전개한 대단히 다른 정신분석학 해석―페미니즘 대상관계이론―과 관련해 출현한 논의가 있다. 다음을 참조할 것. Elizabeth V. Spelman, *Inessential Woman*.

24 Jacqueline Rose, "Introduction-II", *Feminine Sexuality: Jacques Lacan and the école freudienne*.

유일한 대안은 정신병이기 때문이다.

라캉주의가 페미니즘 이론화에 유용한 사회적 정체성을 설명해 줄 수 없다면, 사회집단의 형성을 이해하는 데도 그다지 도움이 될 걸로 보이지 않는다. 라캉주의자들에게 연대감은 상상계의 명령에 따르는 것이다. 타자와 연대하고, 사회운동에서 타인과 공동전선을 펼치는 것은 상상계적 자아에 대한 환상의 먹잇감이 되는 것이다. 그것은 불가능한 통일성과 충족감을 찾기 위해 상실과 결여를 인정하려 들지 않는 것이다. 라캉주의의 관점을 이렇게 이해하는 경우 집단운동은 개념정의상 망상의 도구일 뿐이다. 심지어 집단운동은 원론적 차원에서조차 해방적인 것이 될 수 없다.[25]

게다가 집단 형성이 언어적인 혁신에 달려 있는 만큼, 라캉주의적인 관점으로는 집단 형성을 이론화할 수 없다. 왜냐하면 라캉주의는 고정된 단일 상징체계를 설정하고 발화자는 전적으로 그런 상징체계에 복종하고 있으므로, 어떤 형태의 언어적인 혁신도 꿈꿀 수 없기 때문이다. 발화주체는 오로지 기존의 상징질서를 되풀이할 수 있을 뿐이다. 따라서 발화주체가 기존의 상징질서를 변경한다는 것은 가당치 않다.

이런 관점에서 보자면 문화적 헤게모니의 문제는 아예 차단되어 버린다. 사회 지배집단의 문화적 권위가 어떻게 확립되고 도전받는지 같은 문제는 아예 질문조차 할 수 없다. 서로 다른 다양한 담론적 위치를 차지하고 있는 서로 다른 다양한 사회집단들 사이에서 이뤄지는 불평등한 협상 등도 질문조차 할 수 없다. 왜냐하면 라캉주의자들에게는 너무나 체계적이고 어디에나 편재하며 과도하게 단일한 '유일 상징질서'이자 단일한 담론세계만이 있을 뿐이어서, 대안적인 관점이나 복수의 담론적 공간이나 사회적 의미를 두고 벌이는 투쟁이나, 사회 상황의 정의에 대한 헤게모니적 해석과 반헤

---

25 심지어 라캉주의 페미니스트들은 이에 따라 운동을 물어뜯는 데 열심인 것으로 알려졌다. 『딸의 유혹』 서장에서 제인 갤럽은 윤리적 실천에 자극받은 페미니즘 운동의 정치를 '상상계적'이라며 위험할 정도로까지 묵살하기에 이른다. Jane Gallop, *The Daughter's Seduction: Feminism and Psychoanalysis*, Ithaca: Cornell University Press, 1982.

게모니적 해석 사이의 경쟁, 사회적 욕구에 관한 해석상의 갈등들
은 있다는 사실조차 인지할 수 없기 때문이다. 사실 다른 목소리를
가진 복수의 화자를 우리는 인식조차 할 수 없다.

　정체성, 집단, 문화적 헤게모니에 관한 정치적 이해를 원천봉쇄
함으로써, 그런 방식은 정치적 실천을 이해하는 것 또한 봉쇄해 버
린다. 무엇보다 그런 정치적 실천을 할 수 있는 행위자를 도무지 찾
을 수 없다. 라캉주의는 제대로 봉합되지 않은 세 가지 계기의 한
묶음으로 개인을 파악한다. 이 세 계기 중 어느 것도 정치적 행위자
의 자격을 갖지 못한다. 발화주체는 단지 문법적인 '나'에 불과하며
싱징질서에 완전히 종속된 변수에 불과하다. 발화주체는 오로지 그
리고 영원히 이 상징질서를 재생할 수 있을 뿐이다. 자아는 상상계
적인 투사이고 자신의 안정성과 이성적 태도에 관한 미망에 사로잡
혀 있으며 통일성과 자기완성에 관한 불가능한 나르시시즘적 욕망
에 볼모로 잡혀 있다. 따라서 자아는 오로지 그리고 영원히 가상의
적을 공격할 뿐이다. 마지막으로 야심만만한 무의식이 있다. 이 무
의식은 때로는 억압된 리비도 충동의 앙상블로, 때로는 대타자인
언어의 얼굴로 드러난다. 하지만 이런 무의식은 사회적 행위자로
간주될 만한 어떤 것도 결코 갖고 있지 않다.

　이런 논의가 보여 주다시피 라캉주의는 개념적인 결함에 시달
리고 있다.[26] 나는 그런 결함이 언어에 관한 구조주의적인 개념적
전제에서 비롯된 것임을 강조해 왔다. 라캉주의는 발화하는 주체라
는 개념을 도입함으로써 구조주의를 넘어설 방법을 약속해 줄 것처
럼 보였다. 그다음 차례로는 담론 실천을 이론화할 방법을 약속하

---

　26 나는 여기서 경험적인 이슈와는 대립되는 개념적인 것에 초점을 맞췄다. 그리고
라캉주의가 사실인가 하는 질문을 직접적으로 던지지 않았다. 하지만 유아의 주체성
발달에 관한 최근의 연구는 라캉주의적인 관점을 뒷받침해 주는 것 같지 않다. 아이들은
아주 어린 시절부터도 상징구조가 일방적으로 그려 넣을 수 있는 깨끗한 칠판 같은
수동적인 존재가 전혀 아니고 오히려 자신의 경험을 구성하는 상호작용에 적극적으로
참여하는 존재처럼 보인다. 다음의 사례를 참조할 것. Beatrice Beebe & Frank Lachman,
"Mother-Infant Mutual Influence and Precursors of Psychic Structure", ed. Arnold
Goldberg, *Frontiers in Self Psychology: Progress in Self Psychology* vol.3, Hillsdale, NJ:
Analytic Press, 1988, pp.3~25. 이 연구에 대해 알려 준 폴 매틱 주니어에게 감사한다.

는 듯했다. 하지만 내가 드러낸 바와 같이 이런 약속들은 이행되지
않은 채 남아 있다. 라캉주의가 도입한 발화주체는 담론 실천의 행
위자가 아니다. 그것은 억압된 리비도 충동과 결합된 상징질서의
효과일 따름이다. 그래서 발화주체의 도입은 언어적 구조의 탈물신
화에 성공하지 못했다. 탈물신화는커녕 오히려 언어라는 체계의 물
화된 개념이 발화주체를 식민화해 버렸다.

3. 쥘리아 크리스테바: 구조주의와 화용론 사이에서

지금까지 나는 구조주의적 언어 모델이 페미니즘 이론화에 그다지
쓸모가 없다고 주장했다. 이제 나는 화용론 모델이 좀 더 전망이 밝
다고 제시하고자 한다. 실제로 페미니스트들이 언어연구에서 화용
론적 접근법을 선호하는 그럴듯한 이유가 상당히 많다. 구조주의 접
근법과는 달리 화용론은 언어를 사회적 맥락 속에서 이루어지는 사
회적 실천으로 간주한다. 이 모델은 담론을 구조가 아니라 대상으
로 삼는다. 담론은 역사적으로 특유한 것이자 사회적으로 정초한
의미화 실천이다. 담론은 발화자가 발화행위를 교환함으로써 상호
작용하는 의사소통적인 프레임이다. 하지만 담론 자체는 사회제도
와 행동맥락 안에서 설정된다. 이렇게 본다면 담론의 개념은 언어
연구와 사회연구를 연결한다.

　화용론 모델은 페미니즘 이론화에 여러 가지 잠재적 이점을 제
공한다. 첫째, 화용론은 담론을 우연적인 것으로 간주하고, 시간이
경과함에 따라 발생하고 변경되고 사라지는 것으로 설정한다. 따라
서 화용론 모델은 역사적 맥락화에 적합하며 변화를 주제로 삼기에
편리하다. 둘째, 화용론 모델은 의미화를 재현이라기보다 행동으로
이해한다. 이 접근법은 사람들이 '단어로 무엇을 하는가'에 관심을
갖는 것이다. 이렇게 볼 때 이 모델은 발화하는 주체를 단지 구조와
체계의 효과가 아니라 오히려 사회적으로 자리매김된 행위자로 볼
수 있도록 해 준다. 셋째, 화용론 모델은 담론을 복수적인 것으로
간주한다. 이 모델은 사회에는 서로 다른 다양한 담론이 다수 존재
하며, 따라서 어떤 공간에서 말하는가에 따라 의사소통의 다수성이

존재한다는 가정으로부터 출발한다. 왜냐하면 이 모델은 개인들이 다른 담론적 상황에 위치함으로써 하나의 담론적 프레임에서 다른 담론적 프레임으로 이동하게 된다고 가정하므로, 사회적인 정체성을 단일하지 않은 것으로 이론화하는 데 적합하다. 그리고 화용론적 접근법은 유통되고 있는 사회적 의미의 총체성이 하나이자 일관되고 자기재생산적인 '상징체계'로 구성된다는 가정을 거부한다. 그 대신 해석의 사회적 도식과 그런 해석을 구사하는 행위자들 사이에서 발생하는 갈등을 허용한다. 마지막으로 이 모델은 담론연구를 사회연구와 연결하기 때문에, 권력과 불평등에 초점을 맞추게 해준다. 간단히 말해 화용론적 접근은 사회적 정체성의 복합성, 사회집단의 형성, 문화적 헤게모니의 획득과 경쟁, 정치적 실천의 가능성과 현실을 이해하는 데 필요한 여러 가지 특질을 갖고 있다.

쥘리아 크리스테바의 모호한 사례를 따져 봄으로써 페미니즘 이론화를 위한 화용론적 연구방법의 용도를 고찰해 보겠다. 크리스테바의 사례는 그가 구조주의자로 커리어를 시작해 화용론적 대안의 지지자가 되었다는 점에서는 유익하다. 하지만 라캉주의에 완전히 휩쓸려 듦으로써 그는 화용론적 방향성을 지속하지 못했다. 오히려 낯설고 혼종적인 이론 생산을 끝내고 구조주의와 화용론 사이에서 오락가락하는 이론을 내놓게 된다. 이제부터 나는 정치이론적으로 유익한 크리스테바 사상의 측면을 화용론적인 차원과 연결하는 한편, 그가 구조주의로 잘못 빠져들면서 교착상태에 이르게 되었다고 주장하고자 한다.

구조주의와 결별하려는 크리스테바의 의도는 1973년에 나온 탁월한 논문 「체계와 발화하는 주체」[27]에 간단명료하고 가장 분명하게 드러나 있다. 이 논문에서 그는 구조주의 기호학이 언어를 상징체계로 인식하기 때문에 대립적인 실천과 변화를 결코 이해할 수 없게 된다고 주장한다. 이런 결함을 치유하기 위해 그는 '의미화 실천'을 지향하는 새로운 접근법을 제안한다. 그는 의미화 실천을 규

27　Kristeva, "The System and the Speaking Subject".

범지배적이지만 반드시 모든 면에서 강제성을 띠는 것은 아니며, '역사적으로 결정된 생산관계' 속에 자리하는 것으로 정의한다. 이와 같은 의미화 실천의 개념을 보완하기 위해 크리스테바는 또한 '발화주체'라는 새로운 개념을 제안한다. 이 발화주체는 사회적·역사적으로 자리하며, 사회적·담론적 관행의 통치에 반드시 복종하는 것은 아니다. 이것이야말로 오히려 혁신적 실천을 할 수 있는 주체다.

대담하고 간결한 몇 마디 말을 통해 크리스테바는 맥락, 실천, 행위성, 혁신의 배제를 거부하고 담론적 화용론의 새로운 모델을 창안한다. 그의 전반적인 아이디어는, 발화자는 사회적으로 자리매김된 규범지배적인 의미화 실천 안에서 행동한다는 것이다. 그러면서도 발화자는 가끔씩 기존의 강제된 규범을 위반한다. 이런 위반적 실천은 담론적 혁신을 초래하고 그다음 순서로 실제 변화하는 방향으로 나갈 수도 있다. 혁신적인 실천은 결과적으로 새로운 혹은 수정된 담론적 규범의 형태를 차후에 정상화함으로써, 그로 인해 '혁신적인(renovating) 의미화 실천'이 뒤따를 수 있게 한다.[28]

페미니즘 이론화를 위한 이런 접근법의 용도가 이제 분명해졌을 것이다. 하지만 일어날 법한 문제점들을 경고하는 새로운 징후들 또한 나타나게 된다. 첫째, 크리스테바의 도덕률 폐기론적 선회다. 그의 커리어 중 적어도 초기의 유사마오쩌둥주의 단계에서 보여 준 이런 선회는 위반과 혁신 그 자체를 그 내용 및 방향성과는 상관없이 안정화하는 경향에서 드러난다.[29] 이런 태도의 이면에는 규

---

28 크리스테바의 '르누벨망'(renouvellement)이라는 용어는 영어로 보통 '혁신'(renovation)이나 '갱신'(renewal)으로 번역된다. 하지만 이렇게 번역할 경우 프랑스어 단어가 지닌 힘을 잃어버리게 된다. 영어권 독자들이 위반에 관한 그의 설명에서 '변화 만들기'(change-making)적인 점을 알아채지 못한 것도 그로 인해서인 듯하며, '변화 만들기'를 아무런 긍정적 결과가 없는 순전한 부정으로 간주하는 경향이 있는 것도 그 때문으로 보인다. 이런 해석에 관해서는 다음을 참조할 것. Judith Butler, "The Body Politics of Julia Kristeva", *Revaluing French Feminism*.

29 이런 경향은 크리스테바의 최근 저서에서는 완전히 사라졌다. 거기서 '변화 만들기'는 이제 어떤 것이든 간에 똑같이 일방적이고 무차별적이며 보수적인 것으로 바뀌었으며, 무한정 혁신을 추구하려는 모든 시도에는 '전체주의'의 위험이 숨어 있다고 강조한다.

범의 내용과는 전혀 상관없이 단지 부정성으로서 규범순응적인 모든 관행을 변형하고 즐기려는 경향이 짙게 깔려 있다. 확실히 이런 태도는 페미니즘 이론화에 그다지 도움이 되는 것은 아니다. 왜냐하면 페미니즘 이론화는 억압적인 사회규범과 해방적인 사회규범 사이의 윤리적인 구분을 요구하기 때문이다.

여기서 두 번째 잠재된 문제는 크리스테바의 미학적 경향인 '시적 실천'을 위반과 등가치로 안정화하는 것이다. 크리스테바는 아방가르드 미학적인 생산을 특권적 혁신의 공간으로 여기는 경향이 있다. 그러나 반대로 일상생활에서 의사소통적인 실천은 그야말로 순응주의로 나타난다. 이처럼 혁신적 실천을 지역화하거나 폐쇄적인 해방구로 여기는 경향은 페미니즘 이론화에 그다지 도움이 되지 않는다. 우리는 그것이 어디서 일어나든지ㅡ침실에서든, 생산현장에서든, 미국 철학회 운영위원회에서든ㅡ대립적인 실천의 해방적 잠재력을 인정하고 평가할 필요가 있다.

세 번째이자 가장 심각한 문제는 이론화에 대한 크리스테바의 첨가적인 접근법이다. 이 말로 내가 의미하고자 하는 바는 이론적인 문제가 초래한 결함을 도려내거나 점검하는 대신 결함 있는 이론을 덧댐으로써 그것을 치유하려는 경향이 있다는 것이다. 이로 인해 그가 구조주의의 특정한 자질들을 수용하는 것으로 귀결한다는 점을 나는 말하지 않을 수 없다. 즉 구조주의의 특정한 개념을 완전히 제거하는 대신 그는 구조주의와 더불어 반구조주의적인 다른 개념들을 그냥 덧붙인다.

크리스테바의 첨가적이고 이분법적인 이론화 스타일은 그가 의미화 실천을 분석하고 분류하는 방식에서 잘 드러난다. 그는 의미화 실천의 두 가지 근본 요소가 다양한 비율로 구성된다고 여긴다. 그중 하나가 '상징계'다. 상징계는 언어적 계로, 문법적·통사적 규칙을 준수함으로써 명제적 내용을 이행하기 위한 핵심이다. 다른 하나는 '기호계'다. 기호계는 언어적 규칙에 속박되지 않는 어조나 리듬을 통해 리비도 충동을 표현하기 위한 핵심이다. 따라서 상징계가 무정형적 욕망에 언어적 관습을 부여함으로써 사회적 질서를 재생산하는 데 도움이 되는 담론적 실천의 축이라면, 이와 대조적으로 기호계는 혁명적 부정성의 물질적·육체적 원천을 표현하고 관습을 뚫고 나가려는 힘이며 변화를 주도하는 힘이다. 크리스테바에 따르면, 모든 의미화 실천은 이 두 가지 언어적 계열을 드러내는 수단을 각각 어느 정도 포함하고 있지만, 시적 실천은 상당히 예외적이며 상징계는 언제나 지배적 계다.

후반기 작업에서 크리스테바는 상징계와 기호계를 구분하면서 정신분석학에 바탕한 젠더 하위텍스트를 제시한다. 라캉주의를 따라 그는 상징계를 부성적인 것으로 연결한다. 그는 상징계를 단선적이고 남근중심적인 것이자, 주체가 아버지의 법을 받아들임으로써 오이디푸스 콤플렉스를 해소할 때 사회화되는 대가로 복종하지 않을 수 없는 규칙에 얽매인 질서로 기술한다. 하지만 크리스테바는 모든 의미화 실천에 들어 있는 여성적·모성적 요소의 집요한 지속성을 주장하면서 라캉주의와 결별한다. 그는 기호계를 전-오이디푸스적이고 모성적인 것과 연결하며, 그것을 부권적으로 코드화된 문화적 권위에 저항하는 지점으로, 또 담론 실천 안에서 일종의 대항적인 여성적 교두보로 안정화한다.

의미화 실천을 이런 방식으로 분석하고 분류하는 것은 얼핏 페미니즘 이론화에 상당히 유용한 것처럼 보인다. 이런 분석방식은 라캉주의적 가정, 즉 언어는 단일하고 남근중심적인 것이라는 가정에 도전하며, 남성적 권력의 지배와 대립하는 페미니즘적 공간을 밝혀내고자 하는 것처럼 보인다. 하지만 좀 더 자세히 살펴보면 페미니즘을 위한 잠재력으로 보였던 것이 대부분 착각으로 드러난다. 사실상 크리스테바의 의미화 실천 분석은 그의 이론 중 최고였던 화용론적 의도를 배신한다. 화용론적 실천을 상징계와 기호계라는 구성요소로 해체해 버림으로써 결코 구조주의를 벗어나지 못하게 된다. 결국 '상징계'는 물화되어 남근중심적인 라캉주의 상징질서를 반복하는 것과 다를 바 없게 된다. '기호계'가 일시적으로 상징질서를 교란하는 힘이기는 하지만, 그렇다고 기호계가 상징계의 대안이 되지는 못한다. 그와는 반대로 주디스 버틀러가 지적했다시피 두 가지 의미화 양태 사이의 경합은 상징계에 유리하게 돌아간다. 기호계는 개념정의상 일시적이고 종속적이며 상징질서에 의해서 이미 언제나 재흡수될 운명이다.[30] 그리고 내가 생각하기에 이보다 더 근본적인 문제점은 기호계가 상징계에 기생적으로 대립하는 것, 즉 상징계의 거울 이미지이자 그것의 추상적인 부정으로 정의된다는 사실이다. 단지 이 두 가지 의미화 실천을 덧붙인다고 해서 화용론으로 나아갈 수는 없고 실제 나아가지도 못한다. 오히려 그것은 구조주의와 반구조주의의 혼합물을 생산한다. 게다가 이런 혼합물은 헤겔의 표현을 빌리자면 '악무한'(惡無限)이다. 왜냐하면 또 다른 제3의 곳에 이르지 못한 채 양자 즉 구조주의적인 계기와 반구조주의적인 계기 사이에서 끝없이 오락가락하도록 내버려 두기 때문이다.

이렇게 첨가적인 이론화 양식에 의존함으로써, 크리스테바는 의미화 실천의 화용론적 개념이 품은 창창한 미래를 포기하고 결국 유사라캉주의적인 신구조주의에 굴복하게 된다. 이 과정에서 그는 라캉주의 가운데서 가장 불행한 개념적 결핍을 재생산하게 된다. 또한 상징계주의로 빠져들면서 상징질서를 전능한 인과론적 메커니즘이자 언어구조, 친족구조, 사회구조 전반을 접합한 것이라 간주하게 된다.[31] 한편 크리스테바는 특히 문화적 전통 중에서도 젠더의 문화적 재현을 분석하는 가운데 역사적 특수성과 특정한 문화적 전통의 복합성을 상당 부분 인정한다는 점에서 라캉주의자들보다는 훨씬 낫다고 볼 수 있다. 하지만 심지어 그런 곳에서마저 그는 심리학주의로 종종 빠져든다. 그는 예컨대 여성성의 문화적 재현과 기독교신학에서의 모성성, 이탈리아 르네상스 회화에 대한 연구에서 역사적 자료들을 읽어 내며 보여 주었던 대단히 흥미로운 잠재력을, '거세불안'과 '여성적인 편집증'[32] 등 그야말로 자동적이고 무

---

30 Butler, "The Body Politics of Julia Kristeva".

31 예를 보려면 다음을 참조할 것. Julia Kristeva, *Powers of Horror: An Essay on Abjection*, trans. Leon S. Roudiez, New York: Columbia University Press, 1982.

32 Julia Kristeva, "Stabat Mater", *The Kristeva Reader*, ed. Toril Moi; "Motherhood According to Giovanni Bellini", Julia Kristeva, *Desire in Language: A Semiotic Approach to Art and Literature*, ed. Leon S. Roudiez, New York: Columbia University Press, 1980.

역사적이며 심리학적인 요청의 반영으로 간주하는 환원론적 해석
도식에 의존함으로써 훼손했다.

종합해 보건대 크리스테바의 담론 개념은 페미니즘 이론화에
필요한 화용론의 많은 잠재적 장점을 포기하고 있다. 끝내 그는 담
론 실천에서의 우연성과 역사성에 대한 화용론적 특징과 변화 가능
성으로 나아가지 못한다. 그 대신 유사구조주의로 빠져들어 물화된
상징질서의 회복력을 강조함으로써 변화를 설명해 낼 방법을 놓치
고 말았다. 그는 담론 실천의 복수성에 대한 화용론의 강조점 또한
잃어버렸다. 담론 실천의 복수성을 강조하는 대신 오히려 유사구조
주의적인 동질화, 이분법적 경향으로 빠져들게 되면서 기호계 대
상징계, 여성성 대 남성성이라는 단일한 축을 따라 실천들을 구분
했고, 그로 인해 복합적인 정체성을 이해할 수 있는 잠재력을 상실
했다. 여기에 덧붙여 크리스테바의 개념은 사회적 맥락에 관한 화
용론적 특색을 잃었다. 그 대신 유사구조주의자들처럼 '상징질서'와
사회적 맥락을 접합함으로써, 사회적 불평등 해소에 담론적 지배를
연결할 수 있는 능력도 상실하고 있다. 끝으로 그의 이론은 상호작
용과 갈등에 관한 화용론적 강조를 놓치게 된다. 앤드리아 나이가
지적했다시피 그의 이론은 화용론을 강조하기보다는 주체 내
(intrasubjective) 긴장에 거의 전적으로 매달림으로써 상호주체적
(intersubjective) 현상, 즉 한편으로는 연대이면서 다른 한편으로는
사회적 투쟁이 포함되는 상호주체적 현상에 관한 이해 능력을 상실
했다.[33]

마지막 핵심은 크리스테바의 발화주체를 설명함으로써 확실해
질 것이다. 그의 이론은 페미니즘 이론화에 도움이 되기는커녕 라
캉주의의 무능력한 특징을 많은 부분 복제하고 있다. 라캉주의의
발화주체와 마찬가지로 그의 주체는 두 개의 반쪽으로 분열되어 있
다. 그중 어느 반쪽도 잠재적인 정치적 행위자가 되지 못한다. 상징

---

33 여기서 제시한, 크리스테바의 언어철학에 대한 탁월한 비판적 논의는 앤드리아
나이에게 빚진 바 크다. Andrea Nye, "Women Clothed with the Sun", *Signs: Journal of
Women in Culture and Society* 12:4, 1987, pp.664~686.

계의 주체는 과잉사회화된 순응주의자들이며 철저하게 상징적인
관습과 규범에 종속되어 있다. 확실히 이런 순응주의는 반항적이고
기호계로 연상되는, 육체에 바탕한 충동의 욕망하는 앙상블을 통해
심판에 '회부될' 필요가 있다. 하지만 그 전에 반구조주의적인 힘을
단지 덧붙이는 것만으로는 사실상 구조주의를 넘어서 나아갈 수 없
다. 한편 기호계적 '주체' 그 자체로는 여러 가지 이유로 인해 페미
니즘적 실천의 행위자가 될 수 없다. 첫째, 기호계적 주체는 문화와
사회 안에 있다기보다는 그 아래에 자리한다. 그래서 이런 주체의
실천이 어떻게 정치적 실천이 될 수 있는지 불분명하다. 둘째, 기호
계적 주체는 오로지 사회적 규범 위반과 관련해서만 정의되고 있
다. 그렇다면 이런 주체는 사회변혁의 핵심적 계기인 페미니즘 정
치의 재구성적인 계기에 참여할 수 없게 된다. 마지막으로 기호계
적 주체는 페미니즘 정치에서 핵심인, 새롭게 정치적으로 구성된
집단적 정체성과 연대의 재구성을 이해할 수 없다.[34]

　　따라서 개념정의상 크리스테바의 분열된 주체 중 어느 반쪽도
페미니즘 정치의 행위자가 될 수 없다. 나는 두 반쪽이 서로 결합할
수도 없다고 생각한다. 이 반쪽짜리 주체들은 서로를 무화하는 경
향이 있으므로, 전자는 후자의 정체성주의(identitarian)적 변명거
리들을 영구히 산산조각으로 깨뜨려 버린다. 그리고 후자는 전자를
영원히 이전 상태로 복원하고 그대로 재구성하고자 한다. 그 결과
는 정체성과 비정체성 사이를 무한반복적으로 오가는 것이며, 어떤
결정적인 실천적 이슈도 생산하지 못한다. 여기서 또 다른 악무한,
구조주의와 추상적인 부정의 혼합물이라는 악무한이 반복된다.

　　크리스테바의 세계에 해방적 실천을 행할 개별적인 행위자가
전혀 없다면 집단적인 행위자 또한 있을 수 없다. 이 점은 사유의
첨가형태 중 그의 마지막 사례를 검토함으로써 잘 드러날 것이다.
말하자면 페미니즘 운동 자체를 그가 어떻게 다루고 있는지를 생각
해 보면 잘 드러날 것이다. 그는 이 주제에 대해 「여성의 시간」[35]이

---

34 버틀러가 이 점을 지적하고 있다. "The Body Politics of Julia Kristeva".
35 "Women's Time". *The Kristeva Reader*(ed. Toril Moi)에 재수록되었다.

라는 글에서 가장 직접적으로 말하고 있다. 이 논문을 통해 크리스
테바는 페미니즘 진영에 아주 널리 알려지게 된다. 여기서 그는 페
미니즘 운동을 세 가지 '세대'로 구분한다. 첫째, 평등주의적이고 개
혁지향적인 휴머니즘적 페미니즘은 공적 영역에 대한 여성의 완전
한 참여 확보를 목표로 한다. 1세대 페미니즘은 시몬 드 보부아르
로 가장 잘 전형화되는 페미니즘이다. 둘째는 문화지향적인 여성중
심적 페미니즘으로, 비남성으로 정의되는 여성적이고 성적이고 상
징적인 특수성의 표현을 강화하는 걸 목표로 삼는다. 이런 페미니
즘은 여성적 글쓰기, 여성으로서 말하기의 주창자들에 의해서 대표된
다. 마지막으로, 크리스테바 자신이 스스로 주창한 페미니즘의 브
랜드다. 내 입장에서 볼 때 이것은 사실상 후-페미니즘과 다를 바
없는, 철저하게 유명론적·반본질주의적 접근법의 페미니즘으로,
'여성'은 존재하지 않으며 집단적인 정체성은 위험한 허구임을 강조
한다.[36]

이런 범주화가 보여 주는 명백히 삼분법적인 특징에도 불구하
고 페미니즘에 관한 크리스테바의 논리는 깊숙이 보면 그의 이분법
적인 패턴에 하나를 더 첨가한 것과 다르지 않다. 일단 첫째, 페미
니즘에서 평등주의적인 휴머니즘적 계기는 이 그림에서 탈락된다.
왜냐하면 크리스테바는 평등주의적 휴머니즘으로써 페미니즘 프로
그램이 이미 성취되었다고 잘못된 가정을 하기 때문이다. 따라서
그는 결국 오직 두 '세대'의 페미니즘에만 관심을 갖는다. 여기에 덧
붙여, 여성중심적 페미니즘에 관한 그의 명백한 비판에도 불구하고
그의 사상은 암묵적으로 그 한 부분을 차지한 흔적이 있다. 내 말
은, 크리스테바의 유사생물학주의가 여성의 여성성을 모성과 본질

36 나는 '휴머니즘적 페미니즘' 그리고 '여성중심적 페미니즘'이라는 이 용어들을
아이리스 영에게서 빌려 왔다. Iris Young, "Humanism, Gynocentrism and Feminist
Politics", Young, *Throwing Like a Girl and Other Essays in Feminist Philosophy and Social
Theory*, Bloomington: Indiana University Press, 1990. '유명론적 페미니즘'이라는 용어는
린다 알코프에게서 빌려 왔다. Linda Alcoff, "Cultural Feminism versus Poststructuralism:
The Identity Crisis in Feminist Theory", *Signs: Journal of Women in Culture and Society* 13:3,
Spring 1988, pp.405~436.

적으로 동일한 것으로 간주한다는 뜻이다. 그에게 모성은 여성이 남자와는 달리 전-오이디푸스적이고 기호계적인 잔재와 접촉하는 방식이다.(남성은 아방가르드 시를 씀으로써 그와 접촉할 수 있다.) 여기서 크리스테바는 모성성을 탈역사화하고 심리화하며 수정(受 精), 임신, 출생, 간호, 양육을 융합함으로써 그 모든 것으로부터 사 회정치적 맥락을 추상화하고 여성성에 관한 자신의 본질주의적인 전형을 내세운다. 하지만 그런 다음 그는 자신의 이론을 뒤집고 자 기 구조물로부터 물러나서 '여성'은 아예 존재하지 않으며, 여성적 정체성은 허구이고 따라서 페미니즘 운동은 종교적이고 원형적인 전체주의라고 주장한다. 따라서 페미니즘에 관한 크리스테바적 사 유의 전반적인 패턴은 첨가적이고 이분법적이다. 그는 본질주의에 따른 여성중심적 계기를 반본질주의에 의한 유명론적 계기로 교체 하면서 끝낸다. 즉, 비역사적이고 미분화된 모성적인 여성 젠더정 체성의 계기와 여성의 정체성 자체를 완전히 부인하는 계기를 서로 교체하며 논의를 마무리한다.

페미니즘과 관련해서 볼 때 크리스테바는 우리를 여성중심적·유물론적 본질주의자의 퇴행적 버전과 후-페미니즘적인 반본질주의 사이에서 오락가락하도록 내버려 둔다. 이 두 가지 버전 중 어느 것도 페미니즘 이론화에 도움이 되지 못한다. 데니즈 라일리의 용어로 말하자면, 전자는 개념정의상 우리를 모성적인 존재로 만듦으로써 과잉여성화한다. 후자는 개념정의상 '여성'은 존재하지 않는다고 고집함으로써 그리고 페미니즘 운동을 원형적인 전체주의 풍의 허구로 일축해 버림으로써 우리를 과소여성화한다.[37] 게다가 이 양자를 단순히 결합한다고 해서 양자의 한계를 극복할 수 있는 것은 아니다. 오히려 반대로 또 다른 '악무한'을 구성하게 된다. 이렇게 볼 때 다른 것은 전혀 손대지 않고 단지 구조주의의 추상적 부정성

---

37 '과소여성화'와 '과잉여성화'라는 용어에 관해서는 다음을 참조할 것. Denise Riley, *Am I That Name?*. 집단적 해방운동을 '전체주의'와 같은 것으로 연결한 크리스테바의 등식에 대한 유용한 비판은 다음을 참조할 것. Ann Rosalind Jones, "Julia Kristeva on Femininity: The Limits of a Semiotic Politics", *Feminist Review* 18, 1984, pp.56~73.

을 구조주의 모델에 그대로 접합하는 접근법은 페미니즘 이론화에
제한적인 유용성밖에 없는 것으로 재입증된다.

4. 결론

내가 전체적으로 가장 강조한 것, 즉 페미니즘 이론화를 위해서는
언어에 관한 구조주의적인 접근보다 화용론이 훨씬 유용하다는 점
이 앞의 설명들을 통해 제법 생생한 설득력을 갖게 되었기를 바란
다. 화용론 모델의 장점을 또다시 열거하는 대신 화용론이 페미니즘
이론화에 특별한 용도가 있음을 밝히는 것으로 마무리를 하겠다.

내가 주장했다시피 화용론 모델은 의사소통의 사회적 맥락과
사회적 실천을 고집한다. 그리고 역사적으로 변화하는 담론 공간과
실천의 복수성을 연구한다. 결과적으로 화용론은 사회적 정체성을
복합적이고 변화하며 담론적으로 구성되는 것으로 사고할 수 있는
가능성을 우리에게 제공한다. 또한 내게 이런 접근법은 크리스테바
가 부딪힌 이론적 난관을 피하기 위한 최선의 희망을 주는 것 같다.
이처럼 복합적이고 변화하며 담론적으로 구성된 사회적 정체성은
한편으론 물화되고 본질주의적인 젠더정체성 개념에 대해 대안을
제공하고, 다른 한편으로는 단순한 부정과 정체성의 해체에 대안을
제공한다. 이렇게 볼 때 화용론 모델은 본질주의와 유명론이라는
쌍둥이 함정 사이에서, 그리고 여성성의 전형 아래 여성의 사회적
정체성을 물화하는 함정과 여성성을 철저히 해체해 무화하고 망각
하게 만드는 함정 사이에서 안전하게 항해하도록 해 준다.[38] 따라서
나는 담론에 관한 화용론 개념의 도움을 받음으로써 우리가 후-페
미니스트가 되지 않더라도 본질주의에 관한 비판을 수용할 수 있다
고 주장한다. 이것이 내게는 엄청난 도움이 될 것 같다. 왜냐하면
우리가 후-가부장제를 당연한 것으로 논의할 수 있게 될 때까지는
후-페미니즘을 거론할 시기가 아니라고 보기 때문이다.[39]

---

38 이 점에 관해서는 다음을 참조할 것. Nancy Fraser & Linda J. Nicholson, "Social
Criticism without Philosophy: An Encounter between Feminism & Postmodernism",
Feminism/Postmodernism, ed. Nicholson, New York: Routledge, 1993.

39 이 구절은 토릴 모이(Toril Moi)에게서 빌려 왔다. 그는 '위기의 수렴: 이론의 역사에 관한 서사'라는 제목의 컨퍼런스("Convergence in Crisis: Narratives of the History of Theory", Duke University, September 24~27, 1987)에서 다른 맥락으로 이렇게 발언했다.

6

인정의 시대 페미니즘 정치

젠더정의에 관한 이차원적 접근

페미니즘 이론은 시대정신을 따르는 경향이 있다. 1970년대 제2물결 페미니즘이 신좌파로부터 출현했을 때, 젠더에 관해 가장 영향력 있는 이론들은 여전히 마르크스주의의 잠재적 영향 아래 있었다. 계급 분석에 공감하든 그와 반목하든 간에, 이 이론들은 젠더관계를 정치경제의 영토에 위치하게 했으며 나아가 정치경제의 영토를 가사노동, 재생산, 섹슈얼리티까지 포괄하도록 확장하고자 했다. 그로부터 얼마 지나지 않아 노동중심 패러다임의 한계에 시달리게 되면서 페미니즘 이론화의 또 다른 흐름이 정신분석과의 대화를 통해 출현했다. 영어권 세계에서 대상관계 이론가들은 젠더를 '정체성'으로 개념화하기 시작했다. 한편 유럽대륙에서 라캉주의자들은 '젠더관계'라는 용어가 지나치게 사회학적이라는 이유로 거부하고 그것을 '성차'(sexual difference)라는 개념으로 바꿔 놓았다. 라캉주의자들은 주체성 및 상징질서와 관련하여 성차를 개념화했다. 어느 이론이든지 처음부터 마르크스주의 그 자체를 대체할 의도는 없었다. 오히려 두 흐름 모두 자신의 이론이야말로 조잡한 경제결정론으로 흔히 빠져들던 유물론적 패러다임을 풍부하고 깊이 있게 해줄 것으로 보았다. 하지만 1990년대에 이르자 많은 사람의 뇌리에 신좌파는 오직 기억으로 남아 있을 따름이었고 마르크스주의는 죽은 문자처럼 보였다. 그런 맥락에서 마르크스주의의 적실성을 전제로 하고 출발했던 사상노선들은 또 다른 가치(valence)를 취하게 된다. 마르크스주의로부터의 대규모 이탈 사태에 합류하게 된 대다수 페미니즘 이론가는 '문화주의적 선회'를 선택했다. 끈기 있게 저항한 소수를 제외하면, 심지어 정신분석학을 거부했던 페미니즘 이론가들마저 젠더를 정체성이나 '문화적 구성물'로 이해하기에 이르렀다. 따라서 오늘날 젠더이론은 주로 문화연구의 한 분야가 돼 있다. 그런 만큼 마르크스주의와의 역사적 연계는 완전히 상실된 것까지는 아닐지라도 연결의 끈이 점점 더 희미해지고 있다. 말하자면 사회이론, 더 전반적으로는 정치경제와의 끈이 희미해지고 있다.

언제나 그런 것처럼, 이론의 성패는 정치의 성패에 달렸다. 과거 30년에 걸친, 노동중심적 유사마르크스주의에 바탕을 두는 젠더이해에서 문화적 정체성에 바탕을 두는 젠더이해로의 이동은 페미니즘 정치의 변동과 병행하여 진행되었다. 반면 68세대는 그중에서도 노동의 성별분업을 폐기하기 위해 정치경제를 재구성하고자 했으며 그 후속 세대 페미니스트들은 물질적 목표가 아닌 다른 것을 공식화했다. 예를 들어 상당수의 페미니스트가 성차의 인정을 추구한 반면, 또 다른 페미니스트들은 여성성과 남성성 사이의 범주적 이항대립을 해체하는 데 주력했다. 그 결과 페미니즘 정치의 무게중심이 이동했다. 일단 노동과 폭력을 중심으로 하게 되면서 최근 들어 젠더투쟁은 점차적으로 정체성과 재현에 집중하게 되었다. 그 결과 사회투쟁은 문화투쟁에 종속되었으며 분배의 정치는 인정의 정치에 종속되었다. 이 또한 본래의 의도가 아니었다. 오히려 문화주의 페미니스트와 해체론자 들은 다 같이 페미니즘 문화정치가 사회적 평등을 위한 투쟁에 시너지를 낼 것으로 가정했다. 하지만 그런 가정 또한 시대정신에 희생되고 말았다. '네트워크 사회'에서, 인정으로 방향을 선회한 페미니스트들은 다른 것도 아니고 사회적 기억 억압의 헤게모니를 장악한 신자유주의 기획과 안성맞춤으로 맞아떨어졌다.[1]

물론 페미니스트들만이 유독 이런 궤도로 들어간 것은 아니다. 또 이와 반대로 젠더이론에 관한 최근의 역사는 정치적 요구생산

---

1 이런 주장에 대한 자세한 설명을 보려면 이 책의 9장 「페미니즘과 자본주의, 역사의 간계」와 10장 「시장화와 사회보호 사이에서」를 참조할 것.

(claims-making) 문법에 초래된 폭넓은 변화를 반영했다. 한편에
선 인정투쟁이 도처에서 터져 나왔다. 우리는 다문화주의, 인권, 민
족자결을 얻기 위한 전쟁을 도처에서 목격하게 되었다. 다른 한편
에서는 평등한 분배를 위한 투쟁이 상대적으로 쇠퇴하면서 노조가
약해지고 노동당과 사회당이 '제3의 길'을 선택하는 것을 목격하고
있다. 그 결과는 비극적인 역사의 아이러니다. 분배에서 인정으로
의 이동은 미국이 주도하는 공격적인 글로벌화 자본주의가 경제적
불평등을 가중하는 방향으로 진행되던 바로 그때 동시에 일어났
다.[2]

　따라서 페미니스트들에게 이런 변화는 이중구속이었다. 한편
으로 인정으로의 방향 전환은 젠더투쟁과 젠더정의에 대한 새로운
이해의 폭을 확장했다. 젠더정의가 더 이상 분배의 문제에 국한되
지 않게 됨에 따라 이제 그것은 재현, 정체성, 차이의 문제까지 포
괄하게 된다. 노동분업에 근거한다기보단 문화적 가치의 남성중심
주의적 패턴에 근거하고 있는 유해한 요소들의 개념화에 어려움을
겪고 있던 페미니스트들에게, 인정으로의 전환은 환원론적인 경제
적 패러다임을 넘어서는 주요한 진전이었다. 하지만 다른 한편으로
페미니즘 인정투쟁이 더 이상 평등한 분배를 위한 투쟁을 심화하고
풍부하게 하는 데 복무하지 못한다는 점 또한 분명해졌다. 신자유
주의가 부상하는 가운데 인정투쟁이 분배투쟁을 오히려 대체하는
데 이바지할 수도 있었다. 분배와 인정 모두를 포괄하는 폭넓고 풍
부한 패러다임에 이르는 대신 우리는 하나에서 갈라져 나온 한 가지
패러다임을 다른 패러다임으로 바꿔 버렸는지도 모른다. 말하자면,
갈라져 나온 한 축인 경제주의를 갈라져 나온 또 다른 축인 문화주

　2　좀 더 자세한 논의를 보려면 다음을 참조할 것. Nancy Fraser, "From
Redistribution to Recognition? Dilemmas of Justice in a 'Postsocialist' Age", *New Left
Review* 212, 1995, pp.68~93(Fraser, *Justice Interruptus: Critical Reflections on the
"Postsocialist" Condition*, New York: Routledge, 1997에 재수록되었다); Fraser, "Social
Justice in the Age of Identity Politics: Redistribution, Recognition, and Participation",
Nancy Fraser & Axel Honneth, *Redistribution, or Recognition? A Political-Philosophical
Exchange*, London: Verso Books, 2003.

의로 대체했는지도 모른다. 그 결과는 복합적이면서도 불균등한 발전의 전형적 사례라 할 수 있다. 인정의 축에 기초한 최근의 페미니즘이 챙긴 놀랄 만한 이득은 분배의 축에 기초한 페미니즘이 입은 손실―완전한 손실은 아닐지라도―과 진보 지체에 거의 맞먹는다.

　이것이 내가 읽어 낸 페미니즘의 현재 추세다. 그다음으로 나는 이런 진단에 해당하는 젠더이론과 페미니즘 정치의 접근법을 개괄하고 그것이 현실화되는 것을 방지하고자 한다. 여기서 나는 그것을 네 가지로 나눠서 설명하겠다. 첫째, 전 범위에 걸친 페미니즘의 관심사를 충분히 포괄할 수 있는 폭넓은 젠더분석을 제안할 것이다. 이것은 문화주의로 선회한 페미니즘뿐만 아니라 오래된 사회주의 페미니즘에서도 핵심적인 관심사가 될 것이다. 둘째, 이런 분석을 보완하기 위해 나는 분배와 인정 모두를 포괄할 수 있도록 그에 상응하는 광범한 정의의 개념을 제안할 것이다. 셋째, 분배와 시너지를 낼 수 있는 인정에 대한 비정체성주의적인 설명을 제안할 것이다. 마지막으로 넷째, 불평등 분배(maldistribution)와 불인정(misrecognition)을 시정할 수 있는 제도개혁을 구상하려고 할 때 발생하는 현실적인 문제들을 검토할 것이다. 네 가지 섹션 모두에서 나는 오로지 젠더에만 집중하는 페미니즘 접근법과는 결별한다. 차라리 나는 젠더투쟁을 사회적 구별짓기(differentiation)의 다양한 축을 가로질러 민주주의적인 정의를 제도화하려는 광범한 정치적 기획 가운데 하나로 자리 매길 것이다.

1. 젠더: 이차원적 개념

페미니즘 문제 틀 사이의 분열을 피하고 부지불식간에 신자유주의와 공모하는 것을 방지하기 위해, 오늘날 페미니즘은 젠더개념을 다시 한 번 논의할 필요가 있다. 여기서 필요한 것은 범위와 폭이 넓은 개념화다. 그런 개념화는 적어도 두 가지 형태의 관심을 수용할 수 있기 때문이다. 한편으로 사회주의 페미니즘으로 연상되는 노동중심 문제 틀을 통합해야 하며, 다른 한편으로 페미니즘 이론화에서 '후-마르크스주의'로 상정되는 문화중심 문제 틀을 수용할 공간이 있어야 한다. 이 두 가지 문제 틀을 상호배타적인 안티테제로 설정하는 분파주의적 공식을 거부함으로써 페미니즘은 양자의 관심사 모두를 포괄하는 젠더이론을 발전시킬 필요가 있다. 앞으로 보게 되겠지만, 이런 젠더이론은 정치경제의 젠더화된 특성과 문화적 질서의 남성중심주의 양자 모두를 이론화할 필요가 있으며, 이들 중 어느 하나를 다른 하나로 환원하지 말아야 한다. 그와 동시에 성차별주의의 구별되는 두 가지 특징 또한 이론화할 필요가 있다. 하나가 분배에 집중한다면 다른 하나는 인정에 집중한다. 그 결과 이차원적 젠더 개념화가 형성될 것이다. 오직 그런 개념만이 우리 시대에 활기찬 페미니즘 정치를 뒷받침할 수 있다.

그렇다면 설명을 시작해 보자. 내가 제안하는 접근법은 젠더를 두 갈래로 보기를 요구한다. 말하자면 두 가지 다른 렌즈를 통해 동시적으로 보자는 것이다. 하나의 렌즈를 통해서 보면 젠더는 계급과 친연성이 있다. 다른 하나의 렌즈를 통해서 보면 젠더는 지위와 더 밀접한 관련이 있다. 각각의 렌즈는 여성의 종속에 관한 중요한 측면에 집중하도록 해 준다. 하지만 각각의 렌즈 하나만으로는 결코 충분하지 않다. (여성의 종속현상에 대한) 충분한 이해는 두 개의 렌즈가 서로 겹쳐질 때 비로소 가능해진다. 두 렌즈가 겹쳐지는 지점에서 젠더는 사회질서의 두 가지 차원에 걸친 범주화 축으로 출현하게 된다. 말하자면 분배의 차원과 인정의 차원이라는 이차원적인 범주화 축으로 나타난다.

분배의 관점에서 보면 젠더는 사회의 경제적 구조에 근거하고 있는 계급과 유사한 차별화 형태로 나타난다. 노동분업을 조직하는 기본적인 원리로서 젠더는 임금지불 '생산'노동과 무임금 '재생산' 가사노동 사이를 가르는 근본적인 분업의 기초가 된다. 그리하여 여성들에게 재생산노동과 가사노동의 일차적인 책임을 할당한다. 젠더는 또한 임금노동 안에서의 분화를 조직한다. 즉 고임금 남성주도적 제조업과 전문직업, 그리고 저임금 여성주도적 '핑크칼라'와 가사도우미 직업 사이를 가르는 임금분화의 구성요소가 된다. 그 결과 젠더특성에 따른 분배 부정의(不正義) 형태를 초래하는 경제구조가 형성된다.

　반면 인정의 관점에서 보면, 젠더는 사회의 지위질서에 근거하고 있는 지위 차별화 형태로 나타난다. 젠더는 해석과 평가에 만연한 문화적 패턴을 코드화하는데, 이런 패턴들은 지위질서 전체에 핵심적이다. 그렇게 하여 남성성으로 연상되는 특질에 특권을 부여하는 젠더 부정의의 주요한 특징, 남성중심주의가 출현한다. 반면 단지 여성이 아니라 패러다임상 '여성적인 것'으로 코드화된 모든 것은 평가절하된다. 널리 스며들어 제도화된 남성중심적 가치 패턴은 사회적 상호작용을 광범하게 구조화한다. 수많은 법(가족법과 형법을 포함해)의 영역에서 명시적으로 법전화된 남성중심적인 가치 패턴은 사생활, 자율성, 자기방어, 평등의 법적 구성에 영향을 미친다. 이것은 또한 많은 정부정책(출산, 이민, 정신의료 정책을 포함해)의 영역에 단단히 자리하고 있으며, 표준화된 직업관행(의학과 심리치료를 포함해) 영역에 견고하게 자리 잡고 있다. 남성중심적인 가치 패턴은 또한 대중문화와 일상생활에서의 상호작용에 스며들어 있다. 결과적으로 여성은 젠더특성에 따른 지위종속 형태, 즉 성희롱, 성폭력, 가정폭력 등에 시달리게 된다. 여성은 또한 대중매체에서 상투화된 묘사를 통해 무시당하고 대상화되고 멸시당한다. 일상생활에서는 경멸당한다. 공적 영역과 정치적 심의체에서는 배제되거나 주변화된다. 시민권의 평등한 보호와 완전한 권리를 부인당한다. 이런 피해는 인정을 부정하는 부정이다. 이런 피해들은 정치경제와는 비교적 무관하며 단지 '상부구조적'인 것이 아니다. 이렇게 본다면 이런 것들은 분배 하나만으로는 극복할 수 없으며 독립적으로 첨가된, 인정이라는 치유가 요청된다.

　이 두 가지 관점을 결합할 때 젠더는 이차원적 범주로 부상한다. 젠더는 분배의 영역 안에서 나타난 정치경제적 얼굴, 그와 동시에 인정의 영역 안에서 초래된 문화적·담론적 얼굴 양자 모두를 포함한다. 게다가 둘 중 어느 것도 다른 하나의 간접적인 효과로 출현하는 게 아니다. 분배 차원과 인정 차원이 상호작용하는 것은 분명하다. 하지만 젠더 간의 부적절한 분배가 단지 지위 위계질서의 부산물은 아니다. 젠더 불인정이 전적으로 경제구조의 부산물도 아니다. 그보다 각각의 차원은 서로 간에 비교적 독립적이다. 어떤 경우든지 젠더 부정의를 바로잡으려면, 현대사회의 지위질서와 경제적 구조 모두의 변화가 요청된다. 둘 중 어느 하나만으로는 결코 충분하지 않을 것이다.

젠더의 이차원적 특징으로 볼 때 분배의 정치와 인정의 정치 사이에서 양자택일하겠다는 생각은 막대한 장애요인이 된다. 양자택일의 관점은 여성이 계급과 사회적 지위집단 양쪽 모두가 아니라 어느 한쪽에만 속한다고 가정하는 것이다. 따라서 치유책 또한 양자 모두가 아니라 분배 아니면 인정 중 하나가 된다. 앞으로 보게되겠지만 젠더는 잘못된 이항대립을 송두리째 깨뜨린다. 여기서 우리는 지위와 계급 양자로 구성된 범주와 만나게 된다. 젠더 '차이'는 경제적 차등뿐만 아니라 문화적 가치의 제도화된 패턴으로써 동시적으로 구성되며, 성차별주의의 근본인 부정의와 불인정 양자 모두로 구성될 수 있다. 페미니즘 정치에서 이것이 의미하는 바는 명백하다. 여성의 종속과 투쟁하려면 분배의 정치와 인정의 정치를 결합한 접근법이 요청된다.[3]

2. 참여동수로서 젠더정의

그와 같은 접근법을 발전시키려면 정의의 개념이 젠더에 관한 앞의 관점만큼이나 폭넓고 포용력이 있어야 한다. 그런 개념은 또한 적어도 두 가지 관심사를 수용해야 한다. 한편으론 전통적인 분배정

---

3   이렇게 볼 때 더구나 젠더는 특이한 것이 아니다. '인종' 또한 지위와 계급의 복합물로서 이차원적인 범주다. 계급 또한 정통 경제중심적 이론과는 반대로 이차원적으로 접근할 때 가장 잘 이해될 수 있다. 심지어 섹슈얼리티도 이차원적이다. 섹슈얼리티는 얼핏 보면 순수한 인정의 전형적인 패러다임 사례처럼 보이지만 부인할 수 없는 경제적 차원을 가지고 있다. 이렇게 본다면 실제 세계의 모든 부정의의 축은 이차원적인 것으로 드러난다고 해도 무리가 아니다. 사실상 모든 영역에 불평등 분배와 불인정의 형태가 스며들어 있어서, 이 부정의들 가운데 어떤 것도 완전히 간접적으로 시정될 수는 없으며, 각각의 차원은 실제적인 관심을 요구한다. 따라서 터놓고 말하자면 부정의를 극복하려는 모든 경우에 분배와 인정 양자 모두가 요구된다. 이 점에 관한 좀 더 자세한 논의를 보려면 다음을 참조할 것. Nancy Fraser, "Social Justice in the Age of Identity Politics".

의라는 관심사, 특히 가난, 착취, 불평등, 계급차별 같은 것들을 포괄해야 한다. 그와 동시에 인정의 관심사, 다시 말해 무례함, 문화적 제국주의, 지위 위계질서의 문제 등을 포괄해야 한다. 정의를 상호양립 불가능한 것으로 보고 분배와 인정을 분파주의적인 공식으로 이해하기를 거부함으로써 이 개념은 양자 모두를 수용해야만 한다. 앞으로 보게 되겠지만, 이는 어느 한쪽으로 서로를 환원하지 않으면서도 공통의 규범적 기준을 참조함으로써 불평등 분배와 불인정을 이론화한다는 뜻이다. 다시 한 번 그 결과는 이차원적인 정의의 개념이 될 것이다. 오직 그와 같은 개념화만이 성차별적 부정의의 심각성을 충분히 이해할 수 있도록 해 준다.

내가 제안한 정의의 개념은 **참여동수**(parity of participation) 원칙을 핵심으로 한다. 이 원칙에 따르면 정의는 한 사회를 이루는 모든 (성인)구성원이 서로 대등하게 상호작용할 수 있도록 해 주는 사회적 장치를 요구한다. 참여동수가 가능하려면 적어도 두 가지 조건이 충족되어야 한다. 첫째, 물질적 자원의 분배는 참여자들의 독립성과 '목소리'를 보장해 줄 수 있을 정도가 되어야 한다. 이와 같은 '객관적' 조건이 참여동수를 방해하는 경제적 의존과 불평등의 형태와 수준을 없애 주어야 한다. 따라서 박탈, 착취, 부와 소득과 여가시간의 엄청난 격차를 제도화하는 사회적 장치 또한 제거되어야 한다. 그럼으로써 특정한 일부 사람들만이 서로 대등하게 상호작용할 수단과 기회를 갖는 게 아니도록 해야 한다. 이와는 대조적으로 해방적 동수를 위한 두 번째 조건은 '상호주체성'이다. 이는 문화적 가치의 제도화된 패턴이 모든 참여자에게 똑같이 존중을 드러내고, 사회적 존중을 받을 수 있는 동등한 기회를 보장해 주도록 요청하는 것이다. 이는 특정한 범주의 사람들을 조직적으로 평가절하하고 그런 범주와 연결된 특성을 폄하하는 제도화된 가치 패턴을 제거해야 한다는 조건이다. 따라서 사회적 상호작용 시 일부 사람들에게는 완전한 파트너로서의 지위를 인정하지 않는 식의 제도화된 가치 패턴은 배제되어야 한다. 그것이 '차이'로 묘사된 지나친 부담 탓이든, 그들의 특수성을 인정하지 않음으로써 초래된 것이든 말이다.

이 두 가지 조건 모두 참여동수에 반드시 필요하다. 그중 어느 하나만으로는 충분하지 않다. 첫 번째 조건은 전통적으로 분배적 정의이론과 관련된 관심사에 집중한다. 그중에서도 특히 사회의 경제구조와 경제적으로 정의된 계급차별화와 관련된 관심사에 주목한다. 두 번째 조건은 최근 들어 인정의 철학에서 조명한 관심사에 집중한다. 그 가운데서도 특히 사회적 지위의 위계질서와 문화적으로 정의된 지위의 위계질서에 관련된 관심사에 주목한다. 둘 중 어느 것도 단지 부차적인 것이 아니다. 오히려 각각의 조건은 서로 상당히 독립적이다. 이렇게 본다면 둘 중 하나를 배타적으로 변혁하고 나머지 하나를 부수적인 것으로 다루는 방법으로는 어느 것도 완전히 성취할 수 없다. 결과적으로 분배를 인정으로 환원하지 않고, 분배와 인정 모두 포괄하는 이차원적 정의의 개념이 출현하게 된다.[4]

이런 접근법은 앞서 제안한 젠더개념에 적합하다. 분배와 인정을 서로 환원될 수 없는 정의 차원으로 이해함으로써, 젠더종속을 초래한 계급과 지위 양 측면을 포괄하는 것으로 통상적인 정의의 개념을 확장한 것이다. 게다가 두 차원을 주요한 참여동수의 규범에 귀속시킴으로써, 젠더질서에 관한 정의를 평가할 단일한 규범적 기준이 주어진다. 사회의 경제적 구조가 여성들이 사회생활에 충분히 참여하는 데 필요한 자원을 부정한다면 그것은 성차별적인 불평등 분배를 제도화한 것이다. 그와 마찬가지로 사회의 지위질서가 여성들이 상호작용할 수 있는 완벽한 파트너가 되는 데 조금이라도 모자라다면 그 또한 성차별적인 불인정을 제도화한 것이다. 어느 경우든지 그 결과는 젠더질서를 도덕적으로 방어할 수 없게 한다.

그런 면에서 해방적 동수 규범은 두 가지 차원과 더불어 젠더 부정의를 밝혀내고 비판하는 데 이바지한다. 하지만 이런 기준은 또한 계급, 인종, 섹슈얼리티, 종족, 국적, 종교를 포함해 사회적 차

---

4   이보다 자세한 논의를 보려면 다음을 참조할 것. Nancy Fraser, "Social Justice in the Age of Identity Politics".

별화의 다른 축에도 적용된다. 불평등 분배든 불인정이든 간에, 하여간 하나의 축을 따름으로써 참여동수를 방해한다면 그 사회적 배치는 정의의 요구를 위반한 셈이다. 간략하게 살펴보겠지만, 이 규범은 오늘날 페미니스트들이 직면한 가장 해결하기 힘든 정치적 딜레마를 조정하는 기준이 되어 줄 것이다. 그 딜레마는 다양한 종속축의 상호교차점에서 발생한다. 종교적 소수자에 대한 부당한 처우 개선이 성차별주의를 해결하려는 노력과 정면충돌하는 경우를 예로 들 수 있다. 이 논문의 다음 절에서는 참여동수의 원칙이 이런 딜레마 해결에 어떻게 이바지하는지 보여 주겠다.

　첫째, '동수'라는 용어부터 분명히 해야겠다. 왜냐하면 최근 프랑스에서 사용되는 것과는 용법이 다르기 때문이다. 우선 프랑스에서 동수(parité)는 의회의 의석을 차지하기 위한 선거캠페인에서 여성이 선거인명부의 절반의 자리를 차지해야 한다는 법적 의무를 지칭한다. 따라서 이것은 선거 경선에서 젠더대표를 숫자상 엄격하게 동수로 한다는 뜻이다. 하지만 나에게 '동수'는 단지 숫자의 문제가 아니다. 그보다는 오히려 질적인 조건이며 남들과 동등한 조건이자 동등한 발판에 서서 상호작용할 수 있는 조건을 뜻한다. 그런 동등한 조건은 단지 숫자에 의해 보장되는 것이 아니다. 이 점을 우리는 과거의 공산주의 국가를 통해 이미 잘 알고 있다. 과거 일부 공산주의 국가들은 프랑스적 의미에서의 동수를 거의 달성했지만 내가 뜻하는 의미에서의 동수 달성과는 거리가 멀었다. 의회와 그 밖의 공적인 정치제도에서 나타나는 여성의 과소대표성은 대체로 사회생활에서 나타나는 여성 참여의 질적 격차를 분명히 보여 준다. 하지만 숫자상의 할당이 반드시 혹은 언제나 최선의 해결책인 것은 아니다. 이렇게 볼 때 내 개념은 참여동수를 보장하는 데 어느 정도의 대표가 필요하며 어느 수준의 평등이 필요하냐는 질문을 (민주주의적으로) 심사숙고하도록 열어 두고 있다.

　그 이유는 동수에 관한 내 입장과 프랑스식 입장 사이에 드러나는 두 번째 차이, 즉 범위에 관한 차이와 관련이 있다. 프랑스에서 동수에 관한 요구는 오직 일차원적 정의, 즉 인정의 차원에만 집중되어 있다. 따라서 여성이 정치생활에 충분히 참여하는 데 가장 주된 걸림돌이 되는 것은 정당구조에서 남성중심적인 가치의 위계이며 그에 대한 주된 치료는 여성이 선거인명부에서 절반의 자리를 차지하는 것이라고 규정하는 것처럼 보인다. 반면 내가 말하는 참여동수는 사회적 정의의 차원, 따라서 인정뿐만 아니라 분배의 차원 모두에 적용되어야 한다. 내 가정에 따르면 참여동수에 걸림돌일 수 있는(현재 종종 걸림돌인) 것은 불인정뿐만 아니라 불평등 분배다. 내가 보기에 정치적 대표에서 벌어진 젠더격차를 해결하는 데 필요한 것은 남성중심적인 가치의 위계질서를 탈제도화하는 것뿐만이 아니라 여성의 '이중교대'를 제거하기 위해 노동의 성별분업을 구조 조정하는 것이다. 이중교대는 여성이 정치생활에 충분히 참여하는 데 필요한 분배에 강력한 걸림돌로 작용하고 있기 때문이다.

그리고 세 번째 차이는 범위의 문제이기도 하지만 또 다른 의미에서의 차이이기도 하다. 프랑스에서 동수는 상호작용의 경합무대 하나에만 적용된다. 말하자면 의회에서 자리를 차지하기 위한 선거캠페인에서만 요청되는 것이다. 대조적으로 내가 이야기하는 동수는 사회생활 전체에 두루 적용되어야 한다. 그렇게 본다면 정의는 상호작용이 일어나는 다양한 경합무대에서 참여동수를 필요로 한다. 그런 경합무대에는 노동시장, 성적 관계, 가족생활, 공적영역, 시민사회의 자발적인 결사체 모두가 포함된다. 하지만 각각의 경합무대에서 참여는 제각기 다르다. 예를 들어 노동시장에의 참여는 성적인 관계나 시민사회에서의 참여와는 질적으로 상당히 다르다. 따라서 각각의 경기장에서 동수의 의미는 해당 참여의 종류에 따라 알맞게 재단되어야 한다. 양적인 것이든 그 밖의 어떤 것이든 간에 오직 하나의 공식만으로는 모든 사례를 결코 충분히 해결할 수 없다. 참여동수를 성취하기 위한 요구는 부분적으로 해당 사회적 상호작용의 성격에 달려 있다.

네 번째 핵심적인 차이는 또 다른 의미에서 범위와 관련이 있다. 프랑스에서 동수는 사회적 차별의 오직 한 축, 말하자면 젠더의 축에만 적용된다. 따라서 법은 젠더 이외의 요인으로 인해 종속적인 처지에 있는 사람들, 인종적·종족적 소수자나 종교적 소수자들의 비례대표를 의무화하지 않는다. 젠더 동수 옹호자들은 그러한 대표제도에 젠더가 끼치는 충격에는 관심이 전혀 없는 듯하다. 하지만 내가 보기에 정의는 사회적 차별화의 모든 주요한 축을 가로질러 참여동수를 요구해야 한다. 젠더뿐만 아니라 인종과 종족, 섹슈얼리티, 종교, 국적 같은 모든 주요한 범주의 축에 참여동수가 적용되어야 한다.[5] 다음 절에서 설명할 테지만, 내가 제안한 개혁은 복수적인 관점에서의 평가가 당연히 수반되어야 한다. 따라서 이런 개혁의 주창자들은 한 가지 격차를 시정하려고 시도한 수단이 다른 범주의 격차를 가중하는 것으로 끝날 수도 있다는 점을 반드시 고려해야 한다.[6]

전체적으로 볼 때, 참여동수로서의 정의에 관한 내 개념은 프랑스식 동수 개념보다는 훨씬 폭넓다. 프랑스식 동수와는 달리, 내가 제안한 동수는 두 가지 차원과 더불어 사회적 차별화를 이루는 다수의 축을 가로지르며 그 모든 사회적 장치에 대해 정의 평가에 필요한 규범적인 기준을 제공한다. 그런 만큼 그것은 지위정향적인 인정의 차원뿐만 아니라 계급과 유사한 분배의 차원을 포괄하는 젠더개념에 적절하게 부응하는 것이어야 한다.

3. 인정 다시 생각하기: 정체성의 정치를 넘어서

이제 페미니즘 정치를 위하여 이런 개념들이 함축하는 바를 한번 생각해 보겠다. 우선 인정의 정치로 시작해 보자. 통상적으로 인정의 정치는 정체성의 정치로 간주된다. 통상적인 관점에서 보자면,

---

5 이런 의미에서 나는 동수를 정당화하기 위해서 상당수의 프랑스 페미니즘 철학자가 환기했던 성차에 관한 본질주의적인 설명을 거부한다.

6 또한 다섯 번째 차이가 있는데, 이것은 양상에 관한 것이다. 프랑스 법은 실제적 참여의 동수를 의무화한다. 반면 내가 생각하는 도의적인 요구는 사회구성원들이 사회적 활동이나 상호작용을 하기로 선택한 경우에 동수의 가능성을 보장하라는 것이다. 사실 모든 사람이 활동에 실제로 참여하겠다고 요구하지는 않는다. 미국의 사례를 들어 보면, 아미시교도 같은 분리주의 집단은 거대사회로부터 동떨어져 발을 빼고 싶어할 완전한 자유가 있다. 하지만 그들은 자기 자녀가 아미시 공동체를 벗어나 주류 사회에 합류하고자 하는 경우, 사회적 참여와 사회적 능력 획득에 필요한 동수의 기회를 자녀에게서 빼앗을 수는 없다.

인정이 요구하는 것은 여성적인 젠더정체성이다. 불인정은 가부장
적인 문화로 인해 여성적 정체성이 폄하되고 그로 인해 여성의 자
아감이 훼손되는 것에서 기인한다. 이런 훼손을 시정하려면 페미니
즘적인 인정의 정치에 참여할 필요가 있다. 그런 정치는 여성성을
폄하하는 남성중심적 이미지로 인해 초래된 내면적인 자기혼란을
치유하는 것을 목표로 한다. 여성은 자기 스스로 만든 새로운 자기
재현을 선호하고 남성중심적 이미지가 만든 것을 거부해야 한다.
나아가 집단적 정체성을 재형성하고 사회 전체로부터 존중과 대접
을 받으려면 공개적으로 그런 이미지를 전시해야 한다. 그 결과가
성공적일 때 자신과 긍정적인 관계를 맺게 되고 '인정'받게 된다. 따
라서 이런 정체성 모델에 근거한 페미니즘적 인정의 정치는 정체성
의 정치다.

　이와 같은 정체성 모델이 성차별주의의 심리적 결과와 관련된
진정한 통찰을 포함하고 있다는 데는 의문의 여지가 없다. 하지만
내가 다른 지면에서 주장했다시피 이 모델에는 적어도 두 가지 결
함이 있다. 첫째, 여성성을 물화하고 종속과 얽혀 있는 다양한 축들
을 모호하게 만드는 경향이 있다. 결과적으로 이 모델은 종종 지배
적인 젠더전형을 재활용하는 한편, 분리주의와 정치적 올바름을 촉
진한다. 둘째, 정체성 모델은 성차별주의적 불인정을 독자적인 문
화적 훼손으로 취급한다. 결과적으로 이 모델은 성차별주의적인 불
인정과 불평등 분배 간의 연관성을 모호하게 만들고, 그로 인해 성
차별주의의 두 가지 측면과 동시에 투쟁하지 못하게 만든다.[7] 이런
이유로 인해 페미니스트들은 대안적인 접근을 필요로 한다.

　여기서 제안하는 젠더와 정의의 개념은 인정에 관한 대안적 페
미니즘 정치를 시사하고 있다. 이런 관점에서 볼 때 인정은 사회적
지위의 문제다. 인정이 요구하는 것은 여성적 정체성이 아니라 사회
적 상호작용에서 완전한 파트너가 되는 여성의 지위다. 따라서 불

7　정체성 모델에 관한 자세하고 충분한 논의를 보려면 다음을 참조할 것. Nancy
Fraser, "Rethinking Recognition: Overcoming Displacement and Reificaition in Cultural
Politics", *New Left Review* 3, May/June 2000, pp.107~120.

인정은 여성성의 폄하와 왜곡을 의미하지 않는다. 오히려 사회생활에서 대등한 자격으로 참여하는 데 방해가 되는 사회적 종속을 뜻한다. 이와 같은 부정의를 시정하려면 페미니즘적인 인정의 정치가 필요한 것은 분명하지만 그렇다고 해서 그것이 정체성의 정치여야 한다는 뜻은 아니다. 오히려 지위 모델에 기반하여 남성과 대등하게 참여할 수 있는, 사회의 완전한 구성원으로 여성의 지위를 확립함으로써 종속을 극복하고자 하는 정치를 의미한다.

그렇다면 설명을 해 보자. 지위 접근법에 따르면 여성의 상대적 입지에 영향을 미치는 제도화된 문화적 가치의 패턴을 검토해야 한다. 만약 그리고 언젠가 그런 패턴이 사회생활에서 여성을 남성과 동등하게 참여하게 함으로써 대등한 존재로 구성하게 된다면, 우리는 상호인정과 지위평등을 말할 수 있게 된다. 반대로 문화적 가치의 제도화된 패턴이 여성을 열등한 존재로 구성한다면, 말하자면 여성을 배제된 전적 타자이자 비가시적인 존재로 구성함으로써 사회적 상호작용에서 완전한 파트너로서는 부족한 존재로 만든다면, 우리는 성차별주의적인 불인정과 지위종속을 거론해야만 한다. 따라서 지위 모델에 바탕한 성차별주의적 불인정은 제도화된 문화적 가치를 통해 이어져 나가는 종속적인 사회관계다. 이런 불인정은 사회제도가 동등성을 방해하는 남성중심적인 규범에 따라 상호작용을 규제할 때 발생한다. 부부강간을 무시하는 형법, 싱글맘을 성적으로 무책임하고 밥이나 축내는 무위도식자로 낙인찍는 사회복지 프로그램도 그런 사례에 포함된다. 생식기 절단을 그 밖의 다른 것들처럼 '문화적 관행'으로 간주하는 정신의료 정책도 마찬가지다. 이들 각각의 사례에서 상호작용은 남성중심적인 문화적 가치 패턴에 의해서 규제받는다. 결과적으로 이들 사례에서, 남성과 대등하게 참여해야 할 상호작용에서 여성은 완전한 파트너로서의 지위를 인정받지 못한다.

따라서 지위와 관련해서 볼 때 불인정은 정의를 심각하게 위반하는 일이다. 어디서든 어떤 방식으로든 그런 일이 일어나게 되면, 인정에 대한 요청이 뒤따른다. 하지만 이것이 의미하는 바가 무엇인지 정확히 주목해야 한다. 여성성을 안정화하려는 것이 아니라 종속을 극복하려는 것이며, 사회생활에서 남성과 대등하게 상호작용할 수 있도록 함으로써 완전한 파트너로서 여성의 지위를 확립하기 위해 인정을 요구하는 것이다. 말하자면 젠더평등을 훼방하는 남성중심적인 가치 패턴을 탈제도화해 젠더평등을 강화하는 가치 패턴으로 대체하려는 것이다.[8]

전반적으로 지위 모델은 인정에 관한 비정체성주의 정치가 가능해지게 한다. 그런 정치를 분명 젠더에 적용할 수 있다. 하지만 이런 정치는 또한 인종, 섹슈얼리티, 종족, 국적, 종교를 포함한 종속의 다른 축들에도 적용된다. 결과적으로 이 모델은 종속의 축을 따라서 제기되었던 인정의 요구가 또 다른 축을 따라 제기되었던 요구와 충돌하는 사례를 페미니스트들이 판결하도록 해 준다.

페미니스트들이 특별한 관심을 갖고 있는 사례인 소수자 문화적 관행에 대한 인정의 요구 또한 젠더정의와 갈등을 초래하는 것처럼 보인다. 그런 사례의 경우 참여동수의 원칙은 두 번 적용되어야 한다. 한 번은 상호집단 차원에서 적용되어야 한다. 즉 소수 대 주류라는 상대적 위상에 관한 제도화된 문화적 가치 패턴의 효과를 평가해야 한다. 그런 다음 집단 내부 차원에서 인정을 요구하고 있는 소수자 관행의 내적인 효과를 평가하는 데에도 이 원칙이 적용되어야 한다. 종합해 보건대 이 두 가지 차원은 이중적 요구를 구성한다. 첫째, 요구자들은 우선 주류 문화적 규범의 제도화가 그들에게 참여동수의 기회를 인정해 주지 않고 있다는 점을 보여야 한다. 둘째, 그들이 추구하는 인정의 관행 스스로가 자기 집단의 구성원뿐만 아니라 다른 집단에 대한 참여동수 또한 부정하지 않는다는 점을 보여야 한다.

프랑스에서 '풀라르'(foulard, 히잡)를 둘러싸고 벌어진 논쟁을 한번 생각해 보자. 여기서 이슈는 무슬림 소녀들로 하여금 공립학교에서 히잡을 쓰지 못하도록 금지하는 정책이 종교적 소수자를 부

---

8 지위 모델에 관한 좀 더 자세한 설명을 보려면 다음을 참조할 것. Nancy Fraser, "Social Justice in the Age of Identity Politics".

당하게 대우하고 있다는 점이다. 이 경우 히잡 착용의 인정을 요구하는 사람들은 두 가지 요점을 분명히 해야 한다. 첫째, 히잡 착용 금지가 부당한 다수공동체주의를 구성하고 무슬림 소녀들에 대한 교육의 평등을 부인함을 보여야 한다. 둘째, 히잡 착용을 허용하는 대안적 정책이 무슬림 공동체 내부에서나 사회 전체적으로나 여성의 종속을 가중하지 않음을 보여야 한다. 프랑스 다수공동체주의와 관련된 첫 번째 요점은 그다지 어려움 없이 설정할 수 있다. 히잡과 유사한 사례에 해당하는 것이 기독교의 십자가인데, 공립학교에서 기독교 십자가 걸기는 금지하지 않기 때문이다. 이렇게 본다면 현재의 정책은 무슬림 시민의 평등한 지위를 부인한 것이다. 여성의 종속을 가중하는 문제와 관련된 두 번째 요점의 경우 첫 번째와는 달리 대단히 논쟁거리가 된다. 일부 공화주의자는 히잡이 여성종속의 표지이므로 국가의 인정을 허용해서는 안 된다고 주장한다. 하지만 일부 다문화주의자는 이런 해석을 반박하면서 오늘날 프랑스 무슬림 공동체가 보여 주는 히잡의 의미가 더 전반적인 젠더관계에서는 대단히 저항적이라는 주장에 가세한다. 즉 히잡 쓰기를 가부장제에 대한 명백한 순응으로 보는 건 이슬람에 대한 남성우월주의 권위자들의 해석에 완전히 동조하는 것이나 다름없으므로, 오히려 국가가 히잡 착용을 과도기적인 무슬림 정체성의 상징으로 간주해야 한다는 것이다. 히잡의 의미는 현재 그것이 프랑스 정체성에 대해 그러하듯이 도전적이며, 따라서 다문화사회에서 일어나는 트랜스문화적 상호작용의 결과로 받아들여야 한다는 것이다. 이런 관점에서 보자면 공립학교에서 히잡 착용을 허용하는 것이야말로 젠더 동수에서 멀어지는 것이 아니라 그것을 향해 나아가는 단계일 수 있다.

　내가 볼 때, 다문화주의자 쪽이 여기서 훨씬 강력한 주장을 펼치고 있다.(덧붙이자면 이것은 사실상 생식기 절단인 '여성할례'를 인정하라는 요구와 같은 사례가 아니다. 생식기 절단은 소녀들을 비롯한 여성이 누려야 할 성적 쾌감과 건강상의 평등을 분명히 부인하는 것이다.) 하지만 내가 여기서 강조하려는 것은 그 점이 아니다. 오히려 참여동수와 관련해 이 논쟁이 올바르게 터져 나왔다는 것이 핵심이다. 이것은 논쟁이 어디서 서로 합류해야 하는가를 정확히 보여 주는 지점이다. 참여동수는 인정(과 분배)에 대한 주장을 보증해 주는 적절한 기준이다. 이것은 젠더중심적인 주장과 종속의 여러 다양한 횡단 축을 중심으로 하는 주장들 사이에서 갈등을 판단하는 비정체성주의적 페미니즘 정치를 가능하게 해 준다.[9]

4. 페미니즘 정치에서 분배와 인정의 통합

이제 페미니즘 정치에 대한 더 폭넓은 함의로 돌아가 보자. 앞서 보았다시피 우리 시대의 페미니즘 정치는 분배의 정치와 인정의 정치를 결합한 이차원적인 것이어야 한다. 그와 같은 정치는 페미니즘 의제들이 서로 갈라져 나옴으로써 신자유주의와 공모하는 것을 막을 수 있다.

하지만 그와 같은 페미니즘 정치를 고안하는 것은 결코 쉽지 않다. 인정의 정치에 분배의 정치를 간단히 덧붙이는 것처럼 하나 더 얹어 놓는 것으로는 충분하지 않다. 그런 방식은 이 둘이 서로 분리된 영역을 차지하고 있는 두 가지 차원인 것처럼 취급하게 될 것이다. 하지만 분배와 인정은 사실상 서로 철저하게 얽혀 있다. 분배의 요구든 인정의 요구든 서로 고립된 섬처럼 분리된 것이 아니다. 분리되어 있기는커녕 오히려 양자는 의도치도 원하지도 않은 효과를 야기할 수 있을 정도로 서로 침해한다.

우선 첫째로 인정을 침해하면서 분배를 원하는 페미니스트들의 요구를 한번 생각해 보자. 예를 들어 여성의 빈곤을 완화하는 것

---

9   하지만 이런 기준은 의사결정 과정에서 독점적으로 적용할 수 있는 것이 아니다. 이런 기준은 공적인 논쟁의 민주적 절차를 통해 대화로 풀어 나가야 한다. 그런 논쟁에서 참여자들은 기존의 제도화된 문화적 가치 패턴이 참여동수를 방해하는지, 그리고 대안으로 제시된 제안이 그것을 오히려 강화하는지 논쟁한다. 이렇게 해서 참여동수는 공정한 경쟁의 어휘로서 그리고 정의 문제를 사유하는 개념으로서 이바지하게 된다. 더 강력한 장점을 들자면 그것은 공적 이성의 주요한 어휘를 재현하며, 분배와 인정 양자의 문제에 관한 민주적인 정치 논쟁을 이끄는 데 유리한 언어가 된다. 나는 이 문제를 「정체성 정치 시대의 사회정의」에서 논한 바 있다. Nancy Fraser, "Social Justice in the Age of Identity Politics".

을 목표로 하는 분배정책은 수령 대상자들에게 폐해로 작용할 지위를 내포한다. 예를 들어 특별히 '여성가장 가족'을 겨냥하는 공적 지원 프로그램은 '임금소득'에 비해 '자녀양육'이, '납세자'에 비해 '복지수령맘'이 가치가 없다고 암시한다.[10] 최악의 경우 싱글맘들을 성적으로 무책임한 무위도식자로 간주하면서 박탈의 상처에 불인정이라는 모욕의 소금을 뿌리기도 한다. 대체로 분배정책은 여성의 경제적 위치뿐만 아니라 지위와 정체성에 영향을 미친다. 성차별적인 부당한 분배를 개선하려고 노력한 끝에 성차별적인 불인정을 가속화하는 결말을 맞지 않으려면, 이것이 미치는 악영향을 면밀히 조사하고 화두로 삼아야 한다. 돌봄노동에 대한 문화적으로 만연한 남성중심적 평가절하로 인해 싱글맘 가족에 대한 지원을 '무위도식' 지원으로 왜곡할 때 분배정책은 성차별주의적인 불인정 효과를 초래하게 된다.[11] 이런 상황에서 분배를 위한 페미니스트들의 투쟁은 돌봄노동과 그 안에 각인된 여성적인 것으로 연상되는 가치들의 재평가를 목표로 하는 문화적 변화를 위한 페미니즘 투쟁과 합류하지 않는 한 성공할 수가 없다. 한마디로 인정 없이는 분배도 없다.

하지만 그 역도 마찬가지로 사실이다. 인정에 대한 페미니즘의 주장은 분배에 부정적 영향을 미치기도 한다. 남성중심적인 가치평가 패턴을 시정하려는 제안은 일부 여성에게 피해를 입힐 수 있는 경제적 힘을 함축하고 있다. 예를 들어 여성의 생식기 절단을 억제하려는, 위에서 아래로의 캠페인은 그런 경우에 해당하는 여성들의 경제적 위치에 부정적인 효과를 미칠 수도 있다. 말하자면 그들에게 대안적인 지원수단을 확보해 주지도 못하면서 그 여성들이 '결혼할 수 없는' 존재로 간주되게끔 만들 수도 있다. 마찬가지로 성매

10 Nancy Fraser, "Clintonism, Welfare, and the Antisocial Wage: The Emergence of a Neoliberal Political Imaginary", *Rethinking Marxism* 6:1, 1993, pp.9~23.
11 피부양 아동이 딸린 가족 지원(AFDC)의 사례가 이에 해당한다. AFDC는 미국에서 주요한 재산조사 결과에 따른 복지 프로그램이었다. 빈곤선 이하의 생활을 하는 싱글맘 가족들이 수령자 중 압도적인 비율을 차지한 이 AFDC는 1990년대에 인종주의, 성차별주의와 반복지 정서의 피뢰침이었다. 1997년 AFDC는 빈곤층에게 (약간의, 불충분한) 소득 지원을 보장해 주던 연방복지정책을 제거하는 방식으로 '혁신'(다른 말로 폐지)되었다.

매와 포르노그래피를 억제하려는 캠페인도 성노동자의 경제적 지위에 부정적인 영향을 미칠 수 있다. 또 미국에서 당사자 쌍방 책임을 묻지 않게 된 이혼개혁은 심지어 여성의 법적인 지위를 높여 주는 것임에도 불구하고 이혼한 여성에게 경제적인 피해를 줄 수 있다.[12] 그런 경우 성차별주의적 불인정을 개선하고자 했던 개혁은 성차별주의적 불평등 분배를 가중하는 것으로 끝났다. 게다가 인정 요구는 '그저 상징적인' 것으로 비난받는 경향이 있다. 경제적 지위에서 엄청난 격차가 벌어지는 맥락을 추적해 볼 때, 특수성 긍정을 목표로 하는 개혁은 공허한 제스처에 불과한 경향이 있다. 여성을 존중하도록 하는 인정의 형태와 마찬가지로 그런 개혁은 심각한 해악을 시정하기보다는 경멸한다. 그런 맥락에서 인정개혁은 분배투쟁과 협력하지 않는 한 성공할 수 없다. 간단히 말해 분배 없이는 인정도 없다.

여기서 도덕은 페미니즘 정치에 대해 두 갈래의 비전을 요구한다. 이것은 분석적으로 뚜렷이 구별되는 분배와 인정이라는 두 가지 렌즈로 사물을 동시에 보아야 한다는 뜻이다. 두 렌즈 중 어느 하나라도 염두에 두지 않는다면 하나를 다른 하나로 환원함으로써 왜곡하는 데 그치게 된다. 오로지 이 두 렌즈를 중첩한 관점만이 다른 차별들을 치유하는 과정에서 성차별주의의 차원을 강화하지 않을 수 있다.

이 모든 사례에서 필요한 것은 '동일노동 동일임금' 캠페인에서처럼 통합적으로 사고하는 것이다. 남성과 여성 간 소득 재분배에 대한 요구는 문화적 가치의 젠더코드화된 패턴을 변화시켜야 한다는 주장과 분명히 통합되어야 한다. 여기서 근본적인 전제는 분배와 인정의 젠더 부정의는 대단히 복잡하게 교직되어 있어서, 서로 완전히 독립적인 것으로 간주하는 한 어느 하나도 제대로 시정할

---

12 Lenore Weitzman, *The Divorce Revolution: The Unexpected Social Consequences for Women and Children in America*, New York: Free Press, 1985. 와이츠먼이 주장한 소득 상실의 정도는 논쟁거리가 되었다. 하지만 상당한 손실이 초래되었다는 사실만큼은 의심의 여지가 없다.

수 없다는 사실이다. 이렇게 볼 때 성별 임금격차를 줄이려는 노력이 전적으로 '경제적인' 것에만 머물러 있다면 충분히 성공할 수 없다. 그런 노력은 대체로 지식과 기술을 필요로 하지 않는, '여성의 일'로 간주되는 저임금 서비스 일자리로 관례화된 젠더의미에 도전하지 못하기 때문이다. 그와 마찬가지로 여성적인 것으로 코드화된 특징, 즉 상호적인 감수성과 양육의 가치를 재평가하려는 노력이 전적으로 '문화적인' 접근에 그친다면 충분히 성공할 수 없다. 왜냐하면 그런 노력은 이런 자질들을 의존이나 무력함으로 연결하는 구조적이고 경제적인 조건에 도전하지 못하기 때문이다. 바로 그 경제 영역(그리고 그 밖의 다른 영역) 안에서 '여성적인 것'의 문화적 저평가를 시정하고자 하는 접근법만이 의미 있는 재분배와 진정한 인정을 견인할 수 있다.

분배의 정치와 인정의 정치를 통합하기 위한 다른 전략들에 관해서는 다른 곳에서 논의해 왔다.[13] 여기서 나는 오늘날 젠더정의는 분배와 인정 양쪽 모두를 요구하며 그중 하나만으로는 결코 충분하지 않다는 전반적인 주장을 했다. 그렇기 때문에 나는 사회주의적 페미니즘의 관심사가 담론과 문화를 중심으로 하는 새로운 패러다임과 양립 불가능하다고 보는 주장을 반박해 왔다. 통상적인 분파주의가 초래한 맹목은 옆으로 밀쳐 두고, 나는 양 진영의 관심사 모두를 포괄할 수 있을 만큼 폭넓은 젠더, 정의, 인정의 개념화를 제안해 왔다. 이런 개념은 이차원적이다. 분배와 인정 모두를 포괄하는 개념은 여성의 종속에 관해 계급과 유사한 측면과 지위의 측면 양자 모두를 이해할 수 있게 해 준다.

여기서 제안한 개념들은 현재 국면에서 포괄적으로 진단한 것일 뿐만 아니라 잘 알려진 것이다. 다른 한편으로 나는 젠더가 페미니즘 기획을 복잡하게 만드는 방식으로 다른 종속의 축을 관통한다고 가정하면서, 그 결과로 초래된 딜레마를 해소할 수 있는 방법을 제시해 왔다. 특히 문화적·종교적 불인정을 시정하라는 요구가 성

---

13 특히 다음을 참조할 것. Nancy Fraser, "Social Justice in the Age of Identity Politics".

차별주의를 강화하는 것처럼 보이는 사례를 예로 들었다. 또 다른 한편 내 접근법은 요구생산의 문법이 '분배에서 인정으로' 거의 이동한 것과 관련하여 페미니즘 정치의 자리를 매겼다. 인정으로의 이동이 분배정의의 문제 프레임을 억압함으로써 신자유주의를 부추길 위험이 있는 지점에서, 나는 이차원의 정치적 방향을 제안해 왔다. 이는 마르크스주의의 통찰을 이어 나가면서도 문화주의적 선회로부터 배우는 접근 방식이다.

전반적으로 여기서 제안한 접근법은 우리 시대의 핵심적인 정치적 질문에 답하기 위한 개념적 자원을 제공한다. 그 두 가지 핵심적 질문은 다음과 같다. 페미니스트들은 분배와 인정을 통합하는 일관되고 계획적인 관점을 발전시킬 수 있는가? 그리고 사회주의적 비전에서 설득력 있는 최상의 것과, 외관상 '후-사회주의'적인 다문화주의의 비전에서 흥미롭고 옹호할 만한 것을 통합하는 프레임을 어떻게 발전시킬 것인가? 이런 질문을 제기하지 못하고 테제/반테제나 이것/저것 같은 그릇된 이분법에 집착하고 매달린다면, 우리는 여성종속을 초래하는 유사계급적 측면과 지위의 측면 양쪽을 시정할 사회적 배치에 대한 상상력을 포착해 내지 못할 것이다. 분배와 인정을 통일하는 통합된 접근법을 추구할 때라야만 우리는 모든 사람에게 요구되는 정의를 만족시킬 수 있을 것이다.

7

이성애중심주의, 불인정, 자본주의

주디스 버틀러에 대한 반론[*]

주디스 버틀러의 논문 「단지 문화적이라고?」[1]는 여러 의미에서 환영할 만한 글이다. 이 글은 너무 오랫동안 방치된 채 논의되지 못했던 사회이론상의 심오하고 중요한 질문으로 되돌아가게 한다. 또한 이런 질문에 관한 성찰과, 현재의 정치적 국면에서 곤경에 빠진 좌파에 대한 진단을 연결해 준다. 하지만 이 글에서 가장 중요한 점은 1970년대 마르크스주의와 사회주의 페미니즘에서 진정으로 가치 있는 것들을 찾아내고 회복하려는 버틀러의 헌신이다. 사실 현재의 지적·정치적 유행은 그와 같은 헌신적인 노력을 억압하는 데 공모하고 있다. 그의 관심사 중에서 본보기가 될 만한 것은 우리 시대 자본주의를 이해하기 위해 옹호할 만한 최근의 패러다임—담론분석, 문화연구, 후-구조주의를 포함해—과 마르크스주의, 사회주의 페미니즘의 패러다임에서 찾아낼 수 있는 최상의 통찰을 통합하려 하는 점이다. 버틀러의 이런 헌신은 나 역시 온 마음으로 함께하고 싶은 바다.

그럼에도 불구하고 나는 버틀러와 의견이 다르다. 생산적인 토론에 필수적이면서도 우리 두 사람 사이에서 가장 중요한 의견의 불일치가 드러나는 지점은 교정(reclamation)과 통합의 기획인데,

---

[*] 큰 도움이 된 논평을 해 준 로라 키프니스(Laura Kipnis)와 엘리 자레츠키에게 감사드린다.

[1] Judith Butler, "Merely Cultural", *Adding Insult to Injury: Nancy Fraser Debates Her Critics*, ed. Kevin Olson, London: Verso Books, 2008, pp.42~56.

우리 두 사람에게 공통된 이 기획을 정확히 어떻게 실현할 것인가 하는 지점에서 입장 차이가 분명히 드러난다. 우리는 지속 가능한 마르크스주의의 유산과 여전히 유효한 사회주의 페미니즘의 통찰이 정확히 무엇인가에 관해서도 의견이 갈린다. 또한 다양한 후-구조주의 사조의 장단점에 대한 평가에서도 각자 입장이 다르다. 그리고 유물론적 차원을 유지하는 사회이론의 가장 좋은 방법은 어떤 것인지에 관해서도 의견을 달리한다. 현대 자본주의의 성격에 관해서도 우리는 입장이 다르다.

이런 문제들에 관해 유익한 토론을 하기 위해, 나는 쓸데없이 혼란을 초래하는 논의들을 재빨리 제거하는 것에서부터 시작하고자 한다. 버틀러는 그가 '신보수주의 마르크스주의자'라 뭉뚱그려 부르면서 구체적인 이름을 언급하지 않은 채 비판했던 일군의 대화 상대들과 내 책『저지된 정의』에 관한 논의를 연결한다.[2] 신보수주의 마르크스주의자라고 호명된 이 집단에 대한 그의 비판이 가진 장점이 무엇이었든 간에—이 문제에 관해서는 나중에 다시 논의하겠다—내 책과 논쟁하기 위해 그런 프레임을 사용한 그의 전략은 부적절했다. 그렇지 않다는 그의 부인에도 불구하고, 독자들은 내가 게이와 레즈비언에 대한 억압을 '단지 문화적인 것'으로, 따라서 부차적이고 파생적이며 심지어 사소한 것으로 일축하는 신보수주의 마르크스주의자들과 입장을 함께한다는 잘못된 결론을 이끌어 낼지도 모르겠다. 독자들은 내가 성적 억압을 계급 억압보다 덜 근본적이고 덜 유물론적이며 덜 현실적인 것으로 간주하고, 그래서 노동자들의 착취 저항 투쟁에 이성애중심주의 저항 투쟁을 종속시키고 싶어한다고 생각할지도 모르겠다. '성적으로 보수적인 정통파' 마르크스주의와 똑같다고 여김으로써, 독자들은 내가 무슨 일이 있어도 좌파통합을 강제하고자 하고 따라서 좌파통합을 분열시키는 게이·레즈비언 운동을 심지어 정당치 못한 분파주의로 간주한다는 결론에 이를지도 모르겠다.

---

2   Nancy Fraser, *Justice Interruptus: Critical Reflections on the "Postsocialist Condition*, New York: Routledge, 1997.

나는 그런 주장과는 아무런 상관이 없다. 반대로『저지된 정의』에서 나는 계급의 정치로부터 소위 '정체성의 정치'를―사회주의적 좌파로부터 문화주의적 좌파를― 서로 분리하는 현재의 흐름이 후-사회주의적 조건의 특징이라고 분석했다.[3] 이런 분열을 극복하고 좌파의 통일전선을 위한 토대를 명료하게 마련하기 위해 나는 '상부구조'와 '하부구조', '일차적' 억압과 '부차적' 억압 같은 정통적인 구분을 피하면서 경제의 우선성에 도전하는 이론적 프레임을 제안했다. 이 과정에서 나는 이성애중심주의 억압의 개념적 불환원성과 게이·레즈비언 요구의 도덕적 합법성 양쪽 모두를 현실적 과제로 설정했다.

내 이론적 프레임의 핵심은 분배의 부정의와 인정의 부정의에 대한 규범적인 구분이다. 인정의 정치를 '단지 문화적이라고' 무시한 적이 없다. 내가 주장하고픈 요점은 이 두 가지 부정의를 똑같이 일차적이고 심각하며 현실적인 형태의 해악으로, 그래서 도덕적으로 옹호할 만한 사회질서라면 반드시 근절해 내야 할 해악으로 규정해야 한다는 것이다. 내가 보기에 인정하지 않는다는 것은 타인의 의식적인 태도나 정신적 신념을 단지 나쁘게 생각하거나 멸시하거나 무시하는 것이 아니다. 그것은 오히려 사회적 상호작용에서 대등한 파트너로서의 지위를 부인하고 사회생활에서 동등한 파트너로서 참여하지 못하도록 하는 것이다. 그것은 분배적 불평등의(자원이나 '주요한 재화'의 공평한 몫을 받지 못한) 결과가 아니라, 오히려 존중이나 존경을 그다지 받을 만한 가치가 없는 것으로 만드는 해석과 평가가 패턴으로 제도화된 결과다. 그와 같은 무시와 경멸의 패턴이 제도화―예컨대 법, 사회복지, 의학, 대중문화 등에서―될 때 그런 패턴들은 분배의 불평등이 그런 것처럼 동등한 참여를 방해하게 된다. 그로 인한 피해는 어느 경우든 너무나 현실적이다.

따라서 내 개념화에서 불인정은 제도화된 사회적 관계이지 심리적 상태가 아니다. 분석적으로 볼 때 지위 훼손은 불평등 분배로

---

3 특히 그 책의 서문과 제1장 "From Redistribution to Recognition? Dilemmas of Justice in a 'Postsocialist' Age"를 볼 것.

인한 피해와 근본적으로 구별될 뿐만 아니라 그것으로 환원될 수 없다. 설령 불인정이 불평등 분배에 동반되는 것이라 할지라도 말이다. 불인정이 불평등 분배로 전환되고, 거꾸로 불평등 분배가 불인정으로 전환되는 것은 예의 그 사회구성체의 성격에 달려 있다. 예를 들자면 전-자본주의, 전-국가사회에서 지위는 그저 분배의 포괄적 원칙이다. 따라서 그런 사회에서 지위질서와 계급 위계질서는 서로 얽혀 있고, 불인정과 불평등 분배는 서로를 동반하게 된다. 반면 자본주의 사회에서 전문화된 경제적 관계의 제도화는 위신의 구조와 경제적 분배의 분리를 허용한다. 따라서 지위와 계급은 불인정과 불평등 분배로 갈라지기 때문에, 이 양자가 어느 하나로 완전히 전환되는 것은 아니다. 불인정과 불평등한 분배가 오늘날 일치하는지, 일치한다면 어느 정도까지 일치하는지가 문제다. 다음으로 이 문제를 생각해 보고자 한다.

하지만 규범적으로 봤을 때, 불인정은 불평등 분배가 뒤따르든 않든 상관없이 근본적으로 부정의라는 게 핵심이다. 그리고 이 점은 정치적 결과로 이어진다. 어떤 불인정 사례가 사회정의를 위해 시정되어야 할 대상임을 입증하기 위해 그것이 불평등 분배 또한 불러일으킨다는 사실을 반드시 보여 줄 필요는 없다. 이는 이성애중심주의에 의한 불인정에도 해당된다. 이성애중심주의적 불인정은 게이·레즈비언의 동등한 참여를 부인하는 성적 규범 및 해석의 제도화와 관계되는 것이다. 반이성애중심주의자들은 성적 지위 면에서 입은 상처에 관한 요구를 계급적 박탈 측면의 요구로 번역하려 노력할 필요가 없다. 게이와 레즈비언이 자신들의 정당성을 입증하기 위해 자기 투쟁이 자본주의에 위협이 됨을 보여 줄 필요는 없다는 말이다.

이와 같은 내 입장에서 볼 때, 불인정에 의한 부정의는 분배 부정의만큼이나 심각하다. 분배와 인정은 서로 다른 것으로 환원될 수 없다. 따라서 내 주장은 문화적 피해가 경제적 피해의 상부구조적 반영이라고 주장하는 것과는 거리가 멀다. 나는 이 두 종류의 피해가 상호근본적이며 개념적으로 환원될 수 없다는 분석을 제안했다. 따라서 내가 볼 때 이성애중심주의자들의 불인정이 '단지' 문화적인 것이라는 말은 터무니없는 소리다. 그런 주장이야말로 내 이론 틀이 대체하려고 겨냥했던 바로 그 경제일원론적 상부구조/하부구조 모델을 가정하고 있다.

요약하자면 버틀러는 사실상 지위와 계급이라는 유사베버적인 이원론을 정통 마르크스주의의 경제적 일원론으로 착각했다. 그처럼 잘못 가정함으로써, 인정과 분배를 구분하게 되면 인정을 반드시 평가절하하기 마련이라는 가정에 이르게 되고, 그로 인해 내 규범적인 구별을 게이·레즈비언 투쟁을 폄하하기 위한 '전술'이자 새로운 '정통성'을 강제하는 것으로 여긴 것이다. 버틀러의 주장과는 반대로 나는 그런 전술을 부인하면서도 그런 구분 자체는 옹호하고자 한다. 따라서 우리 두 사람이 진짜 문제에 도달하려면 지나치게 밀착되어 얽혀 있는 두 가지 질문을 분리해서 접근할 필요가 있다. 첫째, 이성애중심주의의 탄압이 초래한 문제의 심도와 심각성에 관한 정치적 질문이다. 이 문제에 관한 한 나는 의견을 달리하는 주장을 한 적이 없다. 둘째, 버틀러가 잘못 이해해 '유물론적/문화적 구분'이라고 부른 것의 개념적 위상에 관한 이론적 질문이다. 그는 유물론적/문화적 구분이라는 개념으로 이성애중심주의와 자본주의 사회 특성 간의 관련성을 분석한다. 바로 이 지점에서 우리의 입장은 서로 달라진다.[4]

---

4   이후로는 버틀러가 『저지된 정의』에 관해 논의한 문제를 더 이상 다루지 않을 것이다. 버틀러는 내가 이성애중심주의는 범주상 순전히 불인정의 부정이며, 따라서 불평등한 분배와는 별개의 것이라 설명했다고 주장한다. 사실상 나는 사고실험의 한 양태로써 그 문제를 가설적으로 논의했다. 분배 요구와 인정 요구의 각각 구별되는 논리를 밝혀내기 위해, 나는 독자들에게 억압받는 집단의 개념적 스펙트럼을 한번 상상해 보라고 권하고 싶다. 스펙트럼의 한쪽 끝에는 순전한 불평등 분배의 전형적인 희생자가 있고, 다른 한쪽 끝에는 순전한 불인정의 전형적인 희생자가 있으며, 중간지점에는 이 양자의 혼종이나 '양가적인'(bivalent) 것이 놓인다고 상상해 보자. 이런 가설에 따라 나는 불인정 스펙트럼의 한쪽 끝에 '경멸받는 섹슈얼리티'를 위치시켰는데, 그것이 불인정의 개념에 가장 근접한 전형이라 보았기 때문이다. 다른 한편으로는 이런 식의 섹슈얼리티의 개념화가 논쟁을 불러일으킬 것이 분명하다는 점도 살폈다. 그래서 실제 생활에서 동성애자들이 정의를 구현하기 위해 실천해 온 기존의 실질적인 집단적 투쟁과 이런 개념화가 어떻게 부합하는지 혹은 과연 부합하기는 하는지 같은 문제는 그대로 남겨 두었다. 이렇게 본다면 『저지된 정의』에서 내가 이성애중심주의를 '불인정'으로 분석한

버틀러의 비판을 도식적으로 개괄함으로써 우리 사이의 의견 불일치를 풀어나가 보려고 한다. 내가 읽은 바에 의하면, 버틀러는 내 분배/인정 프레임에 반대하는 세 가지 주요한 이론적 주장을 내놓고 있다. 첫째, 게이와 레즈비언이 물질적·경제적인 피해를 경험하고 있기 때문에 그들의 억압은 불인정만으로는 제대로 범주화할 수 없다고 논박한다. 둘째, 가족은 생산양식의 한 부분이라는 1970년대 사회주의 페미니즘의 중요한 통찰을 환기하면서, 섹슈얼리티에 관한 이성애규범적인 규제는 '정치경제의 기능에 핵심적'이며 그 규제에 대한 우리 시대의 투쟁은 자본주의 체제의 '노동 가능성을 위협'한다고 주장한다. 셋째, 전-자본주의적 교환관계에 관한 인류학적 설명을 재도입한 뒤, 유물론적인 것과 문화적인 것의 구분은 '불안정'하며 사회이론에서 피해야 할 '이론적인 시대착오'라고 주장한다. 이 세 주장 중 어느 것도 내가 보기에는 전혀 설득력이 없다. 왜냐하면 이런 주장 중 어느 것도 현대 자본주의 사회에 대해 충분히 고유하고 역사적인 설명을 해내지 못하고 있기 때문이다. 이 세 주장을 차례로 한번 검토해 보자.

버틀러의 첫 번째 주장은 오늘날 게이와 레즈비언이 피해를 입고 시달리고 있다는 점에서 반박의 여지가 없는 사실에 호소하고 있다. '단지 상징적인 것'과는 거리가 먼 이런 피해는 부인할 수 없는 물질적 결과와 더불어 심각한 경제적 불이익을 포함한다. 예를

것은 버틀러가 공격한 것보다는 훨씬 유의미하다. 게다가 최근 들어 나는 실제적인 목적에 따라, 사실상 현실세계에서 억압받는 모든 집단이 '양가적'이라고 주장해 왔다. 말하자면 사실상 모든 사람은 경제적인 구성요소와 지위적 구성요소를 갖는다. 따라서 사실상 모든 사람은 불인정과 불평등 분배 모두를 경험하게 된다. 이들과 관련된 어떤 부정의도 한 가지 요소로 환원될 수 없고 각각 독자적인 무게를 갖는다는 점에서 그렇다. 그러나 일부 억압의 축은 스펙트럼의 한쪽 끝에 있는 분배를 향해 깊이 기울어질 수도 있고 나머지 다른 억압의 축은 또 다른 스펙트럼의 끝인 인정 쪽으로 기울어질 수도 있다. 그러고도 여전히 남아 있는 축들은 스펙트럼의 중간 가까이에 몰려 있다. 이런 설명에 따르면 이성애중심주의는 부분적으로는 불평등 분배에 기인하지만 대체로 불인정의 부정의에 놓여 있고 동성애를 폄하하는 지위질서에 주로 뿌리내리고 있다. 그 지위질서는 동성애를 경멸적인 섹슈얼리티로 구성한다. 여기에 관한 애초의 논쟁을 살펴보려면 다음을, 특히 제1장 "Social Justice in the Age of Identity Politics: Redistribution, Recognition, and Participation"(pp.7~109)을 참조할 것. Nancy Fraser & Axel Honneth, *Redistribution or Recognition? A Political-Philosophical Exchange*, London: Verso Books, 2003.

들어 오늘날 미국에서 게이와 레즈비언은 공무원 임용과 군복무 등
에서 말 한마디로 쫓겨날 수 있다. 가족을 기반으로 하는 사회복지
혜택의 포괄적인 범위에서 부인당하고, 형평성에 맞지 않을 만큼
많은 의료비 부담을 지고 있으며, 세법과 유산법에 의해서 불이익
을 당한다. 또 다른 유물론적 결과로, 동성애자에게는 이성애자들
이 누리는 것과 같은 완벽한 헌법적 권리와 보호가 주어지지 않는
다. 많은 사법적인 문제에서 동성애자들은 합의에 의한 섹스를 하
고도 기소당할 수 있다. 더 많은 경우, 동성애자를 공격한 사람은
처벌받지 않고 넘어갈 수 있다. 버틀러가 주장하다시피 그와 같은
불이익의 경제적·유물론적 성격을 생각할 때 이성애중심주의를 '불
인정'으로 분석하는 건 잘못이라는 주장이 뒤따른다.

　버틀러의 전제가 옳다는 점은 분명하다. 그렇다고 그와 같은
결론이 뒤따르는 것은 아니다. 그는 불인정의 부정의는 반드시 비
유물론적이고 비경제적인 것이라고 가정한다. 물질적인 것과 경제
적인 것을 결합하려 하는 계기를 별도로 친다면, 이런 가정은 양쪽
모두에 오류를 범하는 것이다.

　물질성이라는 첫 번째 이슈를 고려해 보자. 내 개념으로 볼 때
불인정의 부정의는 불평등한 분배의 부정의만큼이나 물질적인 것
이다. 불인정의 부정의가 해석, 평가, 의사소통의 사회적 패턴에 깊
게 뿌리내리고 있다는 점은 분명하다. 따라서 그것은 상징적 질서
에 뿌리내리고 있는 것으로 보아도 무방할 것이다. 여성, 인종차별
피해자, 게이와 레즈비언이 사회생활에 동등하게 참여하지 못하도
록 방해하는 규범, 의미화, 인간성의 구성은 단지 상징적인 것이 아
니라 물질적인 사례가 된다. 말하자면 제도와 사회적 관행 면에서,
사회활동과 구체화된 습관 면에서, 이데올로기적인 국가장치 면에
서 유물론적인 사례가 된다. 그것은 있는지 없는지 알 수 없는 희미
한 영역이 아니라 존재와 효과 면에서 물질적이다.

　따라서 내가 볼 때 버틀러가 인용한 물질적인 피해는 불인정의
전형적인 사례에 해당한다. 이런 물질적 피해는 헌법, 의료, 이주,
귀화정책, 연방세법과 주정부세법, 사회복지와 고용정책, 동등한

기회의 입법화 같은 영역에서와 마찬가지로 이성애중심주의적 의미, 규범, 인간성 구성 등의 제도를 반영한다. 게다가 버틀러 스스로 지적하다시피 이 제도화된 것들은 동성애 주체를 비체(abject, 주체도 대상도 아닌, 불쾌하고 더러운 것으로 여겨지는 존재나 상태—옮긴이)로 만드는 자격과 인간성의 문화적 구성물이다. 반복하지만 이것이 불인정의 본질이다. 문화적 규범의 제도화를 통해, 불인정은 동등한 참여를 방해받는 평가절하된 부류의 사람들을 물질적으로 구성한다.

만약 그런 불인정으로 인한 피해가 이렇게 해서 물질적인 것이 된다면, 그것은 또한 경제적인 것일 수 있는가? 버틀러가 지적하다시피 그리고 나 자신이 『저지된 정의』에서 분명히 밝혔다시피, 이성애중심주의의 어떤 형태는 게이와 레즈비언에게 경제적인 피해를 입힌다는 게 사실이다. 문제는 이것을 어떻게 해석할 것인가다.[5] 한 가지 가능한 해석은 마르크스주의자들이 노동자 착취를 보는 방식과 상당히 유사하게 이런 경제적 피해를 사회경제적 구조의 직접적인 표현으로 보는 것이다. 이런 해석에 바탕해 버틀러는 동성애자들의 경제적인 취약성이 생산관계에 내장되어 있다고 말한다. 그런 취약성을 개선하려면 이런 생산관계의 변혁을 요구해야 한다는 것이다. 내가 선호하는 또 다른 가능성은 이성애중심주의에 의한 경제적인 피해를 불인정이라는 좀 더 근본적인 부정의의 간접적인 (불평등) 분배의 결과로 해석하는 것이다. 이런 해석에 바탕하여 나는 『저지된 정의』를 옹호한다. 경제적 이성애중심주의의 뿌리는 '인정의 관계'일 수 있다. 이성애 섹슈얼리티를 규범적인 것으로, 동성애 섹슈얼리티를 일탈적인 것으로 구성하는 해석과 가치평가의 제도화된 패턴은 따라서 게이와 레즈비언의 동등한 참여를 부인하게 된다. 인정의 관계를 변화시키면, 불평등한 분배는 사라질 것이다.

---

5 여기서 여러 가지 질문을 구별해야 한다. ① 해당 부정의의 성격, ② 그 궁극적인 원인, ③ 그런 부정의를 재생산하는 당대의 인과론적인 메커니즘, ④ 그 부정의에 대한 개선책. 이 점에 관해서 나는 에릭 라이트에게 감사드린다.(1997년 개인적인 대화에서 얻은 통찰이다.)

이런 해석상의 갈등은 심각하고 어려운 질문을 야기한다. 동성애자들의 경제적 취약성을 시정하기 위해 동시대 자본주의 경제의 구조개혁이 필요한가? 이때 '경제적 구조'가 의미하는 바는 정확히 무엇인가? 섹슈얼리티에 관한 이성애규범적 규제를 자본주의 경제에 직접적으로 속하는 것으로 인식해야 하는가? 아니면 경제적 구조와 복잡하게 얽혀 있지만 그와는 구별되는 지위질서에 속하는 것으로 보는 편이 나을까? 더 일반적으로 말해 후기자본주의 사회에서 인정의 관계는 경제적 관계와 일치하는가? 아니면 근대 자본주의의 제도화된 분화가 지위와 계급 사이에 격차를 초래한 걸까?

이런 질문에 대답하기 위해 버틀러의 두 번째 주장을 살펴보자. 여기서 그는 섹슈얼리티에 대한 이성애규범적인 규제가 '정치경제의 기능에 핵심적'이라는 명제를 뒷받침하기 위해, 가족이 생산양식의 한 부분이라고 주장했던 1970년대 사회주의 페미니즘의 통찰을 환기한다. 버틀러의 주장에 의하면, 그에 따라 규제에 저항하는 동시대의 투쟁은 자본주의 체제의 '노동 가능성을 위협'한다.

실제로 이 주장에 대한 두 가지 다른 변수를 여기서 구별해야 한다. 하나는 개념정의적인 것이고 다른 하나는 기능주의적인 것이다. 첫 번째 변수에 따르면 (이성애) 섹슈얼리티 규범은 개념정의상 경제적 구조에 속한다. 경제적 구조는 사람과 재화를 (재)생산하는 그야말로 사회적 메커니즘과 제도 전체다. 따라서 개념정의상 가족은 이런 경제구조의 한 부분이며 인간의 재생산을 위한 일차적인 공간이다. 이것을 확장해 보면 젠더질서는 가족의 '생산품'인 남성과 여성을, 반드시 그 두 가지 중에서, 상호배타적으로, 딱 한 가지이면서, 자연스러워 보이는 외관을 하고 속해 있도록 표준화하는 질서다. 또한 젠더질서는 이성애 섹슈얼리티를 생산하고 자연화하는 성관계 양식을 전제함과 동시에 다른 한편으로는 동성애를 비체로 만든다. 버틀러가 내린 결론에 의하면, 섹슈얼리티에 관한 이성애규범적 규제는 개념정의상 경제적 구조의 한 부분이다. 물론 이성애규범은 노동의 사회적 분업도 아니고 자본주의 사회에서 노동력의 착취 양식을 구성하는 것도 아니지만, 그럼에도 경제적 구조다.

이와 같은 개념정의적 논증은 마치 전능한 올림포스 신들처럼 역사에는 무관심한 분위기를 풍긴다. 결과적으로 이런 주장은 과도한 성취감에 빠져들 위험이 있다. 성적 규제의 양식이 그 개념정의상 경제적 구조에 속한다고 규정함으로써—노동분업이나 착취의 양식에 어떤 충격도 끼치지 않았음에도 불구하고—경제적 구조를 탈역사화하고 그로 인해 개념적인 힘을 고갈시키게 된다. 여기서 놓친 것은 대단히 독특한 사회조직 형태인 자본주의 사회의 특수성이다. 자본주의적 사회조직은 친족관계 및 정치적 권위와는 비교적 분리된 전문화된 경제적 관계의 질서를 창출한다. 따라서 자본주의 사회에서는 성적 규제양식과, 잉여가치 축적이 존재 이유인 전문화된 경제적 관계의 질서, 이 양쪽 간의 연결고리가 희미해져 버린다. 자본주의 사회에서 양쪽의 관계는 전-자본주의나 전-국가사회에서보다 확실히 훨씬 더 희석된다. 왜냐하면 전-자본주의나 전-국가사회에서 경제적 관계는 친족 메커니즘을 통해 주로 간접적으로 드러나고, 섹슈얼리티를 통해 직접적으로 교직되어 있었기 때문이다. 더구나 20세기 후기자본주의 사회에서 섹슈얼리티와 잉여가치 축적 사이의 연계는 엘리 자레츠키가 '개인생활'이라 부른 것이 부상함에 따라 점점 더 희미해지는 중이었다. 개인생활의 공간이란 섹슈얼리티, 우정, 사랑을 포함해 친밀한 관계의 공간이다. 이런 공간은 더 이상 가족과 동일시할 수 없으며 생산 및 재생산 요구와는 별개로 살아가는 곳이다.[6] 일반적으로 볼 때, 현대 자본주의 사회는 경제적 질서와 친족질서 사이에, 가족과 개인생활 사이에, 지위질서와 계급 위계질서 사이에 간극을 포함하고 있다. 이런 형태의 고도로 세분화된 사회에서 성적 규제양식이 단순히 경제적 구조의 일부라는 인식은 내게는 무의미하게 들린다. 그것은 차이를 인정하라는 퀴어들의 요구를 재분배 요구로 인식하는 것만큼이나 무의미하다.

게다가 또 다른 의미에서 개념정의적인 논증은 그다지 득이 없다. 버틀러는 섹슈얼리티에 관한 투쟁이 경제적이라는 결론을 내리

6 Eli Zaretsky, *Capitalism, the Family, and Personal Life*, New York: Harper & Row, 1976.

고 싶어하지만 그런 결론은 동어반복일 따름이다. 만약 성적 투쟁이 개념정의상 경제적이라 한다면, 그건 착취의 수준에 관한 투쟁과 같은 의미에서의 '경제적인 것'이 아니다. 양쪽 모두를 단순하게 '경제적인 것'이라고 부른다면 차이를 무화할 위험에 빠지는 것이며, 그 결과 양쪽이 저절로 합쳐져 시너지를 낼 것 같은 잘못된 인상을 주게 되고, 이는 열심히 질문을 던지고 대답하는 우리의 능력을 약화하는 것이며, 사실상 분열하고 갈등하는 상황에서 어떻게 하면 협력할 수 있을지에 관한 어렵지만 절박한 정치적 질문을 둔화하는 일이다.[7]

그 결과 우리는 버틀러가 내놓은 두 번째 주장의 기능주의적 변형태, 즉 섹슈얼리티에 관한 이성애규범적인 규제가 경제적이라는 주장과 만나게 된다. 이성애규범적 규제는 개념정의상 경제적인 것이 아니라 잉여가치의 확장으로서 기능하기 때문이라는 것이다. 달리 말하자면 자본주의는 강제적 이성애를 '필요로' 하고 그로 인해 혜택을 누린다. 버틀러에 따르면 이성애중심주의에 저항하는 게이·레즈비언 투쟁은 자본주의 체제의 '노동 가능성'을 위협한다.

모든 기능주의적 논증과 마찬가지로 이런 주장은 원인과 결과라는 경험적인 관계와 운명을 같이한다. 하지만 경험적으로, 게이·레즈비언 투쟁이 구체적으로 존재하는 역사적 형태로서 자본주의를 위협한다는 말은 전혀 그럴듯하지 않다. 마찬가지로 열등한 존재로서 구성되었던 아프리카계 미국인의 경우처럼 동성애자가 유용한 하층노동자 계급이고, 그들에 대한 착취가 경제의 작동에 과거에나 현재나 핵심이라 한다면 그들이 자본주의를 위협한다고 말할 수 있을 것이다. 그렇다면 자본의 이해관계가 그들을 그런 자리

7　이렇게 볼 때 개념정의적 논증은 구별에 대한 요구를 다른 차원으로 그냥 밀어붙이는 것이다. 물론 정치적 요구의 두 가지 길 중 어느 것이라도 경제적일 수 있다고 말하는 이도 있을 것이다. 첫째, 잉여가치를 포함해 경제적 가치의 생산과 분배를 경합시킴으로써. 둘째, 섹슈얼리티에 관한 것을 포함해 규범, 의미화, 인간성의 구성에 관한 생산과 재생산을 경합시킴으로써. 하지만 나는 이것이 '경제적'이라는 용어를 자본주의적인 의미에 국한하기 때문에, 분배에 대한 요구와 인정에 대한 요구를 구분하려하는 좀 더 단순한 전략을 능가할 수 있다고 보지 않는다.

에 묶어 두는 데 기여했다고 말할 수도 있을 것이다. 하지만 사실상 동성애자는 흔히 집단으로 구성되며, 그들의 존재는 나치가 유대인을 혐오의 대상으로 구성했던 것과 흡사하게 그 자체가 혐오의 대상이 된다. 그들은 사회에서 자기 '자리'가 전혀 없다. 오늘날 게이·레즈비언 권리운동의 주요한 반대세력이 다국적기업이 아니라 종교적·문화적 보수주의자라는 것은 전혀 놀랄 일이 아니다. 이런 보수주의자들의 강박은 이윤이 아니라 지위다. 사실상 상당수의 다국적기업, 특히 아메리칸에어라인, 애플컴퓨터, 디즈니 같은 기업들은 동성애 부부의 파트너수당을 책정하는 등 게이친화적인 정책을 제도화함으로써 보수주의자들의 분노를 자극해 왔다. 그들은 게이를 받아들임으로써 누릴 수 있는 이점을 간파한다. 만약 그런 기업들이 불매운동의 대상이 아니라면, 혹은 불매운동의 대상이라 할지라도 그것을 견뎌 낼 만큼 거대기업이라면 말이다.

따라서 경험적으로 볼 때 오늘날의 자본주의는 이성애중심주의를 요구하는 것처럼 보이지 않는다. 경제적 질서와 친족질서 사이의 격차와 더불어, 또 가족과 개인생활 사이의 격차와 더불어, 자본주의 사회는 이제 상당수의 개인이 이성애 가족의 바깥에서 임금노동을 통해 살아갈 수 있도록 허용하고 있다. 만약 인정의 관계가 변화되었다면, 자본주의 사회는 많은 사람에게 더 많이 그렇게 하도록 허용할 수도 있었다. 이렇게 본다면, 우리는 앞서 제기된 질문에 이제 답할 수 있다. 동성애자들의 경제적인 장애는 자본주의에 내장된 것으로보다는 인정의 관계에서 일어나는 이성애중심주의의 효과로 볼 때 더 잘 이해할 수 있다. 좋은 소식은 우리가 비록 자본주의를 뒤집어엎어야 할 수많은 이유를 가지고 있다고 할지라도, 동성애와 관련된 장애물을 치우기 위해 자본주의를 반드시 뒤집어엎을 필요는 없다는 것이다. 나쁜 소식은, 기존의 지위질서를 변형하고 인정의 관계를 재구성해야 한다는 것이다.

기능주의적인 논증과 더불어 버틀러는 내가 보기에 1970년대 마르크스주의와 사회주의 페미니즘의 잔재 중 가장 나쁜 것들을 부활시켰다. 말하자면 자본주의 사회를 과잉총체화함으로써 자본주의 사회가 빈틈없이 서로에게 억압을 가하는 억압의 상호구조라는 일원론적인 '체계'라고 파악한 것이다. 이러면 '격차'를 놓치게 된다. 이런 입장은 버틀러가 인정한 후-구조주의 패러다임과 내가 채택하고 있는한 베버식 패러다임을 포함해 다방면에서 강력하고 설득력 있는 비판을 받아 왔다. 기능주의 체계이론은 차라리 잊히는 것이 나을 1970년대 사유의 한 가지 추세다.

그렇다면 기능주의를 무엇으로 대체해야 하느냐는 질문이 나오겠는데, 이는 내 분배/인정의 프레임에 대한 버틀러의 세 번째 논증과 관련이 있다. 이 논증은 해체론적이다. 이성애중심주의의 뿌리가 '단지' 문화적이라는 주장과도, 반대로 경제적이라는 주장과도 거리가 멀다. 여기서 요점은 '유물론적/문화적 구분'을 해체하고자 하는 의지다. 버틀러의 주장에 따르면 이런 구분은 '불안정'하다. 레이먼드 윌리엄스에서 알튀세르에 이르기까지 신마르크스주의 사상의 주요한 흐름은 이런 구분을 회복 불가능할 정도로 '위기'에 몰아넣었다. 하지만 가장 결정적인 논증은 마르셀 모스와 레비스트로스 같은 인류학자들에게서 나왔다. 이들 각자가 설파한 '선물'과 '여성의 교환'에 대한 설명은 교환의 '원초적인' 과정을 유물론적/문화적 분리선의 어느 한쪽에 할당할 수 없다는 점을 보여 준다. 그리하여, 오늘날 유물론적/문화적 구분을 환기함으로써 내가 '이론적인 시대착오'에 빠져들었다는 것이 버틀러의 반박이다.

이런 주장은 여러 가지 이유에서 신빙성이 없다. 첫째, 그것이 '경제적인 것'과 '유물론적인 것'을 접합하고 있기 때문이다. 버틀러는 분배와 인정에 관한 내 규범적인 구분이 유물론적인 것과 경제적인 것 사이의 존재론적 구분에 바탕하고 있다고 가정한다. 따라서 그는 유물론적인 것과 경제적인 것 사이의 구분을 해체하면 분배/인정의 발판 또한 허물어진다고 가정한다. 사실상 이 가정은 유효하지 않다. 앞서도 지적했다시피, 내 관점에서 볼 때 불인정의 부정의는 불평등 분배의 부정의만큼이나 물질적인 것이다. 이렇게 볼 때 내 규범적인 구분은 존재론적 차이에 근거한 것이 전혀 아니다. 내 구분과 정말로 관계가 있는 것은 자본주의 사회에서 경제적인 것과 문화적인 것을 가르는 구분이다. 하지만 이것은 존재론적인 구분이 아니라 사회이론적인 구분이다. 버틀러와 내가 하고 있는 논쟁의 진정한 골자인 경제적／문화적 구분은 유물론적／문화적 구분에 있는 것이 아니라 지위의 구분에 있다.

그렇다면 경제적／문화적 구분의 개념적인 위상은 무엇인가? 내가 보기에 인류학자들의 논증은 이 문제를 밝혀 주지만 버틀러의 입장을 뒷받침해 주는 방향은 아니다. 내가 읽었다시피 모스와 레비스트로스는 전-자본주의 또는 전-국가사회에서의 교환 과정을 분석했으며 그런 사회에서 사회관계의 주된 어휘는 친족이었다. 인류학자들의 설명에 따르면, 친족은 결혼과 성관계뿐만 아니라 노동과정과 재화의 분배를 조직했다. 권위, 호혜성, 의무의 관계를 분배했으며 지위와 위신이라는 상징적 위계질서를 조직하고 배분했다. 그런 사회에서는 뚜렷이 경제적인 관계도 뚜렷이 문화적인 관계도 존재하지 않았다. 따라서 경제적／문화적 구분은 그런 사회의 구성원들에게는 해당되지 않았던 것으로 추정할 수 있다. 하지만 그런 구분이 무의미하거나 쓸모없다는 말은 아니다. 오히려 그런 구분은 자본주의 사회에 의미 있고 유용한 방식으로 적용할 수 있다. 자본주의 사회는 소위 말하는 '원시적' 사회와는 달리 예의 그 사회구조적인 차별화를 포함하고 있기 때문이다.[8] 나아가 우리 사회가 어떻게 다른지를 보이기 위해 그런 차별화가 없는 사회에 그 구분을 적용해 볼 수도 있다. 예를 들어 내가 방금 그랬던 것처럼 누군가는, 자본주의 사회에선 비교적 해체된 사회관계의 단일한 질서가, 원시적 사회에서는 경제적 통합과 문화적 통합 양자를 다스린다고 말할

---

8 이 짧은 논문에서 나는 중요하지만 어려운 질문인, 경제적／문화적 구분을 현대 자본주의 사회의 비판이론에 가장 잘 적용할 수 있는 방법이 무엇인지에 대해 논의하지 못했다. 하지만 나는 이 문제를 「정체성 정치 시대의 사회정의」에서 길게 논의했다. 경제와 문화를 분리된 영역으로 보는 관점을 거부하고 나는 이 양자 사이에 감춰진 연결관계를 드러내 보이는 비판적 접근법을 제안한다. 달리 말하자면, 외관상 경제적인 과정으로 보이는 문화적 하위텍스트와 외관상 문화적 과정으로 보이는 경제적 하위텍스트 모두를 결을 거슬러 구분하고 가시화하며 비판하는 데 이용하는 게 핵심이다. 내가 관점적 이분법(perspective dualism)이라 부르는 것은 일단 경제적／문화적 구분을 해야만 가능하다. Nancy Fraser, "Social Justice in the Age of Identity Politics".

수도 있다. 더구나 내가 이해한 바에 의하면 이 점이야말로 모스와 레비스트로스 이론의 정수다. '경제적인 것'과 '문화적인 것'에 관한 그들의 의도가 무엇이었든 간에, 우리의 경우 경제적인 것과 문화적인 것 사이의 구분을 '탈안정화한' 것으로 읽어 내는 독법은 그런 구분을 역사화하는 독법보다 얻어 낼 것이 많지 않다. 달리 표현하자면 여기서는 근대 자본주의의 핵심적인 차이점들을 역사화하는 것이 더욱 중요하다. 근대 자본주의 자체와 더불어, 두 가지 구분을 더 큰 인류학적 맥락 속에서 자리 매김으로써 그 역사적 특수성을 드러내는 것이다.

이렇게 본다면 버틀러의 '탈안정화' 주장은 두 가지 핵심적인 지점에서 길을 잃고 헤매게 된다. 첫째, 사회구조적인 경제적／문화적 차별화의 부재라는, 전－자본주의 사회의 특수한 특징을 자본주의 사회에 적용함으로써 일반화하는 우를 범한다. 둘째, 차이를 역사화하는 것이 사회이론에서 무가치하며 부질없는 짓이라 가정하는 오류를 범하고 있다. 사실상 그와는 정반대다. 역사화는 차이를 불안정하게 하는 게 아니라 그 용도를 더욱더 정밀하게 만든다.

이런 내 관점에서 볼 때, 역사화는 해체론이나 탈안정화보다는 훨씬 나은 사회이론에 대한 접근으로 나타난다.[9] 그것은 현대 자본주의 사회의 역사적으로 특수한 특징과 사회구조적인 차별화를 이해하도록 해 준다. 그렇게 함으로써 역사화는 또한 반기능주의적인 계기(moment)를 자리 매기게 해 주고 대항체계적인 '행위성'과 사회변화의 가능성 또한 열어 준다. 이런 것들은 '재의미화'나 '수행성' 같은 추상적이고 초역사적인 언어의 속성이 아니라 오히려 특수한 사회적 관계의 구체적인 모순에서 비롯된다. 현대 자본주의 사회를

<hr />

9   하지만 또 다른 차원에서, 나는 해체론을 인정하려 한다. 내가 보기에 그것은 일반화된 정체성의 정치보다 종종 우월한 것으로 보이는 인정의 정치에 대한 접근법이다. 인정에 대한 해체론적 정치는 기존의 집단정체성과 차별화를 긍정하는 것이 아니라 변혁하려 한다. 이런 관점에서 해체론적 정치는 사회주의와 유사성을 갖는다. 내가 이해하는 사회주의는 동의나 긍정과 대립되는 변혁적인 것이며 분배의 정치에 대한 접근법이다.(이런 주장에 관해서는 내가 쓴 "From Redistribution to Recognition?"을 참조할 것) 그럼에도 불구하고 나는 버틀러가 여기서 환기하는 차원, 즉 사회이론의 차원에서는 해체론의 유용성을 찾을 수 없다.

역사적으로 특수하고 차별화되는 관점으로 볼 때 우리는 격차, 지위와 계급의 비동형성(non-isomorphism), 복수의 사회주체에 대한 모순적인 호명, 사회정의에 대한 투쟁으로 나가게 만드는 무수히 복잡한 도덕적 요청을 자리 매길 수 있게 된다.

게다가 이런 관점에서 볼 때 현재의 정치적 국면은 정통 마르크스주의가 부활하리라는 추정상의 기대에 바탕을 둔 진단으로는 적절히 포착할 수 없다. 오히려 좌파들 사이의 분열, 즉 분배정책 지향에 존재하는 사회주의 및 사회민주주의적 흐름과, 다른 한편으로 인정의 정책을 지향하는 다문화주의 흐름 사이의 분열을 솔직담백하게 인정함으로써 그런 분열을 극복하려고 할 때 더 잘 파악할 수 있다. 그런 분석을 위해 필수불가결한 출발점은 양편 모두 합당한 요구를 하고 있다는 원칙을 인정하는 것이다. 이와 같은 양쪽의 요구들이 계획에 따른 조화를 어느 정도 이루고 정치적으로 시너지를 내도록 해야 한다. 요약하자면 오늘날 사회정의는 인정과 분배 양쪽 모두를 요구한다. 그중 어느 하나만으로는 충분하지 않다.

끝으로 지적하고 싶은 것은 버틀러와 나 두 사람이 틀림없이 동의할 지점이다. 그가 사회정의 같은 말을 떠올리기 싫어함에도 불구하고, 그리고 우리의 이론적 불일치에도 불구하고 우리 둘은 모두 사회주의 정치 최고의 요소를 되찾는 데 헌신할 것이며 그 요소들을 '신사회운동'의 정치가 품은 최고의 요소와 통합하기 위해 헌신할 것이라는 점이다. 마찬가지로 우리 두 사람은 자본주의에 대한 신마르크스주의 비판 중 진정으로 소중한 요소들을 회복하고 그것을 가장 통찰력 있는 후-마르크스주의의 비판적 이론화 추세와 통합하는 데 헌신할 것이다. 그것이 버틀러의 논문이 가진 장점이며 내 작업 또한 그럴 수 있기를 바란다. 이 프로젝트가 다시 한번 의제가 되기를 희망하는 바다.

3

되살아난 페미니즘

신자유주의 시대 자본주의 위기에 맞서기

8

글로벌 세계에서 정의의 프레임 다시 짜기*

글로벌화는 정의에 관한 우리의 논쟁 방식을 바꾸고 있다. 그다지 오래지 않은 과거 사회민주주의가 전성기를 누리던 그 시절, 정의에 관한 논쟁은 이후 내가 '케인스주의-베스트팔렌 프레임'이라 부를 틀을 당연한 것으로 전제했다. 논쟁 속에서 정의는 근대 영토국가 내부에서 전형적으로 작동하는, 동료시민 관계에 국한되는 개념이었다. 말하자면 정의는 국민국가 단위의 공중들 내부에서나 논의될 수 있고 국민국가에 의해 시정되는 것이었다. 이는 정의를 둘러싼 주요한 두 가지 요구, 즉 사회경제적 분배에 대한 요구와 법적 혹은 문화적 인정에 대한 요구 모두에 해당되는 사실이었다. 국민국가 차원에서 브레턴우즈 체제가 케인스주의적인 경제 조정을 용이하게 해 주던 무렵이었고, 재분배에 관한 요구는 영토국가 내부에서 초래된 경제적 불평등에 주로 초점을 맞췄다. 국가의 부에 대

* 이 장은 2004년 12월 2일 암스테르담대학에서 행한 내 두 번째 스피노자강연 원고를 수정하고 확장한 것이다. 이 강연은 2004년 봄 스피노자교수로 재임하면서 초고를 작성했고 이후 베를린 고등연구소에서 2004~2005년 연구원으로 지내는 동안 수정했다. 이 작업을 할 수 있도록 지원해 준 이들 연구소에 따뜻한 감사를 표한다. 특히 도움이 절실히 필요했던 동안 욜란데 얀선(Yolande Jansen), 힐라 다얀(Hilla Dayan)의 헌신적이고 따뜻한 도움에 감사드린다. 참고문헌과 관련해 탁월한 조언을 해 준 제임스 보먼(James Bohman)에게 감사드린다. 초고에 대해 사려 깊은 논평을 해 준 에이미 앨런(Amy Allen), 세일라 벤하비브(Seyla Benhabib), 베르트 판 덴 브링크(Bert van den Brink), 알레산드로 페라라(Alessandro Ferrara), 라이너 포르스트(Rainer Forst), 슈테판 고제파트(Stefan Gosepath), 존 주디스(John Judis), 테드 코디체크(Ted Koditschek), 마리아 피아 라라 (Maria Pia Lara), 데이비드 페리츠(David Peritz), 앤 로라 스톨러(Ann Laura Stoler), 엘리 자레츠키에게 감사드린다. 끝으로 크리스틴 기스버그(Kristin Gissberg), 키스 헤이섬 (Keith Haysom)의 전문적인 연구 보조에 감사한다.

해 공정한 몫을 요구하던 사람들은 국민적인 공론에 호소하면서 국민경제에 국민국가가 개입하길 촉구했다. 그만큼 정치에서 '국내' 공간과 '국제' 공간을 엄격하게 구분하는 베스트팔렌적 상상력에 여전히 사로잡혀 있던 시대였으므로, 인정의 요구자들 또한 전반적으로 국내의 지위질서에 관심을 가졌다. 국가 차원에서 제도화된 경멸을 불식하기 위해 국가적 양심에 호소하면서 차별을 금지하고 시민들 사이의 차이를 수용하도록 정부에 압력을 행사했다. 양쪽 모두에서 케인스주의-베스트팔렌 프레임은 당연시되었다. 분배의 문제든 인정의 문제든, 혹은 경제적 차별이든 지위질서의 문제든 간에, 정의의 석용 범위가 근대 영토국가 내부였다는 점은 두말할 필요가 없다.[1]

언제나 예외는 있기 마련이다. 기근과 대학살은 국경선을 넘어 공론이 들끓게 하는 엄청난 충격이었다. 그리고 종종 세계시민주의자, 반제국주의자 들이 글로벌주의자(globalist)의 관점을 유포하고자 했다.[2] 하지만 이런 사례들은 규칙적으로 드러난 예외들이었다. 이런 관점은 '국제적' 영역에 속하는 것으로 밀려나면서, 정의와 대

1   '케인스주의-베스트팔렌 프레임'이라는 용어는 전후 민주주의 복지국가가 절정에 이르렀던 대략 1945년부터 1970년대 무렵까지 정의에 관한 논쟁에서는 국민국가적인 영토가 기본 토대였다는 점을 드러내기 위한 것이다. 이 기간 동안 북미와 서유럽에서 분배투쟁은 국민국가가 국가경제를 조정할 수 있다는 가정을 전제로 하고 있었다. 그리고 국가단위의 케인스주의는 '국내 문제에서 영토국가의 주권을 인정하는 국제국가 체제'라는 가정을 전제로 했다. 국내 문제에는 시민의 복지를 보살필 책임이 포함되었다. 이 기간 동안 인정에 관한 논쟁에서도 그와 유사한 가정이 지배적이었다. '베스트팔렌'이라는 용어는 국제 국가체제의 핵심적인 특징을 확립했던 1648년 조약을 지칭하는 것이다. 하지만 나는 베스트팔렌조약이 구체적으로 성취한 것에는 관심이 없으며, 그 조약이 출범시킨 체제로 인해 수세기에 걸쳐 전개된 과정에 대해서도 관심이 없다. 나는 '베스트팔렌'이라는 용어가 주권적인 영토국가를 상호인정하는 체제로서 세계를 지도화한 정치적 상상력을 환기하고자 한다. 내가 주장하는 바는 이런 상상력이 1세계에서 벌어진 정의에 관한 논쟁의 전후 프레임을 결정했다는 점이다. '사건'으로서, '사상·이상'으로서, '전개 과정'으로서의 베스트팔렌과 '규범적 득점기입표'로서의 베스트팔렌이라는 구분에 관해서는 다음을 참조할 것. Richard Falk, "Revisiting Westphalia, discovering post-Westphalia", *Journal of Ethics* 6:4, 2002, pp.311~352.
2   제3세계 관점에서는 베스트팔렌 전제들이 명백히 반사실적인 것으로 여겨질 수도 있을 것이다. 하지만 대다수 반제국주의자들이 그들 나름대로 베스트팔렌조약에 의거해 독립국가를 성취하고자 했다는 점은 상기해 볼 만하다. 반면 오직 소수의 반제국주의자들만이, 납득할 수 있는 여러 가지 이유로 글로벌 프레임 안에서 정의를 수호하려고 지속적으로 노력해 왔다.

립되는 안보의 영역에 주로 포섭되었다. 이는 케인스주의-베스트
팔렌 프레임에 도전하기보다는 오히려 그것을 강화하는 것으로 귀
결되었다. 정의에 관한 논쟁의 프레임은 2차대전 종전 무렵부터
1970년대 말까지 거의 도전받지 않은 채로 널리 유포되었다.

　그 당시에는 눈치채지 못했지만, 케인스주의-베스트팔렌 프레
임은 사회정의에 관한 논쟁에 특정한 형태를 부여했다. 이 프레임
에 의하면 적절한 국가단위는 근대 영토국가이며 영토국가의 주체
는 시민이라는 점이 너무나 당연했기 때문에, 그런 논쟁은 시민들
이 서로에게 정확히 어떤 책무를 져야 하느냐는 문제로 방향을 돌
리게 되었다. 어떤 사람들에게는 시민이 법 앞에서 평등하다는 형
식적 평등만으로도 충분했다. 또 다른 이들 생각엔, 시민에게는 기
회의 평등이 부여되어야 했다. 또 다른 사람들에게 정의는 모든 시
민이 정치적 공동체의 완전한 구성원으로서 타인과 동등하게 참여
하는 데 반드시 필요한 자원과 존중에 접근할 권리를 부여하는 것
이었다. 달리 말해 이 논쟁들은 한 사회 내부에서 무엇을 사회적 관
계의 정의로운 질서로 중시해야 하느냐는 점에 초점을 맞췄다. 정
의란 무엇인가에 몰두하느라, 논쟁자들은 정의의 주체가 누구인가
에 관해서는 토론할 필요조차 느끼지 못했다. 케인스주의-베스트
팔렌 프레임이 안전하게 작동하는 한, 정의의 주체가 국민국가의
시민이라는 점은 두말할 필요가 없었기 때문이었다.

　하지만 오늘날 케인스주의-베스트팔렌 프레임은 그동안 누렸
던 자명함의 후광을 잃어 가고 있다. 글로벌화에 대한 인식이 높아
진 덕분에 오늘날 많은 이는 자기 삶을 형성하는 사회적 과정들이
영토국가의 경계선을 일상적으로 넘나든다는 사실을 목격하고 있
다. 예를 들어 초국적기업, 국제적인 환투기꾼, 대규모 기관투자자
들의 행동이 국제적인 영향을 미치는 것과 마찬가지로, 이제 많은
사람은 한 영토국가 차원에서 내린 결정이 자국의 바깥에 존재하는
타국민의 삶에 영향을 미친다는 점에 주목하게 되었다. 정부기구든
비정부기구든 초국가적·국제적인 조직과 여론의 영향력이 점증하
고 있다는 사실 또한 알게 되었다. 글로벌 언론매체와 사이버 테크

놀로지를 통해 이런 영향력은 국경선을 완전히 무시한 채 흘러 다니고 있다. 그 결과 초국가적 세력에 의해 새로운 취약점이 드러났다. 지구온난화, 에이즈 확산, 국제적인 테러리즘, 초강대국들의 일방주의에 직면하게 되면서 많은 이가, 좋은 삶을 누릴 수 있는 기회가 영토국가에 한정된 진행 과정만큼이나 영토국가의 경계를 넘어선 진행 과정에도 어느 정도 좌우된다고 생각한다.

이런 상황에서 케인스주의-베스트팔렌 프레임은 더 이상 당연시될 수 없다. 많은 사람이 보기에, 근대 영토국가가 정의의 문제를 다룰 적절한 단위라는 것은 더 이상 공식이 아니다. 따라서 영토국가의 시민들이 정의의 적합한 주체라는 생각 또한 도전받지 않을 수 없게 되었다. 그 결과 정치적인 요구 형성에 관한 이전의 구조가 불안정해졌고 따라서 사회정의에 관한 우리의 논쟁 방식 또한 변하지 않을 수 없게 되었다.

이 점은 정의를 요구하는 두 가지 주요한 유형 모두에 해당되는 사실이다. 오늘날의 세계에서 재분배에 대한 요구는 점차적으로 국가적 경제라는 가정을 삼간다. 초국가적 생산, 일자리의 외주화, '바닥으로 치닫는 경주'라는 표현으로 떠올릴 수 있는 다양한 압력에 부딪히면서, 한때는 국가 차원에 집중했던 노동조합은 점차적으로 국제적인 동맹을 모색하고 있다. 다른 한편으로 사파티스타(Zapatista) 운동에 고무된 가난한 농민들과 토착부족민들은 초국적기업의 약탈과 글로벌 신자유주의에 대한 비판을 압제적인 지역·국가 정부당국과의 투쟁으로 연결하고 있다. 또한 세계무역기구(WTO)에 대한 항의, 월가 점령운동, 로스인디그나도스(Los Indignados, '분노한 사람들'이라는 뜻의 스페인어로, 2010년 봄 스페인 젊은이들의 주도로 시작된 대규모 금융자본 규탄 운동을 가리킨다―옮긴이)는 글로벌 경제의 새로운 협치(governance) 구조를 직접적인 투쟁 대상으로 삼았는데, 이 대상들은 대기업과 투자자가 영토국가 차원의 규제력과 세금부과력을 회피할 수 있도록 능력을 강화해 준 기구들이었다.

마찬가지로 인정투쟁 관련 운동 역시 점차적으로 영토국가를 넘어서고 있다. 예를 들면 '여성의 권리가 인간의 권리다' 같은 슬로건 아래 페미니스트들은 전 세계에 걸쳐 지역국가 단위의 가부장적 관행에 대항하는 투쟁과 국제법 개혁 캠페인을 연결하는 모색을 하고 있다. 다른 한편으로 영토국가 내부에서 차별에 직면한 종교적·종족적 소수자들은 자신들을 디아스포라로 재구성해 내면서 국제적인 여론을 동원하기 위한 초국가적 공중을 형성하기 위해 노력 중이다. 인권활동가들의 초국가적 연합체는 국제형사재판소와 같은 새로운 세계시민주의적인 제도를 구축하기 위해 작업해 왔다. 국제형사재판소는 인간의 존엄성을 침해한 국가폭력을 처벌할 수 있다.

이런 사례들에서 보다시피, 정의에 관한 논쟁에서 케인스주의-베스트팔렌 프레임은 붕괴하고 있다. 더 이상 국민국가에 한정하여, 혹은 전적으로 개별 국가의 공중에게 한정하여 거론하는 것이 아니기 때문에 정의의 요구자들은 더 이상 오로지 같은 나라 동료 시민들 사이의 관계에만 초점을 맞출 수 없다. 해당 이슈가 재분배든 인정이든 간에, 정의의 문제에 관해서 공동체 구성원들에게 어떤 책무가 있는가 하는 질문은 이제 누구를 주체로 삼을 것이며 그것이 어떤 공동체와 관련이 있는가 하는 문제로 빠르게 이행하고 있다. 이제는 정의의 내용으로서 무엇뿐만 아니라 정의의 당사자로서 누구가 관건이다.

달리 말하자면 오늘날 정의에 관한 논쟁은 두 가지 모습을 설정하게 된다. 한편으로 그것은 과거와 마찬가지로 실체적 내용에 관한 일차적인 질문과 관련된다. 정의는 어느 정도까지 경제적 불평등을 허용해야 하는가? 분배정의의 어떤 원칙에 따라 얼마만큼의 재분배가 요구되는가? 동등한 존중은 무엇으로 구성되는가? 어떤 종류의 차이들이 어떤 방법을 통해 공적인 인정을 받을 만한가? 이 같은 일차적 질문들을 넘어서 오늘날 정의에 관한 논쟁은 이차적인 메타수준의 문제들에도 관심을 갖는다. 정의에 관한 일차적인 질문들을 고려하는 데 적절한 프레임은 무엇인가? 특정 사례에서 정당한 분배 혹은 상호인정을 받을 만한 자격이 있는 합당한 주체는 누

구인가? 이렇게 해서 정의의 실체뿐만 아니라 정의의 프레임 또한 논쟁의 대상이 되고 있다.[3]

결과적으로 사회정의에 관한 우리의 이론은 심대한 도전을 받게 된다. 대체로 일차적 질서인 분배 혹은 인정의 문제에만 주로 집중해 온 이런 이론들은 정의의 프레임 자체에 관한 메타적인 문제를 성찰할 개념적 자원을 발전시키는 데 실패했다. 사태가 이렇게 전개됨에 따라 기존의 정의이론이 글로벌 시대에 정의의 문제가 안고 있는 이중적 특징을 명료하게 밝힐 수 있을지는 결코 분명하지 않다.[4]

이 논문에서 나는 정의의 프레임이라는 문제를 사유하기 위한 전략을 두 가지로 제안하고자 한다. 첫째, 이 문제를 만족스럽게 다루기 위한 정의의 이론은 삼차원적인 것이 되어야 한다. 즉 경제적 분배 차원, 문화적 인정 차원과 더불어 정치적 대표 차원이 통합되어야 한다. 둘째, 대표라는 정치적 차원 자체는 이 세 가지 차원을 포괄하는 것으로 이해되어야 한다. 이 두 가지 주장을 결합함으로써 '무엇'이라는 내용의 차원, 그리고 '누구'라는 주체의 차원을 넘어서 세 번째 질문을 가시화하고자 한다. 나는 이 세 번째 질문을 '어떻게'라는 방법의 문제로 설정할 것이다. 이런 질문들은 패러다임의 변화를 이끌게 될 것이다. 그리하여 케인스주의-베스트팔렌 프레임이 제시한 사회정의의 프레임은 이제 후-베스트팔렌 민주주의적 정의이론이 되어야만 한다.

---

3 이런 상황이 사상 처음 일어난 건 결코 아니다. 주마간산으로 훑어보더라도 유사한 상황을 역사에서 찾을 수 있다. 예를 들어 베스트팔렌조약으로 치닫던 시기와 그다음 1차대전에 이르는 시기가 그에 해당한다. 이런 시기들에도 또한 단지 정의의 실체뿐만 아니라 정의의 프레임에 관한 논쟁이 있었다.

4 정의에 관한 주류 이론에서의 프레임 관련 문제에 대해서는 다음을 참조할 것. Nancy Fraser, "Democratic Justice in a Globalizing Age: Thematizing the Problem of the Frame", *Varieties of World-Making: Beyond Globalization*, eds. Nathalie Karagiannis & Peter Wagner, Liverpool: Liverpool University Press, 2006, pp.193~215.

1. 정의에 관한 삼차원적 이론을 위하여: 정치적인 것의 특수성을 중심으로

내가 말하는 일반적 의미의 정의와 구체적 정치 차원에서의 정의가 무엇인지 설명하는 것으로부터 시작해 보겠다. 내 관점에서 살펴본 가장 일반적 의미의 정의는 동등한 참여다. 동등한 도덕적 가치의 원칙에 토대를 둔 급진적·민주주의적 해석에 따르면, 정의는 모든 사람이 사회생활에 동등하게 참여할 수 있도록 해 주는 사회적 배치를 요구한다. 부정의를 타개한다는 것은 어떤 사람들이 사회적으로 상호작용할 때 완전한 파트너로서 남들과 동등한 자격으로 참여하지 못하도록 막는 제도적 장애물을 제거한다는 뜻이다.[5] 한편으로 사람들은 남들과 대등하게 상호작용하는 데 필요한 자원의 분배를 거부하는 경제적 구조에 의해서 완전한 참여를 방해받을 수 있다. 그런 경우 그들은 분배 부정의, 즉 불공평한 분배에 시달리게 된다. 다른 한편으로 사람들은 자신에게 필요한 대등한 지위를 부여하려 하지 않는 문화적 가치의 제도화된 위계질서에 의해 대등한 상호작용을 방해받을 수 있다. 그런 경우 그들은 지위의 불평등, 즉 불인정에 시달리게 된다.[6] 첫 번째 경우 문제는 사회의 계급구조인데, 그것은 정의의 경제적 차원에 상응한다. 두 번째 경우 문제는 지위질서인데, 이것은 문화적 차원에 상응한다.[7] 근대 자본주의 사회에서 계급구조와 지위질서는 인과적으로 상호작용하지만 그렇다고 해서 서로를 정확히 반영하는 것은 아니다. 오히려 서로에게 상

---

5   이 책의 6장 「인정의 시대 페미니즘 정치」와 7장 「이성애중심주의, 불인정, 자본주의」를 참조할 것. Nancy Fraser, "Social Justice in the Age of Identity Politics: Redistribution, Recognition, and Participation", Nancy Fraser & Axel Honneth, *Redistribution or Recognition? A Political-Philosophical Exchange*, trans. J.Golb, J.Ingram & C.Wilke, London: Verso Books, 2003.

6   이와 같은 인정의 지위 모델은 표준화된 기존의 정체성 모델에 대한 대안을 제시한 것이다. 정체성의 정치에 대한 비판과 지위 모델에 대한 옹호에 관해서는 이 책의 6장 「인정의 시대 페미니즘 정치」와 다음 글을 참조할 것. Nancy Fraser, "Rethinking Recognition: Overcoming Displacement and Reification in Cultural Politics", *New Left Review* 3, 2000, pp.107~120.

7   여기서 나는 지위와 계급에 관한 유사베버적인 개념을 상정한다. Max Weber, "Class, Status, Party", *From Max Weber: Essays in Sociology*, eds. Hans H.Gerth & C.Wright Mills, Oxford: Oxford University Press, 1958.

대적 자율성을 가지고 있다. 결과적으로 불인정은 일부 경제중심적
인 분배정의이론이 가정하는 것처럼 불평등한 분배의 부차적인 효
과로 환원될 수 없다. 그 역도 마찬가지다. 따라서 일부 문화중심적
인정이론이 가정하는 것처럼 불평등한 분배 또한 불인정의 부차적
인 효과로 환원될 수 없다. 따라서 인정이론이든 분배이론이든 한
가지만으로는 자본주의 사회에서의 정의에 관한 적절한 이해를 충
분히 제시할 수 없다. 분배와 인정 모두를 포괄하는 이차원적 이론
만이 필요한 수준의 사회이론적 복잡성과 도덕철학적 통찰을 제공
할 수 있다.[8]

적어도 이것이 내가 과거에 옹호했던 정의의 관점이다. 정의에
관한 이 같은 이차원적 이해는 어느 정도까지는 여전히 유효한 것
으로 보인다. 하지만 이제 나는 그것만으로는 충분하지 않다고 생
각한다. 분배와 인정은 케인스주의-베스트팔렌 프레임이 당연시되
던 상황에서는 유일한 정의의 차원을 구성할 수 있었다. 하지만 베
스트팔렌 프레임 자체가 논란의 대상이 되면서, 그 결과 정의의 세
번째 차원이 드러나게 된다. 다른 많은 철학자의 작업에서 드러나
는 것과 마찬가지로 나 역시 이전에는 정의의 세 번째 차원을 무시
했다.[9]

8 이 부분에 관한 좀 더 충분한 논의를 보려면 다음을 참조할 것. Nancy Fraser,
"Social Justice in the Age of Identity Politics".
9 정치적인 것에 대한 무시는 철학적으로 자유주의나 공동체주의적 전제를 품고
있는 정의이론가들의 경우에 특히 잘 드러난다. 반면 숙의민주주의자, 논쟁적 민주주의자,
공화주의자 들은 정치적인 것을 이론화하려고 노력해 왔다. 하지만 대다수 이론가는
민주주의와 정의의 관계에 관해 거의 언급이 없었다. 그들 중 정치적인 것을 정의의 세
번째 차원으로 개념화한 이론가는 아무도 없다. 정치적인 것에 관한 숙의민주주의적
설명으로는 위르겐 하버마스의 글을 비롯해 다음과 같은 것이 있다. Jürgen Habermas,
Between Facts and Norms: Contributions to a Discourse Theory of Law and Democracy,
Cambridge, MA: MIT Press, 1996; Amy Gutmann & Dennis Thompson, *Democracy and
Disagreement*, Cambridge: Belknap Press, 1996. 정치적인 것에 관한 논쟁적 민주주의자의
설명으로는 윌리엄 코널리의 글을 비롯해 다음과 같은 것이 있다. William Connolly,
Identity/Difference: Negotiations of Political Paradox, Ithaca: Cornell University Press, 1991;
Bonnie Honig, *Political Theory and the Displacement of Politics*, Ithaca: Cornell University
Press, 1993; Chantal Mouffe, *The Return of the Political*, London: Verso Books, 1993; James
Tully, *Strange Multiplicity: Constitutionalism in an Age of Diversity*, Cambridge: Cambridge
University Press, 1995. 정치적인 것에 관한 공화주의자의 설명으로는 다음과 같은 것이
있다. Quentin Skinner, "The Republican Ideal of Political Liberty", *Machiavelli and*

정의의 세 번째 차원은 정치적인 것이다. 물론 분배와 인정은 경쟁한다는 의미에서 그리고 권력관계가 실려 있다는 의미에서 그 자체로 정치적이다. 분배와 인정은 통상적으로 국가의 판결을 요청하는 것으로 여겨져 왔다. 하지만 나는 정치적인 것을 더욱 특수하고 구성적인 의미로 사용하고자 한다. 이런 의미에서 정치적인 것은 국가가 사법권의 구성과 경합을 구조화하게 하는 의사결정 규칙들과 관련이 있다. 이런 의미에서 정치적인 것은 분배와 인정에 관한 투쟁이 진행되는 무대를 제공한다. 사회적 소속감의 판단기준을 확립하고, 그렇게 해서 누가 사회구성원으로 간주되는지 결정함으로써, 정의에 관한 정치적 차원은 다른 차원의 범위를 세분화한다. 정당한 분배와 상호인정을 받을 자격의 범위는 어디까지이며, 그런 범위에 누구를 포함해야 하고 누구는 배제되어야 하는지 말해 준다. 이와 같은 의사결정 규칙을 확립함으로써, 정치적 차원은 경제적 차원이나 문화적 차원과 마찬가지로 경기를 무대에 올리고 해결에 필요한 절차들을 설정한다. 정치적 차원은 분배와 인정에 대한 요구를 형성할 수 있는 주체는 누구인지뿐만 아니라, 어떤 주장이 고려할 만한 가치가 있고 어떤 주장은 없는지를 판결하는 방식에 대해서도 말해 준다.

구성원 자격과 절차의 문제를 중심으로, 정의의 정치적 차원은 대표에 주로 관심을 집중한다. 우선 정치적인 것의 경계 설정 차원에서 보자면, 대표는 사회적 소속감의 문제다. 여기서 관건은 서로에게 정의를 요구할 자격을 가진 사람들의 공동체에 누구를 포함하고 누구를 배제할 것인가 하는 점이다. 의사결정 규칙과 관련된 또

Republicanism, eds. Gesela Bock, Quentin Skinner & Maurizio Viroli, Cambridge: Cambridge University Press, 1990; Philip Pettit, "Freedom as Antipower", *Ethics* 106:3, 1996, pp.576~604. 이런 사상가들과 대조적으로 소수의 몇몇 사상가는 내가 여기서 논의하고 있는 방식은 아닐지라도 어쨌거나 정치적인 것과 정의를 직접적으로 연결했다. 그 예로는 다음 글들을 참조할 것. Michael Walzer, *Spheres of Justice*, New York: Basic Books, 1983; Iris Marion Young, *Justice and the Politics of Difference*, Princeton, NJ: Princeton University Press, 1990; Amartya Sen, *Development as Freedom*, New York: Anchor Books, 1999; Seyla Benhabib, *The Rights of Others: Aliens, Residents, and Citizens*, Cambridge: Cambridge University Press, 2004.

다른 차원에서 보자면, 대표는 경합의 공적인 과정을 구조화하는 절차와 관련되어 있다. 여기서 관건은 정치공동체에 포함된 사람들이 자기 주장을 알릴, 그리고 그 논쟁을 판결할 조건이다.[10] 두 가지 차원 모두에서 대표의 관계가 정당하냐는 질문이 제기될 수 있다. 어떤 이는 이렇게 물을 것이다. 정치공동체의 범위가 실제로 대표할 만한 자격이 있는 사람들을 부당하게 배제한 것은 아닌가? 공적 의사결정을 하기 위한 심사숙고와 공정한 대표라는 문제에서 공동체의 의사결정 규칙이 모든 구성원에게 동등한 목소리를 부여하는가? 대표성의 문제는 특히 더 정치적이다. 뒤에서 보게 되겠지만, 정치적 대표의 문제는 경제적인 질문과 문화적인 질문 모두와 개념적으로 구별되기 때문에 비록 경제적·문화적인 것과 얽혀 있다고 할지라도 서로 환원될 수 없다.

정치적인 것이 개념적으로 정의의 차원과 구분될 뿐만 아니라 경제적인 것이나 문화적인 것으로 환원될 수 없다는 말은, 개념적으로 뚜렷이 구분되는 부정의의 문제가 야기된다는 말이기도 하다. 동등한 참여의 관점에서 볼 때 정치적 부정의는 불평등한 분배나 불인정과 서로 교직되어 있기는 하지만, 그럼에도 하나가 다른 하나로 환원될 수 없는 방식으로, 동등한 참여를 방해하는 제각기 구별되는 정치적 장애물을 품고 있다. 그런 장애물들은 계급구조나 지위질서와는 뚜렷이 구별되는 사회의 정치적 구성으로 인해 발생한다. 사회질서의 특수한 정치적 양상에 뿌리내린 그런 장애물들은 정의의 세 가지 근본적인 차원을 이루는 분배나 인정과 더불어 대표를 개념화하는 이론을 통해서만 적절히 파악될 수 있다.

대표가 정치적인 문제를 정의한다면, 특징적인 정치적 부정의

10 대표에 관한 고전들은 주로 내가 의사결정 규칙의 측면이라고 부르는 것에 대해 다루면서도 다른 한편으로는 구성원의 측면을 무시했다. 그 예로는 다음을 참조할 것. Hannah Fenichel Pitkin, *The Concept of Representation*, Berkeley: University of California Press, 1967; Bernard Manin, *The Principles of Representative Government*, Cambridge: Cambridge University Press, 1997. 구성원의 측면을 다룬 저술을 보려면 다음을 참조할 것. Walzer, *Spheres of Justice*; Benhabib, *The Rights of Others*. 하지만 왈저와 벤하비브는 내가 여기서 내린 결론과는 다른 결론에 도달한다.

는 부당대표(misrepresentation)다. 부당대표는 사회적 상호작용을 할 때(정치적 무대에서뿐만 아니라 모든 영역에서) 남들과 동등하게 참여할 기회가 정치적 경계와 의사결정 규칙에 의해 일부 사람에게는 부당하게도 주어지지 않을 때 발생한다. 부당대표는 불평등 분배와 불인정으로 결코 환원될 수 없지만, 일반적으로는 그런 것들과 밀접하게 얽혀 있다. 분배나 인정과 관련된 부정의가 전혀 없는 상황에서도 부당대표는 발생할 수 있다.

우리는 적어도 두 가지 다른 수준에서 부당대표를 구분할 수 있다. 정치적 의사결정 규칙이 공동체에 포함된 어떤 사람들에게는 동료로서 충분히 참여할 기회를 부당하게 부정할 때 발생하는 부정의를 나는 일상 속의 정치적 부당대표라고 부른다. 여기서 문제는 프레임 내(intraframe)의 대표인데, 이때 우리는 대안적 선거체계의 상대적 장점들에 관한 정치적 논쟁이라는 익숙한 영역으로 들어가게 된다. 소선거구제, 승자독식제, 최다득표제 등은 수적 열세인 소수자들에게서 부당한 방식으로 동등성을 박탈하는 것이 아닌가? 만약 그렇다면, 비례대표제나 누적투표제가 적절한 해결책인가?[11] 그와 마찬가지로 젠더에 기초한 불평등 분배나 불인정이 젠더맹목적인 규칙들과 결합하게 되면, 이것이 여성들에게는 동등한 정치적 참여를 부정당하는 것으로 기능하지 않는가?[12] 이런 질문들은 일상 속의 정치적 정의의 영역에 속하며, 대체로 케인스주의-베스트팔렌 프레임 안에서 전개되었다.

부당대표의 두 번째 수준은 정치적인 것의 경계 설정 양상과

---

11 Lani Guinier, *The Tyranny of the Majority*, New York: Free Press, 1994; Robert Ritchie & Steven Hill, "The Case for Proportional Representation", *Whose Vote Counts?*, eds. Robert Ritchie & Steven Hill, Boston: Beacon Press, 2001, pp.1~33.

12 Anne Phillips, *The Politics of Presence*, Oxford: Clarendon Press, 1995; Shirin M. Rai, "Political Representation, democratic Institutions and Women's Empowerment: The Quota Debate in India", *Rethinking Empowerment: Gender and Development in a Global/Local World*, eds. Jane L. Parpart, Shirin M. Rai & Kathleen Staudt, New York: Routledge, 2002, pp.133~145; T. Gray, "Electoral Gender Quotas: Lessons from Argentina and Chile", *Bulletin of Latin American Research* 21:1, 2003, pp.52~78; Mala Htun, "Is Gender Like Ethnicity?: The Political Representation of Identity Groups", *Perspectives on Politics* 2:3, 2004, pp.439~458.

관련되어 있는데, 이것은 훨씬 더 불명료하다. 여기서 부정의는 공동체의 경계가, 공인된 정의의 경기장에 참여할 기회를 일부 사람들에 대해선 아예 배제해 버리는 부당한 방식으로 설정될 때 발생한다. 그런 경우 부당대표는 더욱 심층적인 형태를 띠게 되는데, 나는 이를 불능 프레임(misframe)이라 부르려 한다. 불능 프레임의 심층적인 특징은 사회정의에 관한 모든 질문에서 결정적으로 중요한 기능을 한다는 것이다. 프레임 설정은 부차적이거나 주변적인 것이 결코 아니며, 정치적 결정에서 가장 핵심적인 결과 중 하나다. 단한 번에 구성원과 비구성원 모두를 만들어 내는 이 같은 결정은 분배, 인정, 일상 속의 정치적 대표 문제를 다룰 때 공동체 안에서 고려할 만한 자격을 갖춘 사람들의 세계로부터 비구성원들을 효과적으로 솎아 낸다. 그 결과 심각한 부정의가 초래된다. 정의에 관한 질문이 일부 사람들을 고려의 대상에서 부당하게 배제하는 방식으로 프레임을 설정하게 되면, 그 결과는 특수한 형태의 메타부정의가 된다. 그런 부정의 상태에서 개인은 주어진 정치공동체에서 일차적 질서로서 정의를 주장할 기회를 부정당한다. 게다가 정치적 분리의 결과 누군가가 정의와 관계된 힘이 미치지 못하는 범위에 놓여 있는 한, 하나의 정치적 공동체로부터 배제된 사람이 또 다른 공동체에서는 정의의 주체로 포함된다 할지라도, 부정의의 문제는 여전히 남아 있게 된다. 물론 이보다 훨씬 더 심각한 사례는 어떤 사람이 모든 정치적 공동체의 구성원에서 배제되는 경우다. 한나 아렌트가 '권리를 가질 권리'라고 표현한 것을 상실한 셈인 이런 종류의 불능 프레임은 '정치적 죽음'의 일종이다.[13] 그와 같은 정치적 죽음을 경험한 사람들은 자선이나 관용의 대상이 될 수도 있다. 하지만 일차적 요구들을 제기할 수 있는 주인으로서의 자격을 박탈당한 사람들은 정의의 관점에서 보자면 인간적 주체가 되지 못한다.

글로벌화로 인해 최근에 드러나기 시작한 것이 다름 아닌 부당대표의 불능 프레임 형태다. 전후 복지국가가 전성기를 누리던 초

---

13 Hannah Arendt, *The Origins of Totalitarianism*, New York: Harcourt Brace, 1973, pp.269~284. '정치적 죽음'이라는 표현은 한나 아렌트가 아니라 내가 한 것이다.

창기에, 그리고 케인스주의-베스트팔렌 프레임이 제대로 작동하던
시절에 정의에 관한 사유의 주요 관심사는 분배의 문제였다. 그 후
신사회운동과 다문화주의의 부상과 더불어 무게중심은 인정으로
이동했다. 두 가지 경우 모두 근대 영토국가라는 전제는 도전받지
않았다. 결과적으로 정의의 정치적 차원은 주변으로 밀려났다. 정
의의 정치적 차원이 부상했을 때, 그것은 일국의 정치체 내부에서
의사결정을 두고 투쟁하는 일상 속 정치적 논쟁의 형태를 취했다.
그 경우 정치체의 경계선은 당연시되었다. 이렇게 볼 때 젠더할당
제 요구와 다문화 권리 요구는 원칙상 이미 정치공동체에 포함된
사람들 안에서 동등한 참여를 방해하는 정치적 장애물들을 제거하
려는 노력이었다.[14] 케인스주의-베스트팔렌 프레임을 당연시함으
로써, 그런 요구들은 적절한 정의의 단위가 영토국가라는 가정에
제대로 문제제기를 하지 못했다.

　하지만 그와는 대조적으로 오늘날 글로벌화는 정치적 의제로
서 그런 프레임에 명백한 문제제기를 하고 있다. 케인스주의-베스
트팔렌 프레임이 점점 더 논란의 대상이 됨으로써, 많은 사람은 이
제 이 프레임을 부정의의 주요한 수단으로 여기게 되었다. 왜냐하
면 베스트팔렌 프레임은 가난하고 멸시받는 수많은 사람이 자신을
짓누르는 세력에 저항하지 못하게 정치적 공간을 분할하기 때문이
다. 완전히 무력화되지는 않았지만 상당히 무력해진 국내정치적 영
역으로 이런 비판의 화살을 돌려 버림으로써, 베스트팔렌 프레임은
국가 외부의 권력을 비판하고 통제하지 못하도록 한다.[15] 상대적으

---

14 이런 투쟁에 관한 규범적인 힘에 대해 아주 잘 설명한 글로는 다음을 참조할
만하다. Will Kymlicka, *Multicultural Citizenship: A Liberal Theory of Minority Rights*,
London: Oxford University Press, 1995; Melissa Williams, *Voice, Trust, and Memory:
Marginalized Groups and the Failings of Liberal Representation*, Princeton, NJ: Princeton
University Press, 1998.

15 Thomas W. Pogge, "The Influence of the Global Order on the Prospects for
Genuine Democracy in the Developing Countries", *Ratio Juris* 14:3, 2001, pp.326~343;
"Economic Justice and National Borders", *Revision* 22:2, 1999, pp.27~34; Rainer Forst,
"Towards a Critical Theory of Transnational Justice", *Global Justice*, ed. Thomas Pogge,
Oxford: Blackwell Publishers, 2001, pp.169~187; "Justice, Morality and Power in the
Global Context", *Real World Justice*, eds. Andreas Follesdal & Thomas Pogge, Dordrecht:

로 강력한 약탈국가, 초국적 민간권력, 외국투자자, 채권자, 국제적
인 환투기꾼, 초국적기업 들은 정의의 관할권에서 벗어나 있기 때
문이다.[16] 여기에 글로벌 경제의 협치기구들도 보호를 받고 있는데,
이런 기구들은 착취적 상호작용 조건을 설정한 뒤 그것을 민주적인
통제로부터 면제한다.[17] 또한 케인스주의-베스트팔렌 프레임은 자
기격리적이다. 이 프레임의 국가상호체계 설계는 정의의 문제에 관
한 초국가적이고 민주주의적인 의사결정을 효과적으로 배제함으로
써 자신이 제도화한 정치적 공간의 분할 자체를 보호한다.[18]

이런 관점에서 볼 때 케인스주의-베스트팔렌 프레임은 부정의
의 강력한 도구다. 이 프레임은 빈곤한 이들과 멸시받는 이들을 희
생시켜 정치적 공간을 자신들에게 유리하도록 조작한다. 초국가적
인 일차적 요구들을 주장할 기회를 박탈당한 사람들은 불능 프레임
에 맞서 투쟁의 대열에 합류하지 않는 한은 불평등 분배나 불인정
과 맞서 싸워 성공하기는커녕 아예 나아갈 수조차 없다. 따라서 일
부 사람들이 불능 프레임을 글로벌 시대의 근본적인 부정의라고 생

Springer, 2005.

16 Richard L. Harris & Melinda J. Seid, *Critical Perspectives on Globalization and Neoliberalism in the Developing Countries*, Boston: Leiden, 2000.

17 Robert W. Cox, "A Perspective on Globalization", *Globalization: Critical Reflections*, ed. James H. Mittelman, Boulder, CO: Lynne Rienner, 1996, pp.21~30; "Democracy in Hard Times: Economic Globalization and the Limits to Liberal Democracy", *The Transformation of Democracy?*, ed. Anthony McGrew, Cambridge: Polity Press, 1997, pp.49~72; Stephen Gill, "New Constitutionalism, Democratisation and Global Political Economy", *Pacifica Review* 10:1, February 1998, pp.23~38; Eric Helleiner, "From Bretton Woods to Global Finance: A World Turned Upside Down", *Political Economy and the Changing Global Order*, eds. Richard Stubbs & Geoffrey R. D. Underhill, New York: St. Martin's Press, 1994, pp.163~175; Servaes Storm & J. Mohan Rao, "Market-Led Globalization and World Democracy: Can the Twain Ever Meet?", *Development and Change* 35:5, 2004, pp.567~581; James K. Boyce, "Democratizing Global Economic Governance", *Development and Change* 35:3, 2004, pp.593~599.

18 John Dryzek, "Transnational Democracy", *Journal of Political Philosophy* 7:1, 1999, pp.30~51; James Bohman, "International Regimes and Democratic Governance", *International Affairs* 75:3, 1999, pp.499~513; David Held, "Regulating International?", *International Journal of Sociology* 15:2, 2000, pp.394~408; *Democracy and the Global Order: From the Modern State to Cosmopolitan Governance*, Cambridge: Polity Press, 1995, pp.99~140; "The Transformation of Political Community: Rethinking Democracy in the Context of Globalization", *Democracy's Edge*, eds. Ian Shapiro & Cassiano Hacker-Cordón, Cambridge: Cambridge University Press, 1999, pp.84~111.

각하는 것도 이상한 일이 아니다.

불능 프레임에 대한 인식이 높아지면서 정의의 정치적 차원은
무시하기 어려워졌다. 글로벌화가 프레임 문제를 정치화할수록, 그
것은 또한 과거에는 종종 무시되었던 정의의 문법에 관한 다양한
측면을 가시화한다. 누구든 프레임 자체를 설정하지 않을 수 없는
상황에서, 암묵적이든 명시적이든 대표의 개념을 전제하지 않고서
는 정의에 관한 주장을 할 수 없다는 점이 분명해지고 있다. 그러므
로 대표는 언제나 분배와 인정을 위한 모든 주장에 이미 내포되어
있는 것이다. 정치적 차원은 정의의 개념에 관한 문법 자체에 함축
되어 있고 그런 문법에 의해 강력히 요청된다. 따라서 대표 없이는
분배도 없고 인정도 없다.[19]

19 나는 정치적인 것이 정의와 관련해서 가장 주요한 차원이며 따라서
경제적·문화적 차원보다 훨씬 더 근본적이라고 주장하려는 것이 아니다. 오히려 이 세
가지 차원은 서로 교직되어 있고 서로 영향을 주고받는 관계에 있다. 분배와 인정에 관해
주장할 수 있는 능력이 대표 관계에 달려 있는 것과 마찬가지로, 정치적 목소리를 행사할
수 있는 능력은 계급과 지위 관계에 달려 있다. 달리 표현하자면 공적인 논쟁에 영향을
미치고 권위 있는 의사결정을 할 수 있는 능력은 공식적인 의사결정 규칙에 달려 있을
뿐만 아니라 경제적 구조와 지위질서에 근거한 권력관계에 달려 있다. 이 사실은 대다수
숙의민주주의 이론에서는 충분히 강조되지 않고 있다. 그렇다 보니 불평등 분배와
불인정은 모든 시민에게 동등한 정치적 목소리가 부여되어야 한다는 원칙을 뒤집는 데
공모하게 된다. 심지어 민주적이라고 주장하는 정치체에서도 그런 공모가 발생한다. 물론
그 반대의 경우도 사실이다. 부당대표로 고통받는 사람들은 지위와 계급에 의해 초래된
부정의에 취약하다. 정치적 목소리의 부재로 인해 그들은 분배나 인정과 관련하여
자신들의 이해관계를 명백히 표현하고 옹호할 수 없게 된다. 이는 또다시 부당대표를
강화한다. 결과적으로 악순환이 반복된다. 그런 악순환 속에서 부정의의 세 가지 질서는
서로를 강화하고, 사회생활을 수행하는 데 남들과 동등하게 참여할 수 있는 기회를 일부
사람들에 대해서는 부정하게 된다. 따라서 요약하자면 정치적인 것이 가장 으뜸가는
차원은 아니다. 이 세 가지 차원이 개념적으로 구별되고 서로 환원 불가능함에도 불구하고,
동등한 참여를 방해하는 세 가지 형태의 장애는 대체로 서로 엮여 있다. 따라서 극히 드문
경우를 제외하고는, 부정의를 극복하려는 노력은 필연적으로 한 가지 차원에만 집중할 수
없다. 불평등 분배나 불인정과의 투쟁은 부당대표에 맞선 투쟁과 연대하지 않는 한 성공할
수 없으며 그 역도 마찬가지다. 따라서 우리가 강조해야 할 것은 전략적인 결정, 전술적인
결정 양쪽이다. 불능 프레임으로 인한 부정의가 현재 두드러지고 있다는 점에서 내가
선호하는 구호는 '대표 없이는 분배도 없고 인정도 없다'는 것이다. 하지만 그렇다
할지라도 대표의 정치는 글로벌 시대 사회정의를 위한 투쟁의 상호연결된 세 가지 전선
가운데 하나의 전선으로 보인다. 정치적인 차원에 우선성을 부여하는 라이너 포르스트의
경향을 반박하는 논쟁에 관해서는 다음을 참조할 것. Nancy Fraser, "Identity, Exclusion,
and Critique: A Response to Four Critics", *European Journal of Political Theory* 6:3, 2007,
pp.305~338("Prioritizing Justice as Participatory Parity: A Reply to Kompridis and Forst",
Adding Insult to Injury: Nancy Fraser Debates Her Critics, ed. Kevin Olson, London: Verso

일반적으로 말하자면 정의에 관한 적절한 이론은 삼차원적이어야 한다. 분배와 인정을 포괄할 뿐만 아니라 대표를 포괄하는 정의이론은 프레임의 문제를 정의의 문제로서 포착할 수 있도록 해주어야 한다. 경제적·문화적·정치적 차원을 통합함으로써 가능한 해결을 평가하고 불능 프레임이 저지르는 부정의를 식별할 수 있도록 해 주어야 한다. 무엇보다도 우리 시대의 핵심적인 정치적 질문을 제기하고 그에 답할 수 있도록 해 주어야 한다. 그 질문은 다름 아닌, 후-베스트팔렌 프레임 안에서 불평등 분배, 불인정, 부당대표에 대항하는 투쟁을 어떻게 통합할 수 있느냐는 것이다.

2. 프레임 설정의 정치:
국가영토성에서 사회적인 영향력으로 나아가기?

지금까지 나는 정의의 세 가지 근본적인 차원 가운데 하나로서 정치적인 것의 환원 불가능한 특수성을 주장했다. 나는 정치적 부정의의 두 가지 성격을 구별해서 밝혔다. 바로 일상 속의 정치적 부당대표와 불능 프레임이다. 이제 나는 글로벌 시대 프레임의 정치를 검토하고자 한다. 긍정적 접근과 변혁적 접근을 구분함으로써 나는 적절한 대표의 정치는 세 번째 수준을 분명히 거론해야 한다고 주장하려 한다. 한편으로는 일상 속의 정치적 부당대표, 다른 한편으로는 불능 프레임과의 투쟁을 넘어설 수 있는 정치는 프레임의 설정 과정 자체를 민주화하는 것 또한 목표로 삼아야 한다.

내가 말하는 '프레임 설정 정치'가 뜻하는 바가 무엇인지 설명하는 것으로부터 시작해 볼까 한다. 내가 말한 두 번째 수준의 정치에서 구성원과 비구성원 사이에는 구별이 형성되는데, 이런 정치는 정치적인 것의 경계 설정 측면에 관심을 갖는다. 누구를 정의의 주체로 간주할 것인가, 적합한 프레임은 무엇인가에 주목하는 프레임 설정 정치는 정치적 공간의 권위 있는 분할을 확립하고, 연대하고, 대항하고, 수정하려는 노력을 포함한다. 이런 정치에는 불능 프레

Books, 2008로 개정 출판).

임에 대항하는 투쟁이 포함된다. 불리한 입장에 놓인 사람들이 자신을 억압하는 세력에 대항해 정의를 요구하며 맞서지 못하게 하는 장애물들의 제거 또한 그 투쟁의 목표다. 프레임의 설정과 경합에 집중하는 프레임 설정 정치는 '누구'라는 당사자 문제에 관심을 갖는다.

프레임 설정 정치는 두 가지 형태로 구별되게 나타날 수 있다. 두 형태 모두 우리 글로벌 세계에서 지금 현재 실행되고 있다.[20] 첫 번째 접근은 내가 긍정적 프레임 설정 정치라고 부르는 것으로, 프레임을 설정하는 베스트팔렌 문법을 수용하면서도 기존 프레임의 범주에 도전한다. 이 경우, 불능 프레임으로 인해 부정의에 시달린다고 주장하는 사람들은 기존 영토국가의 경계선을 조정하고자 하거나 어떤 경우에는 아예 새로운 경계선을 긋고자 한다. 하지만 이들은 영토국가가 내부적으로 정의에 관한 논쟁을 제기하고 해결할 수 있는 적절한 단위라는 점을 여전히 받아들인다. 따라서 그들이 보기에 불능 프레임으로 초래된 부정의는 베스트팔렌 질서가 정치적 공간을 분할하는 일반원칙에서 비롯된 것이 아니라 차라리 베스트팔렌 원칙이 잘못 적용된 결과로 발생하는 것이다. 따라서 프레임에 대한 긍정적 정치를 실천하는 사람들은 국가영토의 원칙을 정의의 '당사자'를 구성하는 적절한 토대로 받아들인다. 달리 표현하자면 특정한 개인들의 집단을 정의의 동료주체로 만들어 주는 것은 근대국가의 영토 안에 함께 거주한다는 사실이며, 그처럼 국가에 상응하는 정치공동체의 공동구성원이라는 사실에 그들은 동의한다. 이렇게 볼 때 긍정적 프레임의 정치를 실천하는 사람들은 베스트팔렌 질서의 근원적인 문법에 도전하기보다 국가영토 원칙을 받아들인다.[21]

<hr />

20 '긍정적' 접근과 '변혁적' 접근을 구별하면서 나는 과거 분배나 인정과 관련해 사용했던 용어를 채택하고 있다. Nancy Fraser, "From Redistribution to Recognition? Dilemmas of Justice in a 'Postsocialist' Age", *New Left Review* 212, 1995, pp.68~93; "Social Justice in the Age of Identity Politics".

21 국가영토 원칙에 관해서는 다음을 참조할 것. Thomas Baldwin, "The Territorial State", *Jurisprudence, Cambridge Essays*, eds. H. Gross & T. R. Harrison, Oxford: Clarendon

베스트팔렌 일반원칙이 그야말로 도전을 받는 것은 프레임 정
치의 두 번째 접근법에서인데, 나는 이를 변혁적 접근이라고 부를
것이다. 변혁적 접근법의 옹호자들은 국가영토 원칙이 더 이상 모
든 경우에 정의의 '당사자'를 결정하는 적절한 토대가 될 수 없다고
주장한다. 그들 또한 국가영토 원칙이 여러 목적들과 여전히 관련
성이 많다는 점은 인정한다. 따라서 변혁적 접근법 지지자들은 국
가영토를 완전히 제거해야 한다고 주장하지 않는다. 하지만 그들은
국가영토 원칙의 문법이 그 성격상 영토에 기반한 것이라고 볼 수
없는, 글로벌 시대에 초래된 수많은 부정의의 구조적 원인들을 해
명하는 데 적합하지 않다고 주장한다. 국가영토 단위로 설명할 수
없는 사례로는 금융시장, 해외 공장, 투자체계, 글로벌 경제의 협치
기구 등이 있는데, 이들은 임금을 받고 일할 사람과 그렇지 못한 사
람들을 결정한다. 글로벌 매체의 정보 네트워크와 사이버 테크놀로
지 또한 누가 의사소통 권력의 회로에 포함되고 누구는 배제될 것
인지를 결정한다. 또한 기후, 질병, 마약, 무기, 생명공학과 관련된
생명정치 또한 이런 사례에 포함되는데, 이들은 누가 오래 살고 누
가 일찍 죽어야 하는지 결정한다. 인간의 복지에 너무나도 기본적
인 이런 문제들과 관련해 부정의를 영속화하는 이런 세력들은 '고
정된 장소적 공간'이 아니라 '유동적인 공간'[22]에 속한다. 이런 세력
들은 실질적인 혹은 인지 가능한 영토국가의 관할구역에 자리하고
있는 것이 아니기 때문에, 국가영토 원칙에 의거해 형성된 정의의
요구에 대해 책임질 리가 없다. 이런 사례에서 보다시피 사실이 이
렇기에, 국가영토 원칙으로 하여금 프레임을 결정하라고 호소하는
일 자체가 부정의를 저지르는 것이 된다. 이 원칙은 국가영토의 경
계선을 따라 정치적 공간을 분할함으로써, 탈영토적 혹은 비영토적

Press, 1992, pp.207~230. 다른 무엇보다도 국가영토 원칙에 대한 회의를 표시하는 이론에
관해서는 다음을 참조할 것. Frederick Whelan, "Democratic Theory and the Boundary
Problem", *Nomos XXV: Liberal Democrcy*, eds. J. R. Pennock & R. W. Chapman, New York
& London: New York University Press, 1983, pp.13~47.

    22 이 용어는 마누엘 카스텔에게서 빌려 왔다. Manuel Castells, *The Rise of the
Network Society*, London: Blackwell Publishers, 1996, pp.440~460.

권력이 정의의 관할구역에서 벗어나도록 해 준다. 따라서 글로벌 시대에 국가영토 원칙은 불능 프레임을 치유하는 데 이바지하기보다는 오히려 침해하거나 영속화하는 데 이바지한다.

전반적으로 프레임에 관한 변혁적 정치는 글로벌 시대의 프레임 설정에 관한 심층 문법을 변화시키고자 한다. 변혁적 접근법은 베스트팔렌 질서의 국가영토 원칙들을 후-베스트팔렌 원칙(혹은 원칙들)으로 보완하려고 한다. 이 접근법은 정의의 '당사자'의 경계뿐만 아니라 그것이 구성되는 방식, 즉 그런 경계선이 그어지는 구성의 양태까지 변화시킴으로써 불능 프레임이 야기한 부정의를 극복하고자 한다.[23]

그렇다면 후-베스트팔렌 프레임의 설정양식은 어떤 모습일까? 그에 대한 분명한 전망을 제시하기에는 때가 너무 이른 감이 있다. 그럼에도 불구하고 여태껏 제시된 제안들 중에서 가장 전망이 밝은 것은 '모든 당사자 원칙'(all-affected principle)이다. 이 원칙은 주어진 특정한 사회구조나 제도로 인해 영향을 받는 모든 사람이 그와 관련된 문제에서 정의의 도덕적 당사자로서 지위를 갖는 것이다. 이런 관점에서 볼 때, 일군의 사람들을 정의와 관련된 동료주체로 전환하는 것은 지리적 인접성이 아니라 공통된 구조적 혹은 제도적 프레임의 상호중첩성에 달려 있다. 이런 프레임은 그들의 사회적 상호작용을 지배하는 근본적 규칙들을 설정해 줌으로써, 이를 통해 이익과 불이익을 제공하는 방식으로 그들 각자 삶의 가능성을 형성하게 된다.[24]

---

23 탈영토적인 '정치적 분화의 양태'라는 생각은 존 러기에게 빚졌다. 대단히 시사적인 그의 논문을 참조할 것. John G. Ruggie, "Territoriality and Beyond: Problematizing Modernity in International Relations", *International Organization* 47, 1993, pp.139~174. 이 점에 관련하여 시사적인 또 다른 논문으로는 다음 글이 있다. Raul C. Pangalangan, "Territorial Sovereignty: Command, Title, and Expanding the Claims of the Commons", *Boundaries and Justice: Diverse Ethical Perspectives*, eds. David Miller & Sohail H. Hashmi, Princeton, NJ: Princeton University Press, 2001, pp.164~182.

24 시간이 경과하면서 생각은 때때로 예상치 않은 방향으로 흘러간다. 2004~2005년에 작성된 이 장에는 당시의 내 생각이 반영되어 있다. 그 당시 나는 '모든 당사자 원칙'을 후-베스트팔렌 양식 프레임으로 설정할 만한 가장 유력한 선택지로 보았다. 뒤의 각주 26번에 나오는 원칙과 관련해 걱정스러운 점들을 기록해 두기도 했지만

최근에 이르기까지 모든 당사자 원칙은 많은 사람에게 국가영
토 원칙과 일치하는 것처럼 보였다. 그것은 베스트팔렌적인 세계
이미지를 유지함으로써 이익과 불이익의 형태들을 결정하는 공통
의 프레임이 바로 근대 영토국가의 헌법질서라고 가정하는 것이었
다. 결과적으로 국가영토 원칙을 적용하게 되면, 그 순간 모든 당사
자 원칙이 갖는 규범적인 힘을 모든 사람이 동시에 획득할 것처럼
여겼다. 식민주의와 신식민주의의 오랜 역사가 증언하다시피 그것
은 결코 사실이 아니었다. 하지만 식민본국의 입장에서 볼 때, 사회
적 실효성과 국가영토의 융합은 해방의 추진력을 가진 것처럼 보였
다. 왜냐하면 그런 영토의 확장이 본국 영토에 살면서도 실질적으
로는 시민의 자격에서 제외되었던 종속적 계급·지위 집단들을 정
의의 당사자로 점차 포섭하는 것을 정당화했기 때문이다.

하지만 오늘날 국가영토가 사회적 실효성의 대리물로서 복무
할 수 있다는 생각은 더 이상 설득력이 없다. 현재의 상황에서 어떤
사람이 좋은 삶을 누릴 수 있는 기회는, 그가 살고 있는 국가영토의
국내정치적 상황에 전적으로 달려 있지 않기 때문이다. 국가영토가
여전히 중요한 것으로 남아 있는 것은 사실이지만, 국가영토의 영
향력은 탈영토적이고 비영토적인 다른 구조들에 의해서 매개되고
있으며, 그런 영향력은 국가영토 내적인 것만큼이나 중대하다.[25] 전
반적으로 볼 때 글로벌화는 국가영토성과 사회적 실효성 사이의 간

말이다. 하지만 얼마 지나지 않아 그런 걱정거리들은 해결 불가능할 것으로 보이게 되었다.
이후의 저술에서 나는 여기서는 언급하지 않은 또 다른 가능성을 선호하게 되었고 모든
당사자 원칙을 포기했다. 이는 '모든 종속자 원칙'(all-subjected principle) 프레임에 관한
논쟁에 드러나 있다. 이제 나는 그런 '종속' 원칙이야말로 정의의 개념과 민주주의 사이의
심층적·내적 연관관계를 더 잘 포착하리라고 생각한다. 하지만 나는 이를 이 장에서
사후적으로 개정하지 않기로 했다. 모든 종속자 원칙에 관해서는 다음을 참조할 것. Nancy
fraser, "Abnormal Justice", *Critical Inquiry* 34:3, 2008, pp.393~442. 이 글은 다음의 책에
재수록되었다. Nancy Fraser, *Scales of Justice: Reimagining Political Space in a Globalizing
World*, New York: Columbia University Press & Polity Press, 2008.

25 Thomas W. Pogge, *World and Poverty and Human Rights: Cosmopolitan
Responsibilities and Reforms*, Cambridge: Polity Press, 2002. 이 가운데서 특히 "The Causal
Role of Global Institutions in the Persistence of Severe Poverty"(pp.112~116)와
"Explanatory Nationalism: The Deep Significance of National Borders"(pp.139~144) 장을
참조할 것.

극을 점점 더 넓히고 있다. 두 가지 원칙이 점점 더 분화되어 나감
에 따라, 그 결과 국가영토는 더 이상 사회적 실효성을 대리할 수
있는 적합한 대리물이 되지 못하는 것으로 드러난다. 그래서 다음
과 같은 질문이 제기된다. 국가영토라는 우회로를 거치지 않으면서
모든 당사자 원칙을 정의의 프레임에 직접적으로 적용하는 것이 가
능한가?[26]

 이것이야말로 일부 변혁적 정치의 실천가들이 추구하고 있는
것이다. 불평등 분배와 불인정을 야기하는 해외적 원인들에 대항할

---

[26] 모든 것은 모든 당사자 원칙에 합당한 해석을 찾아내느냐에 달려 있다. 여기서
관건은 '당사자성'(affectedness) 개념을 다양한 프레임의 정의를 평가하는 데 활용 가능한
실제적인 기준이 될 만큼 만들어 나갈 수 있느냐에 달려 있다. 소위 나비효과로 생각을 해
보자면, 문제는 그야말로 모든 사람이 그야말로 모든 것에 의해 영향을 받는다는 증거를
제시할 수 있는가 하는 점이다. 따라서 여기서 필요한 것은 도덕적 지위를 부여받을
사람과 부여받을 수 없는 사람들을 나누는 효율성의 수준과 종류를 구별할 방법이다. 캐럴
굴드의 제안은 그런 도덕적 지위를 특정한 관행이나 제도에 의해서 인권을 유린당한
사람들에게 한정해 부여하자는 것이다. 데이비드 헬드는 또 다른 제안을 한다. 평균수명과
삶의 기회를 심각하게 침해당한 사람들에게 그런 지위를 부여하자는 것이다. 내 입장은
모든 당사자 원칙에 관해 합당한 해석의 다원성을 열어 놓자는 것이다. 결과적으로 이런
원칙에 대한 해석은 철학적인 명령처럼 한 가지 목소리로 결정될 수 없다. 오히려
당사자성의 철학적 분석은 이런 원칙의 의미에 관해 폭넓은 공적 토론에 기여하는 것이
되어야 한다.(이 점은 기존의 제도나 정책에 의해 피해를 입은 사람들에 관한 경험적·
사회과학적 설명에도 해당되는 사실이다.) 일반적으로 볼 때 모든 당사자 원칙은 대화를
통해, 민주적인 숙의 과정에서 주고받는 토론을 통해 해석되어야 한다. 하지만 한 가지
점만은 분명하다. 불능 프레임으로 초래된 부정의는, 특정한 제도의 공식적 구성원으로
이미 인정받은 사람들이나 특정한 관행의 참여자로 공인된 사람들에게 도덕적 지위가
국한되지 않는 경우에만 극복될 수 있다는 것이다. 그런 부정의를 극복하는 데 장애가
되는 제도나 관행에 의해 심각한 영향을 받는 비구성원 혹은 비참여자들에게야말로 그
도덕적 지위가 마땅히 부여되어야 한다. 따라서 글로벌 경제로부터 의도치 않게
단절되었던 사하라 이남 아프리카인들 또한 도덕적 지위와 관련해 정의의 주체로
간주되어야 한다. 비록 그들이 공식적으로는 글로벌 경제에 참여하지 않았다 하더라도
그래야 한다. 인권을 기준으로 하는 해석에 관해서는 다음을 참조할 것. Carol C. Gould,
Globalizing Democracy and Human Rights, Cambridge: Cambridge University Press, 2004.
평균수명과 삶의 기회를 기준으로 하는 해석을 보려면 다음을 참조할 것. David Held,
Global Covenant: The Social Democratic Alternative to the Washington Consensus, Cambridge:
Polity Press, 2004. 대화적 접근에 관해서는 다음을 참조할 것. Nancy Fraser, "Democratic
Justice in a Globalizing Age" & "Abnormal Justice", *Critical Inquiry* 34:3, 2008,
pp.393~422. 사하라 이남 아프리카인들과 공식적 글로벌 경제 간의 의도치 않은 단절에
대해서는 다음을 참조할 것. James Ferguson, "Global Disconnection: Abjection and the
Aftermath of Modernism", Ferguson, *Expectations of Modernity: Myths and Meanings of
Urban Life on the Zambian Copperbelt*, Berkeley: University of California Press, 1999,
pp.234~254.

수단을 마련하려는 글로벌 운동가들은 정치적 공간의 국가영토적
인 분할을 피하기 위해 모든 당사자 원칙에 직접적으로 호소하고
있다. 환경주의자들과 원주민들은 케인스주의-베스트팔렌 프레임
으로 인한 배제에 대항하기 위해 그들의 삶에 영향을 미치는 탈영
토적이고 비영토적인 세력과의 관계에서 정의의 당사자로서 자신
들의 위상을 요구하고 있다. 실효성이 국가영토성을 능가한다고 주
장하면서 그들은 개발활동가, 국제적 페미니스트 및 그 밖의 사람
들과 연대한다. 이들은 고정된 장소적 공간이 아니라 비록 구조라
할지라도, 그런 구조가 자신들에게 주는 피해에 맞서 자신들의 요
구를 제기할 권리를 주장한다. 이런 요구의 주창자들은 베스트팔렌
적 프레임 설정의 문법을 버리고 글로벌 사회에서 모든 당사자 원
칙을 정의 문제에 직접적으로 적용하고 있다.[27]

　　그런 경우에 프레임 설정의 변혁적 정치는 다양한 차원과 수준
에서 동시적으로 진행된다.[28] 첫 번째 수준에서 사회운동은 불평등
분배, 불인정, 일상 속의 정치적 부당대표라는 일차원적인 부정의
들을 시정하는 것을 목표로 삼는다. 두 번째 수준에서 이들 운동은
정의의 '당사자'를 재구성함으로써 프레임의 메타수준에서 야기되
는 부정의들을 교정하고자 한다. 국가영토 원칙들이 부정의에 도전
하기보다는 조장하는 그런 경우에, 변혁적 사회운동은 국가영토 원
칙 대신 모든 당사자 원칙에 호소한다. 그들은 후-베스트팔렌 원칙
에 호소하면서 프레임 설정 문법 자체를 변화시키고자 한다. 이로
써 그들은 글로벌 시대에 정의를 위한 메타정치적 기초를 재구성하

27　Manuel Castells, *The Power of Identity*, London: Blackwell Publishers, 1996; John
A. Guidry, Michael D. Kennedy & Mayer N. Zald, *Globalizations and Social Movements*,
Ann Arbor: University of Michigan Press, 2000; Sanjeev Khagram, Kathryn Sikkink &
James V. Riker, *Restructuring World Politics: Transnational Social Movements, Networks, and
Norms*, Minneapolis: University of Minnesota Press, 2002; Margaret E. Keck & Kathryn
Sikkink, *Activists beyond Borders: Advocacy Networks in International Politics*, Ithaca, NY:
Cornell University Press, 1998; Jeffrey st. Clair, "Seattle Diary", December 16, 1999,
counterpunch.org.
28　여기서 제시한 것과는 또 다른 유익한 설명을 보려면 다음을 참조할 것. Christine
Chin & James H. Mittelman, "Conceptualizing Resistance to Globalization", *New Political
Economy* 2:1, 1997, pp.25~37.

고자 한다.

하지만 변혁적 정치의 요구자들은 여기서 한 걸음 더 나아간
다. 그들이 제기하는 다른 요구들에 더해, 이런 운동은 프레임을 설
정하는 새로운 후-베스트팔렌 과정에서 발언권 또한 요구한다. 프
레임 설정을 국가 엘리트와 초국가적 엘리트의 특권으로 간주하는
표준화된 관점을 거부하면서 그들은 정의의 프레임이 입안되고 교
정되는 과정들을 실질적으로 민주화하려고 노력한다. 정의의 '당사
자'를 구성하는 데 참여할 권리를 요구함과 동시에 '방법' 또한 변혁
하고 있다. 여기서 내가 말하는 방법이란 '당사자'를 결정하는 공인
된 절차를 의미한다.[29] 가장 성찰적이고 야심찬 변혁운동들은 프레
임에 관한 논쟁을 만끽할 경기무대에 서기 위해 새로운 민주주의적
장들의 창출을 요구하며, 스스로도 그런 무대를 만들어 내고 있다.
예를 들자면 세계사회포럼에서 일부 변혁적 정치 실천가들은 프레
임에 관한 논의를 시작하고 해결하는 데 다른 사람들과 동등하게
참여할 수 있는 초국가적 공론의 장을 만들어 냈다.[30] 이런 방법을
통해 그들은 후-베스트팔렌적이고 민주주의적인 정의를 위한 새로
운 제도의 가능성을 앞서서 보여 주고 있다.[31]

29　정의의 실현 '방법'에 관한 좀 더 상세한 논의를 보려면 다음을 참조할 것. Nancy
Fraser, "Democratic Justice in a Globalizing Age" & "Abnormal Justice".

30　James Bohman, "The Globalization of the Public Sphere: Cosmopolitanism,
Publicity and Cultural Pluralism", *Modern Schoolman* 75:2, 1998, pp.101~117; John
A. Guidry, Michael D. Kennedy & Mayer N. Zald, *Globalizations and Social Movements*;
Thomas Pomiah, "Democracy vs. Empire: Alternatives to Globalization Presented at the
World Social Forum", *Antipode* 36:1, 2004, pp.130~133; Maria Pia Lara, "Globalizing
Women's Rights: Building a Public Sphere", *Recognition, Responsibility, and Rights: Feminist
Ethics and Social Theory. Feminist Reconstructions*, eds. Robin N. Fiore & Hilde Lindemann
Nelson, Totowa, NJ: Rowman & Littlefield, 2003, 181~193; Nancy Fraser,
"Transnationalizing the Public Sphere: On the Legitimacy and Efficacy of Public Opinion
in a Postwestphalian World", *Theory, Culture & Society* 24:4, 2007, 7~30(*Scales of Justice*에
재수록되었다).

31　현재로서는 프레임 설정 과정을 민주화하려는 노력이 초국가적 시민사회
안에서의 경합에 국한되고 있다. 당분간 어쩔 수 없는 일이기는 하지만, 초국가적 공론을
구속력 있는 결정으로 전환해 줄 공식적인 제도가 존재하지 않는 한 이런 노력은 성공할
수 없을 것이다. 일반적으로 볼 때 초국가적 민주주의 정치라는 시민사회적 경로는
공식적·제도적 경로에 의해 보완될 필요가 있다. 이에 관해 좀 더 상세한 논의를 보려면
다음을 참조할 것. Nancy Fraser, "Democratic Justice in a Globalizing Age" & "Abnormal

변혁적 정치의 민주주의적 차원은 이미 살펴본 두 가지 수준을 넘어서 정치적 부정의의 세 번째 수준을 가리키게 된다. 앞에서 나는 일상 속의 정치적 부당대표가 야기하는 일차적인 부정의와 불능 프레임이 야기하는 이차적 부정의를 구별했다. 이제 우리는 정치적 부정의의 세 번째 질서를 식별할 수 있다. 이런 부정의는 '방법' 문제에 해당한다. 프레임 설정의 비민주적 과정에서 잘 드러나는 이런 부정의는 '당사자'와 관련된 숙의와 결정이라는 메타정치적 수준에서 동등한 참여를 제도화하지 못하기 때문에 일어나는 것이다. 일차적 정치 공간을 구성하는 과정이 문제가 되기 때문에, 나는 이런 부정의를 메타정치적 부당대표라고 부르겠다. 메타정치적 부당대표는 국가와 초국가적 엘리트들이 프레임 설정 활동을 독점하고, 이 과정에서 피해를 입을 수도 있는 사람들의 발언권을 인정하지 않고, 그들의 주장을 검토하고 시정할 수 있는 민주적 토론의 장을 창출하지 못하도록 막을 때 일어난다. 그 결과 정치적 공간의 공식적 분할을 결정하는 메타담론에 압도적 다수의 사람이 참여하지 못하고 배제된다. 그런 공간에 참여할 수 있는 제도적 장들이 부족한 데다 '방법'에 관한 비민주적 접근에 굴복하지 않을 수 없는 상황이므로, 대다수 사람은 '당사자'를 정하는 의사결정 과정에 대등한 자격으로 개입할 기회 자체를 박탈당한다.

전체적으로 볼 때, 불능 프레임에 맞서 싸우는 투쟁은 새로운 형태의 민주주의적 결함을 폭로하고 있다. 글로벌화가 불능 프레임이 야기하는 부정의를 가시화하는 것과 마찬가지로, 신자유주의적 글로벌화에 대항하는 변혁적 투쟁은 '당사자'에 관한 논란들을 민주적으로 알리고 해결할 수 있는 제도들이 결여되어 있다는 사실을 폭로함으로써 '방법'에 대한 관심을 고조시킨다. 그들은 그런 제도의 부재가 부정의를 극복하려는 노력을 좌절시킨다고 시사함으로써, 민주주의와 정의 사이의 심층적인 내적 연관성을 보여 주고 있다. 그 결과 최근의 국면이 야기한 구조적 특징이 잘 드러난다. 글

Justice"; James Bohman, "International Regimes and Democratic Governance".

로벌 시대에 정의를 위한 투쟁이 메타정치적 민주주의를 위한 투쟁과 손잡고 함께하지 않는다면 그것은 결코 성공할 수 없다. 세 번째 수준에서도, 대표가 없으면 분배나 인정도 있을 수 없다.

3. 패러다임의 전환: 후-베스트팔렌 민주주의적 정의

나는 현재 국면의 특징은 정의의 '당사자'와 '방법'에 관련된 논쟁이 동시에 심화된다는 점이라고 주장해 왔다. 그런 상황에서 정의이론에는 패러다임의 전환이 일어나고 있다. 케인스주의-베스트팔렌 프레임이 제대로 작동했던 이전 시기의 대다수 철학자는 이와 같은 정치적 차원을 무시했다. 영토국가를 당연한 것으로 취급하면서 정의의 요구조건들을 일방적·독백적 방식으로 확정 지으려 노력했다. 그러다 보니 그들은 국가의 프레임에 의해서 배제될 사람들은 말할 것도 없고, 그런 프레임에 속하는 사람들조차 자신들의 요구를 결정하는 데 어떤 역할을 담당해야 한다고는 상상하지 못했다. 프레임의 문제에 대한 성찰을 무시한 나머지, 이 철학자들은 프레임에 따른 의사결정으로 인해 자기 운명에 결정적인 타격을 받게 될 사람조차 프레임의 결정에 참여해야 한다고는 상상하지 못했던 것이다. 그들은 대화적이고 민주적인 계기의 필요성을 완전히 부인한 채 사회정의에 관한 독백적 이론을 생산하는 데 만족해 왔다.

하지만 오늘날 사회정의에 관한 독백적 이론은 점차 설득력을 잃어 가고 있다. 우리가 앞서 보았다시피 글로벌화는 '당사자'에 관한 질문을 하지 않을 수 없게 했던 것과 마찬가지로 '방법'에 관한 질문 또한 하지 않을 수 없도록 만든다. 이 과정은 대체로 다음과 같이 진행된다. 프레임 설정에 대해 발언권을 요구하는 사람들이 늘어나면서 '당사자'를 결정하는 문제가 점차 정치적인 것으로 인식된다. 이런 정치적 문제들이 전문가나 엘리트의 손에 맡겨 둘 수 있는 기술적인 문제라기보다 민주주의적으로 다뤄야 할 문제임이 공유된다. 그 결과 전문적 특권의 옹호자들은 자신의 주장을 입증해야만 하는 논증의 부담을 지게 된다. 더 이상 당연한 지위를 누릴 수 없게 된 그들은 '방법'에 대한 논쟁에 어쩔 수 없이 말려들게 된

다. 그리하여 메타정치적 민주화 요구를 사이에 두고 경쟁하기에
이른다.

이와 유사한 변동이 규범적인 철학 내부에서도 현재 감지되고
있다. 일부 활동가들은 프레임 설정과 관련해 엘리트들이 누리던
특권들을 민주주의적 공중에게 이전하려고 하고 있다. 마찬가지로
일부 정의이론가들은 이론가와 민중(demos) 사이의 고전적인 노동
분업을 새롭게 재사유하자고 제안한다. 더 이상 독백적 방식으로
정의의 요구조건들을 확정하는 데 만족하지 않는 이론가들은 점차
대화적 접근법을 찾고 있다. 이런 접근은 정의의 주요한 측면들을
집단적 의사결정의 문제로, 시민들 스스로 민주적 숙의를 통해 결
정해야 할 문제로 간주한다. 따라서 이 이론가들에 의해 정의이론
의 문법은 변형되고 있다. 우리가 한때 '사회정의이론'이라고 불렀
던 것은 이제 '민주주의적 정의이론'[32]으로 나타난다.

하지만 지금의 형태로는 민주주의적 정의이론은 만족스럽지
못하다. 독백적 이론에서 대화적 이론으로의 전환을 완성하려면 대
화적 전환을 옹호하는 이론가 대다수가 숙고한 것들을 넘어서 전진
해야 한다.[33] 따라서 민주주의적 의사결정 과정이 정의의 '내용'뿐만
아니라 정의의 '당사자'와 '방법'에도 적용되어야 한다. 방법에 대한
민주주의적 접근을 채택함으로써 정의이론은 글로벌 시대에 합당
한 태도를 취하게 될 것이다. 일상적 정치와 메타정치의 모든 수준
에서 대화의 형식을 취할 때, 정의이론은 후-베스트팔렌 민주주의적
정의이론이 될 것이다.

정의를 동등한 참여로 보는 관점은 그런 접근에 쉽게 적응할

---

32 이 표현은 이언 셔피로에게서 빌려 왔다. Ian Shapiro, *Democratic Justice*, New
Haven: Yale University Press, 1999. 하지만 이 생각은 위르겐 하버마스에게서도 찾을 수
있다. Jürgen Habermas, *Between Facts and Norms*; Seyla Benhabib, *The Rights of Others*;
Rainer Forst, *Contexts of Justice: Political Philosophy Beyond Liberalism and
Communitarianism*, trans. J. M. J. Farrell, Berkeley: University of California Press, 2002.

33 앞의 각주에서 인용한 이론가들 중 프레임 문제 접근에 '민주주의적 정의'를
적용하려고 시도한 사람은 아무도 없었다. 그런 접근에 가장 가까이 다가간 사상가가
라이너 포르스트다. 그는 프레임 설정의 중요성을 잘 인식하고 있었으나, 그런 그마저도
프레임 설정의 민주주의적 과정을 상상하지는 못했다.

수 있다. 이 원칙은 민주주의적 정의의 성찰적 성격을 드러내는 이중적 특성을 지니고 있다. 한편으로 동등한 참여 원칙은 사회적 배치를 평가할 때 실질적인 정의원칙의 상세한 근거가 되어 준다는 점에서 결과적으로 성과 개념(outcome notion)이다. 사회적 배치는 모든 사회 행위자가 동등한 자격으로 사회생활에 참여하도록 허용하는 경우에만 비로소 정당한 것이 된다. 다른 한편으로 동등한 참여 원칙은 규범들의 민주적 정당성을 평가할 때 절차적 기준의 근거가 되어 준다는 점에서 절차 개념(process notion)이다. 규범들은 모두가 동등한 자격으로 참여할 수 있는 공평하고 열린 숙의 과정에서 모든 관련 당사자의 동의를 받을 수 있는 경우에만 오직 정당하다. 이와 같은 이중적인 특성으로 인해 정의를 동등한 참여로 보는 견해는 성찰성을 내재하게 된다. 내용과 절차 모두를 문제 삼을 수 있기 때문에 이 관점은 사회적 배치의 두 가지 측면 사이의 상호연관성을 보여 준다. 그래서 이런 접근은 결과적으로 민주적 의사결정을 왜곡하는 부정의한 배후상황과 실질적으로 불평등한 결과를 발생시키는 비민주적인 절차 모두가 드러나게 한다. 그 결과 우리로 하여금 일차적 수준과 메타수준의 문제들 사이에서 전후좌우로 손쉽게 오갈 수 있도록 해 준다. 정의를 동등한 참여로 보는 관점은 민주주의와 정의 사이의 상호연관성을 드러냄으로써 글로벌 시대가 필요로 하는 바로 그런 형태의 성찰성을 제공한다.

내가 여기서 개괄한 정의이론의 주요한 특징을 다시 한 번 환기하는 것으로 마무리하고자 한다. 이 이론은 후-베스트팔렌 민주주의적 정의에 관한 설명으로서 세 가지 근본적인 차원을 포괄한다. 결과적으로 이는 불평등 분배, 불인정, 부당대표가 상호중첩된다는 점을 보여 주고 비판할 수 있도록 해 준다. 여기에 덧붙여 정치적 부정의이론에 관한 설명은 세 가지 수준을 포괄한다. 일상 속의 정치적 부당대표뿐만 아니라 불능 프레임과 메타정치적 부당대표를 거론함으로써 이 이론은 정의에 대한 논의에서 프레임의 문제를 파악하도록 해 준다. 정의의 '내용'뿐만 아니라 정의의 '당사자'와 정의에 이르는 '방법'에 집중함으로써 이 이론은 프레임 설정의 대안적 원칙과 대안적 절차상의 정의를 평가하도록 해 준다. 이미 언급했다시피 무엇보다도 후-베스트팔렌 민주주의적 정의이론은 우리 시대에 가장 중요한 정치적 질문을 제기하고, 다행스럽게도 그에 대한 대답을 해내도록 우리를 격려하고 있다. 후-베스트팔렌 프레임 안에서 우리는 불평등 분배, 불인정, 부당대표에 대항할 수 있는 투쟁을 어떻게 통합할 수 있을 것인가?

9

페미니즘과 자본주의, 역사의 간계*

나는 여기서 제2물결 페미니즘을 폭넓게 쭉 한번 훑어보고자 한다. 그것은 이런저런 활동가들의 흐름이 아니다. 이런저런 페미니즘 이론화 경향도 아니다. 이런저런 운동의 지리학적인 파편도 아니다. 이런저런 여성들의 사회학적 스펙트럼도 아니다. 나는 제2물결 페미니즘 전체를 획기적인 사회현상으로 보려 한다. 40여 년에 이르는 페미니즘 활동을 되돌아보면서 나는 페미니즘 운동의 전반적인 궤적과 역사적 의미를 감히 평가해 보고자 한다. 뒤를 돌아보는 일이 또한 앞을 내다보는 일이 되었으면 한다. 우리가 걸어온 길을 재구성해 봄으로써 오늘날 우리가 당면한 도전, 즉 엄청난 경제적 위기, 사회적 불확실성, 정치적 구조조정 시대를 조명해 보겠다.

　나는 제2물결 페미니즘의 전반적인 의미와 광범한 윤곽을 이야기해 볼 작정이다. 역사적 서사와 사회이론적 분석을 똑같이 배치한 내 이야기의 플롯은 세 가지 시점을 중심으로 전개된다. 그것은 자본주의 역사의 특수한 순간들과 관련해 제2물결 페미니즘을 각

　* 이 장은 원래 '젠더와 시민권: 새롭고도 오래된 딜레마, 평등과 차이 사이에서'라는 주제로 이탈리아 코르토나에서 2008년 11월 7일부터 9일까지 열린 학회의 주제강연문이었다. 잔자코모 펠트리넬리 재단과 프랑스의 일드프랑스(Ile-de-France) 지방정부 및 프랑스 사회과학고등원에 감사드린다. 이들 기관은 블레즈 파스칼 국제연구강좌를 위한 초안 작업을 지원해 주었다. 유용한 논평을 해 준 코르토나 학회 참가자들에게 감사드린다. 특히 비앙카 베칼리(Bianca Beccalli), 제인 맨스브리지(Jane Mansbridge), 루스 밀크먼(Ruth Milkman), 엘리 자레츠키, 정치윤리사회학그룹에 참여한 EHESS 세미나 참가자들, 특히 뤼크 볼탕스키, 에스텔 페라레세(Estelle Ferrarese), 상드라 로지에(Sandra Laugier), 퍼트리샤 페이퍼먼(Patricia Paperman), 로랑 테브노(Laurent Thevenot)에게 감사드린다.

각의 시점에 위치시킨 것이다. 첫 번째 시점은 내가 '국가주도 자본주의'(state-organized capitalism)라고 부르는 상황 속에서 시작된 운동이다. 여기서 나는 제2물결 페미니즘의 출현이 제2차 세계대전 이후 국가주도 자본주의 사회에 만연한 남성중심주의에 대한 급진적인 도전이었으며 반제국주의 신좌파운동의 일환이었다고 지형화한다. 이 시기를 개념화하면서 나는 이 운동의 근본이 되는 해방의 약속을 무엇보다 사회에 대한 구조적 비판과 부정의에 대한 의미의 확장으로 간주할 것이다. 두 번째 시점은 신자유주의의 부상에 따라 급격하게 변화된 사회환경 속에서 일어난 페미니즘의 진화 과정이다. 이것을 나는 페미니즘 운동의 엄청난 성공뿐만 아니라 새롭게 부상한 자본주의 형태, 즉 '탈조직화'(disorganized)된 초국가적 후-포디즘의 요구 속으로 페미니즘의 이상이 심란하게 수렴되는 과정으로 도표화하고자 한다. 이 시기를 개념화하면서 나는 뤼크 볼탕스키와 에브 시아펠로가 '자본주의의 새로운 정신'이라 명명한 핵심적 요소들을 페미니즘이 알게 모르게 제공한 것은 아닌지 물을 것이다. 세 번째 시점은 자본주의의 위기와 정치적 재조정이라는 현재의 맥락 속에서 페미니즘 앞에 가능성으로서 놓인 재방향성이다. 이 시기는 신자유주의에서 벗어나 새로운 형태의 사회조직화로 이동하는 표지가 될 수 있다. 여기서 나는 금융자본과 미국의 헤게모니라는 한 쌍의 위기에 부딪히면서 크게 흔들린 세계에서 페미니즘의 해방적 약속을 재활성화할 전망을 모색하고자 한다.

　전체적으로 나는 제2물결 페미니즘의 궤적을 최근 자본주의 역사와의 관계 속에서 자리 매기려 한다. 이런 방식을 통해 몇십 년 전 내게 힘이 되었던 사회주의 페미니즘 이론의 형태가 부활하는 데 도움이 되었으면 한다. 사회주의 페미니즘은 오늘날에도 여전히 젠더정의 실현을 향한 최상의 전망을 보여 주겠다는 우리의 희망에 가장 잘 부합할 것으로 보인다. 하지만 내 목표는 사회주의 페미니즘의 철 지난 이중체계론을 재활용하는 것이 아니라 자본주의에 관한 최근의 비판이론과 최근의 페미니즘 이론 중에서 최상의 것들을 서로 통합하는 것이다.

　　내 접근법 이면에 자리한 타당한 근거를 밝힘으로써, 제2물결 페미니즘에서 가장 널리 알려졌다고 할 수 있는 관점에 대한 내 불만을 설명해 보겠다. 제2물결 페미니즘 운동은 문화를 변화시키는 데는 꽤 성공했지만 제도를 변화시키는 데는 상당히 실패했다는 점에서 현저한 대조를 보여 준다고들 한다. 이런 평가는 양날의 검이다. 한편으로 과거 몇십 년 동안 젠더평등에 관한 페미니즘의 이상은 대단히 도전적이었지만 이제는 명백한 사회적 주류가 되었다. 다른 한편으로 젠더평등의 이상은 여전히 현실로 실현되어야 한다. 불과 얼마 전까지만 해도 운동의 시발점처럼 보였던 성희롱, 성매매, 불평등한 임금 등에 대한 페미니즘 비판은 오늘날 널리 알려졌고 지지받고 있다. 하지만 사람들의 태도가 변하려면 상전벽해가 일어나야 하고, 그런 의미에서 그 관행들은 결코 제거되지 않았다. 그래서 사람들은 흔히 이렇게들 말한다. 제2물결 페미니즘은 획기적인 문화적 변혁을 가져다주었지만, 광범한 심리적 태도의 변화가 구조적·제도적 변화로 이행되기에는 (아직) 요원하다는 것이다.

　　이런 입장에 관해 나는 할 말이 많다. 이 입장은 오늘날 페미니즘 사상이 널리 수용되고 있다는 점에 제대로 주목했다. 하지만 문화적 성공 겸 제도적 실패라는 주제는 제2물결 페미니즘의 역사적 의미와 미래의 전망을 제대로 밝혀 주지 못한다. 제도가 문화를 따라가지 못하고 뒤처진 것으로 보는 입장은 마치 문화는 변하고 있는데 제도는 변하지 않는 것처럼 말한다. 그러니까 페미니즘의 희망을 실현하기 위해선 제도가 문화를 그야말로 따라잡을 필요가 있다는 것이다. 그 결과 더욱 복잡하고 심란한 가능성을 모호하게 흐려 버린다. 말하자면 제2물결 페미니즘으로부터 태동한 문화주의적 태도의 확산이 또 다른 사회변혁, 즉 전후 자본주의 사회조직에서 일어난 변혁에 핵심적으로 작용했다는 사실(이는 페미니즘 활동가들 입장에선 예기치도 의도치도 않은 것이었겠지만)을 잘 보이지 않게 만든다. 더 날카롭게 공식화하면 이렇다. 제2물결에 의해 도약했고 그 자체로 유익한 이 문화적 변혁은 정의로운 사회에 대한 페미니즘적 비전에 완전히 역행하는 자본주의 사회의 구조적 변화를 정당화하는 데 이바지하고 말았다.

　이 장에서 나는 이와 같이 심란한 가능성을 탐구해 보고자 한다. 내 가설은 이렇다. 제2물결 페미니즘에서 진정으로 참신했던 건 남성중심적인 국가주도 자본주의가 형성되는 방식과 오늘날 우리가 젠더 부정의의 세 가지 차원으로 이해하는 경제적·문화적·정치적 차원의 구별을 중첩시켜 놓은 방식이었다. 이 세 가지 관점이 자유롭게 뒤섞여 있는 국가주도 자본주의를 넓은 범위에 걸쳐 다면적으로 정밀하게 검토함으로써 페미니스트들은 세밀한 구분과 동시에 체계적인 비판을 수행해 냈다. 하지만 이후 몇십 년 동안 부정의의 세 가지 차원은 제각각 분리되었다. 뿐만 아니라 자본주의 비판과 페미니즘 사이의 거리도 멀어졌다. 페미니즘의 비판이 파편화함에 따라 페미니즘적 가닥은 선별적으로 통합되기도 하고 부분적으로 회복되기도 했다. 과거에는 통합되었던 사회비판으로부터 서로 쪼개져 나옴으로써, 제2물결의 희망은 정의로운 사회에 대한 더 심대하고 총체적인 비전과는 심각하게 충돌하는 기획에 이바지하는 방향으로 끌려들어 가게 되었다. 역사적 간계의 탁월한 사례로, 유토피아적 욕망은 새로운 형태의 자본주의—초국가적·신자유주의적 후-포디즘—로의 이행을 정당화해 주는 정서적 흐름에 의해 제2의 삶을 누리게 되었다.[1]

　아래에서 나는 세 단계의 가설을 정교하게 설명하고자 한다. 이 세 단계는 앞서 내가 언급한 세 가지 플롯의 시점과 상응한다. 첫 번째 단계에서 나는 남성중심적 국가주도 자본주의에 대한 제2물결 페미니즘의 비판을 오늘날 우리가 정의에 관해 연상하는 세 가지 관점—분배, 인정, 대표—과 통합된 관심사로 재구성할 것이다. 두 번째 단계에서 나는 이런 무리들이 서로 갈라짐으로써 신자

1　이 논문에서 나는 이 문제에 대한 이전의 내 설명을 업데이트한 복잡한 논의에 기대고 있다. 다음을 참조할 것. "Mapping the Feminist Imagination: From Redistribution to Recognition to Representation", *Constellations: An International Journal of Critical and Democratic Theory* 13:3, September 2005, pp.295~307(Fraser, *Scales of Justice: Reimagining Political Space in a Globalizing World*, New York: Columbia University Press & Polity Press, 2008에 재수록되었다).

유주의적 자본주의를 정당화하는 선별적 추세에 가담하게 된 과정
을 대략적으로 기술할 것이다. 세 번째 단계에서 나는 현재와 같은
경제적 위기와 정치적 개막의 순간에 페미니즘적 해방의 약속을 복
원하기 위한 전망을 제시할 것이다.

1. 페미니즘과 국가주도 자본주의

나는 국가주도 자본주의의 맥락 중 제2물결 페미니즘이 출현한 곳
에서부터 시작하고자 한다. 내가 말하는 '국가주도 자본주의'란 전
후시대 헤게모니를 장악한 사회구성체이자 국가의 경제적 방향을
조정하는 데 국가 자신이 적극적 역할을 담당하는 사회구성체다.[2]
1세계라 불리는 복지국가에서 국가주도 자본주의로 나타난 형태에
우리는 가장 익숙하다. 1세계는 호황기–불황기의 주기를 완화하기
위해 케인스주의적인 수단을 이용했다. 경기침체와 전시 계획경제
의 경험에 바탕해 이들 국가는 기간산업 투자, 사업 규제, 주요 산
업의 국유화, 공공재의 탈상품화 같은 다양한 형태의 통제정책을
펼쳤다. 2차대전 이후 몇십 년 동안 자본주의를 가장 성공적으로
'조직'할 수 있었던 곳은 가장 부유하고 막강한 OECD 국가들이었
다. 하지만 국가주도 자본주의의 변형태들은 우리가 3세계라고 불
렀던 나라들에서도 찾아볼 수 있다. 빈곤에 찌든 후–식민국가, 신
생 독립한 '개발도상국가' 또한 수입대체 정책, 기간산업 투자, 주요
산업의 국유화, 교육에 대한 공적 자금 투자 등의 수단을 통해서 도
약적인 국가경제 발전을 위해 한정된 능력을 사용하고자 했다.[3]
　나는 이 '국가주도 자본주의'라는 표현을, 전반적으로 부유한

2   이 용어에 관한 논의를 보려면 다음을 참조할 것. Frederick Pollock, "State
Capitalism: Its Possibilities and Limitations", *The Essential Frankfurt School Reader*, eds.
Andrew Arato & Eike Gebhardt, London: Continuum, 1982, pp.71~94.
　3   공산주의 사회의 경제생활 또한 국가조직 형태였음은 주지의 사실이다. 그리고
아직도 공산주의 세계를 국가주도 자본주의라고 고집스럽게 부르는 사람들이 있다. 이런
입장에 일말의 진실이 없는 것은 아니지만, 통념적인 방식에 따라 공산주의 세계를 내 첫
번째 이야기의 계기에서는 배제하는 방향으로 나갈 것이다. 이 당시는 1989년 이전까지
공산주의 국가들이었던 곳에서 제2물결 페미니즘이 정치세력으로 부상하기 전이기
때문이기도 하다.

OECD 국가들과 전후시기의 후-식민 개발도상국가들을 지칭하는
것으로 사용한다. 1970년대 초반 제2물결 페미니즘이 처음으로 분
출된 곳이 다름 아닌 이들 나라에서였다. 확연히 그러했던 이유가
무엇인지 설명하기 위해 국가주도 자본주의가 보이는 정치적 문화
의 네 가지 특징에 주목하고자 한다.

　1) 경제지상주의: 내가 이미 거론했다시피 개념정의상 국가주도
자본주의는 경제적 시장을 규제하는 데(어떤 경우에는 그것을 대체
하기 위해) 정치적 공권력을 사용한다. 주로 자본의 이해관계에 따
라 위기관리를 하는 것이 주된 목적이다. 그럼에도 불구하고 문제
의 국가들은 자신의 정치적 정당성을 포용과 사회적 평등, 교차계
급적인 연대를 증진하려 한다는 주장으로부터 끌어온다. 하지만 이
런 이상들은 경제중심적이고 계급중심적인 방식으로 해석되어 왔
다. 국가주도 자본주의의 정치문화에서 사회적 문제는 주로 분배와
관련해 배치된다. 말하자면 분배 가능한 재화의 평등한 할당, 그중
에서도 특히 소득과 일자리에 주로 관심을 가졌고 사회적 분할은
주로 계급의 프리즘을 통해 보았다. 그래서 가장 근본적인 사회적
부정의는 불공평한 경제적 분배이며, 그런 패러다임이 표출된 결과
가 계급적인 불평등이다. 이와 같은 계급중심적이고 경제중심적인
상상력은 다른 차원들, 즉 부정의의 다른 공간과 축 들을 완전히 은
폐하지는 않았다 해도 주변화했다.

　2) 남성중심주의: 국가주도 자본주의의 정치문화는 이상적인 시
민 전형으로서 종속된 다수의 남성 노동자를 상정한다. 남성 노동
자는 생계부양자이자 가족의 가장으로 상정되었다. 남성 노동자의
임금은 전적으로 가족의 생계를 부양하지 않더라도 주요 소득원이
라고 불리는 반면, 아내가 벌어들인 소득은 얼마든 간에 그저 부차
적인 것으로 간주된다는 건 잘 알려진 전제다. 심각하게 젠더편향
적인 '가족임금' 구성은 국가정책의 토대—고용, 복지, 발전의 문제
에서—로서 근대성과 상향 계층이동을 함축하는 사회적 이상으로
서 이바지했다. 이런 이상은 대다수 가족을 배제하고 있으면서도
당연한 것으로 받아들여졌다. 하지만 남성의 임금 자체만으로는 자

녀들과 비고용 상태의 아내를 부양하는 데 결코 충분하지 않았다. 포디즘 사회를 연상시키는 이런 이상은 번창하는 저임금 서비스 분야로 인해 얼마 못 가서 자연스럽게 위축되었다. 하지만 1950년대와 1960년대에 가족임금 이상은 줄곧 젠더규범을 규정했고 그것을 위반하는 사람들을 훈육했으며, 가정 안에서 남성의 권위를 강화하고, 여러 가지 요구를 개별화된 가내 소비로 돌리는 데 이바지했다. 또 중요한 것은, 국가주도 자본주의의 정치문화는 임금노동을 가치 있는 것으로 안정화함으로써 무임금 돌봄노동과 재생산노동의 사회적 중요성을 보지 못하도록 했다. 가족과 노동을 남성위주로 이해하도록 제도화함으로써 젠더 부정의를 당연한 것으로 만들고 정치적 도전의 장에서 지워 버렸다.

　　3) 국가주의: 국가주도 자본주의는 국가주의적이었으며, 기술관료적·관리적인 분위기가 널리 퍼져 있었다. 정책 입안과 실행을 직업적 전문가와 관료조직에 의존함으로써 복지국가와 개발도상국가는 그들이 마땅히 봉사해야 할 대상인 사람들을 적극적인 시민으로서가 아니라 고객, 소비자, 납세자로 취급했다. 그 결과는 탈정치화된 문화의 출현이었다. 그런 문화는 정의의 문제를 기술적인 것으로 취급했고 전문가들의 계산이나 조합주의자들과의 타협으로 해결하고자 했다. 사람들의 요구를 정치적 숙의와 논쟁을 통해 민주적으로 해석할 수 있는 역량을 강화하기는커녕, 일반 시민을 (기껏해야) 위에서 분배하고 정해 준 만족의 수동적인 수혜자로 간주했다.

　　4) 베스트팔렌주의: 마지막으로 국가주도 자본주의는, 개념정의상 국민국가 시민들의 이름 아래(그들의 이해관계에 늘 관심을 갖는 것은 아니었지만) 국가적 경제발전을 지원할 국민국가 능력의 강화를 목적으로 하는 국가적 구성체였다. 브레턴우즈의 규제적 프레임으로 인해 가능해진 이 구성체는 정치적 공간을 영토 경계에 속박된 정치체로 나누는 분할에 기초하고 있다. 결과적으로 국가주도 자본주의의 정치문화는 정의의 의무를 오직 자국의 동료시민들에게만 적용하는 '베스트팔렌'적 입장을 제도화했다. 전후시대 사회

적 투쟁에서 가장 큰 자리를 차지했던 베스트팔렌적 관점은 정의에 대한 요구를 영토국가 국내정치의 경기장 내부에 가둬 버렸다. 그 결과 국제적 인권과 반제국주의 연대는 입에 발린 빈말로 남았으며, 정의의 범위는 축소되었고, 국가의 경계를 넘어선 부정의의 문제는 (완전한 모른 척의 대상까지는 아니었다 하더라도) 거의 주변화되었다.[4]

전체적으로 국가주도 자본주의의 정치문화는 경제지상주의, 남성중심주의, 국가주의, 베스트팔렌주의가 지배했다. 이런 특징들은 1960년대 후반과 1970년대에 이르러서는 전부 공격의 대상이 되었다. 급진주의가 팽창하던 시기 동안 제2물결 페미니즘은 국가주도 자본주의의 경제지상주의, 국가주의, (공격의 수위가 조금 더 낮기는 했지만) 베스트팔렌주의에 도전하며 신좌파, 반제국주의자들과 파트너로서 합류하면서도 양쪽이 드러내는 남성중심주의 또한 공격했다. 그들은 동지들과 협력자들의 남성중심주의와 성차별주의에 도전했다. 이 점들을 차례차례 짚어 보자.

1) 경제지상주의에 대항한 제2물결 페미니즘: 부정의의 문제를 오로지 계급 간의 불평등 분배와 동일시하는 것에 저항하면서 제2물결 페미니즘은 국가주도 자본주의의 제한적인 경제지상주의적 상상력을 파열시키는 데 도움이 되는 다른 해방운동과 합류했다. '개인적인 것'을 정치화함으로써 그들은 정의의 의미를 확대하고 먼 옛날부터 지속되었지만 무시되거나 참고 견뎠거나 합리화했던 사회적 불평등을 부정의로 재해석했다. 오로지 정치경제에만 집중하는 마르크스주의와 오로지 법에만 집중하는 자유주의 모두를 거부하면서 제2물결 페미니스트들은 가족, 문화적 전통, 시민사회, 일상생활 등 도처에 널려 있는 부정의를 폭로했다. 또한 그들은 부정의를 재생산하는 여러 축을 새롭게 지적해 냈다. 계급의 우선성에 도전하는 사회주의 페미니스트, 유색인종 페미니스트, 반제국주의 페미니스트는 젠더를 주요한 특권적 범주로 세우고자 하는 급진주의

4 '베스트팔렌적 정치적 상상력' 및 정의의 범위 축소에 따른 결과에 대해 더 자세한 설명을 보려면 이 책의 8장 「글로벌 세계에서 정의의 프레임 다시 짜기」를 참조할 것.

페미니스트의 노력에 반대하며 젠더뿐만 아니라 계급, 인종, 섹슈얼리티, 국적에 초점을 맞추면서 오늘날 널리 수용되고 있는 '교차주의'(intersectionist) 대안을 개척해 나갔다. 또한 제2물결 페미니즘은 과거에는 사적인 것으로 취급되었던 것들, 즉 섹슈얼리티, 가사노동, 생식, 여성에 대한 폭력에 이르기까지 정의의 범위를 확장시켰다. 정의의 적용범위를 확장함으로써 그들은 경제적 불평등뿐만 아니라 지위적 위계질서, 정치적 권력의 비대칭성을 포괄하며 부정의의 개념을 효과적으로 넓혔다. 나중에야 깨달은 바지만, 그들은 정의에 관한 경제지상주의적 일원론 관점을 경제, 문화, 정치를 포괄하는 더 폭넓은 삼차원적인 해석으로 대체했다.

　그 결과는 문제 하나에 목록을 단지 길게 덧붙인 수준이 아니었다. 오히려 새롭게 발견된 엄청난 부정의는 여성의 종속이 사회의 심층구조에 뿌리내린 체제였다는 생각으로 이어졌다. 그러므로 제2물결 페미니즘은 사회적 총체성의 특징을 어떻게 하면 가장 잘 포착할 수 있을지에 관해 논쟁했다. 그들은 사회적 총체성을 자본주의와 가부장제가 융합된 '이중체계'로 혹은 제국주의적인 사회체제로 파악하고자 했다. 내가 가장 선호하는 관점은 (불평등) 분배, (불)인정, (부당)대표라는 세 가지 요소가 상호관통하는 종속의 질서이자, 역사적으로 특수한 남성중심적 국가주도 자본주의 사회형태라고 보는 것이다. 이런 차이에도 불구하고 대다수 제2물결 페미니스트(자유주의 페미니스트 같은 뚜렷한 예외까지 포함해)들은 여성의 종속을 극복하려면 사회적 총체성의 심층구조에 철저한 변혁이 필요하다고 본다는 점에서 의견이 일치했다. 체제변혁에 동참한 여성운동은 들끓던 당대의 해방적 욕구에서 그 기원을 찾을 수 있었다.

　2) 남성중심주의에 대항한 제2물결 페미니즘: 1960년대 급진주의의 전반적 분위기를 공유하고 있었다지만, 그럼에도 불구하고 제2물결 페미니즘은 다른 해방운동과 긴장관계에 있었다. 제2물결의 주된 표적은 결국 국가주도 자본주의의 젠더 부정의였다. 하지만 그것은 비페미니즘 반제국주의 신좌파들에게는 어쨌거나 우선적인 것이 아니었다. 게다가 국가주도 자본주의의 남성중심주의를 비판

하게 됨에 따라 제2물결 페미니즘은 좌파 내부에 있는 성차별주의와 맞서게 되었다. 자유주의 페미니스트와 급진주의 페미니스트에게 성차별주의는 단지 특수한 문제가 아니었다. 그들은 분리주의로 선회해 좌파를 떠났다. 사회주의 페미니스트와 반제국주의 페미니스트, 유색인종 페미니스트는 그들과는 대조적으로 좌파 진영에 남아 있으면서 좌파 내부의 성차별주의와 맞서 힘들게 싸워야 했다.

적어도 한동안 사회주의 페미니즘은 힘든 균형을 유지하는 데 성공했다. 그들은 여성에 의해서 수행되었거나 여성적인 것으로 연상되는 임금노동과 무임금노동 모두에서 여성의 행위를 체계적으로 평가절하하는 노동의 성별분업으로부터 남성중심주의의 핵심을 찾아냈다. 이런 분석을 국가주도 자본주의에 적용함으로써 여성들이 대부분 담당하는 무임금 돌봄노동의 책임, 결혼과 사생활에서의 종속적 위치, 노동시장에서의 젠더 분할, 정치적 체제의 남성지배, 복지수당과 산업정책 및 개발계획의 남성중심주의 사이에 놓여 있는 심층구조적 연결관계를 파헤쳤다. 그들은 사실상 가족임금이야말로 젠더 간의 불평등 분배, 불인정, 부당대표가 수렴되는 지점이라는 사실을 폭로했다. 그리고 국가주도 자본주의 안에서 이루어지는 체계적인 여성종속에는 경제, 문화, 정치가 함께하고 있다는 사실을 비판하기에 이르렀다. 자본주의 사회에서 여성들을 임금생활자로 완전히 통합함으로써 여성의 지위를 단순히 향상하려 한 것과는 달리, 사회주의 페미니스트들은 사회체계의 심층구조를 변혁하고 가치를 활성화하고자 했다. 임금노동을 어느 정도 탈중심화하고 무임금 활동, 그중에서도 특히 여성이 수행하는 사회적으로 필수적인 돌봄노동의 가치를 안정화하고자 했다.

3) 국가주의에 대항한 제2물결 페미니즘: 국가주도 자본주의에 대한 페미니즘의 반대는 실체적인 내용만큼이나 절차에 대해서도 관심이 있었다. 신좌파 동맹군들과 마찬가지로 제2물결 페미니스트들은 국가주도 자본주의의 관료주의적 관리 분위기를 거부했다. 포디즘적 조직을 둘러싸고 1960년대에 팽배했던 비판에 그들은 젠더 분석을 추가했다. 그들은 대규모 상명하달 제도가 전파하는 문화야

말로 국가주도 자본주의 내 전문적인 관리행정 스펙트럼의 근대화
된 남성성을 표현한 것으로 해석했다. 그래서 자매애로 연결되는
수평적 대항풍토를 발전시키기 위해 제2물결 페미니즘은 의식고양
이라는 완전히 새로운 조직적 실천을 창안했다. 국가사회주의자들
이 날카롭게 분리해 놓은 이론과 실천을 통합하기 위해 그들은 대
항문화적인 민주화운동, 즉 반위계적·참여적·민중적인 것으로 스
스로를 형상화했다. NGO라는 이니셜 약자가 아직 없던 시대였으
므로 페미니즘 학자, 법률가, 사회활동가 들은 자신을 탈정치적 전
문가들이 지배하는 전문적인 분위기와 동일시하기보다는 풀뿌리운
동과 동일시했다.

　하지만 일부 대항문화운동의 동지들과 달리 대다수 페미니스
트들은 국가제도를 단순히 거부하지 않았다. 오히려 국가제도에 페
미니즘적 가치를 불어넣기 위해 시민들에게 역량을 부여하는 참여
민주주의 국가를 구상했다. 국가와 사회의 효과적 관계를 다시 상
상함으로써 그들은 복지와 개발정책의 수동적 대상에서 적극적인
주체이자 욕구 해석의 민주적 절차에 참여하는 힘 있는 위치로의
변화를 추구했다. 따라서 이들의 목적은 국가제도를 해체하기보다
젠더정의를 증진하고 실현할 수 있는 기관으로 변형하는 것이었다.

　4) 베스트팔렌주의에 대항한 제2물결 페미니즘: 국가주도 자본주
의의 베스트팔렌 차원과 제2물결 페미니즘 사이의 관계는 훨씬 양
가적이었다. 그 당시 세계적으로 베트남전쟁 반대운동이 시작되었
다는 점으로 미뤄 볼 때, 제2물결 운동은 국경선 너머의 부정의에
민감하지 않을 수 없었다. 개발도상국의 페미니스트에게는 특히 그
랬다. 이들의 젠더비판은 제국주의 비판과 상호교직되었다. 하지만
그 외의 대다수 페미니스트는 자신들의 욕구를 표출할 주요한 대화
상대를 자국으로 간주했다. 그러다 보니 제2물결 페미니즘은 이론
적인 수준에서는 베스트팔렌 프레임을 비판했지만, 실천적인 수준
에서는 그것을 재각인하는 경향이 있었다. 베스트팔렌 프레임은 세
계를 영토국가 정치체로 분할했는데, 이것은 국가가 아직 사회적인
발전방향을 조정하는 필수적 능력을 갖고 있고 실시간으로 초국가

적 네트워크 테크놀로지를 이용할 수 없었던 시절에는 도전받지 않았다. 국가주도 자본주의의 맥락에서 '자매애는 글로벌하다'(제국주의화로 인해 이미 도전받고 있기는 했지만)는 구호는 실제로 추구할 수 있었던 후-베스트팔렌의 정치적 기획이었다기보다는 사실상 공허한 제스처로 기능했다.

전반적으로 제2물결 페미니즘은 국가주도 자본주의의 경제지상주의, 남성중심주의, 국가주의를 비판하면서도 베스트팔렌 프레임에는 양가적인 입장이었다. 사실 이 각각의 이슈에 대해서도 제2물결 페미니즘은 상당히 미묘한 차이를 드러냈다. 경제지상주의를 거부하면서도 이 시기의 페미니즘은 분배정의가 핵심이며 여성의 해방 기획에 정치경제적 비판이 핵심적이라는 사실을 결코 의심하지 않았다. 젠더 부정의에 대항하는 과정에서 경제적 차원을 축소하려하기보다 오히려 문화와 정치라는 두 가지 부수적인 차원과의 관계를 밝힘으로써 경제적 차원을 심화하고자 했다. 또한 가족임금의 남성중심주의에 도전하면서도 가족임금을 단순히 맞벌이부부 가족으로 대체하려고 하지는 않았다. 왜냐하면 그들은 젠더 부정의를 극복하려면 돌봄노동의 체계적인 평가절하를 종식시키고 임금노동과 무임금노동 모두에서 성별 노동분업을 끝장내야 한다고 보았기 때문이다. 끝으로, 국가주도 자본주의의 국가주의에 도전하면서 제2물결 페미니즘은 정의 실현에 이바지하기 위해선 경제생활을 조직할 수 있는 강력한 정치제도가 필요하다는 점을 결코 의심하지 않았다. 국가통제에서 벗어난 자유시장을 원하기보다 오히려 국가권력을 민주화하고 시민의 참여를 극대화해 책임을 강화하고 국가와 사회 사이의 의사소통적인 흐름을 증진하려고 노력했다.

종합해 보건대 제2물결 페미니즘은 부정의에 관한 이해의 범위를 확장하고 자본주의 사회를 체계적으로 비판함으로써 변혁적인 정치적 기획을 옹호했다. 제2물결 운동 중 가장 선진적인 흐름은 자신들의 투쟁을 다차원적인 것으로 파악했으며 경제적 착취, 지위의 위계질서, 정치적 종속에 동시적으로 대항하는 것을 목표로 삼았다. 게다가 그들에게 페미니즘은 더욱 광범한 해방 기획의 하나였다. 이런 해방 기획에서 젠더 부정의에 대한 투쟁은 인종차별주의, 제국주의, 동성애혐오, 계급지배에 대한 투쟁과 반드시 연대해야 한다고 보았으며, 그렇게 하려면 자본주의 사회의 심층구조에 대한 변혁을 요구해야 한다고 믿었다.

2. '자본주의의 새로운 정신'으로서 페미니즘: 신자유주의적인 재의미화

이제 밝혀졌다시피 그런 기획은 대체로 실행되지 못했으며 심대한 역사적 힘의 희생자가 되었다. 하지만 당시로서는 그런 역사적 힘을 제대로 이해하지 못했다. 후세대의 유리한 관점에서 되짚어 보면, 제2물결 페미니즘이 자본주의 성격의 역사적 변화, 즉 방금 논의한 국가주도 자본주의의 변형태에서 신자유주의로의 전환과 맞물려 동시적으로 일어났다는 점을 이해할 수 있다. 말하자면 이들이 추구한 과거의 공식이 역전되는 상황이 벌어진 것이다. 과거의 공식이 '정치를 이용해 시장을 길들인다'였다면, 자본주의의 새로운 형태를 주창한 자들은 이제 '시장을 이용해 정치를 길들인다'고 보았다. 브레턴우즈 프레임의 핵심 요소가 붕괴되면서 이들은 국민국가 경제를 케인스주의로 조정할 수 있도록 해 주었던 자본의 통제를 제거하려고 했다. 통제정책 대신 신자유주의 주창자들은 민영화와 탈규제를 촉진했다. 공공지원과 사회적 시민권 대신 '낙수효과', '개인적 책임'을 강조했다. 복지와 개발국가 대신 그들은 기를 쓰고 '경쟁국가' 체제를 촉진했다. 라틴아메리카에서 주행테스트를 마친 신자유주의적 접근법은 동유럽과 중앙유럽이 자본주의로 이행하는 데 가이드 역할을 톡톡히 했다. 대처와 레이건이 공공연하게 수호자를 자처했지만, 1세계에서 신자유주의는 점진적으로, 서서히, 불균등하게 적용되었다. 반면 3세계에서 신자유주의화는 채무라는 총부리 앞에서 '구조조정'이라는 강제된 프로그램을 통해 강압적으로 진행되었다. 이 프로그램은 경제개발주의의 모든 핵심적 강령을 뒤집어엎어, 후-식민국가들의 자산을 빼앗고 그들이 시장을 열어젖히게 만들었으며 사회복지 비용을 축소하도록 강제했다.

제2물결 페미니즘은 흥미롭게도 이 새로운 상황 속에서 번창했
다. 국가주도 자본주의라는 맥락 속에서 급진적인 반체제운동으로
출발했던 것이 이제 대다수 사회현상의 광범한 토대로 기능하는 중
이었다. 모든 계급, 종족, 국적, 정치적 이데올로기의 추종자들을 매
료시켰던 페미니즘 사상은 사회생활의 구석구석까지 스며들었고,
페미니즘의 손길이 닿았던 모든 곳에 자기이해의 변화를 가져다주
었다. 그 결과 페미니즘 사상은 모든 층위의 활동가들에게 퍼져 나
갔을 뿐만 아니라 가족, 일, 인간의 존엄성에 관한 상식적인 관점을
변화시키기에 이르렀다.

그렇다면 제2물결 페미니즘과 신자유주의가 동시에 번창한 것
은 단지 우연의 일치였을까? 혹은 이 양자의 이면에 왜곡된 선택적
친화력이 있었던 것일까? 후자의 가능성은 확실히 낯설지만, 어쨌
거나 우리는 위험을 무릅쓰고라도 그것을 자세히 검토하지 못했다.
신자유주의의 극적인 부상은 제2물결 페미니즘의 작전지형을 변화
시켰다. 그 점에 관해 나는 뒤에서 논의할 것이다. 그 결과는 페미
니즘의 이상을 재의미화하는 것이었다. 국가주도 자본주의의 맥락
속에서 추구했던 해방적 추진력에 대한 갈망은 신자유주의 시대에
이르러 훨씬 모호한 의미를 띠게 되었다. 복지와 개발국가가 자유
시장주의자들의 공격 대상이 됨과 더불어 경제지상주의, 남성중심
주의, 국가주의, 베스트팔렌주의에 대한 페미니즘적 비판은 새로운
의미를 띠게 되었다. 페미니즘 비판의 네 가지 핵심 요소를 다시 논
의함으로써 이와 같은 재의미화의 역학을 분명히 밝혀 보고자
한다.[5]

1) 재의미화된 페미니즘의 반경제지상주의: 신자유주의의 부상은
자본주의 사회에 나타난 정치문화의 심대한 변화와 동시적으로 진
행되었다. 이 기간 동안 정의에 대한 요구는 점차적으로 정체성과

---

5 '재의미화'라는 용어는 주디스 버틀러의 「우연한 토대」에서 빌려 왔다. Judith
Butler, "Contingent Foundations", Seyla Benhabib, Judith Butler, Drucilla Cornell, Nancy
Fraser, *Feminist Contentions: A Philosophical Exchange*, New York: Routledge, 1994.

차이에 대한 인정의 요구로 전환되었다.[6] '분배에서 인정으로'의 이런 변화와 더불어 제2물결 페미니즘은 다양한 정체성 정치로 변형되지 않을 수 없는 거센 압력과 마주쳤다. 확실히 진보적인 변형태이기는 했지만 그럼에도 불구하고 그것은 지나치게 문화주의적 비판을 확장하는 한편, 정치경제 비판은 축소하는 방향으로 진행되었다. 실제로 이런 경향은 사회경제적 투쟁을 인정투쟁에 종속시켜 버렸다. 다른 한편으로 학계에서 페미니즘 문화이론은 페미니즘 사회이론을 잠식하기 시작했다. 경제지상주의를 시정할 필요에서 시작되었던 운동이 시간이 경과하면서 이제 그와 마찬가지로 일방적인 문화지상주의로 흘러가게 되었다. 이렇게 하여 분배와 인정 모두를 포괄할 수 있는 폭넓고 풍부한 패러다임을 성취하는 대신, 제2물결 페미니즘은 잘 다듬어진 하나의 패러다임을 다른 패러다임으로 효과적으로 대체해 버렸다.

게다가 타이밍 또한 그보다 더 나쁠 수 없었다. 인정으로의 선회는 사회적 평등주의에 대한 모든 기억을 오로지 억압하려고 드는 신자유주의의 부상 시기와 너무나 잘 맞아떨어졌다. 이런 과정을 거쳐 페미니스트들은 모든 상황이 정치경제 비판을 더욱더 요구하는 바로 그 순간에 문화 비판을 절대화하게 되었다.[7] 게다가 정치경제 비판 진영이 분열됨에 따라, 문화주의 추세는 경제적 추세로부터 점점 더 멀어졌을 뿐만 아니라 과거 그들을 한목소리로 묶어 주었던 자본주의 비판으로부터도 멀어져 갔다. 자본주의 비판에서 떨어져 나가 대안을 찾는 이런 추세는 헤스터 아이젠슈타인이 신자유주의와의 '위험한 관계'라 표현한[8] 바로 그런 관계로 빠져들어 갔다.

2) 재의미화된 페미니즘의 반남성중심주의: 따라서 남성중심주의

6　정치적 요구 형성 문법에서의 이 같은 변동에 관해서는 다음을 참조할 것. Nancy Fraser, "From Redistribution to Recognition? Dilemmas of Justice in a 'Postsocialist' Age", *New Left Review* 212, July/August 1995, pp.68~93(Nancy Fraser, *Justice Interuptus: Critical Reflections on the "Postsocialist" Condition*, New York: Routledge, 1997에 재수록되었다).

7　이에 관한 더 자세한 설명은 다음을 참조할 것. Nancy Fraser, "Mapping the Feminist Imagination".

8　Hester Eisentein, "A Dangerous Liaison? Feminism and Corporate Globalization", *Science and Society* 69:3, 2005, pp.487~518.

에 대한 페미니즘의 비판을 신자유주의가 차용하고 재의미화하기
까지는 많은 시간이 걸리지 않았다. 이 점을 설명하기 위해 나는 뤼
크 볼탕스키와 에브 시아펠로의 주장을 채택하고자 한다. 두 사람
의 주저인 『자본주의의 새로운 정신』에서 그들은 자본주의가 역사
적 파열의 순간마다 주기적으로 자신을 갱신해 자생력을 갖게 된다
고 주장한다. 말하자면 자본주의를 향한 비판을 흡수하고 만회함으
로써 스스로를 갱생시킨다는 것이다. 그런 순간에 반자본주의적 비
판 요소는 새롭게 부상하는 자본주의 형태를 정당화하는 것으로 재
의미화된다. 그로써 자본주의는 무한축적에 필요한 근본적으로 무
의미한 노동의 짐을 새로운 세대가 짊어질 수 있도록 고차적이고
도덕적인 의미와 동기를 부여한다. 볼탕스키와 시아펠로가 보기에,
우리 시대의 유연한 신자유주의적 자본주의를 정당화하는 데 동원
된 '새로운 정신'은 국가주도 자본주의에 대한 신좌파의 '예술적' 비
판에서 유래했다. 신자유주의 관리이론가들은 '68'의 어조로 새로운
'연결주의'(connexionist), 기획자본주의를 천명했다. 이런 자본주의
에서 엄격한 조직적 위계질서는 수평적인 팀과 유연한 네트워크에
자리를 넘겨주었고, 그렇게 해서 개인의 창조성은 자유롭게 풀려났
다.[9] 그 결과 자본주의와 실제 세계의 효과들 사이에 새로운 로맨스
가 시작되었다. 그것은 실리콘밸리의 테크노 스타트업으로 포장된
로맨스이자 오늘날 구글의 분위기에서 가장 순수한 형태로 발현되
는 로맨스였다.

볼탕스키와 시아펠로의 주장은 독창적이고 심오하다. 하지만
젠더맹목적이어서 신자유주의적 자본주의의 새로운 정신의 특징을
완전히 포착하지 못한다. 새로운 신자유주의적 정신이, 스스로가
적절히 묘사하고 있다시피 자유롭고, 얽매이지 않고, 자기계발적인

---

9   Luc Boltanski & Eve Chiapello, *The New Spirit of Capitalism*, trans. Geoffrey
Elliott, London: Verso Books, 2005. 정신분석학을 '제2의 산업혁명' 정신으로 해석한 이
책은 페미니즘을 '제3'의 정신으로 해석하는 결론을 내린다. 엘리 자레츠키의 주요한
논문을 참조할 것. Eli Zaretsky, "Psychoanalysis and the Spirit of Capitalism",
Constellations: An International Journal of Critical and Democratic Theory 15:3, 2008,
pp.366~381.

개인이라는 남성적 로맨스(라고 내가 부르는 것)를 포함하고 있다
는 건 분명하다. 하지만 신자유주의적 자본주의는 실리콘밸리나 구
글과 관련이 있는 만큼이나 월마트나 마킬라도라(maquiladoras, 값
싼 노동력을 이용해 조립해서 수출하는 멕시코의 외국계 공장
들—옮긴이), 소액신용대출과 관련이 있다. 여기에 없어서는 안 될
노동자들로서 여성이 압도적인 비율을 차지하고 있으며 특히 자녀
가 딸린 여성들이 아주 큰 숫자를 차지한다. 인종차별을 받는 여성
들뿐만이 아니고 사실상 모든 인종과 종족과 국적의 여성들이다.
전 지구적으로 그런 여성들이 노동시장에 쏟아져 들어오게 됨으로
써, 그 결과 모든 국가주도 자본주의의 가족임금이라는 이상은 단
번에 위축되었다. 이렇게 하여 탈조직화된 신자유주의적 자본주의
에서 가족임금의 이상은 새롭고 더 근대적 규범인 맞벌이 가족으로
대체되어 버렸다. 새로운 이상의 기저에 놓여 있는 현실이 임금수
준을 하락시키고, 직업의 안정성을 떨어뜨리고, 생활수준을 저하시
키고, 가구당 임금을 위한 노동시간이 급격하게 치솟게 하고, 이중
교대—이제 삼중교대 혹은 사중교대—를 악화시킨다는 사실은 신
경 쓰지 말자. 그 결과 여성가장 가구가 급격하게 증가했다. 탈조직
화된 자본주의는 진보적 페미니즘과 젠더정의를 채택해 새로운 로
맨스를 탄생시켰고, 별볼일없는 것에서 대단한 것을 만들어 냈다.

심란하게 들릴지 모르지만, 나는 제2물결 페미니즘이 신자유주
의의 새로운 정신에 핵심적인 요소들을 알게 모르게 제공했다고 생
각한다. 가족임금에 대한 페미니즘의 비판은 이제 유연한 자본주의
에 더 고차적이고 도덕적인 설명을, 탁월한 로맨스를 공급하게 된
다. 페미니스트들이 일상적인 투쟁에 도덕적 의미를 부여함으로써
제공한 로맨스는 사회적 스펙트럼의 양 끝에 위치한 여성들을 모두
끌어들이게 되었다. 한쪽 끝에 위치한 전문적인 중산층 계급의 여
성들에게는 유리천장을 부술 수 있도록 해 주었다. 다른 한쪽 끝에
위치한 여성 비정규직·시간제 노동자, 저임금 서비스노동자, 가사
노동자, 성노동자, 이민자, 수출가공공단(EPZ) 노동자, 소액신용대
출자 들에게는 임금소득과 물질적인 안정을 추구하도록 해 주었을

뿐만 아니라 전통적 권위로부터 해방되어 인간적 존엄성, 자기향상, 해방을 도모할 수 있게 해 주었다. 양극단에서 진행된 여성해방을 향한 꿈은 자본축적의 엔진에 속박된다. 이렇게 해서 제2물결 페미니즘의 가족임금 비판은 왜곡된 제2의 삶을 만끽하게 되었다. 과거 한때는 남성중심주의에 대한 급진적인 비판의 핵심이었던 것이 이제 임금노동의 자본주의적 가치 안정화를 강화하는 데 활용되고 있다.

3) 재의미화된 페미니즘의 반국가주의: 신자유주의는 이전의 반국가주의 또한 재의미화했다. 간단히 말하면 국가행위의 축소를 목적으로 하는 계획을 통해 그렇게 했다. 새로운 환경 속에서, 복지국가 부권주의에 대한 제2물결 페미니즘의 비판은 마거릿 대처의 유모국가 비판과 그다지 멀리 떨어져 있지 않았다. 그 점은 미국에서 분명하게 경험했다. 미국의 페미니스트들은 빌 클린턴이 성차별주의와 빈민구제라는 낙인체제를 미묘하게 비판하며 '아시피다시 복지를 끝장내는' 계획으로 삼각편성해 내는 것을 속수무책으로 지켜볼 수밖에 없었다. 이 계획은 소득지원을 위해 연방복지를 폐지하는 것이었다.[10] 한편 후-식민지에서는 개발국가의 남성중심주의에 대한 비판이 NGO에 대한 열광으로 변형되었다. NGO는 위축된 국가가 비운 공간을 채우기 위해 도처에서 출현했다. 이들 중 최상의 조직들이 공적 서비스를 박탈당한 사람들에게 절실하고도 긴요한 물질적 도움을 제공해 왔다는 건 틀림없는 사실이다. 하지만 결과적으로 이런 NGO 활동은 종종 풀뿌리운동을 탈정치화하고, 지역집단의 안건을 1세계 자금제공자들의 구미에 맞는 방향으로 돌려 버리곤 했다. 대단히 임시방편적인 NGO의 성격 탓에, NGO 활동은 줄어드는 공공지원을 거의 활성화해 내지 못했으며, 이에 대처할 국가활동을 위한 정치적 지원을 이끌어 내지 못했다.[11]

---

10 Nancy Fraser, "Clintonism, Welfare, and the Antisocial Wage: The Emergence of a Neoliberal Political Imaginary", *Rethinking Marxism* 6:1, 1993, pp.9~23; Nancy Fraser with Kate Bedford, "Social Rights and Gender Justice in the Neoliberal Moment: A Conversation about Gender, Welfare, and Transnational Politics. An Interview with Nancy Fraser", *Feminist Theory* 9:2, 2008, pp.225~246.

폭발적인 소액신용대출의 증가는 이런 딜레마를 잘 보여 준다. 아래로부터의 참여와 역량 강화라는 페미니즘적 가치와는 반대로 수동성을 유도하는 불필요한 요식절차들을 상명하달하는 엘리트주의에 대항해, 이 소액신용대출 기획의 입안자들은 개인적인 자조자립, 지역공동체 네트워크, NGO가 간과한 것들, 시장 메커니즘의 혁신적인 종합을 고안했다. 이 모든 기획은 여성의 빈곤과 젠더종속에 맞서 싸우기 위한 것이었다. 지금까지 나타난 결과는 경이로운 대출상환 기록들, 삶을 완전히 바꿔 놓은 일화들이다. 하지만 이런 프로젝트를 둘러싼 페미니즘의 대소동은 우연의 일치치고는 심란하다. 소액신용대출이 급격하게 증가한 시기와, 소액대출로는 도무지 이루어 낼 수 없었던 빈곤 척결에 대한 국가의 거시적·구조적 노력 포기 시기가 우연하게도 서로 맞아떨어졌다.[12] 이 경우 역시 관료주의적 부권주의에 대한 페미니즘의 비판은 신자유주의에 의해 재의미화되었다. 국가권력을 시민들의 역량 강화와 사회정의 실현으로 변형하고자 했던 원래의 관점은 이제 시장화와 국가권력의 축소를 정당화하는 데 이용되었다.

4) 재의미화된 페미니즘의 대항/친베스트팔렌주의: 마지막으로 신자유주의는 제2물결 페미니즘이 베스트팔렌 프레임과 맺었던 양가적 관계를 더 좋은 방향으로도, 더 나쁜 방향으로도 변경시켰다. '글로벌화'라는 새로운 맥락 속에서 베스트팔렌 프레임이야말로 국경선으로 한정된 영토국가가 정의를 담아내는, 정의를 위한 의무와 투쟁을 담아내는 유일하게 정당한 그릇이라는 주장은 더 이상 당연한 것으로 받아들여지지 않는다. 따라서 페미니스트들은 그런 관점

11 Sonia Alvarez, "Advocating Feminism: The Latin American Feminist NGO 'Boom'", *International Feminist Journal of Politics* 1:2, 1999, pp.181~209; Carol Barton, "Global Women's Movements at a Crossroads: Seeking Definition, New Alliances and Greater Impact", *Socialism and Democracy* 18:1, 2009, pp.151~184.

12 제22회 세계법사회철학회에서 발표된 보고서를 참조했다. Uma Narayan, "Informal Sector Work, Micro-credit, and Third World Women's 'Empowerment': A Critical Perspective", the XXII World Congress of Philosophy of Law and Social Philosophy, May 24~29, 2005, Granada, Spain. 다음의 글들도 참조할 것. Carol Barton, "Global Women's Movements at a Crossroads"; Hester Eisenstein, "A Dangerous Liaison? Feminism and Corporate Globalization".

에 도전하는 환경주의자, 인권활동가, WTO 비판가 들과 힘을 합치게 되었다. 국가주도 자본주의에서 실현하지 못한 채 남아 있던 후-베스트팔렌적 통찰을 작동시키면서, 페미니스트들은 이전 시대에는 무시되었거나 주변화되었던 초국가적 부정의를 겨냥했다. 초국가적 네트워크를 구축하는 데 필요한 새로운 의사소통 기술을 이용함으로써 페미니스트들은 '부메랑효과'와 같은 혁신적인 전략을 선구적으로 수립했다. 부메랑효과는 국내적인 착취를 집중조명하기 위해 전 지구적 여론을 가동함으로써 그런 착취를 용인한 국가를 수치스럽게 만드는 전략이다.[13] 그 결과 새로운 형태의 페미니즘적 액티비즘─초국가적이고, 다중스칼라(multi-scalar)이며, 후-베스트팔렌적인─의 전망이 펼쳐졌다.

하지만 초국가적 선회는 난관에 부딪혔다. 국가 수준에서 좌초한 대다수 페미니스트는 종종 국제적인 무대, 예컨대 나이로비에서 베트남, 베이징, 그 너머에 이르는 특히 UN과 관련된 연쇄적인 회의에 에너지를 집중했다. 지구적 협치기구라는 새로운 체제에 참여할 수 있는 '글로벌 시민사회'를 건설함으로써, 페미니스트들은 내가 이미 언급한 그런 문제에 휘말려 들게 되었다. 예를 들자면 여성인권에 관한 캠페인은 빈곤 문제가 아닌 폭력과 재생산이라는 이슈에만 압도적으로 집중하게 되었다. 한편으로는 시민의 권리와 정치적 권리 사이의 냉전적 분열을 승인하고, 다른 한편으로는 사회적 권리와 경제적 권리 사이의 분열을 승인함으로써, 페미니스트들의 이런 노력 또한 분배보다는 인정에 우선권을 부여하게 되었다.[14] 여기에 덧붙여 이런 캠페인은 페미니즘 정치의 NGO화를 강화하고, 전문가들과 풀뿌리운동 사이의 간극을 더욱 벌어지게 만들었으며 영어권 엘리트들의 목소리에 편중되는 경향을 드러냈다. EU의 정책적 장치에 참여하는 페미니스트들에게도 이와 유사한 역학이 작동하고 있었다. 특히 유럽 전역에 걸쳐 있는 진정으로 초국가적인

---

13 Margaret Keck & Kathryn Sikkink, *Activists beyond Borders: Advocacy Network in International Politics*, Ithaca, NY: Cornell University Press, 1998.

14 Carol Barton, "Global Women's Movements at a Crossroads".

풀뿌리운동이 부재한 상태여서 더욱더 그랬다. 그리하여 베스트팔렌주의에 대한 페미니즘의 비판은 신자유주의 시대를 맞이해 양가적인 것으로 입증되었다. 국민국가의 영토범위를 넘어서 정의의 범위를 확장하려 했던 환영할 만한 시도들은 새로운 형태의 자본주의를 위한 관리 차원의 욕구와 너무나 잘 맞아떨어지는 것으로 끝나고 말았다.

전체적으로 보자면 신자유주의 시대에 이르러 드러난 페미니즘의 운명은 역설적이었다. 한편으로는 이전 시기에 비교적 소규모 대항문화운동이었던 페미니즘이 자기 사상을 전 세계에 걸쳐 신속하고 성공적으로 확산시켰다. 다른 한편으로 페미니즘의 사상은 변화된 맥락 속에서 근본적 가치의 미묘한 변화를 경험했다. 국가주도 자본주의의 지배하의 분명한 해방운동으로서 페미니즘은 경제지상주의, 남성중심주의, 국가주의, 베스트팔렌주의를 비판했지만 이제 대단히 모호하고 새로운 형태의 자본주의가 나타나 정당화되기를 요구하자 그에 기민하게 부응한 것처럼 보인다. 결국 새로운 자본주의는 재분배 요구보다는 인정 요구를 훨씬 더 선호한 듯하다. 신자유주의적 자본주의는 임금노동화된 여성 노동을 초석 삼아 새로운 자본축적 체제를 구축하고, 전 지구적 규모로 더욱더 자유롭게 작동하기 위해 민주적인 정치적 규제를 시장에서 제거하려고 애썼다.

3. 신자유주의에 대항하는 페미니즘?

하지만 오늘날은 이 자본주의 자체가 심각한 위기에 처해 있다. 글로벌 금융위기는 경제체제로서 신자유주의의 종말이 시작되었다는 표지일 수도 있다. 그동안의 관련된 정치적 위기(베스트팔렌 국가의 위기, 유럽의 위기, 미국 헤게모니의 위기)는 신자유주의가 누린 번영의 울타리이던 협치기구 질서 해체의 전조일 수도 있다. 또한 반체제시위(여태껏 파편화되고 단명하고 계획적인 내용이 없었다 할지라도)는 대안을 분명히 밝히려 하는 세력들의 새로운 물결이 초기에 보인 격랑의 신호일 수도 있다. 따라서 우리는 내가 방금 기

술한 것처럼 방대하고 심오한 '거대한 전환'의 또 다른 가장자리에
서 있는지도 모른다.

그렇다면, 후속 사회형태는 미래시기에 강력한 경쟁의 대상이
될 것이다. 이 경쟁에서 페미니즘은 두 가지 다른 의미에서, 두 가
지 다른 수준에서 주요한 선수가 될 것이다. 첫째, 내가 여태껏 자
취를 추적해 온 사회운동으로서 페미니즘은 후속 체제가 젠더정의
에 헌신하고 그것을 제도화할 수 있도록 보장할 것이다. 둘째, 그런
의미에서 페미니즘은 좋은 것('민주주의' 같은)에 대한 공허한 기표
를 더 이상 통제하거나 소유할 수 없는 일반적인 담론 구성요소가
될 것이다. 이런 페미니즘은 젠더정의를 증진하는 여러 가지 다양
한 시나리오(모든 시나리오는 아니더라도)를 타당하게 만드는 데
노력할 수 있고, 노력할 것이다. 우선 사회운동이라는 첫 번째 의미
의 페미니즘 후속 세대와 두 번째로 든 담론적 의미의 '페미니즘'은
서로 분리되었다. 담론이 사회운동과 분리되자, 페미니즘 운동은
완전히 포용할 수도 없고 그렇다고 전적으로 부인할 수도 없는 자
신의 낯선 그림자이자 기괴한 복제들과 만나게 되었다.[15]

이 장에서 나는 국가주도 자본주의에서 신자유주의로 이동하
면서 나타난 두 가지 페미니즘 사이에 초래된 불협화음을 지형화하
고자 한다. 내 이야기의 결론을 어떻게 내려야 할까? 제2물결 페미
니즘이 실패했다고 간단하게 결론 내릴 수 없는 것은 분명하다. 신
자유주의를 승리하게 만들었다고 비난할 수도 없다. 페미니즘의 이
상이 근본적으로 문제였다고 결론 내릴 수도 없다. 페미니즘이 애
초에 언제든 자본주의적 목적을 갱생시키고 재의미화하게 될 운명
이었고 말할 수도 없다. 페미니즘은 무엇보다도 젠더정의를 위한
운동이므로, 우리의 기괴한 복제들이 들끓는 영토 위에서 작전을
펼치고 있다는 역사적 자기인식을 좀 더 분명히 할 필요가 있다는
말로 마무리하고자 한다.

15 '페미니즘과 그 복제들'이라는 공식은 2008년 미국 대통령선거를 설명하기에
좋을 듯하다. 대통령선거에 드러난 페미니즘의 기괴한 복제들이란 힐러리 클린턴과 세라
페일린 두 사람을 말한다.

　그런 마무리를 위해 다음의 질문으로 되돌아가 보자. 신자유주의와 페미니즘이 '위험한 관계'에 빠져 있다고 친다면, 그런 관계를 어떻게 설명할 것인가? 우리 페미니스트들은 불행한 우연의 희생자들인가? 어쩌다 보니 잘못된 시간에 잘못된 곳에 있음으로써 가장 기회주의적인 유혹자에게 빠져든 것인가? 누구하고나 무차별적으로 문란한 관계를 맺는, 근본적으로 전혀 다른 관점이든 뭐든 상관하지 않고 도구화하는 유혹적 자본주의에 페미니즘이 치명적으로 빠져든 것인가? 혹은 페미니즘과 신자유주의가 이면에서 서로 선택적 친화력을 갖고 있는가? 그런 친화력이 정말로 존재한다면, 양쪽 모두가 전통적인 권위를 비판한 데서 찾을 수 있을 것이라고 나는 생각한다.[16] 그런 전통적 권위를 허물어 내는 것이야말로 페미니즘 활동가들의 오랜 목표였다. 페미니즘 활동가들은 메리 울스턴크래프트 이후로 아버지, 오라비, 사제, 장로, 남편 등 어떤 남성이든 간에 적어도 여성을 남성에게 사적으로 종속시키는 것으로부터 해방되려고 노력해 왔다. 하지만 이 전통적 권위는 오랜 기간 자본주의의 확장에도 장애물로 기능한 듯하다. 전통적 권위는 경제적 합리성을 한정된 영역에 국한하는 데 이바지했으며, 시장이 묶여(embedded) 있던 시대에 사회적 실체의 일부로서 자본주의 확장에 걸림돌로 작용했다.[17] 현재의 국면에서 전통적 권위에 대한 두 가지 비판적 조류인 페미니즘과 신자유주의는 함께 뭉치고 있는 것처럼 보인다.

　반면 페미니즘과 신자유주의가 갈라지는 지점은 젠더종속에 관한 후-전통적인 형식에서다. 후-전통적인 젠더종속의 형식은 개별화된 종속양식이 아니라 대다수 사람의 행동을 추상적·비개인적

---

　16 이는 엘리 자레츠키(와의 개인적인 대화) 덕분이다. cf. Hester Eisenstein, "A Dangerous Liaison? Feminism and Corporate Globalization".
　17 전통적 권위가 항상 그랬던 것은 아니나 상당 기간 그렇게 기능했다. 자본주의는 많은 경우 전통적인 권위에 도전하기보다 차라리 적응하는 편이다. 시장의 '묶임'에 관해서는 다음을 참조할 것. Karl Polanyi, *The Great Transformation*, 2nd ed., Boston: Beacon, 1944(2001). 폴라니에 대한 페미니즘적 비판을 보려면 이 책의 10장 「시장화와 사회보호 사이에서」를 참조할 것.

으로 매개하는 구조적·체계적 절차로 인해 야기되는 여성의 삶에 대한 구속이기 때문이다. 그런 전형적 사례가 수전 오킨이 특징지은 '사회적으로 초래되며 현저히 불균등한, 결혼으로 인한 취약한 생애주기'다. 이런 생애주기 속에서 자녀양육과 돌봄이라는 여성들의 전통적 책임은 노동시장에서 여성에게 불리하게 작용하고 결과적으로 경제적 시장에서 여성이 불평등해지도록 만든다. 이 불공평한 힘들은 가족 안에서 여성의 불평등한 권력관계를 강화하고 악화한다.[18] 시장의 개입으로 초래된 종속의 과정은 그야말로 신자유주의적 자본주의의 생명선이다. 오늘날 시장 개입으로 초래된 종속구조는 페미니즘 비판의 주요한 초점이 되고 있다. 따라서 우리는 신자유주의와 페미니즘을 구별해야 하고 신자유주의가 전유한 재의 미화에서 벗어나야 한다. 하지만 여기서 요점은 물론 전통적인 남성의 권위에 대항하는 투쟁을 중단해야 한다는 게 아니다. 남성의 권위에 대한 투쟁은 페미니즘 비판에 필요한 계기로 여전히 남아 있다. 오히려 그런 비판이 너무나도 손쉽게 신자유주의적인 복제품으로 흘러들어 가는 것을 막아야 한다. 무엇보다도 페미니즘은 해방을 약속하면서도 실제로는 지배의 새로운 형태를 강요하는, 자본주의 체제가 초래한 개별화된 종속에 대한 비판으로 다시 연결되어야 한다.

이런 의제를 발전시키고자 하는 희망에서, 나는 다시 한 번 페미니즘 비판의 네 가지 초점을 언급하면서 마무리를 하고자 한다.

반신자유주의, 반경제지상주의를 위하여: 신자유주의의 위기는 제2물결 페미니즘이 주장했던 해방적 약속에 다시 활력을 불어넣을 기회다. 부정의에 관한 만족할 만한 삼차원적 설명을 채택함으로써 우리는 이전 시기에는 제각각 쪼개져 있던 분배, 인정, 대표를 더욱 균형 잡힌 방식으로 통합할 수 있을 것이다. 페미니즘 비판에서 필요불가결한, 단단하고 업데이트된 사회적 총체성이라는 측면에 바탕해, 우리는 페미니즘 비판을 자본주의 비판으로 다시 연결

---

18 Susan Moller Okin, *Justice, Gender, and the Family*, New York: Basic Books, p.138.

해야 한다. 그로써 우리는 페미니즘을 좌파에 확실하게 위치시켜야
한다.

반신자유주의, 반남성중심주의를 위하여: 이와 마찬가지로 신자
유주의의 위기는 가족임금에 대한 페미니즘 비판과 유연한 자본주
의 사이의 피상적이고 잘못된 연결고리를 끊어 버릴 기회를 제공한
다. 남성중심주의에 대한 비판을 재천명함으로써 페미니즘은 임금
노동을 탈중심화하고, 나아가 돌봄노동을 포함해 비상품화된 활동
들을 안정화하는 새로운 형태의 삶에 강력한 영향을 미쳐야 한다.
대체로 여성이 수행하는 그런 활동들은 모든 사람에게 좋은 삶의
구성요소로서 가치를 인정받아야 한다.

반신자유주의, 반국가주의를 위하여: 신자유주의의 위기는 또한
국가주의에 대한 페미니즘 비판과 시장화에 대한 비판 사이의 피상
적이고 잘못된 연결고리를 끊어 버릴 기회를 제공한다. 참여민주주
의를 재천명함으로써 페미니즘은 정치적 힘의 새로운 조직에 이제
강력한 영향을 미쳐야 한다. 이 새로운 정치적 힘은 관료주의적인
관리를 시민의 역량에 종속시키는 것이다. 하지만 여기서 요점은
공적인 힘을 추방하는 것이 아니라 강화하는 것이다. 그럼으로써
오늘날 우리가 추구하는 민주주의는 동등한 참여를 강화하는 것이
며, 시장을 길들이는 정치를 이용해 정의의 관점에서 사회를 조정
하는 것이다.

반신자유주의, 후-베스트팔렌주의를 위하여: 끝으로 신자유주의
의 위기는 또한 베스트팔렌 프레임에 대한 우리의 오래 지속된 양
가성을 생산적인 방식으로 해소할 기회를 제공한다. 자본이 초국가
적으로 넘나드는 것으로 보건대, 오늘날 필요한 공적 능력은 오로
지 영토국가 안에 머물러 있을 수 없다. 따라서 우리의 과제는 민주
주의를 국경선으로 둘러싸인 정치적 공동체와 배타적으로 동일시
해서는 안 된다는 것이다. 여타 진보세력들과 힘을 합쳐 페미니즘
은 이제 새로운 후-베스트팔렌 정치질서에 강력한 영향을 미쳐야
한다. 모든 축과 척도에 따라 다중적인 스칼라 질서, 모든 차원에서
민주적인 질서, 모든 차원에서 부정의를 극복하는 데 헌신하는 질

서에 영향을 미쳐야 한다.[19]

그러므로 나는 페미니스트들이 크고 넓게 생각해야 할 순간이라고 말하고 있는 것이다. 신자유주의가 우리가 지닌 최고의 생각들을 맹습하는 것을 목도해 왔던 우리는 이제 그런 생각들을 재천명할 수 있는 문을 열어야 한다. 이 순간을 포착하기 위해 우리는 조만간 일어날 거대한 전환을 젠더와 관련된 방향으로뿐만 아니라 정의의 방향으로 이끌어 내야 한다.

19 Fraser, *Scales of Justice.*

10

시장화와 사회보호 사이에서

페미니즘의 양가성 해소를 위해

신자유주의 자본주의의 현재 위기는 페미니즘 이론의 풍경을 바꾸고 있다. 지난 20년 동안 대다수 이론가는 마르크스주의로 연상되는 거대한 사회이론화로부터 거리를 유지해 왔다. 외관상 학술적 전문화의 필요성을 받아들이면서, 그들은 학과단위의 이런저런 분과연구에 안주하며 그런 연구를 자유로운 기획으로 인식했다. 그들의 초점이 법학이든, 도덕철학이든, 민주주의적 이론이든, 문화비평이든 간에 그런 작업은 사회이론이 추구하는 근본적인 질문과는 비교적 분리된 채 진행되었다. 자본주의 사회 비판―초기 세대들에게는 중핵이었던 것―은 페미니즘 이론의 의제에서 거의 사라져 버렸다. 자본주의의 위기에 집중하는 (정치경제적) 비판은 환원론적·결정론적·시대착오적인 것으로 취급되었다.

오늘날 그런 진리는 누더기가 되고 있다. 위험에 빠진 글로벌 금융체계, 전 세계에 걸쳐 이루어지는 생산과 급격한 고용 감소, 경기침체 장기화라는 어두운 전망과 더불어 초래된 자본주의의 위기는 비판이론의 모든 진지한 시도에 필수적인 배경을 제공한다. 이제부터 페미니즘 이론가들은 자본주의 사회에서 비롯된 질문을 피해 갈 수 없을 것이다. 해방의 해결책뿐만 아니라 자본주의 위기의 성격과 근원을 밝히는 것을 목표로 삼는 거대한 사회이론이 페미니즘 사상에서 자기 자리를 되찾았으면 한다.

하지만 이런 문제에 페미니즘 이론가들은 정확히 어떻게 접근해야 하는가? 불신의 대상이 된 경제지상주의적 접근의 결함을 어

떻게 극복할 수 있는가? 자본주의 경제의 어떤 '체계적 논리'에 특
별히 집중해야 하는가? 자본주의 사회에 접근하는 비경제지상주의
적이고 확장된 이론은 어떻게 발전시킬 수 있는가? 페미니즘, 생태
주의, 다문화주의, 후-식민주의의 통찰을 전부 통합해 버리는 자본
주의 사회를 어떻게 이해해야 하는가? 경제가 역사, 문화, 지리, 정
치, 생태, 법 등에 의해 매개될 때, 위기라는 사회적 과정을 어떻게
개념화할 수 있는가? 현재의 국면에서 사회적 투쟁의 전체 범위를
어떻게 이해할 수 있는가? 해방적 사회개혁을 위한 잠재력을 어떻
게 평가할 수 있는가?

　칼 폴라니의 사상은 그런 이론화를 위한 출발점으로서 상당히
괜찮아 보인다. 고전이 된 그의 저서 『거대한 전환』(1944)은 자본
주의의 위기를 다면적인 역사적 과정으로 치밀하게 설명한다. 영국
의 산업혁명에서 시작된 자본주의화 과정은 백 년이 넘는 기간에
걸쳐 전 세계를 주름잡았으며 제국주의적 정복, 주기적인 경기침
체, 전쟁의 대격동을 동반한 과정이었다.[1] 더구나 폴라니에게 자본
주의의 위기는 좁은 의미에서 경제적인 붕괴라기보다는 오히려 해
체된 공동체, 파열된 연대, 훼손된 자연으로 인한 것이었다. 자본주
의 위기의 근원은 이윤율이 떨어지는 경향처럼 경제 내적인 모순에
서 기인한 것이기보다 경제가 사회의 자리를 대신하는 대변동에서
기인한 것이다. 여태껏 유지된 보편적인 관계는 전복된다. 기존의
보편적 관계에서 시장은 사회제도에 묶여 있었고, 도덕적·윤리적
규범에 종속되어 있었다. 하지만 시장의 자기조정 기능을 강조하는
'자기조정시장'(self-regulating market)의 주창자들은 사회, 도덕, 윤
리가 사실상 시장을 모델로 하여 바로 그 시장에 종속되는 세계를
구축하려고 해 왔다. 노동, 토지, 돈을 '생산의 요소'로 인식한 그들
은 사회생활의 기본적인 토대를 마치 일상적인 상품처럼, 시장교환
에 속한 물건처럼 취급했다. 폴라니의 용어를 따르자면 이런 '허구
적 상품화'의 결과, 현재 진행 중인 '사회보호'를 위한 대항운동의

1　Karl Polanyi, *The Great Transformation*, 2nd ed. Boston: Beacon Press,
1944(2001).

도화선이 될 정도로 주거지, 생계, 공동체가 훼손되기에 이르렀다. 그로 인해 사회갈등의 뚜렷한 패턴이 나타났는데, 이를 폴라니는 '이중적 운동'(double movement)이라고 불렀다. 자유시장주의자와 사회보호주의자 사이에서 초래된 요란한 갈등은 정치적 교착상태로 나아갔고 궁극적으로 파시즘과 제2차 세계대전을 초래했다.

이것은 경직된 경제적 사고의 한계를 넘어서 자본주의의 위기를 설명한 것이다. 다양한 범위에 방대하고 포괄적으로 걸쳐 있는 이 대작 『거대한 전환』은 지역적 저항, 국가적 정치, 국제적 문제, 지구적 금융체계를 설득력 있게 역사적으로 종합해서 함께 엮어 냈다.

더구나 폴라니의 설명에서 핵심을 차지하는 사회적 재생산은 페미니스트들의 특별한 관심사이기도 하다. 폴라니 자신이 그런 표현을 사용하지 않았다는 점은 인정한다. 하지만 위기를 바라보는 그의 관점에서 사회적 유대의 해체는 경제적 가치의 파괴만큼이나 핵심적이다. 사실 이 두 가지 징후는 떼려야 뗄 수 없을 정도로 서로 중첩되어 있다. 자본주의의 위기는 엄청난 사회적 위기이며, 이는 사회적 유대를 창조하고 유지하는 인간의 역량자원을 무한정 위험에 빠뜨리는 시장화로 인한 것이다. 자본주의의 위기로 인한 사회적 재생산 경향을 시장화가 전면에 부각했다고 보는 폴라니의 사상은 '사회적 황폐화'와 '돌봄 위기'에 관한 페미니즘적인 관심사와 공명하고 있다.[2] 그의 이론적 프레임은 적어도 원론적으로는 많은 페미니스트의 관심사를 포용할 수 있다.

이런 점들만 하더라도 폴라니의 작업은 21세기 자본주의 사회의 진통을 이해하고자 하는 페미니스트들을 위한 희망찬 자원이 될

---

2 사회적 재생산, '사회적 황폐화', '돌봄 위기'에 관한 최근 페미니스트들의 설명으로는 다음과 같은 것이 있다. *Power, Production, and Social Reproduction: Human In/Security in the Global Political Economy*, eds. Isabella Bakker & Steven Gill, New York: Palgrave MacMillan, 2003; Arlie Hochschild, *The Commercialization of Intimate Life: Notes form Home and Work*, Berkeley, CA: University of California Press, 2003; Shirin Rai, Catherine Hoskyns & Dania Thomas, "Depletion and Social Reproduction", *CSGR Working Paper* 274/11, Warwick University: Center for the Study of Globalisation and Regionalisation(www2.warwick.ac.uk); Silvia Federici, *Revolution at Point Zero: Housework, Reproduction, and Feminist Struggle*, New York: PM Press, 2012.

자격이 있다. 하지만 오늘날 그의 이론에 의존하지 않을 수 없는 좀
더 특별한 이유가 또 있다. 그가 『거대한 전환』에서 들려준 이야기
의 커다란 메아리를 현재 전개되는 발전 과정에서도 강력한 메아리
들을 수 있는 것이다. 현재의 위기는 제2차 세계대전의 후유증으로
성립된 조정체제(국가적·국제적 규율체제 양쪽)로부터 시장을 풀
어 놓으려는 최근의 노력에서 기인한다는 입장이 분명 그럴듯하다.
오늘날 우리가 '신자유주의'라고 부르는 것은, 폴라니가 연대기순으
로 밝힌 자본주의의 위기에서 시장을 풀어 놓았던, '자기조정시장'
에 대한 바로 그 19세기적 신념이 재강림한 것과 다르지 않다. 그때
와 마찬가지로 이제 그런 강령을 실행하려는 시도들은 자연, 노동,
돈을 상품화하려고 박차를 가하고 있다. 우리는 탄산가스 배출과
생명공학 시장의 급성장을 목격하고 있다. 아동 돌봄, 교육, 노인
돌봄 시장이 북적이고 있다. 그때와 마찬가지로 이제 자연은 훼손
되고 공동체는 파열되고 생활수단은 파괴되고 있다. 게다가 폴라니
시대와 마찬가지로 오늘날에도 시장의 약탈로부터 사회와 자연을
보호하려는 대항운동이 가동되고 있다. 그때와 마찬가지로 이제 자
연, 사회적 재생산, 글로벌 금융에 대한 투쟁이 핵심적 매듭을 구성
하고 있으며 위기의 도화선이 되고 있다. 따라서 표면적으로 볼 때
오늘날의 위기는 제2의 거대한 전환, 즉 다시 돌아온 '거대한 전환'
이라는 입장이 설득력 있게 다가온다.

　　폴라니의 관점은 우리 시대를 이론화하는 데 여러 가지 이유로
상당히 유용하다. 하지만 페미니스트들은 무비판적으로 그의 이론
을 성급하게 받아들여서는 안 된다. 심지어 그의 이론이 경제지상
주의를 극복할 수 있다 할지라도, 『거대한 전환』을 면밀히 살펴보
면 심각한 결함이 발견된다. 고삐 풀린 시장이 뿜어내는 유독성에
오로지 초점을 맞추다 보니 이 책은 '사회'를 둘러싼 주변의 다른 곳
에서 비롯된 유해성을 간과한다. 비시장에 토대를 둔 부정의의 형
태를 불투명하게 함으로써 또한 지배의 수단이기도 한 사회보호의
형태를 은폐해 버린다. 시장에 토대를 둔 약탈에 대항하는 투쟁에
과도하게 몰두하느라, 사회보호에 깊숙이 각인되어 있고 '사회'에

깊숙이 뿌리내린 부정의와의 투쟁을 소홀히 한다.

　그러므로 페미니즘 이론가들은 『거대한 전환』에 전개된 형식으로 폴라니의 프레임을 수용하면 안 된다. 오히려 페미니스트들에게 필요한 것은 그의 프레임을 수정하는 것이다. 그 목표는 '사회'의 낭만화와 환원론적 경제지상주의를 동시에 피하면서 유사폴라니류로 새로운 자본주의 위기를 개념화하는 것이다.

　이 장의 목표가 바로 그것이다. '경제'뿐만 아니라 '사회'를 이해하는 데 필요한 비판이론을 발전시킴으로써 나는 시장화와 사회보호 사이에 놓여 있는 폴라니의 핵심적인 갈등을 가로질러 사회투쟁의 세 번째 역사적 기획을 포괄할 수 있도록 그의 문제 틀을 확장하고자 한다. 나는 이 세 번째 역사적 기획을 '해방'으로 명명할 것인데, 이는 '사회'에 뿌리내린 종속의 형태를 극복하려는 기획이다. 폴라니가 분석한 거대한 전환과 지금 우리 시대에도 여전히 반복되고 있는 거대한 전환 어느 쪽이나 핵심은 해방투쟁이다. 이런 해방투쟁은 시장화와 사회보호 사이에 초래된 갈등을 매개해 줄, 실종되었던 세 번째 고리다. 그 세 번째 매개항을 도입한 결과 이중적 운동은 삼중적 운동으로 변형된다. 삼중적 운동은 시장화, 사회보호, 해방을 포괄한다.

　삼중적 운동은 새로운 유사폴라니적 관점의 핵심으로서, 페미니스트들에게는 현재 직면한 자본주의의 위기에 대처할 방법이 무엇인지 분명히 밝혀 줄 것이다. 이 장의 1~4절에서 이 새로운 관점을 면밀히 검토한 뒤, 5~7절에서는 그것을 페미니즘 정치의 양가성을 분석하는 데 이용하고자 한다.

1. 폴라니의 핵심 개념: 묶인 시장, 사회보호, 이중적 운동

우선 시장을 묶인 시장과 풀린 시장으로 구분한 폴라니의 개념('embedded/disembedded'는 폴라니의 시장 대 사회보호 담론을 이해하는 데 핵심이 되는 개념으로 '착근/비착근'으로 번역되곤 한다. 이 책에서는 '묶인/풀린'으로 옮겼다─옮긴이)을 환기하는 것으로 시작해 보고자 한다. 『거대한 전환』의 핵심인 이 구분에는 강력한 가치평가가 함축되어 있는바, 페미니즘은 이 점을 면밀히 검토할 필요가 있다.

폴라니는 시장과 사회를 대비하면서 그 관계를 두 가지로 구분한 것으로 유명하다. 한편으로 시장은 비경제적 제도에 일방으로 또 서로 '묶여' 있으며, '적절한 가격'과 '공정한 임금' 같은 비경제적 규범에 속해 있다. 하지만 다른 한편으로 시장은 수요와 공급에 의해 경제 외적인 통제와 내적인 지배로부터 자유롭게 '풀려날' 수 있다. 폴라니가 주장하다시피 시장을 묶을 수 있다는 가능성은 역사적 규범을 대변한다. 서로 이질적인 문명에서도, 또 엄청나게 분리된 지역에서도 시장은 전 역사를 통틀어 거의 언제나 경제 외적인 통제에 묶여 있었다. 경제 외적인 통제는 누가 어떤 조건으로 사고팔 수 있는가 하는 문제에 제약을 가한다. 시장을 풀어 놓을 수 있다는 가능성은 역사적으로 볼 때 이례적이다. 말하자면 19세기 영국의 혁신인 '자기조정시장'은 그야말로 새로운 생각이었으며 그 생각의 전개 과정은 폴라니의 주장대로 인간사회의 조직결을 그야말로 위협한다.

폴라니가 보기에 시장은 보다 큰 사회로부터 사실상 결코 완전히 풀려날 수 없다. 시장의 고삐 풀기 시도는 필연적으로 실패할 수밖에 없다. 무엇보다 시장은 문화적 이해와 연대관계라는 경제 외적인 것을 배경으로 할 때라야만 비로소 적절하게 기능할 수 있다. 또한 '자기조정시장'을 수립하려는 시도는 사회적 조직결을 파괴하고 사회적 규제에 대한 광범한 요구를 일으키는 것으로 증명되었다. 따라서 사회적 협동을 고양하기보다 고삐 풀린 시장을 원하는 기획은 필연적으로 사회적 위기를 초래할 수밖에 없다.

바로 이런 관점에서 『거대한 전환』은 산업혁명에서 제2차 세계대전에 이르기까지 자본주의의 위기를 설명하고 있다. 더구나 폴라니에게 자본주의의 위기는 시장의 고삐를 풀려는 상업적인 이해관계에 따른 노력뿐만 아니라 '경제'에 맞서 '사회'를 보호하려는 시골 지주, 도시 노동자, 여타 다양한 계층이 결합된 대항적 노력까지 포괄한다. 끝으로 폴라니에게 경제와 사회, 시장주의와 보호주의라는

양 진영 사이의 날카로운 투쟁은 자본주의의 위기에 '이중적 운동'
이라는 특수한 형태를 부여했다. 이와 같은 이중적 운동의 첫 번째
갈래가 중상주의 단계다. 이 단계에서 시장은 사회적이고 정치적인
것에 묶여 있다. 두 번째인 자유방임 단계에 이르러 시장은 사회적
이고 정치적인 것으로부터 (비교적) 풀려남으로써, 폴라니가 희망
한 대로라면 우리를 새로운 단계로 이동할 수 있도록 도와야 한다.
왜냐하면 이 단계에서 시장은 민주적인 복지국가에 다시 묶이게 될
것이고, 그 결과 경제는 사회 속에서 자신의 적절한 자리로 되돌아
갈 것이기 때문이다.

　그러므로 전체적으로 묶인 시장과 풀린 시장의 구분은 사회,
보호, 위기, 이중적 운동을 포함해 폴라니의 모든 핵심 개념 중에서
도 핵심이다. 동시에 중요한 것은 이런 구분이 대단히 가치평가적
이라는 점이다. 묶인 시장은 사회보호를 연상시키며, 가혹한 환경
에서 벗어난 피난처로 여겨진다. 반면 풀린 시장은 (가혹한 환경에)
풀려서 노출되어 있으므로 '이기적 계산이라는 얼음장 같은 바닷
물'[3] 속에서 벌거벗고 헤엄치는 모습을 연상시킨다. 이와 같은(묶인
시장은 좋은 것이며 풀린 시장은 나쁜 것이라는) 어조는 이중적 운
동에 대해서도 이어진다. 노출시키는 운동은 위험을 나타낸다. 반
면 보호해 주는 운동은 안전한 피난처를 떠올리게 한다.

　페미니스트들은 이런 생각으로부터 무엇을 구성해 내야 할 것
인가? 표면적으로 볼 때 묶인 시장과 풀린 시장의 구분은 페미니즘
이론화에 많은 통찰을 제공하는 것처럼 보인다. 무엇보다 먼저 이
런 구분은 자본주의의 위기를 다면적인 역사적 과정으로, 또 경제
적인 것만큼이나 사회적·정치적·생태적인 것으로 폭넓게 이해하도
록 도와줌으로써 경제지상주의를 넘어설 수 있게 해 준다. 또한 이
는 위기를 포착하는 데 있어 기능주의를 넘어설 수 있게 한다. 위기
를 단지 객관적인 '체제의 붕괴'가 아니라 사회적 행위자들이 자신

3　Karl Marx & Fredrich Engels, "The Communist Manifesto"(1848), *Marx-Engels Reader*, 2nd edition, ed. Robert C. Tucker, New York: W. W. Norton & Company, 1978, p.475.

이 처한 상황의 변화를 인지하고 서로의 관계에 대해 반응하는 포괄적이고 상호주관적인 과정으로 파악하게 해 준다. 그러므로 또한 폴라니의 구분은 시장 그 자체를 거부하는 것이 아니라 위험하게 풀려난 변질된 시장을 거부한다는 점에서 위기 비판이 가능하도록 해 준다. 결과적으로 묶인 시장 개념은 신자유주의자들이 추진하는 변덕스럽고 자유롭게 풀린 시장과 공동체주의자들이 선호하는 시장에 대한 전통적 억압 모두에 대한 진보적 대안 전망을 제공한다.

그럼에도 불구하고 폴라니의 범주 아래 놓여 있는 가치평가적 하위텍스트는 문제적이다. 한편으로 묶인 시장과 사회보호에 관한 그의 설명은 지나치게 장밋빛 전망이다. '사회'를 낭만화함으로써 그는 시장이 역사적으로 묶여 있었을 당시의 공동체가 동시에 지배의 장소이기도 했다는 사실을 은폐해 버린다. 반대로 자유화에 대한 폴라니의 설명은 지나치게 암담하다. 사회를 이상화함으로써 그의 이론은 (여타 결과야 어찌 되었든 간에) 억압적인 보호로부터 시장이 풀려나던 과정에 해방의 순간이 포함되어 있다는 사실을 은폐해 버린다.

따라서 오늘날 페미니즘 이론가들은 이와 같은 프레임을 개정해야만 한다. 자유화를 싸잡아 비난하는 것과 도매금으로 찬성하는 것 양쪽을 피하면서, 우리는 이중적 운동의 양 갈래 모두를 비판적으로 엄밀한 검토의 대상으로 열어 두어야 한다. '경제'의 규범적 결함뿐만 아니라 '사회'의 규범적 결함을 폭로함으로써 우리는 그 뿌리가 어디에 있든 간에 지배에 대항하는 투쟁을 승인해야만 한다.

이런 목적을 위해 나는 폴라니가 활용했던 자원이 아니라 말하자면 페미니즘 운동의 통찰에 바탕한 자원을 제안하고자 한다. 폴라니가 은폐했던 불공평한 권력관계를 드러냄으로써 페미니즘 운동은 그가 이상화하고자 했던 묶인 시장의 약탈적 이면을 폭로했다. 동시에 억압적이기도 했던 보호에 항의하면서 페미니즘 운동은 해방을 요구했다. 그들의 통찰을 활용하고 사후적 판단이 주는 유리한 입장에 바탕하여 나는 페미니즘의 해방투쟁에 관한 이중적 운동을 재사유하고자 한다.

2. 해방: 실종된 '제3항'

해방을 거론하는 것은 『거대한 전환』에 나타나지 않았던 범주를 도입하는 것이다. 하지만 (해방이라는) 그 생각, 그 단어는 사실상 폴라니가 연대기로 전개한 그 시절을 통틀어 대단히 중요한 비전이었다. 노예제를 폐지하고, 여성을 해방하고, 식민지 정복 상태에서 비유럽인들을 해방하기 위한 획기적 투쟁을 우리는 그야말로 언급할 필요가 있다. 이 모든 것은 '해방'이라는 이름하에 수행되었다. 이런 투쟁이 '19세기 문명'이라 불리던 것의 부상과 몰락을 도표화하려한 폴라니의 작업에서 빠져 있다는 것은 정말 기이하다. 하지만 내 요지는 생략된 것을 단지 지적하려는 게 아니다. 해방투쟁이 사회보호의 억압적 형태에 직접적으로 도전하면서도 시장화를 전적으로 비난하거나 칭송하려 하지 않았다는 점에 나는 오히려 주목하고자 한다. 만약 이 점들이 포함되었더라면 그런 운동은 『거대한 전환』에 나타난 이중적 서사도식을 뒤흔들어 놓았을 것이다. 그랬더라면 이중적 운동론은 깨져 버렸을 것이다.

왜 그런지 답하기 위해, 내가 말한 해방이 폴라니에게 주요하고 긍정적인 범주인 사회보호와 얼마나 어떻게 다른지 한번 살펴보자. 보호가 노출과 대립한다면, 해방은 지배와 대립한다. 보호가 탈규제화된 시장의 해체효과로부터 '사회'를 방어하려는 것이라면, 해방은 경제든 사회든, 그런 지배의 뿌리가 어디서 비롯된 것이든 간에 지배관계를 폭로하려는 것이다. 보호의 추진력이 시장교환을 비경제적 규범에 종속시키려 한다면, 해방의 추진력은 시장교환과 비시장 규범 모두를 비판적으로 정밀하게 검토하는 데 있다. 끝으로 보호의 최고가치가 사회적 안전, 안정성, 연대에 있다면, 해방은 비지배(non-domination)를 우선시한다.

하지만 해방이 시장화와 언제나 협력관계라고 결론 내린다면 잘못이다. 해방이 지배와 대립적이라면, 시장화는 생산과 교환의 경제 외적 규제—그것이 보호를 의미하든, 해방을 의미하든 간에—와 대립한다. 시장화가 도구적 행동에 국한된 영역으로 이해되던 소위 경제적 자율성을 방어하는 것이라면, 해방은 영역의 범위를 한정 짓는 경계를 망라해 모든 '영역'에 뿌리내린 지배를 근절하는 것이다.[4] 시장화의 추진력이 사고파는 행위를 도덕적·윤리적 규범으로부터 자유롭게 해 주려는 것이라면, 해방의 추진력은 정의의 관점에서 모든 형태의 규범을 철저히 검토하는 것이다. 마지막으로 시장화가 최고의 가치로 효율성, 개인적 선택, 불간섭이라는 부정적 자유를 강조한다면, 앞서 지적했다시피 해방은 비지배를 가장 우선시한다.

따라서 해방투쟁은 폴라니가 제시하는 이중적 운동의 양 갈래 중 어느 한 범주에 깔끔하게 들어맞지 않는다는 결론이 뒤따른다. 그런 해방투쟁이 때로 시장화로 수렴될 수 있다는 점은 인정한다. 예를 들어 해방투쟁은 자유시장주의자들이 일소하려 하는 바로 그 사회보호를 억압적인 것으로 비난하는데, 이런 경우가 그에 해당한다. 하지만 다른 경우에 해방투쟁은 보호주의 기획으로 수렴되기도 한다. 예를 들자면 해방투쟁이 시장의 억압적인 효과를 맹렬히 비난하는 경우가 그에 해당한다. 또 어떤 경우에 해방투쟁은 이중적 운동의 양 갈래 모두로부터 벗어난다. 예를 들면 해방투쟁은 기존의 보호를 해체하거나 방어하는 게 아니라 차라리 보호의 양식을 변형하려 하기도 하는데, 이런 경우가 그에 해당한다. 이렇게 봤을 때 해방투쟁이 수렴되는 곳은 국면과 우연에 달려 있다. 사회보호 및 시장화와 지속적으로 제휴하지 않음으로써 해방투쟁은 폴라니의 이중적 도식을 파열시키는 제3의 세력이 된다. 그런 해방투쟁을 마땅히 수행하려면 폴라니의 프레임을 수정하지 않을 수 없다. 폴라니의 이중적 운동은 삼중적 운동으로 변형되어야 한다.[5]

3. 위계질서에 따른 보호로부터의 해방

왜 그런지에 답하기 위해 해방에 대한 페미니즘의 주장을 살펴보자. 이런 주장은 사회보호가 억압이 되는 특수한 방식, 말하자면 지

---

4   공식경제적 영역을 '생활세계의 규범에 제도적 경계를 지으면서도 동시에 생활세계를 뒤덮고 있는 것'으로 이해하는 관점에 대해서는 이 책의 1장 「비판이론에 대한 비판」을 참조할 것.

위질서를 견고하게 보호해 주는 방식을 폭로함으로써 이중적 운동론을 폭파한다. 그 같은 지위질서의 보호는, 모든 사람이 사회구성원으로서 사회적 상호작용에 완전히 참여할 수 있다는 사회적 전제조건이자 원칙에 일부 사람들을 포함시키지 않고 부정하는 것으로 나타난다.[6] 그 고전적인 사례가 젠더 위계질서로, 여성에게 열등한 지위를 할당하고 여성을 마치 어린 남자아이 비슷한 존재로 취급함으로써, 여성들이 사회적 상호작용에서 남성과 충분히 대등하게 참여하지 못하도록 방해한다. 또 다른 사례로 인종차별적인 이데올로기를 기반으로 한 카스트 위계질서도 들 수 있다. 이 모든 경우 사회보호는 지위질서의 상층에 자리한 사람들에게 특혜를 주는 방식으로 작동하면서 밑바닥에 있는 사람들에게는 혜택이 거의 돌아가지 않도록 만든다. 따라서 그런 질서가 보호하는 것은 사회 자체라기보다는 오히려 사회적 위계질서다. 따라서 페미니즘, 반인종차별주의, 반카스트운동이 그런 위계질서에 저항하고 그것이 제공하는 보호를 거부하는 건 전혀 이상한 일이 아니다. 이런 운동은 사회의 완전한 구성원 자격을 주장하면서 동등한 참여를 부정하는 사회적 전제조건의 장치들을 해체하기 위해 노력해 왔다.[7]

5　보호나 시장화로 환원되지 않는 사회적 갈망의 제3항에 관한 좀 더 자세한 설명을 보려면 다음을 참조할 것. Nancy Fraser, "Marketization, Social Protection, Emancipation: Toward a Neo-Polanyian Conception of Capitalist Crisis", *Business as Usual: The Roots of the Global Financial Meltdown*, eds. Craig Calhoun & Georgi Derlugian, New York: New York University Press, 2011, pp.137~158.

6　지위적 위계질서만이 사회보호가 억압으로 작용하는 유일한 방식은 아니다. 시장을 묶어 놓는 배치 또한 이차적인 방식으로 억압적일 수 있다. 말하자면 '불능 프레임'(misframe)에 의해 억압적인 것이 될 수 있다. 불능 프레임은 내가 만든 신조어인데, 시장을 묶는 기준, 즉 통상적인 국가 차원의 기준과 사람들을 종종 위험에 빠뜨리는 초국가적 차원의 기준 사이에 발생하는 불일치를 뜻한다. 불능 프레임의 억압은 보호장치가 시장의 부정적인 결과를 '외부자들'에게 떠넘길 때 발생한다. 보호받지 못하는 일부 사람들을 부당하게 희생시켜 배제하는 한편, 나머지 사람들을 보호하기 위한 대가를 그들에게 지우는 식이다. 불능 프레임의 전체적인 개념에 관해서는 이 책의 8장 「글로벌 세계에서 정의의 프레임 다시 짜기」를 참조할 것. 불능 프레임의 대표적인 사례이자 사회보호의 방패인 식민주의와 신제국주의의 후속 체제들에 관한 설명을 보려면 다음을 참조할 것. Nancy Fraser, "Marketization, Social Protection, Emancipation".

7　정의의 원칙으로서 동등한 참여에 관한 설명은 이 책의 6장 「인정의 시대 페미니즘 정치」를 참조할 것. 이 원칙에 대한 자세한 옹호는 다음을 참조할 것. Nancy Fraser, "Social Justice in the Age of Identity Politics: Redistribution, Recognition, and

위계질서 보호에 대한 페미니즘의 비판은 폴라니가 제시한 역사의 모든 단계에 걸쳐 이어져 왔다. 하지만 폴라니가 그런 비판을 구체적으로 언급한 적은 전혀 없다. 중상주의 시기 동안 메리 울스턴크래프트와 같은 페미니스트들은 시장을 묶어 놓았던 사회의 전통적 배치를 비판했다. 가족, 종교, 법, 사회적 관습에 견고하게 뿌리내린 젠더 위계질서를 비난하면서 독립적인 법적 인격, 종교적 자유, 교육받을 권리, 섹스를 거부할 권리, 자녀양육권, 공적으로 말할 권리, 투표권 등의 문제에서 동등하게 참여하기 위한 기본적 선행조건을 요구했다. 자유방임주의 시기 동안 페미니스트들은 동등하게 시장에 접근할 수 있는 권리를 요구했다. 성차별주의적인 규범에 따라 시장이 도구화되어 있다는 점을 폭로함으로써, 여성들이 재산을 소유하고, 계약서에 서명하고, 임금을 조정하고, 전문직을 수행할 수 있게 하라고, 또 동일한 시간의 노동에 대해 남성과 동일한 임금을 달라고 요구했다. 이 모든 전제조건은 완전한 사회생활에 참여하기 위한 것이었다. 제2차 세계대전 이후 '제2물결' 페미니스트들은 복지국가에 의해 제도화된 '공적 부권주의'를 겨냥했다. '가족임금'을 전제로 한 사회보호를 비난하면서 동일노동 동일임금을, 사회복지에서는 돌봄노동과 임금노동에 대한 동등한 취급을 요구했고, 임금노동과 무임금노동 모두에서 성별 노동분업을 끝내려고 했다.[8]

각 시기마다 페미니스트들은 해방을 주장해 왔으며 지배를 극복하려고 노력했다. 어떤 국면에서 그들은 시장을 묶어 놓은 전통적 공동체 구조를 공격 대상으로 삼았다. 다른 국면에서 그들은 시장을 풀어 놓은 세력을 공격 대상으로 삼았다. 또 다른 국면의 경우 그들의 적대세력은 억압적인 방식으로 시장을 다시 묶은 이들이었다. 즉 페미니스트들의 주장은 폴라니가 말한 이중적 운동의 양극

Participation", Nancy Fraser & Axel Honneth, *Redistribution or Recognition? A Political-Philosophical Exchange*, trans. Joel Golb, James Ingram & Christiane Wilke, London: Verso Books, 2003.
8 '공적 부권주의'와 가족임금에 대한 제2물결 페미니즘의 비판은 이 책의 2, 3, 4장을 참조할 것.

중 어느 것과도 일관되게 연대하지 않는다. 오히려 페미니스트들의 해방투쟁은 사회운동의 제3의 갈래를 구성했다. 이 제3항은 이중적 운동의 양 갈래를 가로지른다. 폴라니가 이중적 운동으로 불렀던 것은 사실상 삼중적 운동이었다.

4. 삼중적 운동의 개념화

삼중적 운동이라고 했을 때 그것이 정확히 의미하는 바는 무엇인가? 이 숫자는 시장화, 사회보호, 해방세력 사이의 삼면적인 갈등으로 자본주의의 위기를 개념화한 것이다. 이 세 가지 용어는 개념적으로 서로 환원될 수 없으며, 각각이 규범적으로 양가적이며, 하나가 나머지 두 용어와 분리될 수 없게 서로 중첩되어 있다. 우리가 앞서 보았다시피, 폴라니의 생각과는 달리 사회보호는 종종 양가적이며 시장의 해체적 효과로부터 사회를 보호해 주는 한편 지배를 견고하게 만들기도 한다. 다시 보겠지만 나머지 두 용어의 경우에도 마찬가지다. 시장의 고삐 풀기는 폴라니가 강조했던 부정적인 효과를 초래한다. 하지만 동시에 시장이 해체하려 하는 보호의 억압 정도에 따라 긍정적 효과를 가져다줄 수도 있다. 해방의 효과도 양가적이기는 마찬가지다. 해방은 자유를 가져다줄 뿐만 아니라 동시에 기존 연대의 조직결에 긴장을 초래한다. 해방운동은 지배를 해체하면서도 동시에 사회보호의 단단한 윤리적 토대를 해체하고 그로 인해 시장화로 나가는 길을 잘 닦아 주게 된다.

이런 식으로 파악해 보았을 때 각각의 용어는 그 나름의 목적인(telos)뿐만 아니라 다른 두 용어와의 상호작용을 통해 펼쳐지는 양가성이라는 잠재적 측면 또한 지니고 있다. 이 세 가지 용어는 나머지 두 용어와 분리될 경우 결코 제대로 파악할 수 없다. 두 용어에만 초점을 맞추는 경우 사회적 장이 제대로 포착되지 않는다. 세 용어 모두 동시적으로 함께 고려했을 때라야만 비로소 우리는 자본주의의 위기에 대한 사회적 투쟁의 문법을 제대로 포착하게 된다.

여기에 삼중적 운동의 핵심적 전제가 놓여 있다. 삼면적인 갈등의 관계는 두 가지 측면에 언제나 제3항이 매개되어야만 한다.

방금 언급한 것처럼 시장화와 사회보호 사이의 갈등은 해방에 의해
매개되어야만 한다. 마찬가지로, 뒤에 다시 주장하겠지만, 보호와
해방 사이의 갈등은 시장화에 의해 매개되어야 한다. 두 개의 항은
제3항에 의해서 매개되어야 한다. 이 제3항을 무시하면 자본주의
위기의 논리와 사회운동의 논리를 왜곡하게 된다.[9]

5. 판세의 전환:
다시 맞이한 거대한 전환과 그로 인한 해방의 양가성

지금까지 나는 사회보호의 양가성을 탐색하기 위해 삼중적 운동을
석용했다. 하지만 이제 태세를 전환해 해방의 양가성을 탐색하기 위
해 삼중적 운동을 적용하고자 한다. 폴라니가 소홀히 여겼던 해방을
매개로 시장화와 사회보호 간의 갈등을 살펴볼 필요가 있다고 조금
전까지 강조했으므로, 이제는 시장화를 매개로 사회보호와 해방 사
이의 갈등을 살펴볼 필요가 있음을 강조하고자 한다. 내가 보기에
시장화의 매개를 주류 페미니즘 운동은 무시해 왔기 때문이다.

따라서 나는 여기서 우리 시대의 '거대한 전환'으로 초점을 옮기
겠다. 우리 시대의 거대한 전환을 이해하려면 제2차 세계대전의 후
유증으로 성립되었던 '착근된 자유주의'[10]와 더불어 시작해야 한다.
'브레턴우즈 체제'로 알려진 국제적 규제 프레임에 근거한 착근된
자유주의는 1세계의 케인스주의 복지국가와 3세계의 개발도상국을
포괄한다. 하지만 1980년대 이후 이런 배치는 신자유주의로부터 공
격을 받게 된다. 신자유주의는 시장 재자유화를 추진해 왔으며 그로
인해 대공황 이후 가장 심각한 자본주의의 위기를 야기했다.

---

9   삼중적 운동에 관한 더 자세한 설명을 보려면 다음을 참조할 것. Nancy Fraser,
"Marketization, Social Protection, Emancipation".

10   '착근된 자유주의'(embedded liberalism)라는 표현과 개념은 존 러기에게서 빌려
왔다. John G. Ruggie, "International Regimes, Transactions, and Change: Embedded
Liberalism in the Postwar Economic Order", *International Organization* 36:2, 1982,
pp.379~415. (이 용어에 한해서는 기존의 번역어를 존중하여 '착근된 자유주의'로
옮겼다.—옮긴이)

이전 시기의 위기를 이해하기 위해 폴라니가 이중적 운동이라는 도식을 사용한 것처럼 나는 삼중적 운동이라는 도식을 통해 현재의 위기를 분석해 보겠다. 폴라니에게, 그리고 우리에게 중요한 것은 정치경제적 규제의 글로벌 체계를 안정화함으로써 민주적으로 다시 묶인, 새로운 물결 도래의 전망을 밝히는 것이다. 하지만 우리에게 중요한 건 사회보호를 해방의 견지에서 재상상할 수 있어야 한다는 점이다. 따라서 우리의 과제는 지배를 극복하는 데 이바지하면서도 동시에 다시 묶인 시장의 배치를 상상하는 것이다.

우리 시대 이 세 가지 운동 각각의 갈래에는 열렬한 주창자들이 있다는 점에 주목함으로써 논의를 열고자 한다. 시장화는 신자유주의자들에 의해서 맹렬히 수호되고 있다. 사회보호의 형태는 적절한 형태에서 부적절한 형태에 이르기까지 천태만상이다. 말하자면 민족지향적 사회민주주의자와 노동조합운동가에서 반이민 민중주의 운동에 이르기까지, 신전통주의 종교운동에서 반글로벌화 활동가에 이르기까지, 환경주의자에서 지역 토착민에 이르기까지 정말 다양한 운동들이 사회보호를 지지하고 있다. 해방운동은 다문화주의자, 국제적 페미니스트, 게이·레즈비언 해방운동가, 범세계적 민주주의자, 인권활동가, 글로벌화 정의의 주창자에 이르기까지 다양한 후계자들에게 새로운 사회운동에 대한 열정에 불을 지피고 있다. 자본주의 사회의 현재 위기에 대한 삼중적 운동의 형태에 영향을 미치는 세 유형의 프로젝트들 사이의 관계는 이처럼 복잡하다.

이제 별무리처럼 다양한 해방 기획의 역할을 살펴보자. 적어도 1960년대부터 그러한 운동들은 착근된 자유주의에 나타난 사회보호의 억압적 측면에 도전했다. 더 일찍이 신좌파는 관료주의적으로 조직된 복지체계의 억압적인 성격을 폭로했다. 이런 복지체계는 복지의 표면적 수혜자들에게서 힘을 박탈했다. 한편 반제국주의자들은 과거 식민주의자들의 뒤를 이어 불평등한 교환을 통해 자금을 조달했던 1세계 사회보호의 억압적인 특징을 폭로했다. 더 최근에 이르러 다문화주의자들은 주류 종교나 종족문화적 자기이해에 전제돼 있는 사회보호의 억압적인 특징을 폭로했다. 이와 같은 자기

이해는 소수집단의 구성원들을 불리하게 만든다. 마지막으로 제 2물결 페미니스트들은 젠더 위계질서에 바탕한 사회보호의 억압적 성격을 폭로했다. 이는 이 글을 쓰는 가장 중요한 목적과도 같다.

각각의 사례에서 이들 운동은 지배의 유형을 폭로하고 그에 합당한 해방을 주장했다. 하지만 각각의 사례에서 해방운동의 주장은 양가적이기도 했다. 이들은 원론상으로 시장의 편 아니면 사회보호의 편에 줄을 섰다. 전자의 경우, 해방운동은 시장화와 동맹했다. 그것은 억압적인 차원을 단지 침식했을 뿐만 아니라 사회보호 자체도 침해하곤 했다. 후자의 경우, 해방운동은 사회보호와 동맹했다. 그런 운동은 사회보호의 양태를 침식했다기보다는 오히려 그것을 변형하려고 했다.

이런 주장은 내가 방금 언급한 모든 해방운동에 마찬가지로 해당된다. 하지만 여기서 나는 착근된 자유주의에 내재된 사회보호의 억압적인 차원에 대해 제2물결 페미니즘이 했던 비판에 집중하고자 한다. 이 운동은 두 가지 투쟁 중 어느 하나에 갇혀 버리곤 한다. 억압적 보호에 대항하는 데 초점을 맞추다 보니 삼중적 운동의 세 번째 갈래, 즉 시장을 확장하고 자동화하려는 노력을 항상 충분히 인식하지 못했다. 신자유주의의 부상을 무시한 채, 많은 제2물결 페미니스트는 자신의 상황과 행동에 의해 초래될지도 모를 결과를 제대로 이해하지 못하고 오판했다. 시장화를 참조해 해방과 사회보호 사이의 갈등을 매개하지 못한 결과 그들은 21세기에 초래된 자본주의의 위기 과정을 심지어 심화하게 된다.[11]

6. 페미니즘의 양가성

제2물결 페미니즘이 전후 복지국가에서 사회보호의 젠더위계적인 특징을 공격 대상으로 삼았다는 점을 기억해 보라. 미국에서 그것은, 낙인찍힌 빈민구제는 여성과 아이들을 위한 것으로, 반대로 존중받을 만한 사회보장은 '노동자'로 구성된 사람들을 위한 것으로

---

11 이 책의 9장 「페미니즘과 자본주의, 역사의 간계」를 참조할 것.

분리하던 사회체계의 젠더 하위텍스트를 폭로했다는 뜻이다. 유럽
에서 그것은 어머니연금과 임금노동에 기초한 사회복지를 구분하
던 남성중심적 위계질서를 폭로했다는 의미다. 이 두 경우 모두에
서 페미니스트들은 전쟁(제2차 세계대전) 이전부터 물려받은 오래
된 도식, 소위 '가족임금'의 흔적을 발견했다. 그 도식은 생계부양자
이자 가정적인 남성이라는 이상적이고 전형적인 시민을 상정했다.
그 생계부양자의 임금은 가족을 경제적으로 부양하는 데 전적으로
는 아니더라도 주요한 원천이 되며, 아내의 소득은 있다손 치더라
도 남편의 소득을 '보충'하는 것으로 여겨졌다. 심각하게 성별화된
가족임금 이상은 전후 복지국가가 다시금 묶인 시장으로 나아가게
된 도덕적 실체의 핵심이었다. 여성의 의존을 정상적인 것으로 간
주함으로써, 그 결과 사회보호 체계는 사회생활에 여성이 남성과
대등하게 참여할 기회를 침해했다. 가족과 일에 대한 남성중심적인
관점을 제도화함으로써 젠더 위계질서를 당연시하고, 그로 인해 정
치적 경쟁의 대상에서 여성을 배제했다. 못지않게 중요한 점은 착
근된 자유주의의 보호양식이 임금노동을 안정화함으로써 무임금
돌봄노동의 사회적 중요성을 모호하게 흐려 버렸다는 점이다.[12]

　　그런 것들이 착근된 자유주의에 대한 페미니즘의 비판이었다.
정치적·지적으로 강력한 이 비판은 그럼에도 불구하고 양가적이었
으며, 양자택일적 방향으로 나아갈 수 있었다. 그중 하나의 방향을
택한, 가족임금에 대한 페미니즘 비판은 고용에 대한 완전한 접근
을 확보하고 고용과 연계된 복지를 남성과 대등하게 하려고 노력했
다. 이 경우 페미니즘 비판은 임금노동과 개인의 독립이라는 남성
중심적 이상을 안정화하고 무임금 돌봄노동, 상호의존, 연대를 효
과적으로 평가절하하게 되었다.[13] 묶인 시장에서 여전히 기능하고
있던 전통적인 젠더 풍토를 겨냥함으로써, 이런 유형의 페미니즘은
자유화를 더욱더 추진하는 방향으로 끝나곤 했다. 의도적이었든 아

12　이 책의 3장 「의존의 계보학」을 참조할 것.
13　이와 같은 접근법은 내가 이 책의 4장 「가족임금 그다음」에서 비판한 보편적
생계부양자 모델과 유사하다.

니었든 간에 결과적으로 그들은 젠더 위계질서를 해체하기 위해 투쟁하면서 시장화와 동맹하게 되었다.

하지만 억압적인 보호에 대한 페미니즘 비판은 다른 방향으로도 전개될 수 있었다. 다른 방식으로 결합함으로써 페미니즘 해방투쟁은 삼중적 운동의 다른 항인 사회보호와 연대하기도 했다. 두 번째 시나리오에서 페미니즘 비판의 핵심은 남성중심적인 가치를 거부하고, 그중에서도 특히 임금노동에 대한 과대평가와 무임금 돌봄노동에 대한 과소평가를 거부하려고 했다. 돌봄노동을 공적으로 중요한 것으로 설정함으로써, 이런 형태의 페미니즘 운동은 남성과 여성을 망라한 모든 사람이 오늘날 그런 노력을 둘러싸고 발생하는 갈등을 경험하지 않고 두 가지 행위 모두 수행할 수 있도록 사회적 배치를 다시 상상하도록 할 수 있었다. 의존과 독립 사이의 젠더화된 이항대립을 거부함으로써 친보호주의 페미니스트들은 인간조건의 보편적 특징인 사회적 위계질서와 의존 사이의 잘못된 연결을 해체하려 할 수 있었다.[14] 연대와 상호의존을 안정화함으로써 친보호주의 페미니즘 비판은 사회보호를 해체하는 것이 아니라 변형하고자 노력했다.

사실상 제2물결 페미니즘은 두 가지 방향의 페미니스트들을 전부 포함하고 있다. 대체로 소위 자유주의 페미니스트와 급진적 페미니스트가 시장화의 방향으로 끌려갔다면, 사회주의 페미니스트와 유색인종 페미니스트는 사회보호 세력과 동맹을 맺는 경향이 있었다. 전자의 경우 자유주의·급진적 페미니스트와 시장화의 연대가 항상 의도적으로 이루어진 것은 아니었다. 모든 자유주의·급진적 페미니스트가 의식적으로 가족임금을 맞벌이 가족으로 대체하려고 했던 것도 아니다. 하지만 삼중적 운동의 맥락 가운데 자신의 해방투쟁을 위치시키지 못함에 따라 그들의 노력은 부지불식간에 시장을 자유화하고 탈규제화를 추구하는 세력을 부추기는 방향으로 귀결되었다. 이와는 대조적으로 후자의 경우, 양자 사이의 동맹

---

14 이 접근법은 이 책의 4장 「가족임금 그다음」에서 내가 옹호한 보편적 돌봄제공자 모델과 유사하다.

은 비교적 의도적이었다. 사회보호주의 세력들과 관심사가 일치했던 페미니스트들은 삼중적 운동의 논리를 직관적으로 파악하는 경향이 있었다. 그들은 자신의 해방투쟁이 또 다른 투쟁인 사회보호나 탈규제화와 상호교차한다는 점을 빈번히 인식했다. 자신을 삼면적인 게임에 위치시킴으로써 그들은 시장의 세력화를 사주하지 않으면서도 다른 한편으로 억압적인 보호에 철저히 대항하는 방향을 추구했다.

논쟁이 분분한 페미니즘의 양가성은 시장화를 선호하는 방향으로 해결되었다. 자유시장 근본주의의 부상과 제대로 충분히 조율되지 못한 탓에, 주류 페미니즘은 여성의 임금노동을 대단히 강조함으로써 새로운 자본축적 양식을 위한 빌미를 제공해 주는 것으로 귀결되었다. 여성들이 전 지구적으로 노동시장에 쏟아져 들어옴으로써 가족임금 이상은 더욱 새로운 형태의, 더욱 현대적인 맞벌이 가족 규범에 발판을 내주고 있다. 맞벌이 가족이라는 새로운 이상은 현실적으로 대다수 사람에게 참담한 재앙을 가져다주었다. 임금수준의 침체, 직업안정성 감소, 생활수준의 저하, 가구당 임금노동시간의 가파른 수직상승, 이중교대의 악화로 인해 이제 삼중교대혹은 사중교대까지 초래되고 있다. 하지만 신자유주의는 그런 약탈을 마법적이고 강력한 베일로 덮어 버린다. 가족임금에 대한 페미니즘의 비판을 환기하면서 신자유주의는 자본에 봉사하는 임금노동을 통해 해방을 약속했다. 페미니스트들의 생각이 일군의 전문직 중산층 여성의 경험에 스며들어 유리천장을 부수겠다고 결심하도록 도와준 것은 분명하다. 또 페미니스트들의 생각은 수백만 명에 이르는 여성 임시직·비정규직 노동자, 저임금 서비스노동자, 가사노동자, 성노동자, 이민자, 수출가공공단(EPZ) 노동자, 소액신용대출자 들의 일상투쟁에 더 뜻깊은 도덕적 성격을 부여했다. 그로 인해 이들은 소득과 안정뿐만 아니라 존엄성과 자아계발, 전통적인 권위로부터의 해방을 추구하게 되었다. 둘 중 어느 쪽이든 여성해방의 꿈은 자본축적의 엔진을 가동하는 데 동원된다. 이렇게 해서 가족임금에 대한 페미니즘 비판은 시장화를 안정시키는 기능을 하게 되었다. 일단 사회보호와 협력하게 되면서 오늘날 페미니즘은 임금노동에 대한 신자유주의적 가치안정화를 강화하는 데 점점 더 이바지하고 있다.[15]

7. 해방을 위한 동지로서 사회보호와 새로운 동맹 맺기

이런 설명으로부터 우리는 어떤 결론을 이끌어 내야 하는가? 제2물결 페미니즘이 순전히 실패했다는 결론은 분명 아닐 것이다. 신자유주의의 승리를 도왔다고 비난할 일 또한 아니다. 해방투쟁에 내재적인 문제가 있어서 애초에 언제든 시장화 기획을 되살릴 운명이었다는 결론은 더더구나 아니다. 오히려 여성을 젠더 위계질서로부터 해방하려 했던 우리는 시장화 세력들이 득실거리는 영역에서 작전을 펼치고 있다는 사실을 더 확실히 인식할 필요가 있다고 나는 주장하고 싶다. 무엇보다 우리는 해방에 내재된 양가성으로 인해 해방운동이 어느 한 방향으로 나갈 수 있다는 점을 심사숙고할 필요가 있다. 말하자면 시장화 세력과 연대하거나 사회보호를 증진하려는 세력 중 어느 것과도 연대할 수 있다는 사실을 제대로 인식할 필요가 있다. 이런 양가성을 인식할 때라야만, 잠재적이고 의도치 않은 결과를 예견할 수 있을 때라야만, 우리는 어떤 해결책이 최선인지 집단적이고 정치적인 성찰을 할 수 있게 된다.

이 장에서 제기되는 더 큰 질문으로 돌아가 보자. 우리가 지금 살고 있는 이 시대의 거대한 전환을 성찰하면서 나는 폴라니의 기획을 효과적으로 재활용하고자 했다. 폴라니는 이중적 운동을 이론화함으로써 자기 당대의 갈등을 시장의 정신을 차지하기 위한 획기적인 전투로 묘사했다. 자연, 노동, 돈이 모든 윤리적 의미를 박탈당하고 얇게 저며지고 썰려 하나의 부속품으로 거래되는 엉망진창의 결과가 초래될 것인가? 아니면 인간사회의 근본적인 토대인 시장이 윤리적·도덕적·정치적 규제에 종속되어야 할 것인가? 이런 전투는 21세기에도 여전히 절박하게 진행되고 있다. 하지만 삼중적

---

15 페미니즘이 '자본주의의 새로운 정신' 형성에 한몫하고 말았다는 논쟁에 관해 보려면 이 책의 9장 「페미니즘과 자본주의, 역사의 간계」를 참조할 것.

운동은 획기적으로 중대한 의미를 지닌 이 두 가지 주요한 전투를 횡단할 수 있는 날카로운 통찰을 제공한다. 하나는 사회보호의 정신을 위한 투쟁이다. 후-신자유주의 시대에 시장을 사회에 다시 묶어 놓는 것은 억압적인 것일까 아니면 해방적인 것일까, 혹은 위계적인 것일까 아니면 평등한 것일까? 그리고 그것은 불능 프레임일까 아니면 잘된 프레임일까? 차이 적대적인 것인가, 아니면 차이 친화적인 것인가? 관료주의적인 것인가 아니면 참여적인 것인가? 이런 질문들을 던져 보아야 한다. 이런 전투 또한 여전히 절박하게 진행되고 있다. 하지만 또 다른 획기적 전투가 양자를 가로지르고 있다. 다름 아닌 해방의 정신이다. 21세기에 이르러 해방투쟁은 시장의 고삐 풀기와 탈규제화에 이바지할 것인가? 아니면 사회보호를 확장하고 민주화해 시장을 더 공정하게 만들어 줄 것인가?

이런 질문들은 해방운동에 헌신한 사람들을 위한 기획을 제시한다. 시장과 맺고 있는 위험한 관계[16]에서 벗어나 우리는 사회보호와 새로운 협력관계를 강화할 수가 있다.

---

16 '위험한 관계'라는 표현은 헤스터 아이젠슈타인에게서 빌려 왔다. Hester Eisenstein, "A Dangerous Liaison? Feminsm and Corporate Globalization", *Science and Society* 69:3, 2005, pp.487~518.

옮긴이의 말

낸시 프레이저는 한국 독자들에게 낯설지 않은 정치철학자이자 비판이론가다. 공산권의 몰락 이후 역사의 종언이 선언되었고, 신자유주의가 세계를 휩쓸었다. 좌절한 좌파들의 냉소적인 목소리가 여기저기서 흘러나왔다. 그럼에도 낸시 프레이저는 인류의 진보와 여성해방을 말하는 '시대착오적인' 사회주의 페미니스트로 남아 있었다. 동시에 그는 다양한 범위에 걸친 과거의 논쟁들을 반성적으로 돌이켜보면서 자신의 이론적 프레임을 수정, 보완해 왔다. 2008년 미국발 세계금융위기 이후, 신자유주의 몰락의 징후가 뚜렷해졌다. 때늦은 징후들 앞에서 이제 새로운 희망을 말하는 그의 이론은 명쾌하고, 그의 비전은 유토피아적이다. 그런 맥락에서 난삽하고 묵시록적인 온갖 '포스트' 이론들과 그의 이론은 차별화된다.

『전진하는 페미니즘』(Fortunes of Feminism)은 제2물결 페미니즘의 시기로 알려진 과거 30년에 걸친 그의 작업을 묶어 낸 저서다. 이 책에서 그는 한 세대에 걸쳐 요동쳤던 제2물결 페미니즘을 3막짜리 연극으로 제시한다. 단순한 이론을 수상쩍게 보는 시대에도, 그의 이론적 프레임은 복잡하지 않고 명쾌하다. 그에 따르면 1막은 페미니즘이 신사회운동의 일환으로 사회변혁을 추구하던 시기였다. 이 시기에 페미니스트들은 남성중심주의에 바탕을 둔 젠더 불평등과 자본주의의 경제적 불평등을 타파하려고 활발하게 움직였다. 낸시 프레이저가 통탄하는 2막에서 페미니즘은 경제적 불평등에 대항하는 것에서 물러나 문화적 인정의 정치로 선회했다. '개인

적인 것이 정치적인 것이다'라는 선언이 함축하듯, 페미니즘은 개
별적인 차이에 대한 인정투쟁에 몰두하느라 계급 불평등, 젠더 부
정의, 인종차별과 같은 구조적 불평등에 등한했다고 낸시 프레이저
는 아쉬움을 토로한다. 그 결과 페미니즘은 신자유주의 뉴라이트
운동에 주도권을 내주게 되었다는 것이다. 운동이란 유연성과 끊임
없는 자기혁명에 바탕을 두는 것이라 볼 때, '자유로운' 개인들의 유
연성과 창의성이라는 환상을 신자유주의보다 최대한 이용한 이즘
도 드물기 때문이다. 신자유주의의 득세와 더불어 경제적으로는 시
장 자유화가, 정치적으로는 보수화가 급속하게 진행되었다. 정치경
제학의 영향력은 퇴조했다. 젠더평등과 젠더정의를 주장하는 사회
주의 페미니즘은 조롱거리가 되었다. 해방에 대한 페미니즘의 유토
피아적 에너지 또한 소진되었다. 신자유주의가 무대 전면에 등장한
동안, 페미니즘은 빛을 잃고 어둠 속으로 가라앉았다.

　3막은 신자유주의의 퇴조와 더불어 '급진적' 페미니즘의 상상
력이 다시 부상하는 시대다. 어둠이 깊어지면 역설적이게도 희미해
진 것들이 다시 빛을 발하게 된다. 조롱과 혐오의 대상이었던 페미
니즘이 어둠을 뚫고 별무리로 재출현하고 있다. 그와 더불어 여성
해방 기획의 지평이 열릴 것이라는 기대가 자라는 중이다. 대기오
염이 옅어지면 보이지 않던 은하수가 드러나는 것처럼, 신자유주의
의 오염이 걷히자 어둠 속에서 잔존했던 페미니즘의 상상력이 별무
리처럼 빛나고 있다. 그와 같은 낙관적 비전으로 인해 지구적 정의
실현에 합류하는 초국가적 글로컬(global+local) 페미니즘이 재부
팅될 것으로 프레이저는 전망한다.

　여기서 그가 말한 제2물결 페미니즘의 부상 시기 동안을 좀 더
들여다보자. 제1, 2차 대전 후 서방의 국가들은 전대미문의 번영을
누렸다. 유럽 국가들은 요람에서 무덤까지 보장하는 복지국가 이상
을 내세웠다. 케인스의 수정자본주의 경제를 통해 서유럽 사회는
완전고용, 복지국가를 내세우면서 경기침체와 경제공황에 대응할
수 있었다. 한때 과격했던 남성 노동운동은 후생복지와 소비주의로
순치되었다. 계급을 초월한 연대의 가능성이 제도화되었다. 하지만

낸시 프레이저는 그런 복지가 가능할 수 있었던 것은 자국영토를 넘어서 신식민주의적인 경영이 있었기 때문이라는 점을 지적하는 데 소홀하지 않았다. 서유럽 시민사회의 복지국가 이상은 젠더, 인종, 민족, 종교 차원에서 타자들의 희생과 배제가 있었기에 가능한 것이었다.

1960년대로 들어오면서 케인스주의만으로는 봉합할 수 없었던 여러 가지 문제를 제기하는 반전, 반핵, 반폭력, 반자본주의 운동 등이 동시다발적으로 터져 나왔다. 그와 더불어 다양한 부문에서 신사회운동이 등장했다. 사회주의 페미니즘은 부르주아 이성애가족주의를 문제 삼고 자본주의 사회의 남성중심주의를 공격했다. 그들은 공적인 영역뿐만 아니라 사적 영역에서의 가내경제, 가사노동 등을 정치적 의제에 포함시키며 저항의 범위를 넓혔다. 그럼에도 이들은 사회민주주의 국민국가라는 근본적 이상에 의문을 제기한 건 아니었다.

1989년 공산주의의 몰락과 신자유주의의 득세는 이런 물결을 완전히 바꿔 놓았다. 이제 페미니즘은 문화운동을 지향하면서 신자유주의와 타협하게 된다. 낸시 프레이저는 페미니즘의 문화적 인정투쟁은 긍정하면서도 분배정의가 관건이 되었던 신자유주의 시기에 그 문제를 완전히 놓쳐 버린 것은 엄청난 불행이었다고 못내 안타까워한다. 문화적 인정투쟁은 자유시장 근본주의에는 속수무책이었고 그 결과 사회의 황폐화와 전 지구적 양극화가 초래되었다는 것이다. 이것은 페미니즘에 국한된 비판만은 아니었다. 좌파운동 전반이 뉴라이트에게 넘어갔다는 비판이 터져 나온 것도 그 때문이었다.

2008년의 경제위기를 경험하면서 분배정의에 관한 관심이 되살아났다. 돌이켜보자면 2008년 금융위기 때에는 "1% 대 99%의 투쟁"이라는 구호가 등장했다. 그로부터 십 년 사이, 이제 1퍼센트도 안 되는 8명의 부자가 전 세계 부 총량의 하위 50퍼센트에 맞먹는 재산을 차지하고 있다고 국제구호단체인 옥스팜은 보고하고 있다. 이처럼 한쪽은 상상초월의 풍요병(affluenza)에 시달리는 동안 인류의 절반은 빈곤에 허덕이는 극단적인 부의 양극화 시대다. 그로 인해 글로벌 분배정의에 대한 의식이 되살아나지 않을 수 없었다.

극단적 양극화 시대에 이르러 낸시 프레이저는 1막에서 보여주었던 경제적 관심을 되살리면서도 2막에서 나타난 문화적 인정투쟁과의 연대가 필요하다고 역설한다. 이 지점에서 그는 정치학자답게 경제적 분배 및 문화적 인정과 연대할 수 있는 정치적 개입의 필요성을 주장한다. 경제, 문화, 정치가 서로 연대하여, 분배-인정-대표의 삼각구도를 구성해야 한다는 것이다. 그의 새로운 프레임은 경제적 분배, 문화적 인정, 정치적 대표로 요약된다. 말하자면 기존 사회주의 페미니즘이 내세운 계급/젠더 이중체계론 대신 새로운 삼각형 프레임을 제안한다. 경제/문화/정치라는 삼각형의 각 항은 서로 상대적 자율성을 지닌다. 그로 인해 '분배냐 인정이냐'의 허구적 이분법에 빠지지 않을 수 있다는 것이 그의 주장이다.

그는 신자유주의가 초래한 사회의 사막화에서 벗어나기 위해 칼 폴라니의 『거대한 전환』에서 정치적 상상력을 빌려 온다. 폴라니가 시장이냐 사회보호냐 사이에서 고심했다면 프레이저는 여기서도 정치적 해방 기획에 주목한다. 그리하여 '경제적 분배'-'문화적 인정'-'정치적 대표'라는 삼각형 프레임에 덧붙여, 시장-사회-해방이라는 이중의 삼각형 구도를 설정할 때, 또다시 거대한 전환이 일어날 것으로 그는 전망한다. 그는 시장자유와 사회보호의 이중적 운동을 돌파할 수 있는 제3항을 페미니즘의 정치적 해방투쟁에서 찾는다.

한국 사회에서 과거 30년 동안을 돌이켜보면, 초기 페미니즘은 민주화정부 10년 동안 순풍의 호시절을 보냈다고 할 수 있다. 호시절을 비웃듯 뒤따라온 10년 동안 페미니즘은 경멸과 조롱에 맞서야 했다. 2015년에 이르러 여성혐오의 광풍이 페미니즘 부활의 신호가 되었다는 것은 역사적 아이러니다. 혐오의 광풍에 맞서는 페미니즘의 반격이 시작되었다. 다시 시작하는 영 페미니스트들의 열기가 뜨겁다. 여성혐오와 페미니즘의 열기라는 이질적인 층위가 서로 충돌하면서 어떻게 여성해방투쟁의 길로 나갈 수 있을 것인지 예측

불가능한 시대다.

SNS를 통한 페미니즘 활동이 낸시 프레이저가 말한 문화적 인정투쟁에 주로 몰입하고 있다면, 젠더차별적인 구조 자체를 바꿔야 한다는 정치적 프레임의 유용성은 여전히 남아 있는 셈이다. 그런 맥락에서 '시대착오적인' 것으로 간주되었던 그의 이론이 품은 동시대성이 새삼 부각되었으면 한다. SNS를 통해 전 세계의 여성들이 한순간 응집하여 여성행진을 주도하는 초국가적 글로컬 시대다. 그럼에도 불구하고 현재의 페미니즘은 기시감이 들 정도로 과거의 어젠다를 반복하고 있는 것처럼 보인다. 하지만 반복은 동일한 것이 아니다. 새로운 세대는 과거의 반복 속에서 '좀 더 낫게' 실패함으로써 '좀 더 나은' 차이를 만들어 낼 것이다. 페미니즘의 새로운 정치적 상상력은 시대마다 차이와 반복, 역전과 반전을 거듭하면서 지속적인 물결로 흘러갈 것이기 때문이다.

찾아보기

344

350